易學典籍選刊

孫氏周易集解

上

〔清〕孫星衍 撰

黄冕 點校

中華書局

圖書在版編目(CIP)數據

孫氏周易集解/(清)孫星衍撰;黄冕點校. —北京:中華書局,2018.6(2021.10 重印)
(易學典籍選刊)
ISBN 978-7-101-12764-5

Ⅰ.孫… Ⅱ.①孫…②黄… Ⅲ.《周易》-研究
Ⅳ.B221.2

中國版本圖書館 CIP 數據核字(2017)第 202884 號

責任編輯:石　玉

易學典籍選刊
孫氏周易集解
〔清〕孫星衍　撰
黄　冕 點校
*
中 華 書 局 出 版 發 行
(北京市豐臺區太平橋西里 38 號　100073)
http://www.zhbc.com.cn
E-mail:zhbc@zhbc.com.cn
北京瑞古冠中印刷廠印刷
*
850×1168 毫米 1/32 · 24 印張 · 4 插頁 · 538 千字
2018 年 6 月北京第 1 版　2021 年 10 月北京第 2 次印刷
印數:4001-6000 册　定價:76.00 元

ISBN 978-7-101-12764-5

目録

點校説明

周易集解，十卷，清孫星衍撰。

孫星衍（一七五三——一八一八），字淵如，號季逑，陽湖（今江蘇常州）人。乾隆五十二年進士，授翰林院編修，又改刑部主事，官至山東督糧道。孫氏少擅詞章，顯有文名。又從著名學者錢大昕遊，研治日精。在經學、史學、文字學、音韻學、訓詁學、金石學等方面皆有很深造詣。一生博極羣書，勤於著述，著作有近二十種，此書之外，有尚書今古文注疏、平津館金石萃編、問字堂文稿、岱南閣文稿、五松園文稿、平津館文稿等傳世。孫氏又擅長輯佚，於天文、地理、醫學、律例、字書、舊史、百家諸子之遺文逸典悉加校叙，條别源流。又好聚書，聞人家藏有善本，借鈔無虚日。且善校書，其所校刊者有周易口訣義、尚書考異、春秋釋例等多種。曾主講杭州詁經精舍和江寧鍾山書院。其學極精博，爲世所重。

易因卜筮之書，幸免於秦火，得以流傳。歷代治易者，燦若繁星。綜其派别，不外漢學、宋學，漢學又分今文、古文二支，宋學亦分義理、圖書兩派（周予同羣經概論）。及至清人治易，始反對宋學圖書之説，多尊漢學，極重古注。然漢人之著述散佚殆盡，雜陳於古籍之中。唐人李鼎祚撰周易集解，采集衆説，慎加考覈，凡三十餘家，仍未詳備。孫氏在其書序中云「念學者病王弼之玄虚，慨古學之廢絶」，遂積數年之功，網羅放失舊聞，校考淹没古説，以補李氏之不足，增其之未備，薈編成書，仍名「周易集解」。蓋所謂古義日明，野言自息，此則作者撰述之旨也！其存佚扶微，厥功甚巨。范希曾書目答問補正視爲續李書之作，誠屬知言。

孫氏此書，凡十卷。立爲三目：先列「解」，采集李氏周易集解中所輯古注或李氏案語；次列「注」，輯録王弼周易注；後列「集解」，又采集書傳所載馬融、鄭玄等衆家之言，經典釋文所記諸家見仁見智之説及唐人史徵周易口訣義中古注，悉附於此目。凡説文解字、經典釋文所引經文異字異音，亦加纂録，附於經文之下。惜爲孫氏所著尚書今古文注疏盛名所掩，此書未被學界足够重視。然其「蒐羅之備，抉擇之精」，當與所撰尚書今古文注疏「並足流傳不朽」（粤雅堂本孙氏周易集解伍崇曜跋語）,更與李氏之書合觀猶爲雙璧,單行各自獨秀。

周易集解現存刊本有岱南閣别行巾箱本及南海伍氏刊粤雅堂叢書本。粤雅堂本雖校讎精審,然删去書中「解」、「注」兩目,僅存「集解」一目,題爲「孫氏周易集解」,已非孫氏原貌,亦違蒐集之初衷也。岱南閣本屬家刻初刊。一九三六年,商務印書館所刊叢書集成即據岱南閣本排印。後有中華書局出版叢書集成十册本（一九八五年）、上海書店出版影印兩册本（一九八八年）,然皆以「、」「・」符號斷句。

此次點校孫氏周易集解,以商務印書館排印本爲底本,以粤雅堂叢書本、四庫全書本李鼎祚周易集解、李衡周易義海撮要、史徵周易口訣義、阮刻十三經注疏周易注疏、四部備要本等爲參校本,互校對勘,擇善而從,施以標點,並作校記。凡例簡述如次:

凡底本引書所注出處,皆保留原貌,仍用六角號〔〕標示,置於文後。所立「解」、「注」、「集解」三目,原用六角號〔〕,今改用實心魚尾號【】標示。

凡孫氏徵引之書,力求一一覆按原書。因刻本難尋,則采用他本,如史徵周易口訣義,用徐芹庭疏證本。

凡經文標點皆按孫氏所采經注之意酌定，或與通行本有所不同。

凡孫氏所引諸家之注，不加引號，如有雜於他説且容易致混者，則酌加引號，以清眉目。

參考書目，詳不具録，置於書前，聊供覆按。

限於才力及學識，錯謬疏漏，所在多有，尚期博雅君子惠而教之。

曲阜黄冕識於三借四當齋之南窗下

二〇一五年歲次乙未陽月上浣

【補記】

右點校説明，排字已就，不復追改。然對孫氏此書介紹過於簡略，唯覺愧對覽者，敬請諒察。或謂孫氏乃補李之作，較之唐李鼎祚周易集解，孫氏此書，約而論之，猶有八善足陳：一曰調整李集，分合移删；二曰還原王注，多有增輯；三曰廣采諸書，標注出處；四曰窮搜舊注，尤重馬、鄭；五曰衆説並存，合理編次；六曰釋文箋記，兼爲甄録；七曰間下按語，客觀呈現；八曰不掩前人，不掠人美。所謂「集其大成，後出轉精」者也。今不一一具詳，容俟日後補苴。唯致謝之語，人或謂「客套話」，竊以爲實在是應該而且必要，特深表謝忱之情。

是書之刊行，幸蒙中華書局張繼海、石玉兩先生的信任，將此書收入易學典籍選刊出版。尤其在此書整理過程中，石玉先生給予了十分具體的指導性建議，並且在審讀校稿中，因我寓居島上，亦給予了時間上的寬限。在與石先生的書函請益中，曾言及論語會箋、周易略解的整理情況，石先生再次非常信任地應允將兩書出版，且惠寄瑤函，開了「時間不必太趕」的「緑燈」。然頗感惶愧的是，時間已近兩年，日前整理工作方將近殺青，唯願早日付梓，公諸同好。石先生給予的學術上的指導，真的使我受益良多；時間上的「寬容」，着實令我感動不已。

當然，我更有一個始終可以獲得温暖與支持的家。多年來，山荆陳敏女士不僅替我分擔了繁重的家務，而且照顧我的衣食起居，爲我提供了充分的「後勤」保障。她不僅要完成自幼堅持的臨池日課，而且我的「古籍整理」系列、「經學研究」系列書稿的文字録入與初校，「國學講録」部分録音稿的文字整理及録入，也長期地成了她要完成的「日課」。子通爲保障計算機等設備的正常運轉，也給予了技術支持。總之，我覺得，我是幸運的。

願他們幾位不嫌微末地接受我的感謝！

最後，我還要十二分地感謝爲此書整理出版付出辛勞的所有人！

曲阜黄冕又識於尼山華夏儒園之洙泗學堂

二〇一七年歲次丁酉腊日

主要參考書目及全稱簡稱對照表

書名	撰者	出版社	校記所用簡稱
周易集解	孫星衍	上海書店	
孫氏周易集解	孫星衍	山東友誼書社	粵雅堂本
周易集解	李鼎祚	上海古籍出版社	集解本
周易集解纂疏	李道平	中華書局	纂疏本
周易義海撮要	李衡	上海古籍出版社	
周易本義	朱熹	中華書局	
四部備要經部		中華書局	四部備要本
十三經注疏		中華書局	注疏本
十三經注疏校勘記	阮元	中華書局	校勘記

書名	作者	出版者	簡稱
十三經注疏校記	孫詒讓	中華書局	
周易大傳今注	高亨	齊魯書社	
周易通義	李鏡池	中華書局	
易圖明辨	胡渭	中華書局	
周易口訣義疏證	徐芹庭	中國書店	口訣義疏證
王弼集校釋	樓宇烈	中華書局	樓氏本
景刊唐開成石經		中華書局	唐石經
經典釋文	陸德明	上海古籍出版社	釋文
經典釋文序録疏證	吴承仕	中華書局	
黄侃手批白文十三經	黄侃	上海古籍出版社	
詩經注析	程俊英	中華書局	
論語正義	劉寶楠	中華書局	
二十五史（武英殿本）		上海古籍出版社	
史記	司馬遷	中華書局	

書名	作者	出版社
漢書	班固	中華書局
隋書	魏徵	中華書局
説文解字	許慎	天津古籍出版社
論衡校釋	黄暉	中華書局
白虎通疏證	陳立	中華書局
法言義疏	汪榮寶	中華書局
淮南鴻烈集解	劉文典	中華書局
經傳釋詞	王引之	上海古籍出版社
揅經室集	阮元	中華書局
管城碩記	徐文靖	中華書局

周易集解序并注

易者，出于河圖。河圖者，八卦也。

易繫辭：河出圖，聖人則之。尚書顧命：河圖在東序。論語：河不出圖。孔安國注：河圖，八卦是也。易乾坤鑿度曰：河圖八文。按：孔安國以河圖爲八卦，則西漢相傳之學。班固五行志及王充論衡，用其義也。又見禮記正義引中候握河紀：古者名圖，蓋無文字；名洛書，則有文字。故班固以爲洪範「初一曰五行」之文也。又按：乾、坤等八卦及六十四卦之名，皆文王所加。説文序：「倉頡之初作書，蓋依類象形，故謂之文；其後形聲相益，即謂之字。字者，言孳乳而浸多也。」是伏羲時無文字，且「乾」、「坤」等字，並非象形之文，則爲倉頡後所益之字，故知爲文王名之。至繫辭所稱包犧、神農「取離取益」之言，亦謂取卦象，非字也。

重之爲六十四者伏羲。

淮南要略訓：八卦可以識吉凶、知禍福矣，然而伏羲爲之六十四變。按周禮春官：三易，一曰連山，經卦皆八，別皆六十有四。則夏已前已重矣。

或以爲神農，或以爲夏禹，或以爲文王，皆非也。

魏志：易博士淳于俊曰「包羲因燧皇之圖而制八卦，神農演之爲六十四」。史記日者傳：司馬季主曰「文王演三百八十四爻」。論衡正説篇：説易者皆謂伏羲作八卦，文王演爲六十四。鄭玄之徒以爲神農，孫盛以爲夏禹，史遷等以爲文王。易正義序　按：鄭康成謂神農重卦者，以神農有重卦經也。孫盛以爲夏禹者，以周官連山別卦六十四也。史遷以爲文王者，以名周易。此褚少孫日者傳文，非太史公書，孔穎達誤也。且司馬季主言演爻，不言重卦。

卦之始，有象無字。文王名之，又爲之卦辭，曰周易，

周官：三易，三曰周易。春秋左傳：周史有以周易見陳侯者。易緯云：因代以題「周」。易正義　漢書楊雄傳：宓犧氏經以八卦，文王附六爻。論衡正説篇：周人曰周易，其經卦皆六十四，文王、周公曰「彖」，十八章，究六爻。易曰：伏羲作十言之教，曰「乾、坤、震、巽、坎、離、艮、兑、消、息」。春秋傳正義　按：前文出易緯，伏羲八卦，有象無字。既有消息，知已重爲六十四卦也。禮記禮運：觀殷道得坤乾，殷易以坤爲首，亦卦象，非卦名也。知卦名及卦辭，是文王所名者。易「元亨利貞」，孔子引文言曰「元者，亨者，利者，貞者」，又引文言曰「坤」，而釋其文。是「元亨利貞」四字、「坤」之一字，皆文王之言。以此推之，卦名卦辭皆文言矣。其下云「善之長也」，又「至柔而動也剛」，皆孔子之釋文也，前儒未及辯此。

分上、下二篇。

易乾鑿度：「孔子曰：陽三陰四，位之正也。」故易卦六十四，分而爲上、下，象陰、陽也。夫陽道純而奇，故上篇三十，所以象陽也。陰道純而偶，故下篇三十四，所以法陰也。子夏傳云：分爲上、下二篇。易正義序

周公作爻辭，

春秋傳：晉韓宣子來聘，觀書太史氏，見易象曰：「吾乃知周公之德。」淮南要略訓：周室增以六爻。馬融、陸績等説，卦辭文王，爻辭周公。易正義序。按：爻辭，升卦「王用享于岐山」，明夷卦「箕子之明夷」，皆文王後事。故以周公作爻辭爲是。

孔子作十翼，

論語：五十以學易。易乾鑿度：仲尼五十究易，作十翼，明也，明易幾教。史記孔子世家：孔子晚而喜易，序彖、繫、象、説卦、文言。漢書楊雄傳：孔子錯其象而彖其辭。鄭學之徒同説十翼云：上彖一，下彖二，上象三，下象四，上繫五，下繫六，文言七，説卦八，序卦九，雜卦十。易正義序又云「先儒更无異論」。

名〔一〕「經」，亦曰「傳」。

禮記經解：絜静精微，易教也。　易正義序：子夏傳云，雖分上、下二篇，未有「經」字。前漢孟喜易本云「分上、下二經」，是孟喜之前，已題「經」字。　按：禮經解有易，則易題「經」字，在子夏前矣。　史記：易大傳曰「天下一致而百慮，同歸而殊塗」，張晏注「大傳謂易繫辭」。　漢書儒林傳：孔子晚而好易，讀之，韋編三絶，而爲之傳。　按此，則十翼名爲傳也。

易經文未火于秦，獨爲全書。

史記始皇本紀：三十三年，丞相臣斯言，臣請史官非秦紀皆燒之；非博士官所職，天下敢有藏詩、書、百家語者，悉詣守尉雜燒之。所不去者，醫藥、卜筮之書。

或傳漢宣帝時得佚篇益之，其言不可信。

論衡正説篇：孝宣皇帝之時，河内女子發老屋，得逸易、禮、尚書各一篇。奏之，宣帝下示博士，然后易、禮、尚書各益一篇。　隋經籍志：惟失説卦三篇，後河内女子得之。按：論衡云逸易一篇，隋志言三篇已誤。而尚書序正義引别録曰：武帝末，民有得泰誓書於壁内云云；又引論衡及後漢史，獻帝建安十四年，黄門侍郎房宏等説云，宣帝本始元年，河内女子有壞老子屋，得古文泰誓三篇。按：

〔一〕「名」，原作「各」，據粤雅堂本正。

泰誓與逸易同得，而或以爲武帝時。或云「老屋」，或云「老子屋」，説俱乖異不足信。且易本未逸，或後又得藏篇，書中仍有之，非益也。

自商瞿受之孔子，六傳至田何。

史記儒林傳：商瞿受易，六世至齊人田何，字子莊。漢書儒林傳：自魯商瞿受易於〔一〕孔子，以授魯橋庇子庸，子庸授江東馯臂子弓，子弓授燕周醜子家，子家授東武孫虞子乘，子乘授齊田何子莊。

漢興，易學本田、楊。

史記儒林傳：漢興，田何傳東武人王同子仲，子仲傳菑川人楊何。齊人即墨成，廣川人孟但，魯人周霸，莒人衡胡，臨菑人主父偃，然要言易者本於楊何之家。

有施、孟、梁丘、京氏之學，列于學官。

漢儒林傳：丁寬從田何受易，授田王孫，王孫授施讎、孟喜、梁丘賀。藝文志：「易經十二篇，施、孟、梁丘三家。」顔師古注：上、下經及十翼，故十二篇。崇文總目：田何之易，卦象、爻、彖與文言、説卦等，離爲十二篇，而自爲章句，易之本經也。玉海

〔一〕「於」字原無，據漢書儒林傳、釋文補。

孟氏古文，見于説文。

説文序：其偁易，孟氏古文也。

而三家經或脱字，亡于晉代。

漢藝文志：章句，施、孟、梁丘氏各二篇。劉向以中古文易經校施、孟、梁丘經，或脱去「无咎」、「悔亡」，唯費氏經與古文同。釋文序：永嘉之亂，施氏、梁丘之易亡，孟、京、費之易，人亡傳者。隋經籍志：梁丘、施氏、高氏，亡於西晉。釋文序：孟喜章句十卷，無上經。七録云：又下經無旅至節，無上繫。

京房之學，受自焦延壽，云出孟喜，後漢亦列于學官。

漢儒林傳：京房受易梁人焦延壽。延壽云嘗從孟喜問易。藝文志：孟氏京房十一篇。災異孟氏、京房六十六篇。後漢儒林傳：施、孟、梁丘、京氏四家，皆立博士。七録：京房章句十卷，録〔一〕一卷。釋文按：七録所云，即藝文志之十一篇。

費氏易者，與古文同，始以彖、象、繫辭十篇、文言解説上下經行於民間。

漢儒林傳：費直治易，長於卦筮，亡章句，徒以彖、象、繫辭十篇、文言解説上下經。後漢儒林傳：

〔一〕「録」，原作「目」，據經典釋文序録疏證正。

費直治易，本以古字，號古文易。七録云：直易章句四卷，殘缺。釋文

後漢馬融、鄭康成諸人，爲之傳注，而費氏學興。

隋經籍志〔一〕：後漢陳元〔二〕、鄭衆皆傳費氏易，其後馬融亦爲其傳。融授鄭玄，玄作易注，荀爽又作易傳。自是費氏興，而高氏〔三〕遂衰。

或云，康成始合彖、象於經。

魏志高貴鄉公紀：帝問曰：「孔子作彖、象，鄭玄作注，雖聖賢不同，其所釋經義一也。今彖、象不與經文相連，而注連之，何也？」俊淳于俊。對曰：「鄭玄合彖、象於經者，欲使學者尋省易了也。」

或云，王弼始以文占附乾、坤二卦，又加「乾傳」、「泰傳」字。

玉海：朱震曰：王弼以文占附乾坤二卦。自康成而後，其本加「彖曰」、「象曰」；自弼而後，加「文言曰」。至于文、辭連屬，不可附卦爻，則仍其舊篇。又孔穎達曰：輔嗣之意，象本釋經，宜相附近，分爻之象辭，各附當爻。則費氏時，猶若今乾卦，彖、象繫卦之末歟？又云：康成注本無「乾傳」、「泰傳」字，輔嗣加之以卷首之卦，題曰「傳」，離爲六篇。

〔一〕「隋經籍志」，原作「後漢儒林傳」，據隋志正。

〔二〕「後漢陳元」，原作「鄭元」，據隋志補正。

〔三〕「高氏」，原作「京氏」，據隋志正。

自王弼以老、莊之學注易，而古學失其傳。

隋經籍志：周易十卷，魏尚書郎王弼注六十四卦六卷，晉太常韓康伯注繫辭以下三卷。弼又撰易略例一卷。孫盛曰：雖有可觀，恐泥大道。玉海　王濟曰：見弼易注，所誤者多。玉海　按：王弼注，雖爲當時所譏，然既是注疏本，行之既久，不可偏廢。且弼用道家之言解經，疑亦襲取古注，是以兼存之。

自唐用王弼本作正義，而古注散佚，鄭學遂微。

釋文序：江左中興，唯置王氏博士，太常荀崧奏請置鄭易博士，詔許，值王敦亂，不果立。易正義序：魏世王輔嗣之注，江左並傳其學，河北學者罕能及之。其江南義疏，十有餘家，皆辭尚虚玄，義多浮誕。斯乃義涉於釋氏，非爲教於孔門也。既背其本，又違於注，今既奉敕撰定，爲之正義，凡十有四卷。按：序云「十四卷」，唐經籍志作「十八卷」，書録解題作「十三卷」，疑後人合併之異。惠棟易漢學序：王輔嗣以假象説易，根本黄、老，而漢經師之義，蕩然無復有存者矣。

著作郎李鼎祚撰集子夏已下傳注，名曰集解，凡有十卷。行于今代，其漢魏人易説，時時見于古書傳注，及史徵周易口訣義中。

李鼎祚自序：「刊輔嗣之野文，補康成之逸象。」中興書目：集解十卷，唐著作郎李鼎祚集子夏、孟喜、京房、馬融、荀爽、鄭康成、劉表、何晏、宋衷、虞翻、陸績、干寶、王肅、王輔嗣、姚信、王廙、張璠、向秀、王凱沖、侯果、蜀才、翟玄、韓康伯、劉瓛、何妥、崔憬、沈驎士、盧士、崔覲、孔穎達等，凡三十餘家，附以九家、乾鑿度凡十七篇。其所取荀、虞之説爲多，取序卦冠之卦首。玉海 按：朱睦㮮考增焦贛、伏曼容，朱彝尊考增姚規、朱仰之、蔡景君，共三十五家。

蒙念學者病王弼之玄虚，慨古學之廢絶，因以李氏易解合于王注，又采集書傳所載馬融、鄭康成諸人之注，及易口訣義中古注，附于其後。凡説文、釋文所引經文，異字異音，附見本文，命曰周易集解。庶幾商瞿所傳，漢人師説，不墜于地。俾學者觀其所聚，循覽易明。其稱「解」者，李氏所輯；稱「注」者，王弼所注；稱「集解」者，蒙所采也。先以李氏解者，以其多引古注；最後附「集解」者，不敢掩前人也。

易有子夏傳，蓋出于韓嬰。或云漢儒所爲。其書久亡，世有僞本。

劉向七略有子夏易傳。唐會要 漢興韓嬰傳。釋文序 中經簿録：子夏易傳四卷，或云丁寬所作。唐會要 阮氏七録：子夏易傳六卷，或云韓嬰作，或云丁寬作。唐會要 釋文序：張璠云，或馯臂子弓所作，薛虞記。虞不詳何許人。 按：此子夏傳，見釋文正義。集解唯「元始亨通」及「以井谷射鮒」、「爲蝦蟆」數條，是古所傳也。今有子夏易傳十一卷，則唐張弧僞作也。

京氏章句亦亡，今陸績注者三卷，或曰錯卦。

漢藝文志：孟氏京氏十一篇，災異孟氏京房六十六篇。七録：十卷，録一卷〔一〕。釋文　釋文序：京房章句十二卷。按：漢五行志及傳記所引京房易傳甚多。七録之十卷，録一卷〔二〕，即藝文志之十二卷，「二」蓋「一」字誤也。其書今佚，今有京氏易傳三卷，晁公武疑爲隋、唐志之錯卦，是也。本四卷，又佚雜古條例。

及魏伯陽參同契，僞關朗易傳，宋陳摶所摭僞子華子「戴九履一」，河圖之學，先天太極之説，皆無可采。

子華子大道篇：二與四，抱九而上躋也。六與八，蹈一而下沈也。戴九而履一，據三而持七，五居中宫，數之所由成。按：九宫之數，出於易緯，又見僞子華子，俱不云河圖，宋陳摶摭此説，而妄言復有祕傳，以九爲河圖，十爲洛書，其言不可信。

易者，聖人效天法地之書。人與天地參，則易與天地準，通天地人之謂儒。天大地大人亦大，故易稱「大人」，亦稱「君子」。爾雅釋詁「君，大也」，君子即大人。大人者，合

〔一〕「卷」下原有「目」字，據經典釋文序録疏證删。
〔二〕同上校。

于天地、日月、四時、鬼神，先奉時而後不違，則自天祐之，吉无不利。大象必稱君子以、先王以者，以，用也。卦有否泰，道有消長，君子用之皆吉。道消斯用儉德也，易不可以占險，是以黄裳元吉、不利小人。易緯言，易有三名，其在人道。乾爲積善，坤爲積不善。言善則應，言不善則違，言行所以動天地。易知易能，所謂易此「易」字與上二「易」字，俱讀「難易」之「易」。也；知進退存亡得喪，所謂變易也；知而不失其正，所謂不易也。孔子曰「五十學易」，又曰「五十知天命」，又曰「文王既没，文在兹」，皆謂易也。古之學者，八歲入小學，學六甲、五方、書計之事，于易學蓋近而易明。則孟氏之卦氣，京氏之世應飛伏，荀氏之升降，漢魏已來象數之學，不可訾議也。經師家法，既絶于晉，自六朝至唐，諸儒悉守古經義，不敢騰其臆説。至宋而人人言易，繁而寡要，直以爲卜筮之書，豈知言哉！近世惠徵君棟作周易述、易例、易漢學諸書，實出于唐宋諸儒之上。蒙爲此書，無所發明，竊比于「信而好古」，綱羅天下、放失舊聞云爾。此書之成，左右采獲，東海畢徵君以田之力爲多；東吴周孝廉隽、瑕丘牛徵君鈞及其子廉夫，互加校勘，以助予之不及。四君者，皆好學深思之士，尤不敢略其美也，如其疏釋，以待能者。時嘉慶三年六月丁未，書成，序于兖州巡使署中，陽湖孫星衍撰。

周易集解卷一

陸德明釋文曰：易虞翻注參同契云「字從日下月」。

〔清〕孫星衍　撰

上經乾傳第一

〔釋文〕第，亦作「弟」。

【集解】子夏傳云：分爲上下二篇。　孔穎達八論云：未有「經」字，「經」字是後人所加。　孟喜易本云：分上下二經。〔八論〕　京房引夫子曰：神農重乎八純。〔王應麟玉海〕　馬融曰：伏犧得河圖而作易。〔八論〕　王肅同。　又曰，卦辭，文王所作。爻辭，周公所作。　陸績同。　鄭康成易贊及易論曰：夏曰連山，殷曰歸藏，周曰周易。　又曰：連山者，象山之出雲，連連不絕。歸藏者，萬物莫不歸藏於其中。周易者，言易道周普，无所不備。　又曰：易一名而含三義：易簡，一也；變易，二也；不易，三也。　又曰：神農重卦。　又曰：卦辭、爻辭，并是文王所作。　又曰：十翼：上彖一，下彖二，上象三，下象四，上繫五，下繫六，文言七，說卦八，序卦九，雜卦十。　王弼曰：伏犧重卦。　周簡子曰：易者，易也、不易也、變易也。「易」者，易代之名。凡有无相代，彼此相易，皆是易義。「不易」者，常體之名，有常有體，无常无體，是不易之義。「變易」者，相變改之名，兩有相變，此爲變易。〔並同〕　姚信曰：連山氏得河圖，夏人因之曰連山。歸藏氏得河圖，殷人因之曰歸藏。伏羲氏得河圖，周人因之曰周易。〔玉海〕　皇甫謐曰：夏人因炎帝曰連山，殷人因黄帝曰歸藏。〔同〕　又曰，文王在羑里，演六十四卦，著七八九六之爻，謂之周易。〔八論〕　崔覲曰：「易」者，謂生生之德，有易簡之義。「不易」者，言天地定位，不可相易。「變易」者，謂生生之道，變而相續。劉貞簡同。　張氏曰：易者，换代之名，待奪之義。　何氏同。〔並同〕

䷀ 乾下乾上

乾：元、亨、利、貞。

【解】子夏傳曰：元，始也。亨，通也。利，和也。貞，正也。言乾禀純陽之性，故能「首出庶物」，各得元始開通，和諧貞固，不失其宜。是以君子法乾而行四德，故曰「元〔一〕亨利貞」矣。　案：乾，健也。言天之體，以健爲用，運行不息，應化無窮，故聖人則之。欲使人法天之用，不法天之體，故名「乾」，不名天也。

【注】文言備矣。　〔按〕疏云：「其委曲條例，備在文言。」即釋此注也，原本誤於「潛龍勿用」下，今

〔一〕「元」上原有「乾」字，據集解本、纂疏本刪。

改正。

【集解】周氏曰：元，始也。於時配春，言萬物始生，得其元始之序，發育長養。亨，通也。於時配夏，夏以通暢，合其嘉美之道。利者，義也。於時配秋，秋以成實，得其利物之宜。貞者，正也。於時配冬，冬以物之終，納幹正之道。〔史徵周易口訣義〕魏徵曰：始萬物爲「元」，遂萬物爲「亨」，益萬物爲「利」，不私萬物爲「貞」。〔李衡義海撮要〕

初九：潛龍，勿用。

【解】子夏傳曰：龍所以象陽也。馬融曰：物莫大於龍，故借龍以喻天之陽氣也。初九建子之月，陽氣動於黄泉。既未萌芽，猶是潛伏，故曰「潛龍」。沈驎士曰：稱龍者，假象也。天地之氣有升降，君子之德有行藏。龍之爲物，能飛能潛，故借龍比君子之德也。初九既尚潛伏，故言「勿用」。干寶曰：位始，故稱「初」。陽重，故稱「九」。陽在初九，十一月之時，自復來也。初九甲子，天正之位，而乾元所始也。陽處三泉之下，聖德在愚俗之中，此文王在羑里之爻也。雖有聖明之德，未被時用，故曰「勿用」。崔憬曰〔一〕：九者，老陽之數。動之所占，故陽稱焉。潛，隱也。龍下隱地，潛德不彰。是以君子韜光待時，未成其行，故曰「勿用」。

〔一〕「崔憬曰云云」，集解本、纂疏本並在此節最前，後文【解】目所列次第或異，不復出校。

【集解】鄭康成曰：周易以變者爲占，故稱「九」稱「六」。〔孔穎達疏〕陸績曰：陽在初，稱「初九」。去初之二，稱「九二」。則初復七。陰在初，稱「初六」。去初之二，稱「六二」。則初復八矣。〔朱震漢上傳〕莊氏曰：下言初，則上有末義，故大過彖曰「棟橈本末弱」，是上有末義。六言上，則初當言下，故小象曰「潛龍勿用，陽在下也」，則是初有下義。〔疏〕張氏曰：陽數有七、有九，陰數有八、有六。但七爲少陽，八爲少陰，質而不變，爲爻之本體。九爲老陽，六爲老陰，文而從變，故爲爻之别名。且七既爲陽爻，其畫已長，今有九之老陽，不可復畫爲陽。所以重體避少陽七數，故稱九也。八爲陰數而畫陰爻，今六爲老陰，不可復畫陰爻。故交其體，避八而稱六。張氏又曰：以道未可行，故稱「勿用」以誡之。〔並同〕

九二：見龍在田，利見大人。

【解】鄭康成〔一〕曰：二于三才爲地道。地〔二〕上即田，故稱「田」也。干寶曰：陽在九二，十二月之時，自臨來也。二爲地上，田在地之表，而有人功者也。陽氣將施，聖人將顯，此文王免于羑里之日也，故曰「利見大人」。

【注】出潛離隱，故曰「見龍」；處於地上，故曰「在田」。德施周普，居中不偏，雖非君位，君之德也。初

〔一〕「鄭康成」，集解本、纂疏本作「鄭玄」，唯集解本缺末筆以避清帝諱。

〔二〕「地」字原脱，據集解本、纂疏本補。

則不彰，三則乾乾，四則或躍，上則過亢。「利見大人」，惟二、五焉。

【集解】孟喜、京房説易，有周人五號：帝，天稱，一也；王，美稱，二也；天子，爵號，三也；大君者，興盛行異，四也；大人者，聖人德備，五也。〔禮記疏〕 鄭康成曰：九二利見九五之大人。 褚氏、張氏同。〔並疏〕 王肅曰：大人，聖人在位之目。〔釋文〕 向秀曰：聖人在位，謂之大人。〔史記索隱〕 先儒云：若夫子教於洙、泗，利益天下，有人君之德，故稱大人。〔疏〕 又云，重卦之時，重於上下兩體。故初與四相應，二與五相應，三與上相應矣。上下兩體，論天地人各别。但易含萬象，爲例非一。及其六位，則一、二爲地道，三、四爲人道，五、上爲天道。二在一上，是九二處其地上，所由食之處，唯在地上，所以稱「田」也。 又云，言田之耕稼，利益及於萬物，盈滿有益於人，猶若聖人益於萬物，故稱「田」也。 又云，九二當太蔟之月。〔並同〕

九三：君子終日乾乾，夕愓若，厲，无咎。〔釋文〕无，易内皆作此字。説文云：奇字無也。〔按〕説文引「夕愓若厲」，又引作「夕愓若夤」。

【解】荀爽曰：「日」以喻君，謂三居下體之終而爲之君。承乾行乾，故曰「乾乾」。「夕愓」以喻臣，謂三臣乎五。則疾修柔順，危去陽〔一〕行，故曰无咎。 鄭康成曰：三于三才爲人道。有乾德而在人道，

〔一〕「陽」，原誤作「愓」，據集解本、纂疏本正。

君子之象。　虞翻曰：謂陽息至三，二變成離。離爲「日」，坤爲「夕」。　干寶曰：爻以氣表，繇以龍興，嫌其不關人事，故著「君子」焉。陽在九三，正月之時，自泰來也。陽氣始出地上而接動物，人爲靈，故以人事成天地之功者〔一〕，在於此爻焉。故君子以之憂深思遠，朝夕匪懈。仰憂嘉會之不序，俯懼義和之不逮，反復天道，謀始反終，故曰「終日乾乾」。此蓋文王反國，大釐其政之日也。凡无咎者，憂中之喜，善〔二〕補過者也。文恨早耀文明之德，以蒙大〔三〕難；增修柔順，以懷多福，故曰「无咎」矣。

【注】處下體之極，居上體之下，在不中之位，履重剛之險。上不在天，未可以安其尊也；下不在田，未可以寧其居也。純脩下道，則居上之德廢；純脩上道，則處下之禮曠。故終日乾乾，至於夕惕猶若厲也。居上不驕，在下不憂，因時而惕。不失其幾，雖危而勞，可以无咎。處下卦之極，愈於上九之亢，故竭智力而後免於咎也。乾三以處下卦之上，故免亢龍之悔；坤三以處下卦之上，故免龍戰之災。

【集解】鄭康成曰：惕，懼也。〔釋文〕

九四：或躍在淵，无咎。

【解】干寶曰：陽氣在四，二月之時，自大壯來也。四，虛中也。躍者，暫起之言，既不安於地，而未能

〔一〕「者」字原脱，據集解本、纂疏本補。
〔二〕「善」字原脱，據集解本、纂疏本補。
〔三〕「蒙大」二字原誤倒，據集解本、纂疏本乙。

飛於天也。四以初爲應，「淵」謂初九甲子，龍之所由升也。「或」之者，疑之也。此武王舉兵孟津，觀釁而退之爻也。守柔順，則逆天之應。通權道，則違經常之教。故聖人不得已而爲之，故其辭疑矣。　崔憬曰：言君子進德修業，欲及於時，猶龍自試躍天，疑〔一〕而處淵。上下進退，非邪離羣，故无咎。

【注】去下體之極，居上體之下，乾道革之時也。上不在天，下不在田，中不在人。履重剛之險，而无定位所處，斯誠進退无常之時也。近乎尊位，欲進其道，迫乎在下，非躍所及。欲靜其居，居非所安，持疑猶豫，未敢決志。用心存公，進不在私，疑以爲慮，不謬於果，故「无咎」也。

九五：飛龍在天，利見大人。

【解】鄭康成曰：五于三才爲天道。天者清明無形，而龍在焉，飛之象也。　虞翻曰：謂四已變，則五體離。離爲飛，五「在天」，故「飛龍在天，利見大人」也。謂若庖犧觀象於天，造作八卦，備物致用，以利天下。故曰「飛龍在天」，天下之所利見也。　干寶曰：陽在九五，三月之時，自夬來也。五在天位，故曰「飛龍」。此武王克紂正位之爻也。聖功既就，萬物既覩，故曰「利見大人」矣。

【注】不行不躍，而在乎天，非飛而何？故曰「飛龍」也。龍德在天，則大人之路亨也。夫位以德興，德以位叙。以至德而處盛位，萬物之覩，不亦宜乎？

〔一〕「疑」字原脱，據集解本、纂疏本補。

上九：亢龍有悔。〔按〕説文：亢，作「杭」。

【解】王肅曰：窮高曰「亢」。知進忘退，故悔也。干寶曰：陽在上九，四月之時也。亢，過也。乾體既備，上位既終。天之鼓物，寒暑相報。聖人之治世，威德相濟。武功既成，義在止戈。盈而不反，必陷於悔。案：以人事明〔一〕之，若放桀於南巢，湯有慙德，斯類是也。

【集解】子夏傳曰：亢，極也。〔釋文〕鄭康成曰：堯之末年，四凶在朝，是以有悔，未大凶也。

〔疏〕先儒云：但九五之位，亦有大聖而居者，亦有非大聖而居者，非大聖而居者，不能免其憂悔。〔口訣義〕

用九：見羣龍无首，吉。

【解】劉瓛曰：總六爻純陽之義，故曰「用九」也。

【注】九，天之德也。能用天德，乃見羣龍之義焉。夫以剛健而居人之首，則物之所以不與也。以柔順而爲不正，則〔二〕佞邪之道也。故乾吉在无首，坤利在永貞矣。

【集解】鄭康成曰：爻皆體乾，羣龍之象。舜既受禪，禹與稷、契、咎繇之屬並在朝。〔後漢書注〕陸

〔一〕「明」，原作「言」，據集解本、纂疏本正。

〔二〕「則」字原脱，據集解本、纂疏本補。

績〔一〕曰：見衆聖人無自尊之意則可以統御羣才矣。〔撮要〕

彖曰：

【解】劉瓛曰：彖者〔二〕，斷也，斷一卦之才也。

【集解】王弼曰：彖者何也？統論一卦之體，明其所繇之主。〔疏〕　褚氏曰：彖，斷也。斷定一卦之義，所以名爲「彖」也。　莊氏同。　莊氏又曰：夫子爲「彖」，凡有一十二體。發首則歎美卦者，則此乾彖云「大哉乾元」，坤卦彖云「至哉坤元」。以乾坤德大，故先歎美之，乃後詳説其義。或有先疊文解義而後歎者，則豫卦彖〔三〕云「豫之時義大矣哉」之類是也。或有先釋卦名之義，後以卦名結之者，則同人彖云「柔得位得中而應乎乾，曰同人」、大有彖云「柔得尊位大中而上下應之，曰大有」之例是也。或有特疊卦名而稱其卦者，則同人彖云「同人曰：同人於野，亨」。〔並同〕

大哉乾元，

【解】九家易曰：陽稱大，六爻純陽，故曰「大」。乾〔四〕純陽，衆卦所生，天之象也。觀乾之始，以知天

〔一〕「陸績」，原作「陸續」，蓋形近而誤，今正。

〔二〕「者」字原脱，據集解本、纂疏本補。

〔三〕「彖」，原作「歎」，據校勘記改。

〔四〕集解本、纂疏本「乾」下有「者」字，義並通。

德。惟天爲大，惟乾則之，故曰「大哉」。元者，氣之始也。

【集解】莊氏曰：「大哉乾元，萬物資始，乃統天」者，此三句總釋乾與元也。「乾」是卦名，「元」是乾德之首，故以元德配乾釋之。陽氣昊大，乾體廣遠，又以元大始生萬物，故曰「大哉乾元」。〔疏〕

萬物資始，

【解】荀爽曰：謂分爲六十四卦，萬一千五百二十策，皆受始於乾也。策取始于乾，猶萬物之生稟於天。

【集解】鄭康成曰：資，取也。〔釋文〕　莊氏曰：「萬物資始」者，釋其「乾元」稱「大」之義，以萬象之物，皆資取「乾元」，而各得始生，不失其宜，所以稱「大」也。〔疏〕

乃統天。

【解】九家易曰：乾之爲德，乃統繼天道，與天合化也。

【注】天也者，形之名也；健也者，用形者也。夫形也者，物之累也。有天之形，而能永保无虧，爲物之首，統之者豈非至健哉！

【集解】鄭康成曰：統，本也。〔釋文〕　莊氏曰：「乃統天」者，以其至健而爲物始，以此乃能統領於天。天是有形之物，以其至健，能總統有形，是「乾元」之德也。〔疏〕

雲行雨施，品物流形。

【解】虞翻曰：已成既濟，上坎爲雲，下坎爲雨，故「雲行雨施」。乾以雲雨流坤之形，萬物化成，故曰「品物流形」也。

【集解】莊氏曰：此二句釋「亨」之德也，言乾能用天之德，使雲氣流行，雨澤施布，故品類之物，流布成形，各得亨通，无所壅蔽，是其「亨」也。〔疏〕

大明終始，

【解】荀爽曰：乾起坎而終於離，坤起於離而終於坎。離坎者，乾坤之家而陰陽之府，故曰「大明終始」也。

六位時成，

【解】荀爽曰：六爻隨時而成乾。

【注】大明乎終始之道，故六位不失其時而成。

【集解】莊氏曰：此二句總結乾卦之德也。以乾之爲德，大明曉乎萬物終始之道，始則潛伏，終則飛躍，可潛則潛，可飛則飛，是明達乎終始之道，故六爻之位，依時而成。若其不明終始之道，應潛而飛，應飛而潛，應生而殺，應殺而生，六位不以時而成也。〔疏〕

時乘六龍以御天。

【解】侯果曰：大明，日也。六位，天地四時也。六爻，效彼而作也。大明以晝夜爲「終始」，六位以相揭爲時成。言乾乘六氣而陶冶變化，運四時而統御天也。故曰「時乘六龍以御天」也。故乾鑿度曰「日月終始萬物」，是其義也。

【注】升降无常，隨時而用。處則乘潛龍，出則乘飛龍，故曰「時乘六龍」也。

【集解】孟喜曰：天子駕六。〔詩疏〕莊氏曰：此二句申明「乾元」「乃統天」之義，言乾之爲德，以依時乘駕六爻之陽氣，以控御於天體。六龍，即六位之龍也，以所居上下言之，謂之六位也；陽氣升降，謂之六龍也。上文以至健元始總明乾德，故云「乃統天」也。此明〔一〕乘駕六龍，各分其事，故云「以御天」也。〔疏〕

乾道變化，各正性命，

【注】乘變化而御大器，静專動直，不失太和，豈非正性命之情者耶？

【集解】莊氏曰：此二句更申明乾元資始之義。道體無形，自然使物開通，謂之爲「道」。言乾卦之德，自然通物，故云「乾道」也。「變」，謂後來改前，以漸移改，謂之變也。「化」，謂一有一无，忽然而改，謂

〔一〕「明」，原作「名」，據校勘記改。

之爲化。言乾之爲道，使物漸變者，使物卒化者，各能正定物之性命。性者，天生之質，若剛柔遲速之別；命者，人所禀受，若貴賤夭壽之屬是也。〔疏〕

保合太和，乃利貞。

【注】不和而剛暴。

首出庶物，萬國咸寧。

【解】劉瓛曰：陽氣爲萬物之所始，故曰「首出庶物」。立君而天下皆寧，故曰「萬國咸寧」也。

【注】萬國所以寧，各以有君也。

象曰：

【解】案：象者，像也，取其法象卦爻之德。

天行健，

【解】何妥曰：天體不健，能行之德健也，猶如地體不順，承弱之勢順也。所以乾卦獨變名爲「健」者，宋衷云：「晝夜不懈，以健詳其名。餘卦當名，不假於詳矣。」

【集解】劉表曰：詳其名也。〔疏〕先儒云：象辭或有實象，或有假象。〔同〕

君子以自强不息。

【解】虞翻曰：君子謂三。乾健故強。天一日一夜過周一度，故「自強不息」。老子曰：「自勝者強。」

干寶曰：言君子，通之於賢也。凡勉強以德，不必須在位也。故堯舜一日萬機，文王日昃不暇食，仲尼終夜不寢，顔子欲罷不能。自此以下，莫敢淫心舍力，故曰「自強不息」矣。

「潛龍勿用」，陽在下也。

【解】荀爽曰：氣微位卑，雖有陽德，潛藏在下，故曰「勿用」也。

「見龍在田」，德施普也。

【解】荀爽曰：見者，見居其位。田謂坤也。二當升坤五，故曰「見龍在田」。大人謂天子，見據尊位。臨長羣陰，德施於下，故曰「德施普也」。

「終日乾乾」，反復道也。〔釋文〕復，本亦作「覆」。

【解】虞翻曰：至三體復，故「反復道」，謂否泰反其類也。

【注】以上言之則不驕，以下言之則不憂，反復皆道也。

「或躍在淵」，進无咎也。

【解】荀爽曰：乾者，君卦。四者，陰位。故上躍居五者，欲下居坤初，求陽之正。地下稱淵也。陽道樂進，故曰「進无咎也」。

「飛龍在天」，大人造也。〔釋文〕造，鄭徂早反。王肅七到反。劉歆父子作「聚」。

【解】荀爽曰：飛者，喻無所拘。天者，首事造制。大人造法，見居天位，「聖人作而萬物覩」，是其義也。

【集解】鄭康成曰：造，爲也。王肅曰：造，就也，至也。〔並釋文〕姚信曰：造，至也。陸績同。〔並疏〕

「亢龍有悔」，盈不可久也。

【解】九家易曰：陽當居五，今乃居上，故曰「盈」也。亢極失位，當下之坤三，故曰「盈不可久也」。若太上皇者也。下之坤三，屈爲諸侯，故曰「悔」者也。

「用九」，天德不可爲首也。

【解】宋衷曰：用九，六位皆九，故曰「見羣龍」。純陽，則「天德」也。萬物之始，莫能先之，「不可爲首」。先之者凶，隨之者吉，故曰「无首吉」。

文言曰：

【解】姚信曰：乾坤爲門户，文説乾坤，六十二卦皆放焉。劉瓛曰：依文而言其理，故曰「文言」。

【集解】梁武帝曰：「文言」，是文王所制。〔釋文〕莊氏曰：文謂文飾，以乾、坤德大，故特文飾，以爲文言。〔疏〕

「元」者，善之長也；

【解】九家易曰：乾者，君卦也。六爻皆當爲君。始而大通，君德會合，故「元」爲「善之長也」。

【集解】莊氏曰：謂天之體性，生養萬物，善之大者，莫善施生，元爲施生之宗，故言「元者善之長」也。〔疏〕

「亨」者，嘉之會也；

【解】九家易曰：通者，謂〔一〕陽合而爲乾。衆善相繼，故曰「嘉之會也」。

【集解】莊氏曰：嘉，美也。言天能通暢萬物，使物嘉美之會聚〔二〕，故云「嘉之會也」。〔疏〕

「利」者，義之和也；

【解】荀爽曰：陰陽相和，各得其宜，然後利矣。

【集解】莊氏曰：言天能利益庶物，使物各得其宜而和同也。〔疏〕

「貞」者，事之幹也。

【解】荀爽曰：陰陽正而位當，則可以幹舉萬事。

【集解】莊氏曰：言天能以中正之氣，成就萬物，使物皆得幹濟。〔疏〕

君子，體仁足以長人，〔釋文〕京房、荀爽、董遇本作「體信」。

〔一〕「謂」，原作「爲」，王引之經傳釋詞云「『爲』或有『謂』義」，今據集解本、纂疏本改。後同，不復出校。

〔二〕「會聚」二字原誤倒，據四部備要本、注疏本乙。

【解】何妥曰：此明聖人則天，合五常也。仁爲木，木主春，故配元爲四德之首。「君子體仁」，故有「長人」之義也。

【集解】鄭康成曰：體，生也。〔文選注〕

嘉會足以合禮，

【解】何妥曰：禮是交接會通之道，故以配通。五禮有吉、凶、賓、軍、嘉，故以嘉合於禮也。

利物足以和義，〔釋文〕孟喜、京、荀、陸績作「利之」。

【解】何妥曰：利者，裁成也。君子體此利以利物，足以合於五常之義。

貞固足以幹事。

【解】何妥曰：貞，信也。君子貞正，可以委任於事。故論語曰「敬事而信」，故幹事而配信也。

案：此釋非也。夫「在天成象」者，「乾元亨利貞」也。言天運四時，以生成萬物。「在地成形」者，仁義禮智信也。言君法五常，以教化於人。元爲善長，故能體仁。仁主春生，東方木也。亨爲嘉會，足以合禮。禮主夏養，南方火也。利爲物宜，足以和義。義主秋成，西方金也。貞爲事幹，以配於智。智主冬藏，北方水也。故孔子曰「仁者樂山，智者樂水」，則智之明證矣。不言信者，信主〔一〕土而統屬於

〔一〕「主」，原訛作「王」，據文義及集解本、纂疏本正。

君。故中孚卦〔一〕云「信及豚魚」，是其義也。若「首出庶物」而「四時不忒」者，乾之象也。「厚德載物」而五行相生者，土之功也。土居中宫，分王四季，亦由人君无爲皇極而奄有天下。水火金木，非土不載。仁義禮智，非君不弘。信既統屬於君，故先言乾而後不言信，明矣。

君子行此四德者，故曰：乾，元亨利貞。

【解】干寶曰：夫純陽，天之精氣。四行，君子懿德。是故乾冠卦首，辭表篇目，明道義之門在於此也。猶春秋之備五始也，故夫子留意焉。然則體仁正己，所以化物。觀運知時，所以順天。器〔二〕用隨宜，所以利民。守正一業，所以定俗也。亂則敗禮，其教淫。逆則拂時，其功否。錯則妨用，其事廢。忘則失正，其官敗。四德者，文王所由興。四愆者，商紂所由亡。

初九曰：「潛龍勿用。」何謂也？

【解】何妥曰：夫子假設疑問也。後五爻皆倣此也。

子曰：「龍德而隱者也。

【解】何妥曰：此直答言聖人有隱顯之龍德，今居初九窮下之地，隱而不見，故云「勿用」矣。

〔一〕集解本、纂疏本無「卦」字，義並通。

〔二〕「器」，原作「氣」，據纂疏本改。

不易乎世，

【解】崔憬曰：言據當潛之時，不易乎世而行者，龍之德也。

【注】不爲世俗所移易也。

不成乎名，〔釋文〕不成名，一本作「不成乎名」。

【解】鄭康成曰：當隱之時，以從世俗，不自殊異，無所成名也。

遯世无悶，

【解】崔憬曰：道雖不行，達理无悶也。

不見是而无悶。

【解】崔憬曰：世人雖不已是，而已知不違道，故「无悶」。

樂則行之，憂則違之。

【解】虞翻曰：陽出初震，爲樂爲行，故「樂則行之」。坤死稱憂。隱在坤中，「遯世无悶」，故「憂則違之」也。

確乎其不可拔，潛龍也。」

【解】虞翻曰：確，剛貌也。乾剛潛初，坤亂於上，君子弗用。隱在下位，確乎難拔，潛龍之志也。

【集解】鄭康成曰：確，堅高之貌。拔，移也。〔釋文〕

九二曰：「見龍在田，利見大人。」何謂也？子曰：「龍德而正中者也。

【解】虞翻曰：中，下之中。二非陽位，故明言能「正中」也。

庸言之信，

【解】荀爽曰：處和應坤，故曰「信」。

庸行之謹，

【解】九家易曰：以陽居陰位，故曰「謹」也。庸，常也。謂言常以信，行常以謹矣。

閑邪存其誠。〔按〕晁氏云：鄭本作「閑邪以存其誠」。

【解】宋衷曰：閑，防也。防其邪而存誠焉。二在非其位，故以「閑邪」言之。能處中和，故以「存誠」言之。

善世而不伐，

【解】九家易曰：陽升居五，處中居上，始以美利利天下。不言所利，即是「不伐」。故老子曰「上德不德，是以有德」，此之謂也。

德博而化。

【解】荀爽曰：處五據坤，故「德博」。羣陰順從，故物〔一〕「化」也。

〔一〕「物」，原作「能」，據集解本、纂疏本正。

易曰『見龍在田，利見大人』，君德也。」

【解】虞翻曰：陽始觸陰，當升五爲君。時舍於二，宜利天下。直方而大，德无不利，明言「君德」。地數始二，故稱「易曰」。

九三曰〔一〕：「君子終日乾乾，夕惕若，厲，无咎。」何謂也？子曰：「君子進德脩業。

【解】宋衷曰：業，事也。三爲三公。君子處公位，所以「進德脩業」也。虞翻曰：乾爲「德」，坤爲「業」。以乾通坤，謂爲「進德脩業」。

忠信，所以進德也。

【解】翟玄曰：忠於五，所以修德也。崔憬曰：推忠於人，以信待物，故其德日新也。

脩辭立其誠，所以居業也。

【解】荀爽曰：脩辭，謂「終日乾乾」。立誠，謂「夕惕若厲」。居業，謂居三也。翟玄曰：居三，修其教令，立其誠信，民敬而從之。

知至至之，可與幾也。

【解】翟玄曰：知五可至而至之，故可與行幾微之事也。

〔一〕「曰」字原脱，據文例及諸本補。

【集解】劉瓛曰：至，極也。〔文選注〕　莊氏曰：極即至也。三在下卦之上，是至極。　褚氏曰：一體之極是至者，是下卦已極，將至上卦之下。至，謂至〔一〕上卦也。〔並疏〕

知終終之，可與存義也。

【解】姚信曰：知終者，可以知始終。「終」謂三也。義者，宜也。知存知亡，君子之宜矣。　崔憬曰：君子喻文王也。言文王進德脩業，所以貽厥武王，至於九五。至於九五〔二〕可與進脩意合，故言「知至至之，可與言微也」。知天下歸周三分有二，以服事殷，終於臣道，可與進脩意合，故言「知終終之，可與存義」。

【注】處一體之極，是至也；居一卦之盡，是終也。處事之至而不犯咎，知至者也，故可與成務矣。處終而能全其終，知終者也。夫進物之速者，義不若利；存物之終者，利不及義，故「靡不有初，鮮克有終」。夫可與存義者，其唯知終者乎！

是故居上位而不驕，

【解】虞翻曰：天道三才，一乾而以至三乾成，故爲「上」。「夕惕若厲」，故「不驕」也。

〔一〕「至」字原脱，據四部備要本、注疏本補。
〔二〕「至於九五」四字原脱，有一「□」符號，據集解本、纂疏本删補。

在下位而不憂。

【解】虞翻曰：「下位」謂初。隱於初，「憂則違之」，故「不憂」。

【注】居下體之上，在上體之下，明夫終敝，故不驕也；知夫至至，故不憂也。

故乾乾因其時而惕，雖危无咎矣。」

【注】惕，怵惕之謂也。處事之極，失時則廢，懈怠則曠，故「乾乾〔一〕因其時而惕，雖危无咎」。

九四曰：「或躍在淵，无咎。」何謂也？子曰：「上下无常，非爲邪也。〔釋文〕上下，並如字，王肅上音時掌反。

【解】荀爽曰：乾者，君卦。四者，臣位也。故欲進躍居五。下者，當下居坤初，得陽正位，故曰「上下无常，非爲邪也」。

【集解】何氏曰：言上下者，據位也。〔疏〕

進退无恒，非離羣也。

【解】荀爽曰：進，謂居五；退，謂居三。故「進退无恒，非離羣也」。

【集解】何氏曰：進退者，據爻也。又曰：所以「進退无恒」者，時使之然，非苟欲離羣也。〔並疏〕

〔一〕「乾乾」，校勘記引集解有此二字，今據補。

君子進德脩業，欲及時也，故无咎。」〔按〕晁氏云：鄭本「君子進德脩業及時，故无咎」。

【解】崔憬曰：至公欲及時濟人，故「无咎」也。

九五曰：「飛龍在天，利見大人。」何謂也？子曰：「同聲相應，

【解】虞翻曰：謂震巽也。庖犧觀變而作八卦。雷風相薄，故「相應」也。張璠曰：天者，陽也。君者，陽也。雷風者，天之聲。號令者，君之聲。明君與天地相應，合德同化，動静不違也。

同氣相求。

【解】虞翻曰：謂艮兑。山澤通氣，故「相求」也。崔憬曰：方諸與月，同有陰氣，相感則水生。陽燧與日，同有陽氣，相感則火生也。

水流濕，

【解】荀爽曰：陽動之坤而爲坎。坤者〔一〕純陰，故曰「濕」也。

【集解】王肅曰：水之性，潤萬物而退下。〔尚書疏〕

火就燥。〔釋文〕就燥，蘇皁、先皁二反。

【解】荀爽曰：陰動之乾而成離。乾者純陽，故曰「燥」也。虞翻曰：離上而坎下，水火不相射。

〔一〕「者」字原脱，據集解本、纂疏本補。下「乾者純陽」之「者」字同。

崔憬曰：決水先流溼，然〔一〕火先就燥。

【集解】王肅曰：火之性，炎盛而升上。〔尚書疏〕

雲從龍，

【解】荀爽曰：龍喻王者，謂乾二之坤五爲坎也。 虞翻曰：乾爲龍，雲生天，故「從龍」也。

風從虎。

【解】荀爽曰：虎喻國君，謂坤五之乾二，爲巽而從三也。 三者，下體之君，故以喻國君。 虞翻曰：坤爲虎，風生地，故「從虎」也。

【集解】王肅曰：龍舉而景雲屬，虎嘯而谷風興。 張璠曰：猶言龍從雲，虎從風也。〔並裴駰史記注〕

聖人作而萬物覩。〔釋文〕作，馬融作「起」。

【解】虞翻曰：覩，見也。 聖人則庖犧。 合德乾五，造作八卦，「以通神明之德，以類萬物之情」。 五動成離，日出照物皆相見，故曰「聖人作而萬物覩」也。 陸績曰：陽氣至五，萬物茂盛，故譬以聖人在天子之位。 功成制作，萬物咸見之矣。

【集解】鄭康成曰：作，起也。〔釋文〕

〔一〕原爲闕文，有一「□」符號，集解本有一「闕」字。纂疏本作「然」，即「燃」之古字，今據補。

本乎天者親上，

【解】荀爽曰：謂乾九二。本出乎乾，故曰「本乎天」。而居坤五，故曰「親上」。

本乎地者親下。

【解】荀爽曰：謂坤六五。本出乎坤，故曰「本乎地」。降居乾二，故曰「親下」也。崔憬曰：謂動物親於天之動，植物親於地之静。

【集解】莊氏曰：「天地絪緼，和合二氣，共生萬物」。然萬物之體，有感於天氣偏多者，有感於地氣偏多者。故周禮大宗伯有「天産」、「地産」，大司徒云「動物」、「植物」。本受氣於天者，是動物含靈之屬。天體運動，含靈之物亦運動，是親附於上也。本受氣於地者，是植物无識之屬。地體凝滯，植物亦不移動，是親附於下也。〔疏〕

則各從其類也。」

【解】虞翻曰：「方以類聚，物以羣分」，「乾道變化，各正性命」，「觸類而長」，故「各從其類」。

上九曰：「亢龍有悔。」何謂也？子曰：「貴而无位，

【解】荀爽曰：在上故「貴」，失正故「无位」。

高而无民，

【解】何妥曰：既不處九五帝王之位，故「无民」也。夫「率土之濱，莫非王臣」。既非王位，則民不

隸屬。

【注】下无陰也。

賢人在下位而无輔，

【解】荀爽曰：謂上應三。三陽德正，故曰「賢人」。别體在下，故曰「在下位」。兩陽无應，故「无輔」。

【注】賢人雖在下而當位，不爲之助。

是以動而有悔也。」

【解】荀爽曰：升極當降，故「有悔」。

【注】處上卦之極而不當位，故盡陳其闕也。獨立而動，物莫之與矣！乾文言首不論乾而先説元，下乃曰乾，何也？夫乾者，統行四事者也。君子以自強不息，行此四者，故首不論乾，而下曰「乾，元亨利貞」。餘爻皆説龍，至於九三，獨以君子爲目，何也？夫易者，象也。象之所生，生於義也。有斯義，然後明之以其物，故以龍叙乾，以馬明坤，隨其事義而取象焉。是故初九、九二，龍德皆應其義，故可論龍以明之也。至於九三「乾乾夕惕」，非龍德也，明以君子當其象矣。統而舉之，乾體皆龍；别而叙之，各隨其義。

潛龍勿用，下也。

【解】何妥曰：此第二章，以人事明之。當帝舜耕漁之日，卑賤處下，未爲時用，故云「下」。

見龍在田，時舍也。

【解】虞翻曰：二非王位，時暫舍也。何妥曰：此夫子洙、泗之日，開張業藝，教授門徒，自非通舍，孰能如此。

終日乾乾，行事也。

【解】何妥曰：此當文王爲西伯之時，處人臣之極，必須事上接下，故言「行事」也。

或躍在淵，自試也。

【解】何妥曰：欲進其道，猶復疑惑。此當武王觀兵之日，欲以試觀物情也。

飛龍在天，上治也。

【解】何妥曰：此當堯舜冕旒之日，以聖德而居高位，在上而治民也。

亢龍有悔，窮之災也。〔按〕晁氏云：鄭作「窮志災也」。

【解】案：此桀紂失位之時，亢極驕盈，故致悔恨窮斃之災禍也。

乾元用九，天下治也。

【解】案：此當三皇五帝禮讓之時，垂拱無爲而「天下治」矣。

【注】此一章全以人事明之也。九，陽也。陽，剛直之物也。夫能全用剛直，放遠善柔，非天下之至治〔一〕，未之能也。故「乾元用九」，則「天下治也」。夫識物之動，則其所以然之理皆可知也。龍之爲德，不爲妄者也。潛龍勿用，何乎？必窮處於下也。見而在田，必以時之通舍也。以爻爲人，以位爲時，人不妄動，則時皆可知矣。文王明夷，則主可知矣；仲尼旅人，則國可知矣。

【集解】張氏曰：識物之動，謂龍之動也。〔疏〕

潛龍勿用，陽氣潛藏。

【解】何妥曰：此第三章，以天道明之。當十一月，陽氣雖動，猶在地中，故云「潛龍」也。

見龍在田，天下文明。

【解】案：陽氣上達於地，故曰「見龍在田」。百草萌芽孚甲〔二〕，故曰「文明」。

終日乾乾，與時偕行。

【解】何妥曰：此當三月，陽氣浸長，萬物將盛，與天之運，俱行不息也。

【注】與天時俱不息。

〔一〕「治」，原作「理」，據注疏本、集解本引王弼注正。

〔二〕「甲」，原作「田」，據集解本、纂疏本正。

【集解】先儒云：建辰之月，萬物生長，不有止息，與天時而俱行。〔疏〕

或躍在淵，乾道乃革。

【解】何妥曰：此當五月，微陰初起，陽將改變，故云「乃革」也。

飛龍在天，乃位乎天德。

【解】何妥曰：此當七月，萬物盛長，天功大成，故曰「天德」也。

亢龍有悔，與時偕極。

【解】何妥曰：此當九月，陽氣大衰，向將極盡，故云「偕極」也。

【注】與時運俱終極。

乾元用九，乃見天則。

【解】何妥曰：陽消，天氣之常。天象法則，自然可見。

【注】此一章全説天氣以明之也。九，剛直之物，唯乾體能用之。用純剛以觀天，天則可見矣。

乾元者，始而亨者也。

【解】虞翻曰：乾始開通，以陽通陰，故始通。

利貞者，性情也。〔按〕晁氏曰：鄭作「情性也」。

【解】干寶曰：以施化利萬物之性，以純一正萬物之情。

【注】不爲「乾元」，何能通物之始？ 不性其情，何能久行其正？ 是故始而亨者，必「乾元」也；利而正者，必「性情」也。

乾始能以美利利天下，〔按〕晁氏云。 鄭作「乾始而以美利利天下」。

【解】虞翻曰：美利謂「雲行雨施，品物流形」，故「利天下」。

不言所利，大矣哉。

【解】虞翻曰：「天何言哉，四時行焉，百物生焉」，故利者大也。

大哉乾乎，剛健中正，純粹精也。

【解】崔覲曰：不雜曰「純」，不變曰「粹」。 言乾是純粹之精，故有「剛健中正」之四德也。

六爻發揮，旁通情也。〔釋文〕揮，本亦作「輝」，義取光輝。

【解】陸績曰：乾六爻發揮變動，旁通于坤，坤來入乾，以成六十四卦，故曰「旁通情也」。

【集解】王肅曰：揮，散也。〔釋文〕 王弼曰：爻者，言乎變者也。 故合散屈伸，與體相乖，形躁好静，質柔愛剛，體與情反，質與願違。 是爻者所以明情，故六爻發散，旁通萬物之情。 又曰：陽之所求者陰也，陰之所求者陽也。 一與四，二與五，三與上，若一陰一陽爲相應，若俱陰俱陽爲无應。

時乘六龍，以御天也。

〔並疏〕

【解】九家易曰：謂時之元氣，以王而行。履涉衆爻，是「乘六龍」也。荀爽曰：御者，行也。陽升陽降，天道行也。

雲行雨施，天下平也。

【解】荀爽曰：乾升于坤曰「雲行」，坤降于乾曰「雨施」。乾坤二卦成兩既濟，陰陽和均而得其正，故曰「天下平〔一〕」。

君子以成德爲行，

【解】干寶曰：君子之行，動静可觀，進退可度，動以成德，无所苟行也。

【集解】周氏曰：上第六節「乾元者，始而亨者也」，是廣明「乾」與「四德」之義，此「君子以成德爲行」，亦是第六節明六爻之義，總屬第六節，不更爲第七節。又曰：德出於己，在身内之物，故云「成」；行被於人，在外之事，故云「爲行」。〔並疏〕

日可見之行也。

【解】虞翻曰：謂初。乾稱君子，陽出成爲上德。雲行雨施則成離，日新之謂上德，故「日可見之行」。

潛之爲言也，隱而未見，行而未成，是以君子弗用也。

〔一〕「平」字原脱，據集解本、纂疏本補。

【解】荀爽曰：「隱而未見」，謂居初也。「行而未成」，謂行之坤四，陽居陰位，未成爲君。乾者，君卦也。不成爲君，故不用也。

【集解】褚氏曰：以初、上居无位之地，故稱「言」也。其餘四爻是有位，故不云「言」。〔疏〕

君子學以聚之，問以辨之，〔釋文〕辩，如字。徐扶免反。

【解】虞翻曰：謂二。陽在二，兑爲口，震爲言，爲講論。坤爲文，故「學以聚之」。「問以辨之」，兑象「君子以朋友講習」。

【注】以君德而處下體，資納於物者也。

寬以居之，仁以行之。

【解】虞翻曰：震爲寬仁，爲行。謂居寬行仁〔一〕，「德博而化」也。

【解】虞翻曰：重言「君德」者，大人「善世不伐」，信有君德，「後天而奉天時」，故詳言之。

易曰「見龍在田，利見大人」，君德也。

九三重剛而不中，

【解】虞翻曰：以乾接乾，故「重剛」。位非二五，故「不中」也。

〔一〕「仁」字原脱，據集解本、纂疏本補。

上不在天，下不在田，

【解】何妥曰：上不及五，故云「不在天」。下已過二，故云「不在田」。處此之時，實爲危厄也。

故乾乾因其時而惕，雖危无咎矣。

【解】何妥曰：處危懼之地，而能乾乾懷厲，至夕猶惕，乃得无咎矣。

九四重剛而不中，

【解】案：三居下卦之上，四處上卦之下，俱非得中，故曰「重剛而不中」。

上不在天，下不在田，中不在人，

【解】侯果曰：案下繫「易有天道，有地道，有人道，兼三才而兩之」，謂兩爻爲一才也。初兼二，地也；三兼四，人也；五兼六，天也。四是兼才非正，故言「不在人」也。

故或之。或之者，疑之也，故无咎。

【解】虞翻曰：非其位，故「疑之也」。

夫大人者，與天地合其德，

【解】荀爽曰：與天合德，謂居五也。與地合德，謂居二也。案：謂撫育无私，同天地之覆載也。

【集解】莊氏曰：謂覆載也。〔疏〕

與日月合其明，

【解】荀爽曰：謂坤五之乾二成離，離爲日。乾二之坤五爲坎，坎爲月。　案：威恩之遠被，若日月之照臨也。

【集解】莊氏曰：謂照臨也。〔疏〕

與四時合其序，

【解】翟玄曰：乾坤有消息，從四時來也。　案：賞罰嚴明，順四時之序也。

【集解】莊氏曰：若賞以春、夏，刑以秋、冬之類也。〔疏〕

與鬼神合其吉凶。

【解】虞翻曰：謂乾神合吉，坤鬼合凶，以乾之坤，故「與鬼神合其吉凶」。　案：禍淫福善，叶鬼神之吉凶。

【集解】莊氏曰：若福善禍淫也。〔疏〕

先天而天弗違，

【解】虞翻曰：乾爲天，爲先。大人在乾五，乾五[一]之坤五，天象在先，故「先天而天弗違」。　崔憬曰：行人事，合天心也。

〔一〕「乾五」二字原脱，蓋因重而誤脱也。據集解本、纂疏本補。

【集解】莊氏曰：若在天時之先行事，天乃在後。不違，是天合大人也。〔疏〕

後天而奉天時。

【解】虞翻曰：奉，承行。乾三〔一〕之坤初成震，震爲後也。震春，兑秋，坎冬，離夏，四時象具，故「後天而奉天時」，謂「承天時行」，順也。崔憬曰：奉天時布政，聖政也。

【集解】莊氏曰：若在天時之後行事，能奉順上天，是大人合天也。〔疏〕

天且弗違，而況於人乎？

【解】荀爽曰：人謂三。

況於鬼神乎？

【解】荀爽曰：神謂天，鬼謂地也。案：大人「惟德動天，无遠弗届〔二〕」，鬼神饗德，夷狄來賓。人神叶從，猶風偃草，豈有違忤哉？

【集解】莊氏曰：夫子以天且不違，遂明大人之德。言尊而遠者尚不違，況小而近者，可有違乎？

〔疏〕

〔一〕「三」，原作「四」，據集解本、纂疏本正。

〔二〕「弗届」，原作「不届」，據尚書大禹謨及集解本、纂疏本改。

亢之爲言也，知進而不知退，

【解】荀爽曰：陽位在五，今乃居上，故曰「知進而不知退」也。

【集解】莊氏曰：進退據心。〔疏〕

知存而不知亡，

【解】荀爽曰：在上當陰，今反爲陽，故曰「知存而不知亡」也。

【集解】莊氏曰：存亡據身。〔疏〕

知得而不知喪。

【解】荀爽曰：得謂陽，喪謂陰。　案：此論人君驕盈過亢，必有喪亡。若殷紂招牧野之災，太康遘洛水之怨，即其類矣。

【集解】莊氏曰：得喪據位。〔疏〕

其唯聖人乎！　知進退存亡而不失其正者，其唯聖人乎！〔釋文〕王肅本作「愚人」，後結始作「聖人」。

【解】荀爽曰：進謂居五，退謂居二。存謂五爲陽位，亡謂上爲陰位也。再稱「聖人」者，上聖人謂五，下聖人謂二也。　案：此則「乾元用九，天下治也」。言大寶聖君，若能用九天德者，垂拱无爲，芻狗萬物，「生而不有，功成不居」，「百姓日用而不知」，豈荷生成之德者也？此則三皇五帝，乃聖乃神，保合太和，而天下自治矣。今夫子文言再稱「聖人」者，歎美用九之君，能「知進退存亡而不失其正」，故得「大明終始，萬國咸寧，時乘六龍，以御天也」。斯即「有始有卒者，其惟聖人乎」，是其義也。崔憬曰：謂失其正者，若燕噲讓位於子之之類是也。案：三王五伯揖讓風頹，專恃干戈，遞相征伐。失正忘退，其徒實繁，略舉宏綱，斷可知矣。

䷁ 坤下坤上

坤：元亨，利牝馬之貞。〔釋文〕巛，本又作「坤」。坤，今字也。利牝，頻忍反。徐邈扶忍反，又扶允反。

【解】虞翻曰：謂陰極陽生，乾流坤形，坤含光大，凝乾之元。終於坤亥，出乾初子，「品物咸亨」，故「元亨」也。坤爲牝，震爲馬。初動得正，故「利牝馬之貞」矣。干寶曰：陰氣之始，婦德之常，故稱「元」。與乾合德，故稱「亨」。行天者莫若龍，行地者莫若馬。故乾以龍繇，坤以馬象也。坤陰類，故稱「利牝馬之貞」矣。

【注】坤貞之所利，利於牝馬也。馬，在下而行者也，而又牝焉，順之至也。至順而後乃「亨」，故唯利於牝馬之貞。

【集解】先儒云：在天爲龍，在地爲馬。〔口訣義〕

君子有攸往，先迷後得主利。

【解】九家易曰：坤爲「牝」爲「迷」。盧氏曰：「坤，臣道也，妻道也」，後而不先，先則迷失道矣，故曰「先迷」。陰以陽爲主，當後而順之，則利，故曰「後得主利」。

【集解】莊氏云：「先迷後得主利」者，唯據臣事君也。〔疏〕

西南得朋，東北喪朋，安貞吉。

【解】崔憬〔一〕曰：妻道也。西方坤兑，南方巽離，二方皆陰，與坤同類，故曰「西南得朋」。東方艮震，北方乾坎，二方皆陽，與坤非類，故曰「東北喪朋」。以喻在室得朋，猶迷於失道；出嫁喪朋，乃順而得常。安於承天之正，故言「安貞吉」也。

【注】西南，致養之地，與「坤」同道者也，故曰「得朋」。東北，反西南者也，故曰「喪朋」。陰之爲物，必離其黨，之於非類，而後獲安貞吉。

【集解】馬融曰：喪，失也。〔釋文〕　王肅曰：西南陰類，故得朋；東北陽類，故喪朋。〔漢上叢説〕　莊氏曰：得朋喪朋，唯據婦適夫也。〔疏〕

彖曰：至哉坤元，

【解】九家易曰：謂乾氣至〔二〕坤，萬物資受而以生也。坤者純陰，配乾生物，亦善之始、地之象也，故又嘆言至美。

〔一〕「崔憬」，集解本同，纂疏本作「崔覲」。

〔二〕「至」，原作「之」，據集解本、纂疏本正。

萬物資生，

【解】九家易〔一〕曰：謂萬一千五百二十策，皆受始於乾，由坤而生也。策生於坤，猶萬物成形，出乎地也。

【集解】劉瓛曰：生，得性之始也。〔文選注〕又曰：自無出有曰「生」。〔同〕

乃順承天。

【解】劉瓛曰：萬物資生於地，故地承天而生也。

坤厚載物，

【解】蜀才曰：坤以廣厚之德，載含萬物，无有窮竟也。

德合无疆，〔釋文〕疆，或作「壃」，同。

【解】蜀才曰：天有无疆之德，而坤合之，故云「德合无疆」也。

含弘〔二〕光大，

【解】荀爽曰：乾二居坤五爲含，坤五居乾二爲弘。坤初居乾四爲光，乾四居坤初爲大也。

〔一〕「九家易」，集解本同，纂疏本作「荀爽」。

〔二〕「弘」，原作「宏」，避清帝諱，今改。後同，不復出校。

品物咸亨。

【解】荀爽曰：天地交，萬物生，故「咸亨」。崔憬曰：含育萬物爲弘，光華萬物爲大。動植各遂其性，故言「品物咸亨」也。

牝馬地類，行地无疆。

【解】侯果曰：地之所以含弘物者，以其順而承天也。馬之所以行地遠者，以其柔而伏人也。而又牝焉，順之至也。誠臣子當至順，而作易者取象焉。

【注】地之所以得无疆者，以卑順行之故也。乾以龍御天，坤以馬行地。

柔順利貞，君子攸行。

【解】九家易曰：謂坤爻本在柔順陰位，則利貞之乾，則陽爻來據之，故曰「君子攸行」。

先迷失道，後順得常。

【解】何妥曰：陰道惡先，故先致迷失。後順於主，則保其常慶也。

西南得朋，乃與類行。

【解】虞翻曰：謂陽得其類，月朔至望，從震至乾，「與時偕行」，故「乃與類行」。

東北喪朋，乃終有慶。

【解】虞翻曰：陽喪滅坤，坤終復生，謂月三日，震象出庚，故「乃終有慶」。此指説易道陰陽消息之大要也。謂陽月三日，變而成震出庚，至月八日，成兑見丁，庚西丁南，故「西南得朋」。謂二陽爲朋，故「兑君子以朋友講習之」。文言曰「敬義立而德不孤」，彖曰「乃與類行」。二十九日，消乙入坤，滅藏於癸，乙東癸北，故「東北喪朋」。謂之以坤滅乾，坤爲喪故也。馬君云「孟秋之月，陰氣始著，而坤之位同類相得，故『西南得朋』。孟春之月，陽氣始著，陰始從陽，失其黨類，故『東北喪朋』」，失之甚矣。而荀君以爲「陰起於午，至申三陰，得坤一體，故曰『西南得朋』。陽起於子，至寅三陽，喪坤一體，故曰『東北喪朋』」。就如荀説，從午至申，經當言南西得朋；子至寅，當言北東喪朋。以乾變坤而言「喪朋」，經以乾卦〔一〕爲喪耶。此何異於馬也。

安貞之吉，

【解】虞翻曰：坤道至静，故「安」。復初得正，故「貞吉」。

應地无疆。

【解】虞翻曰：震爲應。陽正於初，以承坤陰，地道應，故「應地无疆」。

【注】地也者，形之名也。坤也者，用地者也。夫兩雄必争，二主必危，有地之形，與剛健爲耦，而以永保无疆，用之者不亦至順乎？若夫行之不以「牝馬」，利之不以「永貞」，方而又剛，柔而又圓，求安

〔一〕「卦」，原作「坤」，據集解本、纂疏本正。

難矣。

象曰：地勢坤，

【解】宋衷曰：地有上下九等之差，故以形勢言其性也。

【注】地形不順，其勢順。

君子以厚德載物。

【解】虞翻曰：勢，力也。君子謂乾。陽爲德，動在坤下。君子之德車，故「厚德載物」。老子曰「勝人者有力」也。

初六：履霜堅冰至。〔釋文〕履霜，如字。

【解】干寶曰：重陰故稱六。剛柔相推故生變，占變故有爻，繫曰「爻者，言乎變者也」，故易繫辭皆稱「九」「六」也。陽數奇，陰數耦，是以乾用一也，坤用二也。陰氣在初，五月之時，自姤來也。陰氣始動乎三泉之下，言陰氣動矣，則必至於「履霜」，履霜則必至於「堅冰」，言有漸也。藏器於身，貴其俟時，故陽在潛龍，戒以勿用。防禍之原，欲其先幾，故陰在三泉，而顯以履霜也。

【注】始於履霜，至於堅冰，所謂至柔而動也剛。陰之爲道，本於卑弱而後積著者也，故取「履霜」以明其始。陽之爲物，非基於始以至於著者也，故以出處明之，則以初爲潛。

【集解】鄭康成曰：履，讀爲禮。〔釋文〕

象曰：履霜堅冰，陰始凝也。馴致其道，至堅冰也。〔釋文〕馴，似尊反。徐音訓，此依鄭義。

【解】九家易曰：霜者，乾之命也。堅冰者，陰功成也。謂坤初六之於乾四，履乾命令而成堅冰也。此卦本乾，陰始消陽，起於此爻，故「履霜」也。馴，猶順也。言陽順陰之性，成「堅冰」矣。初六始姤。姤爲五月盛夏而言堅冰，五月陰氣始生地中，言始於微霜，終至堅冰，以明漸順〔一〕至也。

【集解】向秀云：馴，從也。〔釋文〕褚氏曰：履霜者，從初六至六三。堅冰者，從六四至上六。〔疏〕

六二：直方大，

【解】荀爽曰：大者，陽也。二應五，五下動之，則應陽出直，布陽於四方。

【集解】鄭康成曰：直也，方也，地之性。此爻得中氣而在地上，自然之性，廣生萬物，故生動直而且方。〔禮記疏〕

不習无不利。

【解】荀爽曰：物唱乃和，不敢先有所習。陽之所唱，從而和之，「无不利」也。干寶曰：陰氣在二，

〔一〕「順」字原脱，據集解本、纂疏本補。

六月之時，自遯來也。陰出地上，佐陽成物，臣道也，妻道也。臣之事君，妻之事夫，義〔一〕成者也。臣貴其直，義尚〔二〕其方，地體其大，故曰「直方大」。士該九德，然後可以從王事；女躬四教，然後可以配君子。道成於我，而用之於彼，不妨以仕學爲政，不妨以嫁學爲婦，故曰「不習无不利」也。

【注】居中得正，極於地質。任其自然，而物自生；不假脩營，而功自成，故「不習」焉而「无不利」。

象曰：六二之動，直以方也。

【解】九家易曰：謂陽下動應之，則直而行，布陽氣於四方也。

【注】動而直方，任其質也。

不習无不利，地道光也。

【解】干寶曰：女德光於夫，士德光於國也。

六三：含章可貞，

【解】虞翻曰：貞，正也。以陰包陽，故「含章」。三失位，發得正，故「可貞」也。

【注】三，處下卦之極，而不疑於陽，應斯義者也。不爲事始，須唱乃應，待命乃發，含美而可正者也，故

〔一〕「義」，原作「養」，據集解本、纂疏本正。

〔二〕「義尚」，原作「妻貴」，據集解本、纂疏本正。

曰「含章可貞」。

或從王事，无成有終。

【解】虞翻曰：謂三已發成泰，乾爲王，坤爲事，震爲從，故「或從王事」。地道无成而有終，故「无成有終」。　干寶曰：陰氣在三，七月之時，自否來也。陽降在四，三公位也。陰升在三，三公事也。上失其權，位在諸侯。坤體既具，陰黨成羣，君弱臣強，戒在二國。惟文德之臣，然後可以遭之，運而不失其柔順之正。坤爲文，坤象既成，故曰「含章可貞」。此蓋平襄之王，垂拱以賴晉鄭之輔也。苟利社稷，專之則可，故曰「或從王事」。遷都誅親，疑於專命，故亦「或」之。失後順之節，故曰「无成」。終於濟國安民，故曰「有終」。

【注】有事則從，不敢爲首，故曰「或從王事」也。不爲事主〔一〕，順命而終，故曰「无成有終」也。

象曰：「含章可貞」，以時發也。

【解】崔憬曰：陽命則「發」，非時則「含」也。

「或從王事」，知光大也。

【解】干寶曰：位彌高，德彌廣也。

〔一〕「主」，原作「王」，據四部備要本、注疏本正。

【注】知慮光大，故不擅其美。

六四：括囊，无咎无譽。〔釋文〕譽，音餘，又音預。

【解】虞翻曰：括，結也。謂泰反成否，坤爲囊，艮爲手，巽爲繩，故「括囊」。在外，多咎也。得位承五，「繫于包桑」，故「无咎」。陰在二多譽，而遠在四，故「无譽」。干寶曰：陰氣在四，八月之時，自觀來也。天地將閉，賢人必隱，懷智苟容，以觀時釁。此蓋甯戚、蘧瑗與時卷舒之爻也。不艱其身，則无咎；功業不建，故「无譽」也。

【注】處陰之卦，以陰居陰。履非中位，无「直方」之質；不造陽事，无「含章」之美。括結否閉，賢人乃隱。施慎則可，非泰之道。

象曰：「括囊无咎」，慎不害也。

【解】盧氏曰：慎言，則无咎也。

六五：黄裳元吉。

【解】干寶曰：陰氣在五，九月之時，自剥來也。剥者，反常道也。「黄，中之色；裳，下之飾；元，善之長也。中美能黄，上美爲元，下美則裳」。陰登於五，柔居尊位，若成昭之主，周霍之臣也。百官總己，專斷萬機，雖情體信順，而貌近僭疑，周公其猶病諸。「言必忠信，行必篤敬」，然後可以取信於神明，无尤於四海也，故曰「黄裳元吉」也。

【注】黄，中之色也；裳，下之飾也。坤爲臣道，美盡於下。夫體無剛健，而能極物之情，通理者也。以柔順之德，處於盛位，任夫文理者也。垂黄裳以獲元吉，非用武者也。極陰之盛，不至疑陽，以文在中，美之至也。

【集解】鄭康成曰：如舜試天子，周公攝政。〔隋書〕

象曰：「黄裳元吉」，文在中也。

【解】王肅曰：坤爲文，五在中，故曰「文在中也」。干寶曰：當總己之任，處疑僭之間，而能終元吉之福者，由文德在中也。

【注】用黄裳而獲元吉，以「文在中也」。

上六：龍戰于野，

【解】荀爽曰：消息之位，坤在於亥，下有伏乾，「爲其兼于陽，故稱龍」也。

【注】陰之爲道，卑順不盈，乃全其美。盛而不已，固陽之地，陽所不堪，故「戰于野」。

【集解】鄭康成曰：聖人喻龍，君子喻蛇。〔儀禮疏〕

其血玄黄。

【解】九家易曰：實本坤體，「未離其類，故稱血焉」，血以喻陰也。「玄黄，天地之雜」，言乾坤合居也。侯果曰：坤，十月卦也。乾位西北，又當十月。陰窮於亥，窮陰薄陽，所以戰也，故説卦云「戰乎乾」是也。六稱「龍」者，陰盛似龍，故稱「龍」也。干寶曰：陰在上六，十月之時也。爻終于酉，而卦成於乾，乾體純剛，不堪陰盛，故曰「龍戰」。戌亥，乾之都也，故稱龍焉。陰德過度，以逼乾戰。郭外曰郊，郊外曰野。坤位未申之維，而氣溢酉戌之間，故曰「于野」。未離陰類，故曰「血」。陰陽色雜，故曰「玄黄」。言陰陽離則異氣，合則同功，君臣夫妻，其義一也。故文王之忠於殷，抑參二之强，以事獨夫之紂，蓋欲彌縫其闕，而匡救其惡，以祈殷命，以濟生民也。紂遂長惡不悛，天命殛之，是以至於武王，遂有牧野之事，是其義也。

象曰：「龍戰于野」，其道窮也。

【解】干寶曰：天道窮，至於陰陽相薄也。君德窮，至於攻戰受誅也。柔順窮，至於用權變矣。

用六：利永貞。

【解】干寶曰：陰體其順，臣守其柔，所以秉義之和，履貞之幹，唯有推變，終歸于正。是周公始于負扆南面，以先王道，卒于復子明辟，以終臣節，故曰「利永貞」也。

【注】用六之利，利永貞也。

象曰：「用六永貞」，以大終也。

【解】侯果曰：用六妻道也，臣道也，利在長正矣。不長正，則不能大終陽事也。

【注】能以永貞，大終者也。

文言曰：〔釋文〕坤至柔，本或有「文言曰」者。

【解】何妥曰：坤文言惟一章者，以一心奉順於主也。

坤，至柔而動也剛，

【解】荀爽曰：純陰至順，故柔也。　九家易曰：坤一變而成震，陰動生陽，故「動也剛」。

至静而德方。

【解】荀爽曰：坤性至静，得陽而動，布於四方也。

【注】動之方直，不爲邪也。　柔而又圓，消之道也。　其德至静，德必方也。

後得主而有常，

【解】虞翻曰：坤陰「先迷，後順得常」，陽出初震，爲主，爲常也。

含萬物而化光。

【解】干寶曰：光，大也。謂坤含藏萬物，順承天施，然後化光也。

坤道其順乎，承天而時行。

【解】荀爽曰：承天之施，因四時而行之也。

積善之家，必有餘慶；

【解】虞翻曰：謂初〔一〕。乾爲積善。以坤牝陽，滅出復震爲「餘慶」，謂「東北喪朋，乃終有慶」也。

積不善之家，必有餘殃。

【解】虞翻曰：坤積不善，以臣弑君。以乾通坤，極姤生巽，爲「餘殃」也。案：聖人設教，理貴隨宜。故夫子先論人事，則不語怪力亂神，絶四毋必。今于易象，闡揚天道，故曰「積善之家，必有餘慶；積不善之家，必有餘殃」者，以明陽生陰殺，天道必然，理國修身，積善爲本。故於坤爻初六陰始生時，著此微言，永爲深誡。欲使防萌杜漸，災害不生，開國承家，君臣同德者也。故繫辭云「善不積，不足以成名；惡不積，不足以滅身」，是其義也。

【集解】鄭康成曰：殃，禍惡也。〔釋文〕

臣弑其君，子弑其父，〔釋文〕弑，本又作「殺」，音同。

【解】虞翻曰：坤消至二，艮子弑父；至三成否，坤臣弑君。上下不交，天下無邦，故子弑父，臣弑君也。

非一朝一夕之故，其所繇來者漸矣，

【解】虞翻曰：剛爻爲朝，柔爻爲夕。乾爲寒，坤爲暑，相推而成歲焉，故非一朝一夕，所由來漸矣。

〔一〕「初」与下「乾」二字原誤倒，據集解本、纂疏本乙。

繇辯之不早辯也。〔釋文〕由辯，如字。荀作「變」。

【集解】馬融曰：辯，别也。〔釋文〕

易曰「履霜堅冰至」，蓋言順也。

【解】荀爽曰：霜者，乾之命令，坤下有伏乾。「履霜堅冰，蓋言順也」。乾氣加之性而堅，象臣順君命而成之。

直其正也，方其義也。

【解】虞翻曰：謂二。陽稱直。「乾其静也專，其動也直」，故「直其正」。方謂闢，陰開爲「方」。「坤其静也翕，其動也闢」，故「方其義也」。

君子敬以直内，義以方外，敬義立而德不孤。

【解】虞翻曰：陽息在二，故「敬以直内」；坤位在外，故「義以方外」。謂陽見兑丁，「西南得朋，乃與類行」，故「德不孤」，孔子曰「必有鄰」也。

直方大，不習无不利，則不疑其所行也。〔釋文〕張璠本此上有「易曰」，衆家本無。

【解】荀爽曰：「直方大」，乾之唱也；「不習无不利」，坤之和也。陽唱陰和，而无所不利，故「不疑其所行也」。

陰雖有美，含之，以從王事，弗敢成也。

【解】荀爽曰：六三陽位，下有伏陽。坤，陰卦也，雖有伏陽，含藏不顯，以從王事，要待乾命，不敢自成也。

地道也，妻道也，臣道也，

【解】翟玄曰：坤有此三者〔一〕也。

地道无成而代有終也。

【解】宋衷曰：臣子雖有才美，含藏以從其上，不敢有所成名也。地得終天功，臣得終君事，婦得終夫業，故曰「而代有終也」。

天地變化，草木蕃，

【解】虞翻曰：謂陽息坤成泰，天地反，以乾變坤，坤化升乾，萬物出震，故「天地變化，草木蕃」矣。

天地閉，賢人隱。

【解】虞翻曰：謂四。泰反成否，乾稱賢人，隱藏坤中。「以儉德避難，不榮以禄」，故「賢人隱」矣。

易曰「括囊无咎无譽」，蓋言謹也。

【解】荀爽曰：六四陰位，迫近于五，雖有成德，當括而囊之，謹慎畏敬也。

君子黄中通理，正位居體。

〔一〕「者」下原衍「道」字，據集解本、纂疏本删。

【解】虞翻曰：謂五。坤息體觀，地色黄，坤爲理，以乾通坤，故稱「通理」。五正陽位，故曰「正位」。艮爲居，體謂四支也。艮爲兩肱，巽爲兩股，故曰「黄中通理，正位居體」。

美在其中而暢於四支，

【解】虞翻曰：陽稱美，在五中。「四支」謂股肱。

發於事業，

【解】九家易曰：天地交而萬物生也。謂陽德潛藏，變則發見，若五動爲比，乃事業之盛。

美之至也。

【解】侯果曰：六五以中和通理之德，居體于正位，故能美充于中，而旁暢於萬物，形於事業，无不得宜，是「美之至也」。

陰疑於陽必戰，爲其嫌於无陽也，故稱「龍」焉。〔釋文〕疑，荀、虞、姚信、蜀才作「凝」。嫌，鄭作「溓」，荀、虞、陸、董作「嗛」。

【解】孟喜曰：陰乃上薄，疑似于陽，必與陽戰也。九家易曰：陰陽合居，故曰「嫌陽」，謂上六坤行至亥，下有伏乾。陽者變化，以喻龍焉。

【注】辯之不早，疑盛乃動，故必戰，爲其嫌於非陽而戰。

【集解】鄭康成曰：溓，讀如「羣公㥶」之「㥶」。古書傳作立心，與「水」相近，讀者失之，故作「溓」。溓，

雜也。陰，謂此上六也；陽，謂今消息用事乾也。上六爲蛇，得乾氣雜似龍。〔詩疏〕

猶未離其類也，故稱「血」焉。

【解】荀爽曰：實本坤卦，故曰「未離其類也」。血以喻陰順陽也。崔憬曰：乾坤交會，乾爲大赤，伏陰柔之，故稱血焉。

【注】猶未〔一〕失其陰類，爲陽所滅。猶與陽戰而相傷，故稱血。

夫玄黃者，天地之雜也，

【解】荀爽曰：消息之卦，坤位在亥，下有伏乾，陰陽相和，故言「天地之雜也」。

【集解】莊氏曰：上六之爻，兼有天地雜氣，所以上六被傷，「其血玄黃」也。〔疏〕

天玄而地黃。

【解】荀爽曰：天者陽，始於東北，故色玄也。地者陰，始於西南，故色黃也。王凱沖曰：陰陽交戰，故「血玄黃」。

〔一〕「未」，原訛作「不」，據四部備要本、注疏本正。

周易集解卷二

上經屯傳第二

䷂震下坎上 屯：元亨，利貞。

【解】虞翻曰：剛柔交震，故「元亨」。之初得正，故「利貞」矣。

【注】剛柔始交，是以「屯」也。不交則否，故屯乃大亨也。大亨則无險，故「利貞」。

勿用有攸往，

【解】虞翻曰：之外稱往。初震得正，起之欲應，動而失位，故「勿用有攸往」。

【注】往，益「屯」也。

利建侯。

【解】虞翻曰：震爲侯。初剛難拔，故利以建侯，老子曰「善建者不拔」也。

【注】得主則定。

彖〔一〕曰：屯，剛柔始交而難生。

【解】虞翻曰：乾剛坤柔，坎二交〔二〕初，故「始交」。確乎難拔，故「難生」也。崔憬曰：十二月，陽始浸長而交于陰，故曰「剛柔始交」。萬物萌芽，生於地中，有寒冰之難，故言「難生」。於人事，則是運季業初之際也。

動乎險中，大亨貞。

【解】荀爽曰：物難在始生，此本坎卦也。案：初六升二，九二降初，是「剛柔始交」也。交則成震，震爲動也，上有坎，是「動乎險中」也。動則物通而得正，故曰「動乎險中，大亨貞」也。

【注】始於險難，至於大亨，而後全正，故曰「屯，元亨利貞」。

雷雨之動滿盈。

【解】荀爽曰：雷震雨潤，則萬物滿盈而生也。虞翻曰：震雷坎雨，坎爲形也。謂三已反正，成既濟，坎水流坤，故「滿盈」。謂雷動雨施，品物流形也。

〔一〕「彖」，原訛作「象」，據易例正。

〔二〕「交」上原衍「始」字，據集解本、纂疏本删。

【注】雷雨之動，乃得滿盈，皆剛柔始交之所爲。

【集解】周氏云：此一句覆釋「亨」也。萬物盈滿，則亨通也。褚氏同。〔疏〕

天造草昧，

【解】荀爽曰：謂陽動在下，造物於冥昧之中也。

【集解】鄭康成曰：造，成也。草，草創。昧，昧爽也。〔文選注〕　董遇曰：草昧，微物。〔釋文〕

宜建侯而不寧。

【解】荀爽曰：天地初開，世尚屯難，震位承乾，故「宜建侯」。動而遇險，故「不寧」也。　虞翻曰：造，造生也；草，草創物也；坤冥爲昧，故「天造草昧」。成既濟定，故曰「不寧」，言寧也。　干寶曰：水運將終，木德將始，殷周際也。百姓盈盈，匪君子不寧。天下既遭屯險之難，後王宜蕩之以雷雨之政，故封諸侯以寧之也。

【注】屯體不寧，故利建侯也。屯者，天地造始之時也。造物之始，始於冥昧，故曰「草昧」也。處造始之時，所宜之善[一]，莫善「建侯」也。

【集解】鄭康成曰：而，讀曰能，能猶安也。〔釋文〕

〔一〕「善」字原脫，據四部備要本、注疏本及樓氏本補。

象曰：雲雷屯，

【解】九家易曰：雷雨者，興養萬物。今言屯者，十二月雷伏藏地中，未得動出，雖有雲雨，非時長育，故言「屯」也。

君子以經綸。〔釋文〕論，音倫，鄭如字。本亦作「綸」。

【解】荀爽曰：屯難之代，萬事失正。經者，常也。綸者，理也。「君子以經綸」，不失常道也。姚信曰：經，緯也。時在屯難，是天地經綸之日，故君子法之，須經綸艱難也。

【注】君子經綸之時。

【集解】鄭康成曰：謂論撰書、禮、樂，施政事。〔釋文〕姚信曰：綸，謂綱也。〔疏〕黃穎曰：經綸，匡濟也。〔釋文〕李氏曰：雲，陰也；雷，陽也；陰陽二氣相激薄而未通感，情不相得，故難生也。君子處屯難之時，不得安然无事，經營綸理，以輔屯難也。〔口訣義〕

初九：磐桓，利居貞，利建侯。〔釋文〕磐，本亦作「盤」，又作「槃」。

【解】虞翻曰：震起艮止，動乎險中，故「盤桓」。得正得民，故「利居貞」，謂「君子居其室」，「慎密而不出也」。

【注】處屯之初，動則難生，不可以進，故「磐桓」也。處此時也，其利安在？不唯居貞、建侯乎！夫息亂以静，守静以侯；安民在正，弘正在謙。屯難之世，陰求於陽，弱求於強，民思其主之時也。初處其

首而又下焉，爻備斯義，宜其得民也。

【集解】馬融曰：盤桓，旋也。〔釋文〕

象曰：雖「磐桓」，志行正也。

【解】荀爽曰：「盤桓」者，動而退也。謂陽從二動而退居初，雖盤桓，得其正也。

【注】不可以進，故「磐桓」也。非爲晏安棄成務也，故「雖磐桓，志行正也」。

以貴下賤，大得民也。

【解】荀爽曰：陽貴而陰賤，陽從二來，是「以貴下賤」，所以得民也。

【注】陽貴而陰賤也。

六二：屯如邅如，

【解】荀爽曰：陽動而止，故「屯如」也。陰乘於陽，故「邅如」也。

【注】志在乎「五」，不從於初。屯難之時，正道未行，與初相近而不相得，困於侵害，故屯邅也。

【集解】子夏傳曰：如，辭也。馬融曰：邅如，難行不進之貌。〔並釋文〕

乘馬班如。〔釋文〕乘，繩證反，子夏傳音繩。班如，鄭本作「般」。〔案〕説文引易曰：乘馬驙如。

【解】虞翻曰：屯邅，盤桓，謂初也。震爲馬作足，二乘初，故「乘馬」。班，躓也，馬不進，故「班如」也。

【注】時方屯難，正道未通，涉遠而行，難可以進，故曰「乘馬班如」也。

【集解】子夏傳曰：班如，相牽不進貌。〔釋文〕馬融曰：班，班旋不進也。〔疏〕鄭康成曰：馬牝牡曰「乘」。〔釋文〕

匪寇婚媾，女子貞不字，十年乃字。〔釋文〕媾，本作「冓」，本或作「構」者，非。

【解】虞翻曰：匪，非也。寇謂五，坎爲寇盜，應在坎，故「匪寇」。陰陽德正，故「婚媾」。字，妊娠也。三失位，變復體離，離爲「女子」，爲大腹，故稱「字」。今失位爲坤，離象不見，故「女子貞不字」。坤數十，三動反正，離女大腹，故十年反常乃字，謂成既濟定也。

【注】寇，謂初也。无「初」之難，則與「五」婚矣，故曰「匪寇婚媾」也。「志在於五」，不從於初，故曰「女子貞不字」也。屯難之世，勢不過十年者也。十年則反常，反常則本志斯獲矣，故曰「十年乃字」。

【集解】馬融曰：重婚曰「媾」。鄭康成曰：冓，猶會也。〔並釋文〕

象曰：六二之難，乘剛也。

【解】崔憬曰：下乘初九，故爲之難也。

「十年乃字」，反常也。

【解】九家易曰：陰出於坤，今還爲坤，故曰「反常也」。陰出於坤，謂乾再索而得坎。今變成震，中有坤體，故言「陰出於坤，今還於坤」。謂二從初即逆，應五順也，去逆就順，陰陽道正，乃能長養，故曰「十年乃字」。

六三：即鹿无虞，惟入於林中。〔釋文〕即鹿，王肅作「麓」。

【解】虞翻曰：即，就也。虞，謂虞人，掌禽獸者。艮爲山，山足稱「麓」。麓，林也。三變體坎，坎爲藂木，山下，故稱「林中」。坤爲兕虎，震爲麋鹿，又爲驚走，艮爲狐狼。三變，禽走入於林中，故曰「即鹿无虞，惟入林中」矣。

【注】三既近五而無寇難，四雖比五，其志在初，不妨己路，可以進而无屯邅也。見路之易，不揆其志，五應在二，往必不納，何異无虞以從禽乎？雖見其禽，而无其虞，徒入於林中，其可獲乎？

【集解】王肅曰：麓，山足也。〔釋文〕

君子幾不如舍。往，吝。〔釋文〕幾，徐音祈，辭也；又音機，近也、速也。鄭作「機」。舍，式夜反，徐音捨。吝，力刃反，又力慎反。

【解】虞翻曰：君子謂陽，已正位。幾，近。舍，置。吝，疵也。三應於上，之應歷險，不可以往，動如失位，故不如舍之，往必吝窮矣。

【注】幾，辭也。夫君子之動，豈取恨辱哉？故不如舍。往，吝窮也。

【集解】馬融曰：吝，恨也。鄭康成曰：機，弩牙也。〔並釋文〕王弼曰：見情者獲，直往即違。〔口訣義〕

象曰：「即鹿无虞」，以從禽也。〔釋文〕以從，如字，鄭、黄于〔一〕用反。

【解】案：白虎通云「禽者何？鳥獸之總名，爲人所禽制也」，即比〔二〕卦九五爻辭「王用三驅，失前禽」，是其義也。

君子舍之，往，吝窮也。

【解】崔憬曰：君子〔三〕見動之微，逆知无虞，則不如舍勿往，往必吝窮也。

六四：乘馬班如，

【解】虞翻曰：謂三已變，坎爲馬，故曰「乘馬」。馬在險中，故「班如」也。或説乘初，初爲建侯，安得乘之也。

求婚媾，往，吉，无不利。

【解】崔憬曰：屯難之時，勿用攸往，初雖作應，班如不進。既比於五，五〔四〕來求婚，男求女，「往，吉，无不利」。

〔一〕「于」，原訛作「子」，據釋文改。
〔二〕「比」，原訛作「此」，據集解本、纂疏本正。
〔三〕「君子」二字，集解本同，纂疏本無。
〔四〕「五」字當重，原脱，據集解本、纂疏本補。

【注】二雖比初，執貞不從，不害己志者也。求與合好，往必見納矣。故曰「往，吉，无不利」。

象曰：求而往，明也。

【解】虞翻曰：之外稱往。體離，故「明也」。

【注】見彼之情狀也。

九五：屯其膏，

【解】虞翻曰：坎雨稱膏，詩云「陰雨膏之」，是其義也。

小貞吉，大貞凶。

【解】崔憬曰：得屯難之宜，有膏澤之惠。謂與四爲婚媾，施雖未光，小貞之道也，故吉。至於遠求嘉偶，以行大正，赴二之應，冒難攸往，固宜，且〔一〕凶，故曰「大貞凶」也。

【注】處屯難之時，居尊位之上，不能恢弘博施，无物不與，拯濟微滯，亨于羣小，而繫應在二，屯難其膏，非能光其施者也。固志同好，不容他間，小貞之吉，大貞之凶。

象曰：「屯其膏」，施未光也。

【解】虞翻曰：陽陷陰中，故「未光也」。

〔一〕「且」下原衍「猶病諸」三字，據集解本、纂疏本删。

上六：乘馬班如，

【解】虞翻曰：乘五。坎爲馬，震爲行，艮爲止，馬行而止，故「班如」也。

泣血漣如。案：漣，説文引作「㦁」。

【解】九家易曰：上六乘陽，故「班如」也。下二四爻，雖亦乘陽，皆更得承五，憂解難除。今上无所復承，憂難不解，故「泣血漣如」也。體坎爲血，伏離爲目，互艮爲手，掩目流血，泣之象也。

【注】處險難之極，下无應援〔一〕，進无所適，雖比於五，五屯其膏，不與相得。居不獲安，行无所適，窮困闉厄，无所委仰，故「泣血漣如」。

象曰：「泣血漣如」，何可長也。

【解】虞翻曰：謂三變時，離爲目，坎爲血，震爲出，血流出目，故「泣血漣如」。柔乘於剛，故不可長也。

䷃ 坎下艮上

蒙：亨。

【解】虞翻曰：艮三之二。「亨」爲二，震剛柔接，故亨。蒙亨以〔二〕通行時中也。　干寶曰：蒙者，離

〔一〕「援」，原訛作「授」，據四部備要本、注疏本正。

〔二〕「亨以」二字原誤倒，據集解本、纂疏本乙。

宮陰也。世在四，八月之時，降陽布德，薺麥並生，而息來在寅，故蒙於世爲八月，於消息爲正月卦也。正月之時，陽氣上達，故屯爲「物之始生」，蒙爲「物之穉也」。施之於人，則「童蒙」也。苟得其運，雖蒙必亨，故曰「蒙亨」。此蓋以寄成王之遭周公也。

【集解】蒙者，蒙蒙物初生形，是其未開著之名也。人幼稚曰「童」，未冠之稱。亨者，陽也。〔公羊疏〕

匪我求童蒙，童蒙求我。〔釋文〕童，字書作「僮」。

【解】虞翻曰：童蒙謂五，艮爲童蒙，我謂二也。震爲動起，嫌求之五，故曰「匪我求童蒙」。五陰求陽，故「童蒙求我，志應也」。艮爲求。二體師象，坎爲經，謂「禮有來學，無往教」。陸績曰：六五陰爻在蒙暗，蒙又體艮少男，故曰「童蒙」。

【集解】鄭康成曰：互體震而得中，嘉會禮通。陽自動其中德於地道之上，萬物應之而萌芽生，教授之師取象焉。修道藝于其室，而童蒙者求爲之弟子，非己乎求之也。〔公羊疏〕又曰：童，未冠之稱。〔釋文〕

初筮告，再三瀆，瀆則不告。〔釋文〕三，息暫反，又如字。〔案〕説文引作「再三黷」。

【解】崔憬曰：初筮，謂六五求決於九二，二則告之。再三瀆，謂三應于上，四隔于二，與二爲瀆，故二不告也。瀆，古黷字也。

【注】筮者，決疑之物也。童蒙之來求我，欲決所惑〔一〕也，決之不一，不知所從，則復惑也。故初筮則告，再三則瀆，瀆，蒙也。能爲初筮，其惟二乎？以剛處中，能斷夫疑者也。

【集解】鄭康成曰：筮，問也。瀆，褻也。弟子初問，則告之以事義。不思其三隅，相況以反解而筮者，此勤師而功寡，學者之災也。瀆筮則不復告，欲令思而得之，亦所以利義而幹事也。〔公羊疏〕

利貞。

【解】虞翻曰：二五失位，利變之正，故「利貞」。

【注】「蒙」之所利，乃利正也。夫明莫若聖，昧莫若蒙，蒙以養正，乃聖功也。然則養正以明，失其道矣。

彖曰：蒙，山下有險，險而止，蒙。

【解】侯果曰：艮爲山，坎爲險，是「山下有險」。險被山止，止則未通，蒙昧之象也。

【注】退則困險，進則閡山，不知所適，蒙之義也。

【集解】楊文〔二〕曰：險而止，山也。險而動，泉也。動静皆蒙險。〔御覽〕

〔一〕「惑」，原作「疑」，據四部備要本、注疏本正。

〔二〕「楊文」，原作「楊又」，蓋形近致誤。

「蒙，亨」，以亨行，時中也。〔釋文〕時中，張仲〔一〕反，又如字，和也。

【解】荀爽曰：此本艮卦也。　案：二進居三，三降居二，剛柔得中，故能通發蒙時，令得時中矣，故曰「蒙亨，以亨行，時中也」。

【注】時之所願，惟願「亨」也；以亨行之，得「時中」也。

「匪我求童蒙，童蒙求我」，志應也。〔釋文〕求我，一本「來求我」。

【解】荀爽曰：二與五，志相應也。

【注】我，謂非童蒙者也。非童蒙者，即陽也。凡不識者求問〔二〕識者，識者〔三〕不求所告；闇者求明，明者不諮於闇。故蒙之爲義，「匪我求童蒙，童蒙求我」也。童蒙之來求我，志應故也。

「初筮告」，以剛中也。

【解】崔憬曰：以二剛中，能發於蒙也。

【注】謂二也。二爲衆陰之主也。无剛失中，何繇得初筮之告乎？

「再三瀆，瀆則不告」，瀆蒙也。

〔一〕「仲」，原訛作「伸」，據釋文正。

〔二〕「問」，原作「間」，據王弼注本正。

〔三〕「識者」二字原脱，據四部備要本、注疏本補。

【解】荀爽曰：再三，謂三與四也。皆乘陽不敬，故曰「瀆」。瀆不能尊陽，蒙氣不除，故曰「瀆蒙也」。

蒙以養正，聖功也。

【解】虞翻曰：體頤故養。「五多功」，聖謂二，二志應五，變得正而忘其蒙，故「聖功也」。干寶曰：武王之崩，年九十三矣，而成王八歲。言天後成王之年，將以養公正之道，而成三聖之功。

象曰：山下出泉，蒙。

【解】虞翻曰：艮爲「山」，震爲「出」，坎泉〔一〕流出，故「山下出泉」。

【注】山下出泉，未知所適，蒙之象也。

君子以果行育德。

【解】虞翻曰：君子爲二，艮爲「果」，震爲「行」。育，養也。二至上有頤養象，故「以果行育德」也。

【注】「果行」者，初筮之義也；「育德」者，養正之功也。

初六：發蒙。利用刑人，用説桎梏，以往吝。〔釋文〕説，吐活反，徐又音税。〔案〕説文引作「以往遴」，遴，行難也。凡易內「往吝」、「往見吝」、「以往吝」，皆當從此，非「悔吝」之字也。説文又引作「以往吝」者，意後人所增。

【解】虞翻曰：發蒙之正。初爲蒙始而失其位，發蒙之正以成兑，兑爲刑人，坤爲用，故曰「利用刑人」

〔一〕「泉」，原訛作「象」，據集解本、纂疏本正。

矣。坎爲穿木，震足艮手，互與坎連，故稱「桎梏」。初發成兑，兑爲説，坎象毁壞，故曰「用説桎梏」。之應歷險，故「以往吝」。吝，小疵也。　干寶曰：初六戊寅，平明之時，天光始〔一〕照，故曰「發蒙」。此成王始覺周公至誠之象也。坎爲法律，寅爲貞廉，以貞用刑，故「利用刑人」矣。此成王將正四國之象也。説，解也。正四國之罪，宜釋周公之黨，故曰「用説桎梏」。既感金縢〔二〕之文，追恨昭德之晚，故曰「以往吝」。初二失位，吝之由也。

【注】處蒙之初，二照其上，故蒙發也。蒙發疑明，刑説當也。「以往吝」，刑不可長。

【集解】鄭康成曰：木在足曰桎，在手曰梏。〔周禮疏〕

象曰：「利用刑人」，以正法也。

【解】虞翻曰：坎爲法，初發之正，故「正法」也。

【注】刑人之道，道所惡也。以正法制，故刑人也。

九二：包蒙，吉。納婦吉，子克家。

【解】虞翻曰：坤爲包，應五據初，初〔三〕與三四同體，包養四陰，故「包蒙，吉」。震剛爲夫，伏巽爲婦，

〔一〕「始」，原訛作「時」，據集解本、纂疏本正。

〔二〕「縢」，原訛作「滕」，「金縢」乃尚書周書之第八篇，今據正。

〔三〕「初」，原作「二」，集解本同，據文例及纂疏本正。

二〔一〕以剛接柔，故「納婦吉」。二稱家，震長子，主器者，納婦成初，故有「子克家」也。

【注】以剛居中，童蒙所歸，包而不距，則遠近咸至，故「包蒙，吉」也。婦者，配己而成德者也。體陽而能包蒙，以剛而能居中，以此納配，物莫不應，故「納婦吉」也。處於卦内，以剛接柔，親而得中，能幹其任，施之于子，克家之義。

【集解】鄭康成曰：「苞」當作「彪」。彪，文也。〔釋文〕

象曰：「子克家」，剛柔接也。

六三：勿用取女。見金夫，不有躬，无攸利。〔釋文〕「取」本又作「娶」。

【解】虞翻曰：謂三，誡上也，金夫謂二。初發成兑，故三稱「女」，兑爲見，陽稱金，震爲夫，三逆乘二陽，所行不順，爲二所淫，上來之三陟陰，故曰「勿用取女，見金夫」矣。坤身稱躬，三爲二所乘，兑澤動下，不得之應，故「不有躬」。失位多凶，故「无攸利」也。

【注】童蒙之時，陰求於陽，晦求於明，各求發其昧者也。六三在下卦之上，上九在上卦之上，男女之義也。上不求三而三求上，女先求男者也。女之爲體，正行以待命者也。見剛夫而求之，故曰「不有躬」也。施之於女，行在不順，故「勿〔二〕用取女」而「无攸利」。

〔一〕「二」，原作「一」，據集解本、纂疏本正。
〔二〕「勿」，原作「先」，據六三爻辭正。

象曰：「勿用取女」，行不順也。

【解】虞翻曰：失位乘剛，故「行不順」也。

六四：困蒙，吝。

【注】獨遠於陽，處兩陰之中，闇莫之發，故曰「困蒙」也。困於蒙昧，不能比賢以發其志，亦以鄙矣，故曰「吝」也。

象曰：「困蒙」之吝，獨遠實也。

【注】陽稱實也。

六五：童蒙，吉。

【解】虞翻曰：艮爲童蒙，處貴承上，有應於二，動而成巽，故「吉」也。

【注】以夫陰質，居於尊位，不自任察而委於二。付物以能，不勞聰明，功斯克矣，故曰「童蒙，吉」。

象曰：「童蒙」之吉，順以巽也。

【解】荀爽曰：順以上，巽於二，有似成王任用周召也。

【注】委物以能，不先不爲，順以巽也。

【集解】鄭康成曰：「巽」當作「遜」。〔釋文〕褚氏曰：順者，心不違也。巽者，外迹相卑下也。〔疏〕

上九：擊蒙，不利爲寇，利禦寇。〔釋文〕擊，馬、鄭作「繫」。

【解】虞翻曰：體艮爲手，故「擊」。謂五已變，上動成坎稱寇，而逆乘陽，故「不利爲寇」矣。禦，止也。此寇謂二。坎爲寇，巽爲高，艮爲山，登山備下，順有師象，故「利禦寇」也。

【注】處蒙之終，以剛居上，能擊去童蒙，以發其昧者也，故曰「擊蒙」也。童蒙願發，而己能擊去之，合上下之願，故莫不順也。爲之扞禦，則物咸附之；若欲取之，則物咸叛矣，故「不利爲寇，利禦寇」也。

【集解】王肅曰：擊，治也。〔釋文〕〔一〕

象曰：利用禦寇，上下順也。

【解】虞翻曰：自上禦下，故「順」也。

䷄ 乾下坎上

需：有孚。光亨，貞吉。〔釋文〕需，字從「雨」重「而」者，非。有孚，徐音敷，信也。又作「旉」。光，師讀絶句，「亨貞吉」一句，馬、鄭總爲一句。

【解】虞翻曰：大壯四之五。孚謂五。離日爲光，四之五得位正中，故「光亨，貞吉」，謂「壯于大轝之輹」也。

【集解】鄭康成曰：需讀爲「秀」，陽氣秀而不直前者，畏上坎也。〔釋文〕

〔一〕「〔釋文〕」原無，據孫氏此書體例及釋文補。

利涉大川。

【解】何妥曰：大川者，大難也。須之待時，本欲涉難，既能以信而待，故可「利涉大川」矣。

象曰：需，須也，險在前也。

【解】何妥曰：此明得名由於坎也，坎爲險也。有險在前，不可妄〔一〕涉，故須待時，然後動也。

剛健而不陷，其義不困窮矣。

【解】侯果曰：乾體剛健，遇險能通，險不能險，義不窮也。

「需，有孚，光亨，貞吉」，位乎天位，以正中也。〔釋文〕位乎，如字，鄭音涖。〔案〕唐石經：「乎」作「于」。

【解】蜀才曰：此本大壯卦。案：六五降四，「有孚，光亨，貞吉」。九四升五，「位乎天位，以正中也」。

【注】謂五也。位乎天位，用其中正，以此待物，需道畢矣，故「光亨，貞吉」。

利涉大川，往有功也。

【解】虞翻曰：謂二失位，變而涉坎，坎爲大川。得位應五，故「利涉大川」。「五多功」，故「往有功也」。

【注】乾德獲進，往輒亨也。

〔一〕「妄」，原作「忘」，據集解本、纂疏本正。

象曰：雲上於天，需。〔釋文〕王肅本作「雲在天上」。〔案〕李鼎祚本及史氏口訣義皆「於」作「于」。

【解】宋衷曰：「雲上於天」，須時而降也。

【集解】干寶曰：上，升也。〔釋文〕

君子以飲食宴樂。〔釋文〕宴，烏練反。徐烏殄反，安也。李軌烏衍反。

【解】虞翻曰：君子謂乾。坎水兑口，水流入口爲飲，二失位變，體噬嗑爲食，故「以飲食」。陽在内稱「宴」。大壯震爲樂，故「宴樂」也。

【注】童蒙已發，盛德光亨，飲食宴樂，其在兹乎！

【集解】鄭康成曰：宴，享宴也。干寶曰：宴，安也。〔並釋文〕

初九：需于郊，利用恒，无咎。

【解】干寶曰：郊，乾坎之際也。既已受命進道，北郊未可以進，故曰「需于郊」。處不避污，出不辭難，臣之常節也。得位有應，故曰「利用恒」。雖小稽留，終于必達，故曰「无咎」。

【注】居需之時，最遠於難，能抑其進，以遠險待時，雖不應幾，可以保常也。

象曰：「需於郊」，不犯難行也。「利用恒，无咎」，未失常也。〔釋文〕利用恒，本亦有「无咎」者。

九二：需于沙，小有言，終吉。〔釋文〕于沙，鄭作「沚」。

【解】虞翻曰：沙謂五，水中之陽稱沙也。二變之陰稱小，大壯震爲言，兑爲口，四之五，震象半見，故

「小有言」。二〔一〕變應之，故「終吉」。

【注】轉近于難，故曰「需於沙」也。不〔二〕至致寇，故曰「小有言」也。近不逼難，遠不後時，履健居中，以待其會，雖小有言，以吉終也。

【集解】鄭康成曰：沙，接水者。〔詩疏〕〔案〕「沙」當作「沚」。〔釋文〕作「沚」者，字之譌也。

象曰：「需于沙」，衍在中也。〔釋文〕衍，以善反，徐怡戰反。

【解】荀爽曰：二應于五，水中之剛，故曰「沙」。知前有沙漠〔三〕而不進也。體乾處和，美德優衍在中而不進也。虞翻曰：衍〔四〕，流也。中謂五也。

雖「小有言」，以吉終也。

【解】荀爽曰：二與四同功，而三據之，故「小有言」。乾雖在下，終當升上，二當居五，故「終吉」也。

九三：需于泥，致寇至。〔釋文〕寇，鄭、王肅本作「戎」。

【解】荀爽曰：親與坎接，故稱「泥」。須止不進，不取于四，不致寇害。

〔一〕「二」上原衍「五」字，據集解本、纂疏本刪。
〔二〕「不」，原作「未」，據四部備要本、注疏本及樓氏本正。
〔三〕「漠」，原作「溟」，據集解本、纂疏本正。
〔四〕「衍」上原衍「曰」字，據集解本、纂疏本刪。

【注】以剛逼難，欲進其道，所以招寇而致敵也。猶有須焉，不陷其剛。寇之來也，自我所招，敬慎防備，可以不敗。

象曰：「需於泥」，災在外也。〔案〕宋石經「災」作「灾」。

【解】崔憬曰：泥，近乎外者也。三逼於坎，坎爲險盜，故「致寇至」，是「災在外也」。

自我致寇，敬慎不敗也。

【解】虞翻曰：離爲戎，乾爲敬。陰消至五遁，臣將弑君，四上壯坤，故「敬慎不敗也」。

六四：需于血，出自穴。

【解】九家易曰：雲從地出，上升于天，自地出者，莫不由穴，故曰「需於血，出自穴」也。　案：六四體坎，坎爲雲，又爲血卦，血以喻陰，陰體卑弱，宜順從陽，故曰「需於血」。

【注】凡稱血者，陰陽相傷者也。陰陽相近而不相得，陽欲進而陰塞之，則相害也。穴者，陰之路也，處坎之始，居穴者也。九三剛進，四不能距，見侵則辟，順以聽命者也。故曰「需於血，出自穴」也。

象曰：「需於血」，順以聽也。

【解】九家易曰：雲欲升天，須時當降，順以聽五，五爲天也。

九五：需於酒食，貞吉。

【解】荀爽曰：五互離坎，水在火上，酒食之象，「需者，飲食之道」，故坎在需家爲酒食也。雲須時欲降，乾須時當升，五有剛德，處中居正，能帥羣陰，舉坎以降，陽能正居其所則吉，故曰「需於酒食」也。

【注】需之所須，以待達也。已得天位，暢其中正，无所復須，故酒食而已，獲「貞吉」也。

【解】九家易曰：謂乾二當升五，正位者也。盧氏曰：沉湎〔一〕則凶，中正則吉也。

象曰：「酒食貞吉」，以中正也。

上六：入於穴，

【解】荀爽曰：需〔二〕道已終，雲當下入穴也。雲上升極，則降而爲雨，故詩云「朝躋於西，崇朝其雨」，則還入地，故曰「入於穴」。雲雨入地，則下三陽動而自至者也。

【注】六四所以「出自穴」者，以不與三相得而塞其路，不辟則害，故不得不出自穴而辟之也。至於上六處卦之終，非塞路者也。與三爲應，三來之己，乃爲己援，故无畏害之辟，而乃有入穴之固也。

有不速之客三人來，敬之，終吉。

【解】荀爽曰：「三人」謂下三陽也。須時當升，非有召者，故曰「不速之客」焉。乾升在上，君位以定，

〔一〕「湎」，原作「酒」，據集解本、纂疏本正。

〔二〕「需」，原作「須」，集解本同，據纂疏本正。

坎降居下，當循臣職，故「敬之終吉」也。

【注】三陽所以不敢進者，須難之終也，難終則至，不待召也。己居難終，故自來也。居无位之地，以一陰而爲三陽之主，故必敬之而後終吉。

【集解】馬融曰：速，召也。〔釋文〕

象曰：「不速之客來，敬之終吉」，雖不當位，未大失也。

【解】荀爽曰：上降居三，「雖不當位」，承陽有實，故終吉，无「大失」矣。

【注】處无位之地，不當位者也。敬之則得終吉，「雖不當位，未大失也」。

☰☵ 坎下乾上

訟：有孚，

【解】荀爽曰：陽來居二而孚于初，故曰「訟有孚」矣。干寶曰：訟，離之遊魂也。離爲戈兵，此天氣將刑殺，聖人將用師之卦也。「訟，不親也」，兆民未識天命不同之意。

【集解】鄭康成曰：辯財曰訟。〔釋文〕

窒，惕中吉，〔釋文〕窒，張栗反。徐得悉反，又得失反。馬作咥。惕，王注或在「惕」字上，或在下，皆通；在「中吉」下者，非。中，如字，馬丁仲反。「有孚窒」爲一句，「惕中吉」爲一句。

【解】虞翻曰：遁三之二也。孚謂二。窒，塞止也。惕，懼二也。二失位，故不言貞。遁將成否，則「子弑父，臣弑君」，三來之二得中，弑不得行，故「中吉」也。

【注】窒，謂窒塞也。能惕，然後可以獲中吉。

【集解】馬融曰：咥，讀爲「躓」，猶止也。〔釋文〕　鄭康成曰：咥，覺悔貌。〔同〕

終凶。

【解】虞翻曰：二失位，終止不變，則「入于淵」，故「終凶」也。

利見大人。不利涉大川。

【解】侯果曰：大人，謂五也，斷決必中，故「利見」也。訟是陰事，以險涉險，故「不利涉大川」。

【集解】周氏云：與相爭必決釁謀，當見墜於深泉也。〔口訣義〕

彖曰：訟，上剛下險，險而健，訟。

【解】盧氏曰：「險而健」者，恒好爭訟也。

「訟：有孚，窒惕，中吉」，剛來而得中也。

【解】蜀才曰：此本遯卦。按：二進居三，三降居二，是「剛來而得中也」。

「終凶」，訟不可成也。按：李氏本于此條王肅注後引王弼注「凡不和而訟」至「應其任矣」止，已見後文注中，故不復録。

【解】王肅曰：以訟成功者，終必凶也。　案：夫爲訟善聽之主者，其在五焉。何以明之？案爻辭九五「訟元吉」，王氏注云「處得尊〔一〕位，爲訟之主，用其中正，以斷枉直」，即彖云「利見大人，尚中正」，是其義也。九二象曰「不克訟，歸逋竄也。自下訟上，患至掇也」。九二居訟之時，自救不暇，訟既不克，懷懼逃歸，僅得免其終凶禍，豈能爲善聽之主哉？年代綿流，師資道喪，恐傳寫字誤，以「五」爲「二」，後賢當審詳之也。

「利見大人」，尚中正也。

【解】荀爽曰：二與四訟，利見于五，五以中正之道解其訟也。

「不利涉大川」，入於淵也。

【解】荀爽曰：陽來居二，坎在下爲淵。

【注】凡不和而訟，无施而可，涉難特甚焉。唯有信而見塞懼者，乃可以得吉也。猶復不可終，中乃吉也。不塞其源，使訟不至，雖每不枉，而訟至終竟，此亦凶矣。故雖復有信而見塞懼，猶不可以爲終也。故曰「訟，有孚，窒，惕中吉，終凶」也。无善聽者，雖有其實，何由得明？而令有信塞懼者得其中吉，必有善聽之主焉，其在二乎？以剛而來，正夫羣小，斷不失中，應斯在也。

象曰：天與水違行，訟。

〔一〕「尊」，原作「爲」，據集解本、纂疏本正。

【解】荀爽曰：天自西轉，水自東流，上下違行，成訟之象也。

君子以作事謀始。

【解】虞翻曰：君子謂乾三來變，坤爲作事，坎爲謀，「乾知大始」，故「以作事謀始」。干寶曰：省民之情，以制作也。武王故先觀兵孟津，蓋以卜天下之心，故曰「作事謀始」也。

【注】「聽訟，吾猶人也。必也使無訟乎！」无訟在於謀始，謀始在於作制。契之不明，訟之所以生也。物有其分[一]，職不相濫[二]，争何由興？訟之所以起，契之過也，故有德司契而不責於人。

初六：不永所事，小有言，終吉。

【解】虞翻曰：永，長也。坤爲事，初失位而爲訟始，故「不永所事」也。「小有言」謂初四易位成震言，三「食舊德」，震象半見，故「小有言」。初變得正，故「終吉」也。

【注】處訟之始，訟不可終，故「不永所事」，然後乃吉。凡陽唱陰和，陰非先唱者也。四召而應，見犯乃訟。處訟之始，不爲訟先，雖不能不訟而了，訟必辯明矣。

[一]「物有其分」下原有「起契之過」四字，蓋涉下文而衍，據四部備要本、注疏本删。

[二]「濫」，原作「亂」，據四部備要本、注疏本正。

象曰：「不永所事」，訟不可長也。雖「小有言」，其辯明也。

【解】盧氏曰：初欲應四，而二據之，蹔爭，事不至永。雖有小訟，訟必辯明，故「終吉」。

九二：不克訟，歸而逋，〔釋文〕逋，補吴反，徐方吴反。

【解】虞翻曰：謂與四訟。坎爲隱伏，故「逋」。乾〔一〕位剛在上，坎濡失正，故「不克」也。

【集解】東鄉助曰：坎爲隱伏，逋逃之象。〔會通〕

其邑人三百户，无眚。

【解】荀爽曰：三不克訟，故逋而歸。坤稱邑，二者，邑中之陽人。逋，逃也，謂逃失邑中之陽人。

虞翻曰：眚，災也，坎爲眚。謂二變應五，乾爲百，坤爲户，三爻，故「三百户」。坎化爲坤，故「无眚」。

【注】以剛處訟，不能下物，自下訟上，宜其不克。若能以懼，歸竄其邑，乃可以免災。邑過三百，非爲竄也；竄而據强，災未免也。

【集解】子夏傳曰：妖祥曰「眚」。〔釋文〕馬融曰：眚，災也。鄭康成曰：眚，過也。〔並同〕又曰：小國之下大夫，采地方一成，其定稅三百家，故「三百户」也。〔禮記疏〕又曰：不易之田，歲

〔一〕「乾」上原衍「逋」字，據集解本、纂疏本删。

種之；一易之田，休一歲乃種；再易之田，休二歲乃種，言至薄也。苟自藏隱，不敢與五相〔一〕敵，則无眚災〔二〕。〔疏〕

象曰：「不克訟」，歸逋竄也。自下訟上，患至掇也。

【解】荀爽曰：下與上争〔三〕，即取患害，如拾掇小物而不失也。坤有三爻，故云「三百户无眚」。二者，下體之君。君不争，則百姓无害也。

【集解】王肅曰：若手拾掇物然。

六三：食舊德，貞厲，終吉。

【解】虞翻曰：乾爲舊德，食謂初、四，二已變之正，三動得位，體噬嗑食，四變食乾，故「食舊德」。三變在坎，正危「貞厲」。得位〔四〕，故「終吉」也。

【注】體夫柔弱，以順於上，不爲九二，自下訟上。不見侵奪，保全其有，故得食其舊德而不失也。居争

〔一〕「相」，原作「爲」，據注疏本正。
〔二〕「眚災」二字原誤倒，據文義及注疏本乙。
〔三〕「下與上争」，原作「下争上與」，據集解本、纂疏本正。
〔四〕「得位」下原衍「二」字，據集解本、纂疏本删。

訟之時，處兩剛之間，而皆近不相得，故曰「貞厲」。柔體不争，繫應在〔一〕上，衆莫能傾，故曰「終吉」。

或從王事，无成。

【解】虞翻曰：乾爲王，二變否時，坤爲事，故「或從王事」。道无成而代有終，故曰「无成」。坤三同義也。

【注】上壯争勝，難可忤也。故或從王事，不敢成也。

象曰：「食舊德」，從上吉也。

【解】侯果曰：雖失其位，專心應上，故能保全舊恩，「食舊德」者也。處兩剛之間，而皆近不相得，乘二負四，正之危也。剛不能侵，故「終吉」。

九四：不克訟，復即命渝，安貞吉。

【解】虞翻曰：失位，故「不克訟」。渝，變也。不克訟，故復位，變而成巽，巽爲命令，故「復即命渝」。動而得位，故「安貞吉」，謂二已變，坤安也。

【注】初辯明也。處上訟下，可以改變者也，故其咎不大。若能反從本理，變前之命，安貞不犯，不失其道，「爲仁由己」，故吉從之。

〔一〕「在」，原作「於」，據四部備要本、注疏本改。

【集解】馬融曰：渝，變也。　鄭康成曰：渝，然也。〔並釋文〕

象曰：「復即命渝」，安貞不失也。

【解】侯果曰：初既辨明，四訟妄也。訟既不克，當反就前理，變其詔〔一〕命，則安静貞吉而不失初也。

九五：訟，元吉。

【注】處得尊位，爲訟之主。用其中正，以斷枉直。中則不過，正則〔二〕不邪，剛无所溺，公无所偏，故「訟，元吉」。

象曰：「訟，元吉」，以中正也。

【解】王肅曰：以中正之德齊乖争之俗，「元吉」也。

上九：或錫之鞶帶，〔釋文〕錫，星歷反，又星自反，賜也。鞶，徐云「王肅作槃」。帶音帶，亦作「帶」。

【解】虞翻曰：錫，謂王之錫命。鞶帶，大帶，男子鞶革。初四已易位，三二之正，巽爲腰帶，故「鞶帶」。

【集解】馬融曰：鞶帶，大帶衣也。〔口訣義〕　鄭康成曰：鞶帶，佩鞶之帶。〔周禮疏〕

終朝三褫之。〔釋文〕三，息暫反，或如字。褫，徐敕紙反，又直是反，本又作「搋」，音同。鄭本作「拕」，徒可反。

〔一〕「詔」，原作「訟」，據集解本、纂疏本正。

〔二〕「則」，原作「前」，據四部備要本、注疏本正。

【解】荀爽曰：二四争三，三本下體，取之有緣。「或」者，疑之辭也。以三錫二，於義疑矣，争競之世，分理未明，故或以錫二。終朝者，君道明。「三」者，陽成功也。君明道盛，則奪二與四，故曰「終朝三褫之」也。鞶帶，宗廟之服。三應于上，上爲宗廟，故曰「鞶帶」也。虞翻曰：位終乾上，二變時，坤爲「終」。離爲日，乾爲甲，日出甲上，故稱「朝」。應在三，三〔一〕變時，艮爲手，故「終朝三褫之」。使變應已，則去其鞶帶，體乾乘陽，故象曰「不足敬也」。侯果曰：褫，解。乾爲衣、爲言，故「以訟受服」。翟玄曰：上以六三錫下三陽，羣剛交争，得不以讓〔二〕，故終一朝之間，各一奪之，爲「三褫」。

【注】處訟之極，以剛居上，訟而得勝者也。以訟受錫，榮何可保？故終朝之間，褫帶者三也。

【集解】馬融曰：旦至食時爲終朝。〔釋文〕鄭康成曰：三拕，三加之也。〔項安世玩辭〕王肅曰：褫，解也。〔釋文〕

象曰：以訟受服，亦不足敬也。

【解】九家易曰：初二三四皆不正，以不正相訟而得其服，故「不足敬也」。虞翻曰：「服」謂鞶帶。終朝見褫，乾象毁壞，故「不足敬」。

〔一〕「三」，原作「二」，據集解本、纂疏本正。

〔二〕「得不以讓」，原作「以得不讓」，據集解本、纂疏本正。

䷆ 坎下坤上

師：貞，丈人，吉，无咎。〔釋文〕「師貞丈人」絶句。

【解】何晏曰：師者，軍旅之名，故周禮云「二千五百人爲師」也。　陸績曰：丈人者，聖人也。帥〔一〕師未必聖人，若漢高祖、光武，應此義也。　崔憬曰：子夏傳作「大人」，並王者之師也。　案：此彖曰「師，衆。貞，正也。能以衆正，可以王矣」，故老子曰「域中有四大，而王居其一焉」。由是觀之，則知夫爲王者，必大人也，豈以丈人而爲王哉？故乾文言曰「夫大人與天地合德，與日月合明，先天而天不違，後天而奉天時。天且不違，而況於人乎」，況於行師乎？以斯而論，子夏傳作「大人」，是也。今王氏曲解「大人」爲「丈人」，臆云「嚴莊之稱」，學不師古，匪説攸聞。既誤違於經旨，輒改正作「大人」明矣。

【注】丈人，嚴莊之稱也。爲師之正，丈人乃吉也。興役動衆，无功則罪，故吉乃无咎也。

【集解】馬融曰：二千五百人爲師。〔釋文〕　鄭康成曰：軍二千五百人爲師。多以軍爲名，次以師爲名，少以旅爲名。師者，舉中之言。〔王氏〕　又曰：「丈」之言「長」，能御衆有正人之德，以法度爲人之長。吉而无咎，謂天子諸侯主軍者。〔周禮疏〕　陸績曰：師爲衆首，法長而行。〔口訣義〕

〔一〕「帥」，原作「師」，據集解本、纂疏本正。

彖曰：「師」，衆也。「貞」，正也。能以衆正，可以王矣。〔釋文〕以，王如字，徐又往況反。

【解】荀爽曰：謂二有中和之德，而據羣陰，上居五位，「可以王矣」。虞翻曰：坤爲衆。謂二失位，變之五爲比，故「能以衆正」，乃「可以王矣」。

剛中而應，行險而順。

【解】蜀才曰：此本剥卦。案：上九降二，六二升上，是「剛中而應，行險而順」也。

以此毒天下，而民從之，「吉」又何咎矣。

【解】干寶曰：坎爲險，坤爲順。兵革刑獄，所以險民也。毒民於險中，而得順道者，聖王之所難也。毒，荼苦也。五刑之用，斬刺肌體，六軍之鋒，殘破城邑，皆所以荼毒姦宄之人，使服王法者也，故曰「以此毒天下，而民從之」。毒以治民，明不獲已而用之，故於彖、象、六爻皆著戒懼之辭也。崔憬曰：「剛」能進義，「中」能正衆，既順且應，行險戡暴。亭毒天下，人皆歸往而以爲王，「吉又何咎矣」。

【注】毒猶役也。

【集解】馬融曰：毒，治也。〔釋文〕

象曰：地中有水，師。

【解】陸績曰：坎在坤内，故曰「地中有水」。師，衆也。坤中衆者，莫過於水。

君子以容民畜衆。〔釋文〕畜，敕六反，聚也。王肅許六反。

【解】虞翻曰：君子謂二。容，寬也。坤爲民衆，又畜養也。陽在二〔一〕，「寬以居之」，五變執言時，有頤養象，故「以容民畜衆」也矣。

【集解】王肅曰：畜，養也。〔釋文〕

初六：師出以律，否臧凶。〔釋文〕否，音鄙，惡也。馬、鄭、王肅方有反。

【解】九家易曰：坎爲法律也。

【注】爲師之始，齊師者也。齊衆以律，失律則散，故「師出以律」。律不可失，失律而臧，何異於否？失令有功，法所不赦，故師出不以律，否臧皆凶。

象曰：「師出以律」，失律，凶也。

【解】案：初六以陰居陽，履失其位，位既非正，雖令不從，以斯行師，失律者也。凡首率師，出必以律，若不以律，雖臧亦凶，故曰「師出以律，失律，凶矣」。

九二：在師中，吉，无咎，王三錫命。〔釋文〕錫，星歷反。徐音賜，鄭本作「賜」。

【解】九家易曰：雖當爲王，尚在師中，爲天所寵，事克功成，故「吉无咎」。二非其位，蓋謂武王受命而未即位也。受命爲王，定天下以師，故曰「在師中，吉」。

〔一〕「二」字原脱，據集解本、纂疏本補。

【注】以剛居中，而應於五〔一〕，在師而得其中者也。承天之寵，爲師之主，任大役重，无功則凶，故吉乃无咎也。行師得吉，莫善懷邦，邦懷衆服，錫莫重焉，故乃得成命。

象曰：「在師中吉」，承天寵也。〔釋文〕寵，王肅作「龍」。

【集解】鄭康成曰：寵，光耀也。　王肅曰：龍，寵也。〔並釋文〕

「王三錫命」，懷萬邦也。

【解】荀爽曰：王，謂二也。三者，陽德成也。德純道盛，故能上居王位而行錫命，羣陰歸之，故曰「王三錫命，懷萬邦也」。　案：二互體震，震木數三，「王三錫命」之象。周禮云「一命受職，再命受服，三命受位」，是其義也。

六三：師或輿尸，凶。

【解】虞翻〔二〕曰：坤爲尸，坎爲車，多眚。同人離爲戈兵，爲折首，失位乘剛无應，尸在車上，故「輿尸，凶」矣。

【注】以陰處陽，以柔乘剛，進則无應，退无所守，以此用師，宜獲輿尸之凶。

〔一〕「五」，原作「上」，四部備要本、注疏本同，據易例及孔穎達疏、阮元校勘記正。
〔二〕「虞翻」，原作「盧氏」，據集解本、纂疏本正。

象曰：「師或輿尸」，大无功也。

【解】盧氏曰：失位乘剛，内外无應，以此帥〔一〕師，師必大敗，故有輿尸之凶，功業大喪也。

六四：師左次，无咎。

【解】荀爽曰：左，謂二也，陽稱左。次，舍也。「二與四同功」，四承五，五无陽，故呼二舍於五，四得承之，故「无咎」。

【注】得位而无應。无應不可以行，得位則可以處，故左次之而无咎也。行師之法，欲右背高，故左次之。

象曰：「左次，无咎」，未失常也。

【解】崔憬曰：偏將軍居左，左次，常備師也。師順用柔，與險无應，進取不可，次舍无咎，得位故也。

【注】雖不能有獲，足以不失其常也。

六五〔二〕：田有禽。利執言，无咎。〔釋文〕有禽，徐本作「擒」。

【解】荀爽曰：田，獵也。謂二帥師禽五，五利度二之命，執行其言，故无咎也。 案：六五居尊失位，在師之時，蓋由殷紂而被武王擒於鹿臺之類是也。以臣伐君，假言田獵。六五離爻體坤，離爲戈

〔一〕「帥」，原作「用」，蓋孫氏以意述之，義亦通。今據集解本、纂疏本改。

〔二〕「六五」，原作「六王」，據文義正。

兵，田獵行師之象也。虞翻曰：田爲二，陽稱禽。震爲言，五失位，變之正，艮爲執，故「利執言，无咎」。

【注】處師之時，柔得尊位，陰不先唱，柔不犯物，犯而後應，往必得直，故「田有禽」也。物先犯己，故可以執言而无咎也。

長子帥師，弟子輿尸，貞凶。

【解】虞翻曰：長子謂二，震爲長子。在師中，故「帥師」也。弟子謂三，三體坎，坎，震之弟而乾之子。失位乘陽，逆，故「貞凶」。

【集解】莊氏曰：長子謂九二，德長於人也。弟子謂六三，德劣於物也。〔口訣義〕

象曰：「長子帥師」，以中行也。

【解】虞翻曰：長子，謂九二也。五處中應二，二受任帥師，當上〔一〕升五，故曰「長子帥師，以中行也」。

「弟子輿尸」，使不當也。

【解】宋衷曰：弟子，謂六三也。失位乘陽，處非所據，衆不聽從，師人分北，或敗績死亡，輿尸而還，故曰「弟子輿尸」，謂使不當其職也。

〔一〕「上」，原作「土」，據集解本、纂疏本正。

上六：大君有命，

【解】虞翻曰：同人乾爲「大君」，巽爲「有命」。干寶曰：大君，聖人也。有命，天命也。五常爲王位，至師之家而變其例者，上爲郊也，故易位，以見〔一〕武王親征，與師人同處於野也。離上九曰「王用出征，有嘉折首」。上六爲宗廟，武王以文王行，故正開國之辭於宗廟之爻。明己之受命，文王之德也，故書泰誓曰「予克受〔二〕，非予武，惟朕文考无罪。受克予，非朕文考有罪，惟予小子无良」。開國，封諸侯也。承家，立都邑也。小人勿用，非所能矣。

【集解】鄭康成曰：命，所受天命也。〔文選注〕

開國承家，

【解】宋衷曰：陽當之五，處坤之中，故曰「開國」。陰下之二，在二承五，故曰「承家」。開國謂析土地以封諸侯，如武王封周公七百里地也。承家，立大夫爲差次，立大夫因采地，各正其功勳，行其賞禄。荀爽曰：大君謂二。師旅已息〔三〕，既上居五，當封賞有功，立國命家也。開國，封諸侯；承家，立大夫。虞翻曰：承，受也。坤爲國，二稱家。謂變乾爲坤，欲令二上居五爲比，故「開國承

〔一〕「見」，原作「易」，據集解本、纂疏本正。

〔二〕「受」，原作「紂」，受，商紂之名；紂，其死後謚。今據書泰誓下正。

〔三〕「息」，原作「弑」，據集解本、纂疏本正。

家」。

小人勿用。

【解】虞翻曰：陰稱小人。坤虚無君，體迷復凶，坤成乾滅，以弑[一]君，故「小人勿用」。

【注】處師之極，師之終也。大君之命，不失功也；開國承家，以寧邦也；小人勿用，非其道也。

象曰：「大君有命」，以正功也。

【解】虞翻曰：謂「五多功」。五動正位，故「正功也」。干寶曰：湯、武之事。

「小人勿用」，必亂邦也。

【解】虞翻曰：坤反君道，故「亂邦」。干寶曰：楚靈、齊閔，窮兵之禍也。

䷇ 坤下坎上

比：吉。〔釋文〕比，毗志反，徐又補履反。

【解】子夏傳曰：地得水而柔，水得地而流，比之象也。夫凶者，生乎乖争，今既親比，故云「比吉」也。虞翻曰：師二上之五，得位，衆陰順從，比而輔之，故吉。與大有旁通。

〔一〕「弑」，原作「息」，據集解本、纂疏本正。

原筮，元永貞，无咎。不寧方來，後夫凶。

【解】虞翻曰：水性流動，故「不寧」。坤陰爲方，上下應之，故「方來」也。「後」謂上，「夫」謂五也。坎爲後，艮爲背，上位在背後，無應乘陽，故「後夫凶」也。干寶曰：比者，坤之歸魂也，亦世於七月，而息來在巳，去陰居陽，承乾之命，義與師同也。原，卜也，周禮三卜，一曰「原兆」。坤德變化，反歸其所，四方既同，萬國既親，故曰「比吉」。考之蓍龜，以謀王業，「大相東土，卜惟洛食」，遂乃「定鼎郟鄏，卜世三十，卜年七百」，德善長於兆民，戩禄永於被業，故曰「原筮，元永貞」。逆取順守，居安〔一〕如危，故曰「无咎」。天下歸德，不唯一方，故曰「不寧方來」。後服之夫，違天失人，必災其身，故曰「後夫凶」也。

彖曰：比，吉也；比，輔也，下順從也。

【解】崔憬曰：下比於上，是下順也。

「原筮，元永貞，无咎」，以剛中也。

【解】蜀才曰：此本師卦。案：六五降二，九二升五，剛往得中，爲比之主，故能原究筮道，以求長正而无咎矣。

【注】處比之時，將原筮以求无咎，其唯元永貞乎！夫羣黨相比，而不以「元永貞」，則凶邪之道也。若

〔一〕「安」下原衍「和」字，據集解本、纂疏本删。

不遇其主，則雖永貞，而猶未足免於咎也。使永貞而无咎者，其唯九五乎！

「不寧方來」，上下應也。

【注】上下无陽，以分其民，五獨處尊，莫不歸之，上下應之，既親且安。安則不安者託焉，故不寧方所以來，「上下應」故也。夫无者求有，有者不求所與；危者求安，安者不求所保。火有其炎，寒者附之。故己苟安焉，則不寧方來矣。

「後夫凶」，其道窮也。

【解】荀爽曰：後夫，謂上六。逆禮乘陽，不比聖王，其義當誅，故其道窮凶也。

【注】將合和親，而獨在後，親成則誅，是以凶也。

象曰：地上有水，比。

【解】何晏〔一〕曰：水性潤〔二〕下，今在地上，更相浸潤，比之義也。

先王以建萬國，親諸侯。

【解】虞翻曰：先王謂五。初陽已復，震爲「建」、爲諸侯，坤爲萬國、爲腹，坎謂心，腹心親比，故「以建

〔一〕「何晏」，原作「何妥」，據集解本、纂疏本正。

〔二〕「潤」，原作「順」，據集解本、纂疏本正。

萬國，親諸侯」。詩曰「公侯腹心」，是其義也。

【注】萬國以比建，諸侯以比親。

【集解】鄭康成曰：親諸侯，使諸侯相親，遞相朝聘。〔周禮疏〕

初六：有孚，比之无咎。

【解】荀爽曰：初在應外，以喻殊俗。聖王之信，光被四表，絶域殊俗，皆來親比，故「无咎」也。虞翻曰：孚爲五。初失位，變來得正，故「无咎」也。

【注】處比之始，爲比之首者也。夫以不信爲比之首，則禍莫大焉，故必「有孚盈缶」，然後乃得免比之咎，故曰「有孚，比之无咎」也。

有孚盈缶，終來，有它吉。〔釋文〕有它，敕多反，本亦作「他」。

【解】虞翻曰：坤器爲缶，坎水流坤，初動成屯。「屯者盈也」，故「盈缶」。終變得正，故「終來有它吉」，在內稱來也。

【注】處比之首，應不在一，心无私吝，則莫不比之。著信立誠，盈溢乎質素之器，則物終來，无衰竭也。親乎天下，著信盈缶，應者豈一道而來？故必「有他吉」也。

【集解】子夏傳曰：非應，稱他也。〔程迥古占法〕鄭康成曰：爻辰在未，上值東井，井之水，人所汲，用缶。缶，汲器也。〔詩疏〕

象曰：比之初六，「有它吉」也。

【解】荀爽曰：缶者應内，以喻中國。孚既盈滿中國，終來及初，非應，故曰「它」也。象曰「有它吉」者，謂信及非應，然後吉也。

六二：比之自内，貞吉。

【解】干寶曰：二在坤中，坤，國之象也，得位應五而體寬大，君樂民人自得之象也，故曰「比之自内，貞吉」矣。

【注】處比之時，居中得位，而繫應在五，不能來他，故得其自内，貞吉而已。

象曰：「比之自内」，不自失也。

【解】崔憬曰：自内而比，不失己親也。

六三：比之匪人。〔釋文〕王肅本作「匪人凶」。

【解】虞翻曰：匪，非也。失位无應，三又多凶，體剥傷象，弑父弑君，故曰「匪人」。

【注】四自外比，二爲五貞〔一〕，近〔二〕不相得，遠則无應。所與比者，皆非己親，故曰「比之匪人」。

〔一〕「貞」，原作「應」，六二注文曰「故得其自内貞吉而已」；阮元校勘記謂「内卦爲貞，作『貞』是也」。又四部備要本作「貞」，今據正。

〔二〕「近」上原衍「進」字，據四部備要本、注疏本删。

【集解】馬融曰：匪，非也。〔釋文〕　魏徵曰：二四雖近，情不相得，又柔諂非己所親，故曰「匪人」。〔撮要〕

象曰：「比之匪人」，不亦傷乎！

【解】干寶曰：六三乙卯，坤之鬼吏，在比之家，有土之君也。周爲木德，卯爲木辰，同姓之國也。爻失其位，辰體陰賊，管蔡之象也。比建萬國，唯去此人，故曰「比之匪人」，不亦傷王政也。

六四：外比之，貞吉。

【解】虞翻曰：在外體，故稱「外」。得位比賢，故「貞吉」〔一〕也。

【注】外比於五，履得其位，比不失賢，處不失位，故「貞吉」〔二〕也。

【集解】陸希聲曰：內比之者，以專其應爲比。外比之者，以非其應爲比。〔撮要〕

象曰：外比於賢，以從上也。

【解】干寶曰：四爲三公，在比之象，而得其位，上比聖主，下御列國，方伯之象也。能外親九服賢德之君，務宣上志，綏萬邦也，故曰「外比於賢，以從上也」。

〔一〕「貞吉」二字原誤倒，據集解本、纂疏本乙。

〔二〕「貞吉」二字原誤倒，據四部備要本、注疏本及樓氏本乙。

九五：顯比。

【解】虞翻曰：五貴多功，得位正中，初三以變體重明，故「顯比」，謂「顯諸仁」也。

【注】爲比之主，而有應在二，「顯比」者也。比而顯之，則所親者狹矣。

王用三驅，失前禽，〔釋文〕驅，徐云：鄭作「敺」。

【解】虞翻曰：坎五稱王，三驅，謂驅下三陰，不及於初，故「失前禽」。謂初已變成震，震爲鹿、爲驚走，「鹿斯之〔一〕奔」，則「失前禽」也。

【注】夫无私於物，唯賢是與，則去之與來，皆无失也。夫三驅之禮，禽逆來趣己則舍之，背己而走則射之，愛於來而惡於去也，故其所施，常失前禽也。以顯比而居王〔二〕位，用三驅之道者也，故曰「王用三驅，失前禽」也。

【集解】馬融曰：三驅者，一曰乾豆，二曰賓客，三曰君庖。〔釋文〕　鄭康成曰：王因天下顯習兵於蒐狩焉。〔周禮疏〕　又曰：王者習兵於蒐狩，驅禽而射之，三則已，法軍禮也。失前禽者，謂禽在前者，不逆而射之。旁去又不射，唯背走者順而射之，不中則已，是其所以失之。用兵之法亦如之。降者不殺，奔者不禦，皆爲敵不敵已，加以仁恩養威之道。〔春秋疏〕　先儒曰：三驅，三度驅禽而射之

〔一〕「斯之」二字原誤倒，據詩小雅小弁經文正。

〔二〕「王」，原作「下」，據四部備要本、注疏本正。

也，三度則已。〔疏〕 褚氏曰：三面着人驅禽，必知三面者，禽唯有背己、向己、趣己，故左右及於後，皆有驅之。〔同〕

邑人不誡，吉。

【解】虞翻曰：坤爲邑，師震爲人，師時坤虚无君，使師二上居五中，故「不誡，吉」也。

【注】用其中正，征討有常，伐不加邑，動必討叛，邑人无虞，故「不誡」也。雖不得乎大人之吉，是顯比之吉也。此可以爲上之使，非爲上之道〔一〕。

象曰：「顯比」之「吉」，位正中也。

【解】虞翻曰：謂離象明，正上中也。

舍逆取順，「失前禽」也。

【解】虞翻曰：背上六，故「舍逆」。據三陰，故「取順」。不及初，故「失前禽」。

「邑人不誡」，上使中也。

【解】虞翻曰：謂二，使師二上居五中。

〔一〕此句原脱「之」字，句末衍「也」字，據四部備要本、校勘記删補。

上六：比之无首，凶。

【解】荀爽曰：陽欲无首，陰以大終，陰而无首，不以大終，故「凶」也。虞翻曰：首，始也。陰道无成而代有終，「无首，凶」。

【注】无首，後也。處卦之終，是後夫也。親道已成，无所與，終爲時所棄，宜其凶也。

象曰：「比之无首」，无所終也。

【解】虞翻曰：迷失道，故「无所終也」。

☰☴乾下巽上

小畜：亨。〔釋文〕小畜，本又作「蓄」，同，敕六反，積也、聚也。鄭許六反，養也。

【解】侯果曰：四爲畜主，體又稱小。唯九三被畜，下剛皆通，是以「小畜亨」也。

【注】不能畜大止健，剛志故行，是以亨。

【集解】鄭康成曰：畜，養也。〔釋文〕

密雲不雨，自我西郊。

【解】崔憬曰：雲如不雨，積我西邑之郊，施澤未通，以明小畜之義。案：雲雨者，陰之氣也。今小畜五陽而一陰，既微少，纔作密雲，故未能爲雨。四互居兑，西郊之象也。

象曰：「小畜，柔得位而上下應之，曰小畜」。

【注】謂六四也，成卦之義，在此爻也。體无二陰以分其應，故「上下應之」也。既得其位，而上下應之，三不能陵，小畜之義。

健而巽，剛中而志行，乃「亨」。

【解】虞翻曰：需上變爲巽，與豫旁通。豫四之坤初爲復，復小〔一〕陽潛，所畜者少，故曰「小畜」。二失位，五剛中正，二變應之，故「志行乃亨」也。

「密雲不雨」，尚往也。

【解】虞翻曰：密，小也，兑爲密。需坎升天爲雲，墜地稱雨。上變爲陽，坎象半見，故「密雲不雨，上往也」。

「自我西郊」，施未行也。

【解】荀爽曰：體兑位秋，故曰「西郊」也。時當收斂，臣不專賞，故「施未行」，喻文王也。虞翻曰：豫坤爲自我，兑爲西，乾爲郊。雨生於西，故「自我西郊」。九二未變，故「施未行」矣。

【注】小畜之勢，足作密雲，乃「自我西郊」，未足以爲雨也。何由知未能爲雨？夫能爲雨者，陽上薄

〔一〕「小」字原脱，據集解本、纂疏本補。

陽，陰能固之，然後烝而爲雨。今不能制初九之「復自〔一〕道」，固九二之「牽復」，九三更以不能復爲劣也。下方尚往，施豈得行？故密雨而不能爲雨，尚往故也。何以明之？夫陰能固之，然後〔二〕乃雨乎〔三〕。上九獨能固九三之路，故九三不可以進而「輿説輻」也。能固其路而安於上，故得「既雨既處」。若四、五皆能若上九之善畜，則能雨明矣。故舉一卦而論之，能爲小畜密雲而已。陰苟不足以固陽，則復至盛，密雲自我西郊，故不能雨也。雨之未下，即施之未行也。彖，全〔四〕論一卦之體，故曰「密雲不雨」；象，各言一爻之德，故曰「既雨既處」也。

象曰：風行天上，小畜。

【解】九家易曰：風者，天之命令也，今行天上，則是令未〔五〕下行。畜而未下，小畜之義〔六〕也。

〔一〕「自」字原脱，據四部備要本、注疏本補。

〔二〕「後」，原作「能」，據四部備要本、注疏本正。

〔三〕「乎」，四部備要本作「今」，校勘記謂：「監、毛本『乎』改『今』，屬下讀，非。」今據正。

〔四〕校勘記：「注疏本、閩本作『至』，岳本、監、毛本作『全』。」王弼周易略例明彖：「彖者，統論一卦之體。」樓宇烈「至」訓「統」，又由下「各言」對文，作「全」或「至」，皆通。

〔五〕「未」，原作「木」，據集解本、纂疏本正。

〔六〕「義」，原作「象」，據集解本、纂疏本正。

君子以懿文德。

【解】虞翻曰：君子謂乾。懿，美也。豫坤爲文。乾爲德，離爲明，初至四體夬爲書契，乾離照坤，故「懿文德」也。

【注】未能行其施者，故可以懿文德而已。

初九：復自道，何其咎，吉。

【解】虞翻曰：謂從豫四之初成復卦，故「復自道」。「出入无疾，朋來无咎」，「何其咎，吉」。乾稱道也。

【注】處乾之始，以升巽初，四爲己應，不距己者也。以陽升陰，復自其道〔一〕，順而无違，何所犯咎？得義之吉。

象曰：「復自道」，其義「吉」也。

九二：牽復，吉。

【解】崔憬曰：四柔得位，羣剛所應。二以中和，牽復自守，不失於行也。

【注】處乾之中，以升巽五，五非畜極，非固已者也。雖不能若陰之不違，可牽以獲復，是以「吉」也。

〔一〕「復自其道」下原衍「順自其道」四字，據四部備要本、注疏本删。

象曰：「牽復」在中，亦不自失也。

【解】虞翻曰：變應五，故「不自失」，與比二同義也。

九三：輿説輻，〔釋文〕輻，音福，本亦作「輹」，音服。

【解】虞翻曰：豫〔一〕坤爲車，爲輹，至三成乾，坤象不見，故「車説輻」。馬君及俗儒皆以乾爲車，非也。

【注】上爲畜盛，不可牽征，以斯而進，故必「説輻」也。

【集解】子夏傳曰：輻，車劇也。〔疏〕馬融曰：輻，車下縛也。〔釋文〕鄭康成曰：輻，伏菟也。〔同〕又曰：謂輿下縛木，與軸相連，鉤心之木是也。〔疏〕

夫妻反目。

【解】虞翻曰：豫震爲夫，爲反，巽爲妻，離爲目，今夫妻共在四，離火動上，目象不正，巽多白眼，「夫妻反目」。妻當在内，夫當在外，今妻乘夫而出在外，象曰「不能正室」。三體離需，飲食之道，飲食有訟，故争而反目也。

象曰：「夫妻反目」，不能正室也。

【注】己爲陽極，上爲陰長，畜於陰長，不能自復，方之夫妻，反目之義也。

〔一〕「豫」，原作「逸」，集解本同，據纂疏本改。後同。

【解】九家易曰：四互體離，離爲目也。離既不正，五引而上，三引而下，故「反目」也。輿以輪成車，夫以妻成室，今以妻乘夫，其道逆，故「不能正室」。

六四：有孚，血去惕出，无咎。

【解】虞翻曰：孚謂五。逸坎爲血，爲惕，惕，憂也，震爲出，變成小畜，坎象不見，故「血去惕出」。得位承五，故「无咎」也。

【注】夫言「血」者，陽犯陰也。四乘於三，近不相得，三務於進，而己隔之，將懼侵克者也。上亦惡三，而能制焉，志與上合，共同斯誠。三雖逼己，而不能犯，故得血去懼除，保无咎也。

【集解】馬融曰：血，當作「恤」，憂也。〔釋文〕

象曰：「有孚惕出」，上合志也。

【解】荀爽曰：血以喻陰，四陰臣象，有信順五。惕，疾也。四當去初，疾出從五，故曰「上合志也」。

九五：有孚攣如，富以其鄰。〔釋文〕攣，力專反，徐又力轉反，子夏傳作「戀」。

【解】虞翻曰：孚五謂二也。攣，引也。巽爲繩，豫艮爲手，二失位，五欲其變，故曰「攣如」。以，及也。五貴稱富，鄰謂三，兑西震東稱鄰，二變承三〔一〕，故「富以其鄰」，象曰「不獨富」。二變爲既濟，與東西

〔一〕「三」，原作「上」，據纂疏本改。

已，畜極則通。是以其畜之盛，在於四五，至於上九，道乃大行。小畜積極而後乃能畜，是以四五可以進，而上九説征之輻。

䷉ 兑下乾上

履虎尾，不咥人，亨。〔按〕李氏本「亨」下有「利貞」。

【解】虞翻曰：謂變訟初爲兑也，與謙旁通。以坤履乾，以柔履剛。謙坤爲虎，艮爲尾，乾爲人，乾兑乘謙，震足蹈艮，故〔一〕「履虎尾」。兑悦而應，虎口與上絶，故「不咥人」。剛當位，故通。俗儒皆以兑爲虎，乾履兑，非也。兑剛鹵，非柔也。

【集解】馬融曰：咥，齕也。〔釋文〕鄭康成曰：噬，齧也。〔文選注〕楊方曰：夫鳥遊曠澤之地，而比翮者萬羣；虎居繁林之藪，而接豪者千數。〔御覽〕先儒云：統之於心曰「禮」，踐而行之曰「履」。〔口訣義〕

彖曰：履，柔履剛也。

【解】荀爽曰：謂三履二也。二五无應，故无元。以乾履兑，故有通。六三履二，非和正，故云「利貞」也。虞翻曰：坤柔乾剛，謙坤籍乾，故「柔履剛」。

〔一〕「故」字原脱，據集解本、纂疏本補。

【注】凡彖者，言乎一卦之所以爲主也，成卦之體在六三也。「履虎尾」者，言其危也。三爲履主，以柔履剛，履危者也。

說而應乎乾，

【解】九家易曰：動來爲兑而應上，故曰「説而應乎乾」也。以喻一國之君，應天子命以臨下。承上以巽，據下以悦，其正應天，故虎爲之「不咥人」也。虞翻曰：説，兑也。明兑不履乾，故言「應」也。

是以「履虎尾，不咥人，亨」。

【解】九家易曰：虎尾謂三〔一〕也。三以悦道履五之應，上順於天，故「不咥人，亨」也。能巽説之道，順應於五，故雖踐虎，不見咥噬也。太平之代，虎不食人。亨謂於五也。

【注】「履虎尾」有「不見咥」者，以其説而應乎乾也。乾，剛正之德者也。不以説行夫佞邪，而以説應乎乾，宜其履虎尾，不見咥而亨。

剛中正，履帝位而不疚，光明也。〔釋文〕疚，陸本作「疾」。

【解】虞翻曰：「剛中正」謂五。謙震爲帝。五，帝位。坎爲疾病，乾爲大明，五履帝位，坎象不見，故「履帝位而不疚，光明也」。

〔一〕「三」，原作「二」，據纂疏本改。

【注】言五之德。

【集解】馬融曰：疚，病也。〔釋文〕

象曰：上天下澤，履。君子以辯上下，定民志。

【解】虞翻曰：君子謂乾。辨，别也。乾天爲上，兑澤爲下，謙坤爲民，坎爲志，謙時坤在乾上，變而爲履，故「辨上下，定民志」也。

初九：素履，往，无咎。

【解】虞翻曰：應在巽爲白，故「素履」。四失位變，往得正，故「往，无咎」。初已得正，使四獨變，在外稱往，象曰「獨行願也」。

【注】處履之初，爲履之始，履道惡華，故素乃无咎。處履以素，何往不從？必獨行其願，物无犯也。

象曰：素履之往，獨行願也。

【解】荀爽曰：初九者潛位，「隱而未見，行而未成」。素履者，謂布衣之士，未得居位。獨行禮義，不失其正，故「无咎」也。

九二：履道坦坦，幽人貞吉。

【解】虞翻曰：二失位，變成震爲道、爲大塗，故「履道坦坦」。訟時二在坎獄中，故稱「幽人」。之正得位，震出兑悦，幽人喜笑，故「貞吉」也。

【注】履道尚謙，不喜處盈，務在致誠，惡夫外飾者也。而二以陽處陰，履於謙也。居内履中，隱顯同也。履道之美，於斯爲盛，故履道坦坦，无險厄也。在幽而貞，宜其吉。

象曰：「幽人貞吉」，中不自亂也。

【解】虞翻曰：雖幽訟獄〔一〕中，終辨得正，故「不自亂」。

六三：眇能視，跛能履，〔釋文〕跛，依字作「破」。

【解】虞翻曰：離目不正，兑爲小，故「眇而視」。視，上應也。訟坎爲曳，變震時爲足，足曳，故「跛而履」。俗儒多以兑刑爲跛，兑折震足爲刑人，見刑斷足者，非爲跛也。

履虎尾，咥人，凶。

【解】虞翻曰：艮爲尾，在兑下，故「履虎尾」。位在虎口中，故「咥人凶」。既跛又眇，視步不能，爲虎所噬，故「咥人凶」，象曰「位不當也〔二〕」。

武人爲於大君。

【解】虞翻曰：乾象在上爲武人，三失位，變而得正成乾，故曰「武人爲於大君」。

〔一〕「訟獄」二字原誤倒，據集解本、纂疏本乙。

〔二〕「也」，原作「此」，據六三象傳及集解本、纂疏本正。

【注】居履之時，以陽處陽，猶曰不謙〔一〕，而況以陰居陽、以柔乘剛者乎！故以此爲明，眇目者也；以此爲行，跛足者也；以此履危，見咥者也。志在剛健，不修所履，欲以陵武於人，爲於大君，行未能免於凶，而志存於五，頑之甚也。

象曰：「眇能視」，不足以有明也。「跛能履」，不足以與行也。〔按〕李氏本四「能」字俱作「而」。

【解】侯果曰：六三，兑也，互有離巽，離爲目，巽爲股，體俱非正，雖能視，眇目者也；雖能履，跛足者也。故曰「眇能視，不足以有明。跛能履，不足以與行」，是其義也。

咥人之凶，位不當也。

【解】案：六三爲履卦〔二〕之主，體悦應乾，下柔上剛，尊卑合道，是以「履虎尾，不咥人，通」。今於當爻，以陰處陽，履非其位，互體離兑，水火相刑，故獨〔三〕唯三被咥凶矣。

「武人爲於大君」，志剛也。

【解】案：以陰居陽，「武人」者也。三互離爻，離爲嚮明，「爲於大君」，南面之象。與乾上應，故曰「志剛」。

〔一〕「謙」，原作「嫌」，據四部備要本、注疏本正。
〔二〕「卦」字原脱，據集解本、纂疏本補。
〔三〕「獨」字原脱，據集解本、纂疏本補。

九四：履虎尾，愬愬，終吉。〔釋文〕愬愬，馬本作「虩虩」。〔案〕説文引亦作「虩虩」。

【解】虞翻曰：體與下絶，四多懼，故「愬愬」。變體坎，得位承五應初，故「終吉」，象曰「志行也」。

【注】逼近至尊，以陽承陽，處多懼之地，故曰「履虎尾，愬愬」也。然以陽居陰，以謙爲本，雖處危懼，終獲其志，故「終吉」也。

【集解】子夏傳曰：愬愬，恐懼之貌也。〔口訣義〕馬融曰：虩虩，恐懼也。

象曰：「愬愬」「終吉」，志行也。

【解】侯果曰：愬愬，恐懼也。履乎兑主，「履虎尾」也。逼近至尊，故恐懼。以其恐懼，故「終吉」也。執乎樞密，故「志行也」。

九五：夬履，貞厲。

【解】虞翻曰：謂三上已變，體夬象，故「夬履」。四變，五在坎中也，爲上所乘，故「貞厲」，象曰「位正當也」。

【注】得位處尊，以剛決正，故曰「夬履，貞厲」也。履道惡盈，而五處尊，是以危。

象曰：「夬履，貞厲」，位正當也。

【解】干寶曰：夬，決也。居中履正爲履。貴主萬方，所履一決於前，恐夬失正，恒懼危厲，故曰「夬履貞厲，位正當也」。

上九：視履，考祥，其旋，元吉。〔釋文〕祥，本亦作「詳」。

【解】虞翻曰：應在三，三先視上，故上亦視三，故曰「視履考祥」矣。考，稽。祥，善也。乾爲積善，故「考祥」。三上易位，故「其旋元吉」，象曰「大有慶也」。

【注】禍福之祥，生乎所履，處履之極，履道成矣，故可視履而考祥也。居極應説，高而不危，是「其旋」也。履道大成，故「元吉」也。

【集解】鄭康成曰：履道之終，考正詳備。〔晁氏〕

象曰：「元吉」在上，大有慶也。

【解】盧氏曰：王者履禮於上，則萬方有慶於下。

周易集解卷三

上經泰傳第三

䷊乾下坤上

泰：小往大來，吉亨。

【解】虞翻曰：陽息坤，反否也。坤陰詘外爲「小往」，乾陽信内稱「大來」。天地交，萬物通，故「吉亨」。

【集解】馬融曰：泰，大也。鄭康成曰：泰，通也。〔並釋文〕

彖曰：「泰：小往大來，吉亨」，

【解】蜀才曰：此本坤卦。小謂陰也，大謂陽也。天氣下，地氣上，陰陽交，萬物通，故「吉亨」。

則是天地交而萬物通也，

【解】何妥曰：此明天道泰也。夫泰之爲道，本以通生萬物，若「天氣上騰，地氣下降」，各自閉塞，不能相交，則萬物无由得生，明萬物生，由天地交也。

上下交而其志同也。

【解】何妥曰：此明人事泰也。上之與下，猶君之與臣，君臣相交感，乃可以濟養民也。天地以氣通，君臣以志同也。

内陽而外陰，内健而外順，

【解】何妥曰：此明天道也。陰陽之名，就爻爲語；健順之稱，指卦爲言。順而陰居外，故曰「小往」；而陽健在内，故曰「大來」。

内君子而外小人，

【解】崔憬曰：此明人事也。陽爲君子，在内健於行事；陰爲小人，在外順以聽命。

君子道長，小人道消也。

【解】九家易曰：謂陽息而升，陰消而降也。陽稱息者，長也，起復成巽，萬物盛長也。陰言消者，起姤終乾，萬物成熟，成熟則給用〔一〕，給用則分散，故陰用特言消也。

象曰：天地交，泰。

【解】荀爽曰：坤氣上升，以成天道；乾氣下降，以成地道。天地二氣，若時不交，則爲閉塞，今既相

〔一〕「成熟則給用」，原作「成熟用給」，據集解本、纂疏本正。

交，乃通泰。

后以財成天地之道，〔釋文〕財成，音才，徐才載反，荀作「裁」。

【解】虞翻曰：后，君也。陰升乾位，坤女主，故稱后。坤富稱財，守位以人，聚人以財，故曰「成天地之道」。

輔相天地之宜，以左右民。

【解】虞翻曰：相，贊。左右，助之。震爲左，兑爲右，坤爲民，謂以陰輔陽，詩曰「宜民宜人，受禄于天」。鄭康成曰：財，節也。輔相，左右，助也。以者，取其順陰陽之節，爲出内之政。春崇寬仁，夏以長養，秋教收斂，冬敕蓋藏，皆可以成物助民也。

【注】泰者，物大通之時也。上下大通，則物失其節，故財成而輔相，以左右民也。

初九：拔茅茹以其彙，征吉。〔釋文〕茅，卯交反，鄭音苗。茹，汝據反，牽引也，鄒湛同。王肅音如。彙音胃，類也，李于鬼反，古文作「𦼮」，董作「夤」，出也。

【解】虞翻〔一〕曰：茅之爲物，拔其根而相牽引也。茹，相牽引之貌也。三陽同志，俱志在外。初爲類首，已舉則從，若「茅茹」也。上順而應，不爲違距，進皆得志，故以其類「征吉」也。

〔一〕「虞翻」，集解本、纂疏本並作「王弼」，且與注疏本注文同。蓋孫氏偶未之審，今仍之，以存其舊。

【注】茅之爲物，拔其根而相牽引者也。茹，相牽引之貌也。三陽同志，俱志在外。初爲類首，已舉則從，若「茅茹」也。上順而應，不爲違距，進皆得志，故以其類「征吉」。

【集解】鄭康成曰：彙，勤也。〔釋文〕又曰：彙，類也。茹，牽引也。「茅」喻君有絜白之德，臣下引其類而仕之。〔漢書注〕鄒湛曰：茹，牽引也。〔釋文〕傅氏曰：彙，古「偉」字，美也。〔同〕

象曰：「拔茅征吉」，志在外也。

【解】虞翻曰：「否泰反其類」，否〔一〕巽爲茅，茹，茅根，艮爲手。彙，類也。初應四，故「拔茅茹以彙」。震爲征，得位應四，「征吉，志在外」，外謂四也。

九二：包荒，〔釋文〕包，本又作「苞」，必交反。下卦同，音薄交反。荒，本亦作「巟」，音同。〔按〕說文「荒」作「巟」。

【解】翟玄曰：荒，虛也。二五相應，五虛无陽，二上包之。

【集解】鄭康成曰：荒，讀爲「康」，虛也。〔釋文〕

用馮河，不遐遺。

【解】荀爽曰：河出于乾，行于地中，陽性欲升，陰性欲承，馮河而上，不用舟航。自地升天，道雖遼遠，三體俱上，不能止之，故曰「不遐遺」。

〔一〕「否」字原脫，據集解本、纂疏本補。

朋亡，得尙于中行。

【解】荀爽曰：中謂五，坤爲朋，朋亡而下，則二上居五，而行中和矣。

【注】體健居中，而用乎「泰」，能包含〔一〕荒穢，受納「馮河」者也。用心弘大，无所遐棄，故曰「不遐遺」也。无私无偏，存乎光大，故曰「朋亡」也。如此乃可以「得尙于中行」。尙猶配也。中行謂五。

象曰：「包荒」，「得尙于中行」，以光大也。

【解】虞翻曰：在中稱包。荒，大川也。馮河，涉河。遐，遠。遺，亡也。失位，變得正，體坎，坎爲大川〔二〕、爲河，震爲足，故「用馮河」。乾爲遠，故「不遐遺」。兑爲朋，坤虛无君，欲使二上，故「朋亡」。二與五易位，故「得上于中行」。震爲行，故「光大也」。

九三：无平不陂，无往不復。〔釋文〕陂，彼僞反，徐甫寄反，傾也。又破河反，偏也。

【解】虞翻曰：陂，傾，謂否上也。平謂三，天地分，故「平」。天成地平，謂「危者使平，易者使傾」。往謂消外，復謂息內。從三至〔三〕上體復象，「終日乾乾，反復道」，故「无平不陂，无往不復」也。

【注】乾本上也，坤本下也，而得泰者，降與升也。而三處天地之際，將復其所處。復其所處，則上守其

〔一〕「含」，原作「舍」，據四部備要本、注疏本正。

〔二〕「川」，原作「用」，據集解本、纂疏本正。

〔三〕「至」字原脱，據集解本、纂疏本補。

尊，下守其卑。是故无往而不復也，无平而不陂也。

艱貞，无咎。勿恤其孚，于食有福。〔按〕説文「勿恤」作「勿卹」。

【解】虞翻曰：艱，險。貞，正。恤，憂。孚，信也。二之五得正，在坎中，故「艱貞」。坎爲憂，故「勿恤」。陽在五孚險，坎爲孚，故有孚。體噬嗑食也，二上之五據四，則三乘二，故「于食有福」也。

【注】處天地之將閉，平路之將陂，時將大變，世將大革，而居不失其正，動不失其應，艱而能貞，不失其義，故「无咎」也。信義誠著，故不恤其孚而自明也，故曰「勿恤其孚，于食有福」也。

象曰：「无往不復」，天地際也。〔釋文〕象曰「无平不陂」，一本作「无往不復」。

【解】宋衷曰：位在乾極，應在坤極，天地之際也。地平極則險陂，天行極則還復，故曰「无平不陂，无往不復」也。

【注】天地將各分復之際。

六四：翩翩，不富，以其鄰，〔釋文〕篇篇，如字，子夏傳作「翩翩」，向本同，古文作「偏偏」。

【解】虞翻曰：二五變時，四體離飛，故「翩翩」。坤虚无陽，故「不富」。兑西震東，故稱「其鄰」。三陰乘陽，不得之應，象曰「皆失實也」。

【集解】向秀曰：翩翩，輕舉貌〔一〕。〔釋文〕　史徵曰：六五、上六，不待六四，與之財相誘。〔口訣義〕

不戒以孚。

【解】虞翻曰：謂坤「邑人不戒」，故使二升五，信來孚邑，故「不戒以孚」。二上體坎中正，象曰「中心願也」。與比「邑人不戒」同義也。

【注】乾樂上復，坤樂下復，四處坤首，不固所居，見命則退，故曰「翩翩」也。坤爻皆樂下，己退則從，故不待富而用其鄰也。莫不與己同其志願，故不待戒而自孚也。

象曰：「翩翩，不富」，皆失實也。

【解】宋衷曰：四互體震，翩翩之象也。陰虛陽實，坤今居上，故言「失實」。

「不戒以孚」，中心願也。

【解】九家易曰：乾升坤降，各得其正〔二〕。陰得承陽，皆陰心之所願也。

六五：帝乙歸妹，以祉元吉。〔釋文〕以祉，音恥，一音勑子反，又音止。

【解】九家易曰：五者帝位，震象稱乙，是爲帝乙。六五以陰處尊位，帝者之姊妹，五在震後，明其爲

〔一〕「貌」，原作「也」，據釋文改。

〔二〕「正」，原作「政」，據集解本、纂疏本正。

「妹」也。五應于二，當下嫁二，「婦人謂嫁曰歸」，故言「帝乙歸妹」。謂下居二，以中和相承，故「元吉」也。虞翻曰：震爲帝，坤爲乙。帝乙，紂父。歸，嫁也。震爲兄；兑，妹，故嫁妹。祉，福也。謂五變體離，「離爲大腹」，則妹嫁而孕。得位正中，故「以祉元吉」也。

【注】婦人謂嫁曰歸。泰者，陰物交通之時也。女處尊位，履中居順，降身應二，感以相與，用中行願，不失其禮。帝乙歸妹，誠合斯義。履順居中，行願以祉，盡夫陰陽交配之宜，故「元吉」也。

【集解】孟喜曰：易有周人五號：帝，天稱，一也。王，美稱，二也。天子，爵號，三也。大君者，興盛行異，四也。大人者，聖人德備，五也。〔禮記疏〕　鄭康成曰：五爻辰在卯，春爲陽中，萬物以生。生育者，嫁娶之貴。仲春之月，嫁娶男女之禮，福祿大吉。〔周禮疏〕　陸希聲曰：以柔在上，帝乙妹之象；下應於二，下嫁之象。〔會通〕

象曰：「以祉元吉」，中以行願也。

【解】九家易曰：五下於二而得中正，故言「中以行願也」。

上六：城復于隍，〔釋文〕隍，子夏作「堭」，姚作「湟」。

【解】虞翻曰：否艮爲城，故稱城。坤爲積土。隍，城下溝。无水稱隍，有水稱池。今泰反否，乾壞爲土，艮城不見，而體復象，故「城復于隍」也。

【集解】子夏傳曰：隍是城下池也。〔疏〕　鄭康成曰：隍，壑也。〔詩疏〕

勿用師，自邑告命，貞吝。

【解】虞翻曰：謂二動時體師。陰皆乘陽，行不順，故「勿用師」。坤爲自邑，震爲言，兑爲口，否巽爲命。今逆陵陽，故「自邑告命」。命逆不順，陰道先迷，失實遠應，故「貞吝」。

【注】居泰上極，各反所應，泰道將滅，上下不交，卑不上承，尊不下施，是故「城復于隍」，卑道崩也。「勿用師」，不煩攻〔一〕也。「自邑告命，貞吝」，否道已成，命不行也。

象曰：「城復于隍」，其命亂也。

【解】九家易曰：乾當來上，不可用師而拒之也。「自邑」者，謂從坤性而降也。「告命」者，謂下爲巽，宣布君之命令也。三陰自相告語，俱下服順承乾也。「城復于隍」，國政崩也。坤爲亂，否巽爲命，交在泰上，故「其命亂也」。

䷋ 坤下乾上

否之匪人，不利君子貞，大往小來，

【解】虞翻曰：陰消乾，又反泰也。謂三，比坤滅乾。以臣殺其君，子弑其父，故曰「匪人」。陰來滅陽，君子道消，故「不利君子貞」。陰信陽詘，故「大往小來」。「則是天地不交而萬物不通」，與比三同

〔一〕「攻」，原作「政」，據四部備要本、注疏本正。

義也。

象曰：「否之匪人，不利君子貞」，

【解】崔憬曰：否，不通也。於不通之時，「小人道長」，故云「匪人」；「君子道消」，故「不利君子貞」也。

「大往小來」，

【解】蜀才曰：此本乾卦。大往，陽往而消。小來，陰來而息也。

則是天地不交而萬物不通也，

【解】何妥曰：此明天道否也。

上下不交而天下无邦也。

【解】何妥曰：此明人事否也。泰中言「志同」，否中云「无邦」者，言人志不同，必致離散而亂邦國。崔憬曰：君臣乖阻，取亂之道，故言「无邦」。

內陰而外陽，內柔而外剛，

【解】崔憬曰：陰柔謂坤，陽剛謂乾也。

內小人而外君子。小人道長，君子道消也。

【解】崔憬曰：「君子在野，小人在位」之義也。

象曰：天地不交，否。

【解】宋衷曰：「天地不交」，猶君臣不接。天氣上升而不下降，地氣沉下又不上升，二氣特隔，故云「否」也。

君子以儉德辟難，不可榮以禄。

【解】虞翻曰：君子謂乾。坤爲營，乾爲禄。難，謂坤爲弑君，故「以儉德辟難」。巽爲入伏，乾爲遠，艮爲山。體遁象，謂辟難遠遁入山，故「不可營以禄」。營，或作「榮」。儉，或作「險」。孔穎達曰：言君子於此否時，以節儉爲德，辟其危難，不可榮華其身，以居禄位。若據諸侯公卿而言，是辟時羣小之難，不可重受官爵也。若據王者言之，謂節儉爲德，辟陰陽厄運之難，不可自重榮貴而驕逸也。

初六：拔茅茹以其彙，貞吉，亨。

【解】荀爽曰：「拔茅茹」，取其相連。彙者，類也。合體同包，謂坤三爻同類相連〔一〕，欲在下也。貞者，正也。謂正居其所，則吉也。

【注】居否之初，處順之始，爲類之首者也。順非健也，何可以征？居否之時，動則入邪，三陰同道，皆可以進。故茅茹以類，貞而不諂，則「吉亨」。

象曰：「拔茅貞吉」，志在君也。

〔一〕「連」，原作「遭」，據集解本、纂疏本正。

故「大人吉」也。

【注】居尊得位，能休否道者也。施否於小人，否之休也。唯大人而後能然，故曰「大人吉」也。

【集解】鄭康成曰：休，美也。〔文選注〕

其亡其亡，

【解】荀爽曰：陰欲消陽，由四及五，故曰「其亡其亡」。謂坤性順從，不能消乾使亡也。

繫于包桑。

【解】荀爽曰：包者，乾坤相包也。桑者，上玄下黄，以象乾坤也。乾職在上，坤體在下。雖欲消乾，繫其本體，不能亡也。京房曰：桑有衣食人之功，聖人亦有天覆地載之德，故以喻。陸績曰：包，本也。言其堅固不亡，如以巽繩繫也。案：「其亡其亡」，近死之嗟也。「其」與「幾」同，幾者，近也。九五居否之時，下包六二，二互坤艮，艮山坤地，地上即田也〔一〕。五互巽木，田〔二〕上有木，莫過于桑，故曰「其亡其亡，繫於包桑」。言五二包繫，根深蔕固，若山之堅，如地之厚者也，雖遭危亂，物莫能害矣。

【注】處君子道消之時，己居尊位，何可以安？故心存將危，乃得固也。鄭康成曰：猶紂囚文王于羑里之獄，四臣獻珍異之物，而終免于難，「繫于包桑」之謂。

〔一〕「地上即田也」，原作「上即山也」，據集解本、纂疏本正。

〔二〕「田」，原作「山」，據集解本、纂疏本正。

【集解】鄭康成曰：苞，植也。否世之人，不知聖人有命，咸曰其將亡矣，其將亡矣！而聖乃自繫于植柔不亡也。〔文選注〕

象曰：「大人」之「吉」，位正當也。

【解】崔憬曰：得位居中也。

上九：傾否，先否後喜。

【解】侯果曰：傾爲覆也，否窮則傾矣。傾猶否，故「先否」也。傾畢則通，故「後喜」也。

【注】先否後通，故「後喜」也。始以傾爲否，後得通，乃喜。

象曰：「否」終則「傾」，何可長也。

【解】虞翻曰：否終必傾，「盈不可久」，故「先否」。下反於初，成益體震。「民説无疆」，故「後喜」。以陰剥陽，故不可久也。

䷌ 離下乾上

同人于野，亨。

【解】鄭康成曰：乾爲天，離爲火。卦體有巽，巽爲風。天在上，火炎上而從之，是其性同於天也。火得風，然後炎上益熾。是猶人君在上施政教，使天下之人和同而事之。以是爲人和同者，君之所爲也，故謂之同人。風行無所不遍，遍則會通之德大行，故曰「同人于野，亨」。

利涉大川，利君子貞。

【解】崔憬曰：以離文明而合乾健。九五中正，同人於二。「爲能通天下之志」，故能「利涉大川，利君子之貞」。

彖曰：同人，

【解】九家易曰：謂乾舍于離，同而爲日。天日同明，以照于下。君子則之，上下同心，故曰「同人」。

柔得位，得中而應乎乾，曰同人。

【解】蜀才曰：此本夬卦。九二升上，上六降二，則「柔得位，得中而應乎乾」。下奉上之象，義同於人，故曰「同人」。

【注】二爲同人之主。

同人曰：「同人于野，亨，利涉大川」，乾行也。

【解】虞翻曰：旁通師卦。巽爲同，乾爲野，師震爲人。二得中應乾，故曰「同人于野，亨」。此孔子所以明嫌表微。師震爲夫，巽爲婦，所謂「二人同心」。故不稱君臣父子兄弟朋友，而故言「人」耳。乾四上失位，變而體坎，故曰「利涉大川，乾行也」。侯果曰：九二升上，上爲郊野，是「同人于野」。而得通者，由乾爻上行耳，故特曰「乾行也」。

【注】所以乃能「同人于野，亨，利涉大川」，非二之所能也，是乾之所行，故特曰「同人曰」。

文明以健，中正而應，君子正也。

【解】何妥曰：離爲文明，乾爲剛健。健非尚武，乃以文明；應不以邪，乃以中正，故曰「利君子貞」也。

【注】行健不以武，而以文明用之；相應不以邪，而以中正應之。君子正也，故曰「利君子貞」。

唯君子爲能通天下之志。

【解】虞翻曰：唯，獨也。四變成坎，坎爲通、爲志，故「能通〔一〕天下之志」。謂五「以類族辨物」，「聖人作而萬物覩」。崔憬曰：君子謂九二。能捨己同人，以「通天下之志」。若九三九四，以其人臣，則不當矣。故爻辭不言「同人」也。

【注】君子以文明爲德。

象曰：天與火，同人。

【解】荀爽曰：乾舍于離，相與同居，故曰「同人」也。

【注】天體在上而火炎上，同人之義也。

君子以類族辨物。〔釋文〕辯物，如字，王肅卜免反。

〔一〕「能通」二字原誤倒，據集解本、纂疏本乙。

【解】虞翻曰：君子謂乾。師坤爲類，乾爲族。辨，别也。乾陽物，坤陰物。體姤，「天地相遇，品物咸章」。以乾照坤，故「以類族辨物」。謂「方以類聚，物以羣分」。孔子曰「君子和而不同」，故於同人象〔一〕見「以類族辨物」也。

【注】君子小人，各得所同。

初九：同人于門，无咎。

【解】虞翻曰：乾爲門。謂同于四。四變應初，故「无咎」也。

【注】同人之始，爲同人之首者也。无應於上，心无係吝，通夫大同，出門皆同，故曰「同人于門」也。出門同人，誰與爲咎！

【集解】陸希聲曰：門者，出入之正道，不由斯道，則爲咎。〔撮要〕

象曰：出門同人，又誰咎也！

【解】崔憬曰：剛而无應，比二以柔，近同于人，「出門」之象，又誰咎矣。案：初九震爻，「帝出乎震，震爲大塗」。又爲日〔二〕門，「出門」之象也。

〔一〕「象」，原作「家」，據集解本、纂疏本正。
〔二〕「日」，原作「入」，據集解本、纂疏本正。

六二：同人于宗，吝。

【解】荀爽曰：宗者，衆也。三據二陰，「二與四同功」，五相應，初相近。上下衆陽，皆欲與二爲同，故曰「同人于宗」也。陰道貞静，「從一而終」，今宗同之，故「吝」也。

【注】應在乎五，唯同于主，過上則否，用心偏狹，鄙吝之道。

【集解】鄭康成曰：天子諸侯，后夫人無子不出。〔儀禮疏〕

象曰：同人于宗，吝道也。

【解】侯果曰：宗謂五也。二爲同人之主，和同者之所仰也。有應在五，唯同于五。過五則否，不能大同于人，則爲主之德吝狹矣。所同雖吝，亦妻、臣之道也。

九三：伏戎于莽，升其高陵，三歲不興。

【解】虞翻曰：巽爲伏，震爲草莽，離爲戎。謂四變時，三在坎中，隱伏自藏，故「伏戎于莽」也。巽爲高，師震爲陵。以巽股「升其高陵」。爻在三，乾爲歲。興，起也。動不失位，故「三歲不興」也。

【注】居同人之際，履下卦之極，不能包弘上下，通夫大同；物黨相分，欲乖其道，貪其所比，據上之應；其敵剛健，非力所當，故「伏戎于莽」，不敢顯亢也。「升其高陵」，望不敢進，量斯勢也，三歲不能興者也。三歲不能興，則五道亦以成矣，安所行焉？

【集解】鄭康成曰：莽，叢木也。〔釋文〕　劉瓛曰：三居下體之上，故謂之「陵」。〔會通〕

象曰：「伏戎于莽」，敵剛也。「三歲不興」，安行也。〔釋文〕于莽，莫蕩反，王肅冥黨反。

【解】崔憬曰：與二相比，欲同人焉。盜憎其主而忌於五，所以隱兵于野，將以襲之，故曰「伏戎于莽」。五既居上，故曰「升其高陵」。一爻爲一年。自三至五，頻遇剛敵，故「三歲不興」，安可行也。案：三于離巽，巽爲草木，離爲戈兵，「伏戎于莽」之象也。

【注】安，辭也。

九四：乘其墉，弗克攻，吉。〔釋文〕其墉，徐音容，鄭作「庸」。

【解】虞翻曰：巽爲墉。四在巽上，故「乘其墉」。變而承五，體訟。乾剛在上，故弗克攻則吉也。

【注】處上攻下，力能乘墉者也。履非其位，以與人爭，二自五應，三非犯己，攻三求二，尤而效之，違義傷理，衆所不與，故雖乘墉而不克也。不克則反，反則得吉也。不克乃反，其所以得吉，「困而反則」者也。

象曰：「乘其墉」，義弗克也。其吉，則困而反則也。

九五：同人先號咷而後笑。大師克，相遇。

【解】虞翻曰：應在二，巽爲號咷，乾爲先，故「先號咷」。師震在下，故「後笑」，震爲「後笑」也。乾爲大，同人反師，故「大師」。二至五體姤，遇也，故「相遇」。

【注】象曰「柔得位、得中而應乎乾，曰同人」，然則體柔居中，衆之所與；執剛用直，衆所未從，故近隔

乎二剛，未獲厥志，是以「先號咷」也。居中處尊，戰必克勝，故「後笑」也。不能使物自歸，而用其強直，故必須大師克之，然後相遇也。

象曰：同人之先，以中直也。大師相遇，言相克也。

【解】侯果曰：乾德中直，不私於物，欲天下大同。方始同二矣，三四失義而近據之，未獲同心，故「先號咷」也。時須同好，寇阻其途。以言相克，然後始相遇，故笑也。九家易曰：乾爲言。

上九：同人于郊，无悔。

【解】虞翻曰：乾爲郊。失位无應，與乾上九同義當有悔。同心之家，故「无悔」。

【注】郊者，外之極也。處同人之時，最在於外，不獲同志，而遠於内争，故雖無悔吝，亦未得其志。

象曰：「同人于郊」，志未得也。

【解】侯果曰：獨處于外，「同人于郊」也。不與内争，无悔吝〔一〕也。同人之時，唯同于郊，「志未得也」。

【注】凡處同人而不泰焉，則必用師矣。不能大通，則各私其黨而求利焉。楚人亡弓，不能忘楚。愛國愈甚，益爲它災，是以同人不弘。剛健之爻，皆至用師也。

〔一〕「吝」，原作「咎」，據集解本、纂疏本正。

☲☰ 乾下離上 大有：元亨。

【解】虞翻曰：與比旁通。「柔得尊位大中」，「應天而時行」，故「元亨」也。姚規曰：互體有兑，兑爲澤，位在秋也。乾則施生，澤則流潤，離則長茂，秋則成收，大富有也。大有則元亨矣。鄭康成曰：六五體離，處乾之上。猶大臣有聖明之德，代君爲政，處其位、有其事而理之也。「元亨」者，又能長羣臣以善使，嘉會禮通。若周公攝政，朝諸侯于明堂是也。

【注】不大通，何由得大有乎？大有，則必元亨矣。

彖曰：大有，柔得尊位大中，而上下應之，曰大有。

【注】處尊以柔，居中以大，體无二陰以分其應，上下應之，靡所不納，大有之義也。

其德剛健而文明，應乎天而時行，是以「元亨」。

【解】虞翻曰：謂五以日應乾而行于天也。時謂四時也。大有亨比，初動成震爲春，至二兑爲秋，至三離爲夏，坎爲冬，故曰「時行」。以乾亨坤，是以「元亨」。

【注】德應於天，則行不失時矣。剛健不滯，文明不犯，應天則大，時行无違，是以「元亨」。

【集解】褚氏、莊氏云：六五應乾，九二亦與五爲體，故云「應乎天」也。德應於天，則行不失時，與時无違，雖萬物皆得亨通，故云「是以元亨」。〔疏〕

象曰：火在天上，大有。

【解】荀爽曰：謂夏，火王在天。萬物並生，故曰「大有」也。

君子以遏惡揚善，順天休命。〔釋文〕遏，於葛反，止也。徐又音謁。休命，虚虬反，美也，徐許求反。

【解】虞翻曰：遏，絶。揚，舉也。乾爲揚善，坤爲遏惡，爲順。以乾滅坤，體夬「揚于王庭」，故「遏惡揚善」。乾爲天休，二變時巽爲命，故「順天休命」。

【注】大有，包容之象也。故遏惡揚善，成物之美，順夫天德，休物之命〔一〕。

初九：无交害，匪咎，艱則无咎。

【解】虞翻曰：害謂四，四離火爲惡人，故〔二〕「无交害」。初〔三〕動震爲交，比坤爲害。匪，非也。艱，難。謂陽動比初成屯，屯，難也。變得位，「艱則无咎」。

【注】以夫剛健爲大有之始，不能履中，滿而不溢。術斯以往，後害必至，其欲匪咎，「艱則无咎」也。

象曰：大有初九，无交害也。

【解】虞翻曰：害謂四。

〔一〕此句原作「成物之性，順天休命，順物之命」，據四部備要本、注疏本及校勘記删改。
〔二〕「故」下原衍「交」字，據集解本、纂疏本删。
〔三〕「初」字原脱，據集解本、纂疏本補。

九二：大車以載。有攸往，无咎。〔釋文〕大車，王肅剛除反，蜀才作「輿」。

【解】虞翻曰：比坤爲大車，乾來積上，故「大車以載」。往謂之五。二失位，變得正應五，故「有攸往，无咎」矣。

【注】任重而不危。健不違中，爲五所任，任重不危，致遠不泥，故可以往而无咎也。

象曰：「大車以載」，積中不敗也。

【解】虞翻〔一〕曰：乾爲大車，故曰「大車以載」。體剛履中，可以任重。有應于五，故所積皆中而不敗也。

九三：公用亨于天子，小人弗克。〔釋文〕用亨，許庚反，通也。衆家並香兩反。

【解】虞翻曰：「天子」謂五。三，公位也。「小人」謂四。二變得位，體鼎象，故「公用亨于天子」。四折鼎足，「覆公餗」，故「小人不克」也。

【注】處大有之時，居下體之極，乘剛健之上，而履得其位，與五同功，威權之盛，莫此過焉。公用斯位，乃得通乎天子之道也。小人不克，害可待也。

【集解】京房曰：亨，獻也。〔釋文〕孫炎曰：初九爲「元士」，九二爲「大夫」，九三爲「諸侯」。〔宋

〔一〕「虞翻」，集解本同，纂疏本作「盧氏」。

史〕姚信曰：亨，祀也。干寶曰：亨，宴也。〔並釋文〕

象曰：「公用亨于天子」，小人害也。

【解】虞翻曰：小人謂四也。

九四：匪其彭，无咎。〔釋文〕其彭，步郎反，子夏作「旁」，虞作「尫」，徐音同。

【解】虞翻曰：匪，非也。其位尫，足尫，體行不正。四失位，折震足，故尫。變而得正，故「无咎」。「尫」或作「彭」，作旁聲，字之誤。

【注】既失其位，而上近至尊之威，下比分權之臣，其爲懼也，可謂危矣。唯夫有聖知者，乃能免斯咎也。三雖至盛，五不可舍，能辯斯數，專心承五，常匪其旁，則「无咎」矣。旁，謂三也。

【集解】王肅曰：彭，壯也。〔釋文〕姚信曰：彭，旁也。干寶曰：彭，亨，驕盛貌。〔並同〕

象曰：「匪其彭，无咎」，明辯晢也。〔釋文〕晢，章舌反，王廙作「晣」，同音。徐、李之世反，又作「哲」字。鄭本作「遰」。陸本作「逝」。虞作「折」。

【解】虞翻曰：折之離，故「明辯折也」。四在乾則尫〔一〕，在坤爲鼠，在震噬胏得金矢，在巽折鼎足，在坎爲鬼方，在離焚死，在艮旅于處，言无所容，在兑睽孤孚厲。三百八十四爻，獨无所容也。

〔一〕「尫」，原作「推」，據集解本、纂疏本正。

【注】明猶才也。

【集解】鄭康成曰：遰，讀如「明星晢晢」。〔釋文〕

六五：厥孚交如，威如，吉。

【解】虞翻曰：孚，信也。發而孚二，故「交如」。乾稱威。發得位，故「威如吉」。

【注】居尊以柔，處大以中，无私於物，上下應之。信以發志，故其孚交如也。夫不私於物，物亦公焉；不疑於物，物亦誠焉。既公且信，何難何備？不言而教行，何爲而不威如？爲大有之主，而不以此道，吉可得乎？

象曰：「厥孚交如」，信以發志也。威如之吉，易而无備也。

【解】侯果曰：其體文明，其德中順。信發乎志，以覃于物。物懷其德，以信應君。君物交信〔一〕，「厥孚交如」也。爲卦之主，有威不用。唯行簡易，无所防備。物感其德，翻更畏威，「威如之吉」也。

上九：自天祐之，吉，无不利。

【解】虞翻曰：謂乾也。祐，助也。大有通比，坤爲自。乾爲天，兑爲祐，故「自天祐之」。比坤爲順，乾爲信。「天之所助者順，人之所助者信」，履信思順，又以尚賢，故「自天祐之，吉，无不利」。

〔一〕「交信」二字原誤倒，據集解本、纂疏本乙。

【注】大有，豐富之世也。處大有之上，而不累於位，志尚乎賢者也。餘爻皆乘剛，而己獨乘柔，順也。五爲信德，而己履焉，履信之謂也。雖不能體柔，而以剛乘柔，思順之義也。居豐有之世，而不以物累其心，高尚其志，尚賢者也。爻有三德，盡夫助道，故繫辭具焉。

象曰：大有上吉，自天祐也。

【解】九家易曰：上九悦五，以柔處尊而自謙損。尚賢奉己，上下應之。爲乾所祐，故吉且利也。

䷎ 艮下坤上

謙：亨，〔釋文〕謙，子夏作「嗛」。

【解】虞翻曰：乾上九來之坤，與履旁通。天道下濟，故「亨」。彭城蔡景君説剥上來之三。

【集解】子夏傳曰：嗛，謙也。〔釋文〕

君子有終。

【解】虞翻曰：君子爲三，艮終萬物，故「君子有終」。鄭康成曰：艮爲山，坤爲地，山體高，今在地下。其於人道，高能下下，謙之象。亨者，嘉會之禮，以謙而〔一〕爲主。謙者，自貶損以下人。唯艮之堅固，坤之厚順，乃能終之，故君子之人有終也。

〔一〕「而」字原脱，據集解本、纂疏本補。

彖曰：謙亨，

【解】九家易曰：艮山坤地，山至高，地至卑，以至高下至卑，故曰謙也。謙者，兑世。艮與兑合，故「亨」。

天道下濟而光明，

【解】荀爽曰：乾來之坤，故「下濟」。陰去爲離，陽來成坎，日月之象，故「光明」也。

地道卑而上行。

【解】侯果曰：此本剥卦。乾之上九來居坤三，是「天道下濟而光明」也。坤之六三上升乾位，是「地道卑而上行」者也。

天道虧盈而益謙，〔釋文〕虧盈，馬本作「毁盈」。

【解】虞翻曰：謂乾盈履上，虧之坤三，故「虧盈」。貴處賤位，故「益謙」。崔憬曰：若「日中則昃，月滿則虧」，損有餘以補不足，天之道也。

地道變盈而流謙，

【解】虞翻曰：謙二以坤變乾盈，坎動而潤下，「水流溼」，故「流謙」也。崔憬曰：「高岸爲谷，深谷爲陵」，是爲「變盈而流謙」，地之道也。

鬼神害盈而福謙，〔釋文〕而福，京本作「而富」。

【解】虞翻曰：鬼謂四，神謂三。坤爲鬼害，乾爲神福，故「鬼神害盈而福謙」。崔憬曰：「朱門之家，鬼闞其室」，「黍稷非馨，明德惟馨」，是其義也。

人道惡盈而好謙。

【解】虞翻曰：乾爲好，爲人，坤爲惡也，故「人道惡盈」。從上之三，故「好謙」矣。崔憬曰：「滿招損，謙受益」，人之道也。

謙尊而光，卑而不可踰，

【解】虞翻曰：「天道遠」，故「尊光」。三位賤，故「卑」。坎水就下，險弱難勝，故「不可踰」。

君子之終也。

象曰：地中有山，謙。

【解】劉表曰：地中有山，以高下下，故曰「謙」。謙之爲道，降己升人。山本地上，今居地中，亦降體之義，故爲謙象也。

【集解】九家易〔一〕曰：山至高，地至卑，以高下卑，故云謙也。所以言地中者，以明多之與少俱行其謙

〔一〕「九家易」，原作「九家易義」，據口訣義疏證正。

也。〔口訣義〕

君子以裒多益寡，稱物平施。〔釋文〕裒，蒲侯反，鄭、荀、董、蜀才作「捊」，字書作「掊」。〔按〕唐、宋石經皆作「裦」。

【解】虞翻曰：君子謂三。捊，取也。艮爲多，坤爲寡，乾爲物、爲施，坎爲平。謙乾盈益謙，故「以裒多益寡，稱物平施」。侯果曰：裒，聚也。象云「天道益謙」，則謙之大者，天益之以大福；謙之小者，天益之以小福。故君子則之，以大益施大德，以小益施小德，是「稱物平施」也。

【注】多者用謙以爲裒，少者用謙以爲益，隨物而與，施不失平也。

【集解】鄭康成曰：捊，取也。荀、董、蜀才同。〔釋文〕

初六：謙謙君子，用涉大川，吉。

【解】荀爽曰：初最在下爲謙，二陰承陽亦爲謙，故曰「謙謙」也。二陰一陽，相與成〔一〕體，故曰「君子」也。九三體坎，故「用涉大川，吉」也。

【注】處謙之下，謙之謙者也。能體謙謙，其唯君子，用涉大難，物无害也。

象曰：「謙謙君子」，卑以自牧也。〔釋文〕自牧，牧養之「牧」，徐音目，一音茂。

〔一〕「成」，原作「承」，據集解本、纂疏本正。

【解】九家易曰：承陽卑謙，以陽自牧養也。

【注】牧，養也。

【集解】鄭康成曰：牧，養也。〔文選注〕

六二：鳴謙，貞吉。

【解】姚信曰：三體震爲善鳴，二親承之，故曰「鳴謙」。得正處中，故「貞吉」。

【注】鳴者，聲名聞之謂也。得位居中，謙而正焉。

象曰：「鳴謙貞吉」，中心得也。

【解】崔憬曰：言中正，心與謙相得。虞翻曰：中正謂二，坎爲「心」也。

九三：勞謙，君子有終，吉。

【解】荀爽曰：體坎爲勞，終下二陰，「君子有終」，故「吉」也。

【注】處下體〔二〕之極，履得其位。上下无陽以分其民，衆陰所宗，尊莫先焉。居謙之世，何可安尊？上承下接，勞謙匪解，是以吉也。

象曰：「勞謙君子」，萬民服也。

〔二〕「體」，原作「卦」，據四部備要本、注疏本改。

【解】荀爽曰：陽當居五，自卑下衆，降居下體，君有下國之意也。衆陰皆欲撝陽，上居五位，羣陰順陽，故「萬民服也」。

六四：无不利，撝謙。〔釋文〕撝，毁皮反，指撝也。義與「麾」同。

【解】荀爽曰：四得位處正，家性爲謙，故「无不利」。陰欲撝三，使上居五，故曰「撝謙」。撝，猶舉也。

【注】處三之上而用謙焉，則是〔一〕自上下下之義也；承五而用謙順，則是上〔二〕行之道也。盡乎承上下下之道，故无不利。指撝皆謙，不違則也。

【集解】馬融曰：撝，猶離也。　鄭康成曰：撝，讀爲宣。〔並釋文〕

象曰：「无不利，撝謙」，不違則也。

【解】九家易曰：陰撝上陽，不違法則。

六五：不富以其鄰，

【解】荀爽曰：鄰謂四與上也。自四以上乘陽，乘陽失實，故皆「不富」。五居中有體，故總言之。

【注】居於尊位，用謙與順，故能不富而用其鄰也。

〔一〕「則是」二字原誤倒，據四部備要本、注疏本乙。
〔二〕「上」，原訛作「止」，據四部備要本、注疏本正。

利用侵伐，无不利。〔釋文〕用侵，王廙作「寢」。

【解】荀爽曰：謂陽利侵伐來上，无敢不利之者。

【注】以謙順而侵伐，所伐皆驕逆也。

【集解】張氏曰：「葛伯仇餉，湯往伐之」是也。〔口訣義〕

象曰：「利用侵伐」，征不服也。

【解】荀爽曰：不服，謂五也。　案：六五離爻，「離爲戈兵」，「侵伐」之象也。

上六：鳴謙。利用行師，征邑國。〔釋文〕征國，本或作「征邑國」者，非。

【解】虞翻曰：應在震，故曰「鳴謙」。體師象，震爲行，坤爲邑國。利五之正，已得從征，故「利用行師，征邑國」。

【注】最處於外，不與內政，故有名而已，志功未得也。處外而履謙順，可以征邑國而已。

象曰：「鳴謙」，志未得也。可用行師，「征邑國」也。

【解】九家易曰：陰陽相應，故「鳴謙」也。雖應不承，故「志未得」。謂下九三可行師來上，坤爲邑國也。三應上，上呼三。征來居五位，故曰「利用行師，征邑國也」。　案：上六兑爻，兑爲口舌，「鳴謙」之象。

【注】夫吉凶悔吝，生乎動者也。動之所起，興於利者也。故飲食必有訟，訟必有衆起，未有居衆人之

所惡，而爲動者所害；處不競之地，而爲争者所奪。是以六爻雖有失位、无應、乘剛，而皆无凶咎悔吝者，以謙爲主也。「謙尊而光，卑而不可踰」，信矣哉！

☷☳ 坤下震上

豫：利建侯、行師。

【解】鄭康成曰：坤，順也，震，動也，順其性而動者，莫不得其所，故謂之「豫」。豫，喜豫悦樂之貌也。震又爲雷，諸侯之象；坤又爲衆，師役之象，故「利建侯、行師」矣。虞翻曰：復初之四，與小畜旁通。坤爲邦國，震爲諸侯。初至五體比象，四利復初，故「利建侯」。三至上體師象，故「行師」。

【集解】馬融曰：豫，樂也。〔釋文〕莊氏曰：建侯，即元亨也。行師，即利貞也。〔疏〕

彖曰：豫，剛應而志行。

【解】侯果曰：四爲卦主，五陰應之，剛志大行，故曰「剛應而志行」。

順以動，豫。

【解】崔憬曰：坤下震上，順以動也。

豫順以動，故天地如之，

【解】虞翻曰：小畜乾爲天，坤爲地。「如之」者，謂天地亦動以成四時。「而況建侯行師」，言其皆應而豫也。

而況建侯、行師乎？

【解】九家易曰：震爲建侯，坤爲行師。建侯所以興利，行師所以除害。利興害除〔一〕，民所豫樂也。天地有生殺，萬物有始終。王者盛衰，亦有迭更。猶武王承亂而應天地，「建侯行師」，奉詞除害。民得豫悦，君得安樂也。

天地以順動，

【解】虞翻曰：豫變通小畜。坤爲地，動初至三成乾，故「天地以順動」也。

故日月不過而四時不忒。〔釋文〕忒，京作「貣」。

【解】虞翻曰：過，謂失度。忒，差迭也。謂變初至需，離爲日，坎爲月，皆得其正〔二〕，故「日月不過」。動初時，震爲春，至四兑爲秋，至五坎爲冬，離爲夏，四時位正，故「四時不忒」。「通變之謂事」，蓋此之類。

【集解】鄭康成曰：忒，差也。〔釋文〕

〔一〕「利興害除」，原作「興利除害」，據集解本、纂疏本正。

〔二〕「正」，原作「政」，據集解本、纂疏本正。

聖人以順動，則刑罰清而民服。

【解】虞翻曰：清猶明也。動初至四，兑爲刑。至坎爲罰。坎兑體正，故「刑罰清」。坤爲民，乾爲清，以乾乘坤，故「民服」。　案：「帝出震〔一〕」，聖人也。坎爲法律，刑罰也。坤爲衆順而民服也。

豫之時義大矣哉。

【解】虞翻曰：順動天地，使日月四時皆不過差，「刑罰清而民服」，故「義大」也。

象曰：雷出地，奮豫。

【解】崔憬曰：震在坤上，故言「雷出地」。雷，陽氣，亦謂龍也。夏至後，陽氣極而一陰爻生，陰陽相擊而成雷聲。雷聲之疾，有龍奮迅豫躍之象，故曰「奮豫」。

先王以作樂崇德，殷薦之上帝，以配祖考。〔釋文〕殷，京作隱。薦，將電反。本又作「𧰼」，同。本或作「廌」，獸名耳，非。

【解】鄭康成曰：奮，動也。雷動於地上，萬物乃豫也。以者，取其喜佚動揺，猶人至樂，則手欲鼓之，足欲舞之也。崇，充也。殷，盛也。薦，進也。上帝，天帝也。「王者功成作樂」，以文得之者作籥舞，以武得之者作萬舞，各充其德而爲制。祀天帝「以配祖考」者，使與天同饗其功也。故孝經云「郊祀后稷

〔一〕「震」上原衍「乎」字，據集解本、纂疏本删。

以配天，宗祀文王於明堂，以配上帝」是也。

【集解】施讎云：外傳曰：「三王之樂，可得聞乎？」〔禮記疏〕　馬融曰：殷，盛也。〔釋文〕

初六：鳴豫，凶。

【解】虞翻曰：應震善鳴，失〔一〕位，故「鳴豫，凶」也。

【注】處豫之初，而特得志於上。樂過則淫，志窮則凶，豫何可鳴？

象曰：「初六鳴豫」，志窮凶也。

【解】虞翻曰：體剥「蔑貞」，故「志窮凶也」。

六二：介于石，〔釋文〕介于，音界，纖介。古文作「砎」，鄭古八反，馬作「扴」。

【解】虞翻曰：介，纖也。與四爲艮，艮爲石，故「介于石」。

【集解】馬融曰：扴，觸小石聲。　鄭康成曰：砎，謂磨砎也。〔並釋文〕

不終日，貞吉。

【解】虞翻曰：與小畜通，應在五，終變成離，離爲日。得位，欲四急復初，己得休之，故「不終日，貞吉」。

〔一〕「失」字原重，據集解本、纂疏本删一「失」字。

【注】處豫之時，得位履中，安夫貞正，不求苟豫者也。順不苟從，豫不違中，是以上交不諂，下交不瀆。明禍福之所生，故不苟説；辨必然之理，故不改其操。介如石焉，「不終日」明矣。

象曰：「不終日貞吉」，以中正也。

【解】侯果曰：得位居中，柔順正一。明豫動之可否，辯趣舍之權宜。假如堅石，不可移變。應時則改，不待終日，故曰豫之正吉。

六三：盱豫悔，遲有悔。〔釋文〕盱，香于反，睢盱也。字林火孤反，又火于反。子夏作「紆」。京作「汙」。姚作「盱」。

【解】向秀曰：盱睢，小人喜悦佞〔一〕媚之貌也。

【注】居下體之極，處兩卦之際，履非其位，承動豫之主。若其睢盱而豫，悔亦生焉。遲而不從，豫之所疾。位非所據，而以從豫，進退離悔，宜其然矣。

【集解】鄭康成曰：盱，誇也。〔釋文〕王肅曰：盱，大也。姚信曰：盱，日始出，詩云「盱日始旦」。〔並同上〕

象曰：盱豫有悔，位不當也。

九四：由豫，大有得。勿疑，朋盍簪。〔釋文〕由，馬作「猶」。簪，徐側林反，子夏傳同；王肅又祖感反；古

〔一〕「佞」，原作「侫」，據集解本、纂疏本正。

文作「貸」；京作「撍」；馬作「臧」；荀作「宗」；虞作「戠」，戠，叢合也；蜀才本依京。

【解】侯果曰：爲豫之主，衆陰所宗，莫不由之，以得其逸。體剛心直，志不懷疑。故得羣物依歸，朋從大合，若以簪篸之固括也。虞翻曰：由，自從也。據有五陰，坤以衆順，故「大有得」，得羣陰也。坎爲疑，故「勿疑」。小畜兑爲朋。盍，合也。坤爲盍。戠，聚會也。坎爲聚，坤爲衆。衆陰並應，故「朋盍戠」。「戠」舊讀作「撍」、作「宗」也。

【注】處豫之時，居動之始，獨體陽爻，衆陰所從，莫不由之以得其豫，故曰「由豫，大有得」也。夫不信於物，物亦疑焉，故勿疑則朋合疾也。盍，合也。簪，疾也。

【集解】子夏傳曰：簪，疾也。〔釋文〕馬融曰：猶豫，疑也。鄭康成曰：由，用也。簪，速也。蜀才曰：撍，速也。〔並同〕陸希聲曰：揵，疾也。〔程迥古占注〕

象曰：「由豫，大有得」，志大行也。

【解】崔憬曰：以一陽而衆陰從己，合簪交歡，故「其志大行也」。

六五：貞疾，恒不死。

【解】虞翻曰：恒，常也。坎爲疾。應在坤，坤爲死。震爲反生，位在震中，與坤體絶，故「貞疾，恒不死」也。

【注】四以剛動，爲豫之主。專權執制，非己所乘，故不敢與四争權，而又居中處尊，未可得亡，是以必

常至于貞疾，恒不死而已。

象曰：六五「貞疾」，乘剛也。「恒不死」，中未亡也。

【解】侯果曰：六五居尊而乘於四。四以剛動，非己所乘。乘剛爲政，終亦病若。「恒不死」者，以其中也。

上六：冥豫。成有渝，无咎。〔釋文〕冥，覓經反，又亡定反。

【解】虞翻曰：應在三，坤爲冥〔一〕。渝，變也。三失位无應多凶，變乃得正，體艮成，故「成有渝，无咎」。

【注】處「動豫」之極，極豫盡樂，故至于「冥豫成」也。過豫不已，何可長乎？故必渝變，然後「无咎」。

【集解】馬融曰：冥，冥昧，耽於樂也。〔釋文〕鄭康成曰：冥，讀爲「鳴」。王廙曰：冥，深也。〔並同〕

象曰：「冥豫」在上，何可長也。

【解】荀爽曰：陰性冥昧，居尊在上，而猶豫〔二〕悦，故「不可長」。

〔一〕「冥」，原作「溟」，據集解本、纂疏本正。

〔二〕「豫」上原衍「逸」字，據集解本、纂疏本删。

☱☳ 兑上震下

隨：元亨利貞，无咎。

【解】鄭康成曰：震，動也。兑，悦也。内動之以德，外悦之以言，則天下之民，咸慕其行而隨從之，故謂之「隨」也。既見隨從，能長之以善，通其嘉禮，和之以義，幹之以正，則功成而有福。若无此四德，則有凶咎焉。焦贛曰：漢高帝與項籍，其明徵也。虞翻曰：否上之初，剛來下柔，初上得正，故「元亨利貞，无咎」。

彖曰：隨，剛來而下柔，動而説，隨。

【解】虞翻曰：否乾上來之坤初，故「剛來而下柔」。動，震。説，兑也。

【注】震剛而兑柔也。以剛下柔，動而之説，乃得隨也。

大亨，貞，无咎，〔釋文〕「大亨貞」，本又作「大亨利貞」。

【解】荀爽曰：隨者，震之歸魂。震歸從巽，故大通。動爻得正，故「利貞」。陽降陰升，嫌於有咎。動而得正，故「无咎」。

【注】爲隨而不大通，違於時也；相隨而不爲利貞，災之道也，故大通利貞，乃得无咎也。

而天下隨時。〔釋文〕而天下隨時，王肅本作「隨之」。

【解】虞翻曰：乾爲天，坤爲下。震春兑秋。三四之正，坎冬離夏。四時位正，時行則行，故「天下隨時」矣。

【注】爲隨而令大通，利貞得於時也。得時，則天下隨之矣。

隨時之義大矣哉！〔釋文〕隨時之義，王肅本作「隨之時義」。

【解】蜀才曰：此本否卦。剛自上來居初，柔自初而升上，則内動而外悦，是「動而悦，隨」也。相隨而大亨无咎，得於時也。得時則天下隨之矣，故曰「隨時之義大矣哉」。

【注】隨之所施，唯在於時也，時異而不隨，否之道也，故「隨時之義大矣哉」。

象曰：澤中有雷，隨。

【解】九家易曰：兑澤震雷，八月之時，雷藏於澤，則「天下隨時」之象也。

君子以嚮晦入宴息。〔釋文〕以嚮，本又作「向」，許亮反。王肅本作「鄉」，音同。入宴，徐烏練反，王肅烏顯反。

【解】翟玄曰：晦者，冥也。雷者，陽氣，春夏用事。今在澤中，秋冬時也。故君子象之，日出視事，其將晦冥，退入宴寢而休息也。侯果曰：坤爲晦。乾之上九來入坤初，「嚮晦」者也。坤初升兑，兑〔一〕爲休息入宴者也。欲君民者晦德息物，動悦黎庶，則萬方歸隨也。

【注】澤中有雷，動説之象也。物皆説隨，可以无爲，不勞明鑒，故君子「嚮晦入宴息」也。

〔一〕「兑」，原作「二」，當爲表重文「＝」之誤，據集解本、纂疏本正。

【集解】鄭康成曰：晦，宴也。猶人君既夕之後，入於宴寢而止息。〔疏〕

初九：官有渝，貞吉。出門交有功。〔釋文〕官有，蜀才作「館有」。

【解】九家易曰：渝，變也。謂陽來居初得正爲震，震爲子，得土之位，故曰「官」也。陰陽出門，相與交通，陰往之上，亦不失正，故曰貞吉而交有功。鄭康成曰：震爲大塗，又爲日門，當春分，陰陽之所交也。是臣出君門，與四方賢人交，有成功之象也。昔舜「慎徽五典，五典克從。納于百揆，百揆時序。賓于四門，四門穆穆」，是其義也。

【注】居隨之始，上无其應，无所偏係，動能隨時，意无所主者也。隨不以欲，以欲隨宜者也。故官有渝變，隨不失正也。出門无違，何所失哉！

象曰：「官有渝」，從正吉也。「出門交有功」，不失也。

六二：係小子，失丈夫。

【解】虞翻曰：應在巽，巽爲繩，故稱「係」。小子謂五。兑爲少，故曰「小子」。丈夫謂四。體大過老夫，故稱「丈夫」。承四隔三，故「失丈夫」。三至上有大過象，故與老婦、士夫同義。體咸象，夫〔一〕死大過，故每有欲嫁之義也。

〔一〕「夫」，原訛作「父」，據集解本、纂疏本正。

【注】陰之爲物，以處隨世，不能獨立，必有係也。居隨之時，體分柔弱，而以乘夫剛動，豈能秉志？違於所近，隨此失彼，弗能兼與。五處己上，初處己下，故曰「係小子，失丈夫」也。

象曰：「係小子」，弗兼與也。

【解】虞翻曰：己係于五，不兼與四也。

六三：係丈夫，失小子。隨有求得，利居貞。

【解】虞翻曰：隨家陰隨陽。三之上无應，上係於四，失初小子，故「係丈夫，失小子」。艮爲居、爲求，謂求之正。得位遠應，利上承四，故「利居貞」矣。

【注】陰之爲物，以處隨世，不能獨立，必有係也。雖體下卦，二已據初，將何所附？故舍初係四，志在丈夫。四俱无應，亦欲於己隨之，則得其所求矣，故曰「隨有求得」也。應非其正，以係於人，何可以妄，故「利居貞」也。初處己下，四處己上，故曰「係丈夫，失小子」也。

象曰：「係丈夫」，志舍下也。

【注】下，謂初也。

九四：隨有獲，貞凶。有孚在道，以明，何咎？

【解】虞翻曰：謂獲三也。失位相據，在大過死象，故「貞凶」。象曰「其義凶矣」。孚謂五，初震爲道。三已之正，四變應初，得位在離，故「有孚在道，以明，何咎」。象曰「明功也」。

【注】處説之初，下據二陰，三求係己，不距則獲，故曰「隨有獲」也。居於臣地，履非其位，以擅其民，失於臣道，違正者也，故曰「貞凶」。體剛居説，而得民心，能幹其事而成其功者也。雖違常義，志在濟物，心存公誠，著信在道，以明其功，何咎之有！

象曰：「隨有獲」，其義凶也。

【解】虞翻曰：死在大過，故凶也。

「有孚在道」，明功也。

【解】虞翻曰：功，謂五也。三四之正，離爲明，故「明功也」。

九五：孚于嘉，吉。

【解】虞翻曰：坎爲孚，陽爲嘉。位五正，故「吉」也。

【注】履正居中，而處隨世，盡隨時之宜，得物之誠，故「嘉吉」也。

象曰：「孚于嘉，吉」，位正中也。〔釋文〕位正中也，一本作「中正」。

【解】虞翻曰：凡五〔一〕言「中正」，中正皆陽得其正，以此爲例矣。

上六：拘係之，乃從維之。

〔一〕「五」，原作「正」，據集解本、纂疏本正。

【解】虞翻曰：應在艮，艮手爲拘。巽爲繩，兩係稱維，故「拘係之，乃從維之」。在隨之上而无所隨，故「維之」。象曰「上窮」，是其義也。

【注】隨之爲體，陰順陽者也。最處上極，不從者也。隨道已成，而特不從，故拘係之乃從也。「率土之濱，莫非王臣」，而爲不從，王之所討也，故維之。

王用亨于西山。〔釋文〕用亨，許庚反，通也。陸許兩反。

【解】虞翻曰：否乾爲王，謂五也。有觀象，故亨。兑爲西，艮爲山，故「王用亨于西山」也。

【注】「王用亨于西山」者，兑爲西方，山者，途之險隔也。處西方而爲不從，故王用通于西山。

【集解】陸績曰：亨，祭也。〔釋文〕

象曰：「拘係之」，上窮也。

【解】虞翻曰：乘剛无應，故「上窮也」。

【注】處於上極，故窮也。

☶☴ 巽下艮上

蠱：元亨。〔釋文〕蠱，音古。徐又姬祖反，一音故。

【解】虞翻曰：泰初之上而與隨旁通。剛上柔下，乾坤交，故「元亨」也。伏曼容曰：蠱，惑亂也。

萬事從惑而起，故以蠱爲事也。案：尚書大傳云「乃命五史，以書五帝之蠱事」。然爲訓者，正以大古之時，无爲无事也。今言蠱者，是卦之惑亂也。時既漸澆，物情惑亂，故事業因之而起惑矣。故左傳云「女惑男，風落山，謂之蠱」，是其義也。

利涉大川。

【解】虞翻曰：謂二失位，動而之坎也，故「利涉大川」也。

先甲三日，後甲三日。

【解】子夏傳云：「先甲三日」者，辛壬癸也。「後甲三日」者，乙丙丁也。馬融曰：甲在東方，艮在東北，故云「先甲」。巽在東南，故云「後甲」。所以十日之中唯稱甲者，甲爲十日之首，蠱是造事之端，故舉初而明事始也。言所以三日者，不令而誅謂之暴，故令先後各三日，欲使百姓遍習，行而不犯也。【集解】鄭康成曰：甲者，造作新令之日。甲前三日，取改過自新，故用辛也。甲後三日，取丁寧之義，故用丁也。褚氏、何氏、周氏同。〔並疏〕

彖曰：蠱，剛上而柔下。巽而止，蠱。

【解】虞翻曰：泰初之上，故「剛上」；坤上之初，故「柔下」。上艮下巽，故「巽而止，蠱」也。

【注】上剛可以斷制，下柔可以施令。既巽又止，不競爭也。有事而无競爭之患，故可以有爲也。

蠱，元亨，而天下治也。

【解】荀爽曰：蠱者，巽也。巽歸合震，故「元亨」也。蠱者，事也。備物致用，故「天下治也」。

【注】有爲而大亨，非天下治而何也。

「利涉大川」，往有事也。

【解】九家易曰：陽往據陰，陰〔一〕來乘陽，故「有事」也。此卦本泰，乾天有河，坤地有水，二爻升降，出入乾坤，「利涉大川」也。陽往求五，陰來求二，未得正位，戎事不息，故「有事」。

【注】蠱者，有事而待能之時也。可以有爲，其在此時矣。物已説隨，則待夫作制以定其事也。進德修業，往則亨矣。故「元亨，利涉大川」也。

【集解】褚氏曰：「蠱者，惑也。物既惑亂，終致損壞，當須有事也，有爲治理也。故序卦云：『蠱者，事也。』」謂物蠱必有事，非謂訓蠱爲事。〔疏〕

「先甲三日，後甲三日」，終則有始，天行也。

【解】虞翻曰：謂初變成乾，乾爲甲。至二成離，離爲日。謂乾三爻在前，故「先甲三日」，賁時也。變三至四體離，至五成乾。乾三爻在後，故「後甲三日」，无妄時也。易出震消息，歷乾坤象，乾爲始，坤爲終，故「終則有始」。乾爲天，震爲行，故「天行也」。

〔一〕「陰」，原作「二」，當爲表重文「=」之誤，據集解本、纂疏本正。

【注】甲者，創制之令也。創制不可責之以舊，故先之三日，後之三日，使令洽，而後乃誅也。因事申令，終則復始，若天之行用四時也。

象曰：山下有風，蠱。

【解】何妥曰：山者高而静，風者宣而疾，有似君處上而安静，臣在下而行令也。

君子以振民育德。〔釋文〕以振，舊之愼反，濟也。師讀音真。振振，仁厚也。育德，王肅作「毓」，古「育」字。

【解】虞翻曰：君子，謂泰乾也。坤爲民，初上撫坤，故「振民」。乾稱德，體大畜須養，故以「育德」也。

【注】蠱者，有事而待能之時也，故君子以濟民養德也。

初六：幹父之蠱，有子考无咎。厲，終吉。〔釋文〕「有子考无咎」絶句。周依馬、王肅以「考」絶句。

【解】虞翻曰：幹，正。蠱，事也。泰乾爲父，坤爲事，故「幹父之蠱」。初上易位，艮爲子，父死大過稱考，故「有子考」。變而得正，故「无咎，厲，終吉」。

【注】處事之首，始見任者也。以柔巽之質幹父之事，能承先軌，堪其任者也，故曰「有子」也。任爲事首，能堪其事，考乃无咎也，故曰「有子考无咎」也。當事之首，是以危也，能堪其事，故「終吉」。案：位陽令首，父之事也。爻陰柔順，子之質也。

象曰：「幹父之蠱」，意承考也。

【注】幹事之首，時有損益，不可盡承，故意承而已。

九二：幹母之蠱，不可貞。

【解】虞翻曰：應在五，泰坤爲母，故「幹母之蠱」。失位，故「不可貞」。案：位陰居内，母之象也。

【注】居於内中，宜幹母事，故曰「幹母之蠱」也。婦人之性，難可全正，宜屈己剛，既幹且順，故曰「不可貞」也。幹不失中，「得中道也」。

象曰：「幹母之蠱」，得中道也。

【解】虞翻曰：變而得正，故貞而「得中道」。

九三：幹父之蠱，小有悔，无大咎。

【解】案：爻位俱陽，父之事。

【注】以剛幹事，而无其應，故「有悔」也。履得其位，以正幹父，雖「小有悔」，終「无大咎」。

象曰：「幹父之蠱」，終无咎也。

六四：裕父之蠱，往見吝。

【解】虞翻曰：裕，不能争也。孔子曰「父有争子，則身不陷於不義」。四陰體大過，本末〔一〕弱，故「裕父之蠱」。兑爲見，變而失正，故「往見吝」。象曰「往未得」，是其義也。

【注】體柔當位，幹不以剛而以柔和，能裕先事者也。然無其應，往必不合，故曰「往見吝」。

〔一〕「末」，原作「未」，據集解本、纂疏本正。

【集解】馬融曰：裕，寬也。〔釋文〕

象曰：「裕父之蠱」，往未得也。

【解】虞翻曰：往失位，折鼎足，故「未得」。

六五：幹父之蠱，用譽。

【解】荀爽曰：體和應中，承陽有實。用斯幹事，榮譽之道也。

【注】以柔處尊，用中而應，承先以斯，用譽之道也。

象曰：「幹父用譽」，承以德也。

【解】虞翻曰：譽謂二也。二五失位，變而得正，故「用譽」。變二使承五，故「承以德」。二乾爻，故稱「德」矣。

【注】以柔處中，不任威〔一〕力也。

上九：不事王侯，

【解】虞翻曰：泰乾爲王，坤爲事。應在於三，震爲侯。坤象不見，故「不事王侯」。

高尚其事。

〔一〕「威」，原作「盛」，據四部備要本、注疏本正。

【解】虞翻曰：謂五已變巽爲高，艮陽升在坤上，故「高尚其事」也。

【注】最處事上，而不累於位，不事王侯，高尚其事也。

象曰：「不事王侯」，志可則也。

【解】荀爽曰：年老事終，不當其位，體艮爲止，故「不事王侯」。據上臨下，重陰累實，故「志可則」。

䷒ 兑下坤上

臨：元亨利貞。

【解】虞翻曰：陽息至二，與遯旁通。剛浸而長，乾來交坤。動則成乾，故「元亨利貞」。

至于八月有凶。

【解】鄭康成曰：臨，大也。陽氣自此浸而長大。陽浸長矣，而有四德，齊功於乾，盛之極也。人之情，盛則奢淫，奢淫則[一]將亡，故戒以凶也。臨卦斗建丑而用事，殷之正月也。當文王之時，紂爲无道，故于是卦爲殷家著興衰之戒，以見周改殷正之數云。臨自周二月用事，訖其七月，至八月而遯卦受之。此終而復始，王命然矣。虞翻曰：與遯旁通。臨消於遯，六月卦也。於周爲八月。遯弑君父，故「至于八月有凶」。荀公以兑爲八月。兑于周爲十月，言八月，失之甚矣。蜀才曰：此本坤

[一]「則」字原脱，據集解本、纂疏本補。

卦。剛長而柔剥，故大亨利正〔一〕也。案：臨，十二月卦也。自建丑之月至建申之月，凡歷八月，則成否也。否則「天地不交，萬物不通」，是「至于八月有凶」，斯之謂也。

【集解】何氏曰：從建子陽生至建未爲八月。〔疏〕褚氏曰：自建寅至建酉爲八月。〔同〕

彖曰：臨，剛浸而長，〔釋文〕而長，丁丈反，一音治良反。

【解】虞翻曰：剛謂二也。兑爲水澤，自下浸上，故「浸而長」也。

説而順，剛中而應，大亨以正，天之道也。

【解】虞翻曰：説，兑也。順，坤。剛中謂二也。四陰皆應之，故曰「而應」。「大亨以正」，謂三動成乾天，得〔二〕正爲泰，天地交通，故「亨以正，天之道也」。

【注】陽轉進長，陰道日消，君子日長，小人日憂，「大亨以正」之義。

「至于八月有凶」，消不久也。

【注】八月陽衰而陰長，小人道長，君子道消也，故曰「有凶」。

象曰：澤上有地，臨。

〔一〕「正」，原作「貞」，據集解本、纂疏本改。

〔二〕「得」，原作「德」，據集解本、纂疏本改。

【解】荀爽曰：澤卑地高，高下相臨之象也。

君子以教思无窮，容保民无疆。

【解】虞翻曰：君子謂二也。震爲言，兑口講習。「學以聚之，問以辨之」。坤爲思。剛浸長，故「以教思无窮」。容，寬也。二「寬以居之，仁以行之」。坤爲容、爲民，故「保民无疆」矣。

【注】相臨之道，莫若説順也。不恃威制，得物之誠，故物无違也。是以「君子教思无窮，容保民无疆」也。

初九：咸臨，貞吉。

【解】虞翻曰：咸，感也。得正應四，故「貞吉」也。

【注】咸，感也。感，應也。有應於四，感以臨者也。四履正位，而已應焉，志行正者也。以剛感順，志行其正，以斯臨物，正而獲吉也。

象曰：「咸臨貞吉」，志行正也。

【解】荀爽曰：陽始咸升，以剛臨柔，得其正位而居是吉，故曰「志行正」。

九二：咸臨，吉，无不利。

【解】虞翻曰：得中多譽，兼有四陰，體復初「元吉」，故「无不利」。

【注】有應在五，感以臨者也。剛勝則柔危，而五體柔，非能同斯志者也。若順於五，則剛德不長，何繇

得「吉，无不利」乎？全與相違，則失於感應，其得「咸臨，吉，无不利」，必未順命也。

象曰：「咸臨，吉，无不利」，未順命也。

【解】荀爽曰：陽感〔一〕至二，當升居五，羣阴相承，故「无不利」也。陽當居五，陰當順從，今尚在二，故曰「未順命也」。

六三：甘臨，无攸利；既憂之，无咎。

【解】虞翻曰：兑爲口，坤爲土，「土爰稼穡作甘」。兑口銜坤，故曰「甘臨」。失位乘陽，故「无攸利」。言三失位无應，故「憂之」。

【注】甘者，佞邪説媚，不正之名也。履非其位，居剛長之世，而以邪説臨物，宜其「无攸利」也。若能盡憂其危，改修其道，剛不害正，故「咎不長」。

象曰：「甘臨」，位不當也。「既憂之」，咎不長也。

【解】虞翻曰：動而成泰，故咎不可長也。

六四：至臨，无咎。

【解】虞翻曰：至，下也。謂下至初應，當位有實，故「无咎」。

〔一〕「感」，原作「咸」，據集解本、纂疏本改。

【注】處順應陽，不忌剛長，而乃應之，履得其位，盡其至者也。剛勝則柔危，柔不失正，乃得「无咎」也。

象曰：「至臨，无咎」，位當也。〔釋文〕位當也，本或作「當位實」，非也。〔按〕李氏本作「當位實」也。

【解】荀爽曰：「四與二同功」，欲升二至五，已得承順之，故曰「至臨」也。陽雖未乘，處位居正，故得「无咎」，是當位實也。

六五：知臨，大君之宜，吉。〔釋文〕知臨，音智，又如字。

【解】荀爽曰：五者，帝位。大君，謂二也。宜升上居五位吉，故曰「知臨，大君之宜」也。

【注】處於尊位，履得其中，能納剛以禮，用建其正，不忌剛長而能任之，委物以能而不犯焉，則聰明者竭其視聽，知力者盡其謀能，不爲而成，不行而至矣。「大君之宜」，如此而已，故曰「知臨，大君之宜，吉」也。

象曰：「大君之宜」，行中之謂也。

【解】荀爽曰：二者處中，行升居五，五亦處中，故曰「行中之謂也」。

上六：敦臨，吉，无咎。

【解】荀爽曰：上應於三，欲因三升二，遇應於陽，敦厚之意，故曰「敦臨，吉，无咎」。

【注】處坤之極，以敦而臨者也。志在助賢，以敦爲德，雖在剛長，剛不害厚，故「无咎」也。

象曰：「敦臨」之「吉」，志在内也。

【解】九家易曰：志在升二也。陰以陽爲主，故「志在内也」。

䷓ 坤下巽上

觀：盥而不薦，有孚顒若。〔釋文〕觀，官喚反，下「大觀在上」、「以觀天下」、「風行地上觀」同。餘不出者，並音官。而不薦，王又作「[illegible]」，同，牋練反。王肅本作「而觀薦」。

【解】馬融曰：盥者，進爵灌地以降神也。此是祭祀盛時。及神降薦牲，其禮簡略，不足觀也。「國之大事，唯祀與戎」。王道可觀，在於祭祀。祭祀之盛，莫過初盥降神。故孔子曰「禘自既灌而往者，吾不欲觀之矣」。此言及薦簡略，則不足觀也。以下觀上，見其至〔一〕盛之禮。萬民信敬，故云「有孚顒若」。孚，信。顒，敬也。案：鬼神害盈，禍淫福善。若人君修德，至誠感神，則「黍稷非馨，明德惟馨」。故觀盥而不觀薦，饗其誠信者也。斯即「東鄰殺牛，不如西鄰之禴祭，實受其福」，是其義也。

鄭康成曰：坤爲地、爲衆，巽爲木、爲風。九五，天子之爻。互體有艮，艮爲鬼門，又爲宫闕。地上有木而爲鬼門宫闕者，天子宗廟之象也。

【注】王道之可觀者，莫盛乎宗廟。宗廟之可觀者，莫盛於盥也。至薦簡略，不足復觀，故觀盥而不觀薦也。孔子曰：「禘自既灌而往者，吾不欲觀之矣。」盡夫觀盛，則下觀而化矣。故觀至盥，則「有孚顒

〔一〕「至」，原作「致」，據集解本、纂疏本正。

言先王德化，光被四表，有不賓之民，不從法令，以五刑加之，以齊德教也。

【集解】鄭衆曰：從俗所爲，順民之教，故君子治人不求變俗。〔口訣義〕

初六：童觀，小人无咎，君子吝。

【解】虞翻曰：艮爲童。陰，小人；陽，君子。初位賤，以小人乘君子，故「无咎」。陽伏陰下，故「君子吝」矣。

【注】處於觀時，而最遠朝美。體於陰柔，不能自進，无所鑒見，故曰「童觀」。趣順而已，无所能爲，小人之道也，故曰「小人无咎」。君子處大觀之時，而爲童觀，不亦鄙乎！

【集解】馬融曰：童，猶獨也。〔釋文〕鄭康成曰：童，稚也。〔同〕

象曰：初六「童觀」，「小人」道也。

六二：闚觀，利女貞。〔釋文〕闚，本又作「窺」。

【解】虞翻曰：臨兑爲女。竊觀稱闚。兑女反成巽，巽四五得正，故「利女貞」。艮爲宫室，坤爲闔户，小人而應五，故闚觀，女貞，利不淫視也。　案：六二離爻，離爲目，又爲中女。外互體艮，艮爲門闕。女目近門，闚觀之象也。

【注】處在於内，寡所鑒見，體分柔弱，從順而已。猶有應焉，不爲全蒙，所見者狹，故曰「闚觀」。居内得位，柔順寡見，故曰「利女貞」。婦人之道也。處大觀之時，居中得位，不能大觀廣鑒，闚觀而已，誠

可醜也。

象曰：「闚觀女貞」，亦可醜也。〔釋文〕象曰闚觀女貞，一本有「利」字。

【解】侯果曰：得位居中，上應于五，闚視朝美，不能大觀。處大觀之時，而爲闚觀，女正則利，君子則醜也。

六三：觀我生，進退。

【解】虞翻曰：坤爲我，臨〔一〕震爲生，生謂坤生民也，巽爲進退，故「觀我生進退」。臨震進之五，得正居中，故象曰「未失道」。

【注】居下體之極，處二卦之際，近不比尊，遠不童觀，觀風者也。居此時也，可以「觀我生，進退」也。

象曰：「觀我生，進退」，未失道也。

【解】荀爽曰：我謂五也。生者，教化生也。三欲進觀於五，四既在前而三故退，「未失道也」。

六四：觀國之光，利用賓于王。〔釋文〕觀國之光，如字，或音官喚反。

【解】虞翻曰：坤爲國。臨陽至二，「天下文明」，反上成觀，進顯天位，故「觀國之光」也。王謂〔二〕五

〔一〕「臨」，原作「離」，據集解本、纂疏本正。

〔二〕「謂」，原作「位」，據集解本、纂疏本正。

陽，陽尊賓坤，坤爲用、爲臣。四在王庭，賓事於五，故「利用賓於王」矣。詩曰「莫敢不來享〔一〕，莫敢不來王」，是其義也。

【注】居觀之時，最近至尊，觀國之光者也。居近得位，明習國儀者也。故曰「利用賓于王」也。

象曰：「觀國之光」，尚賓也。

【解】崔憬曰：得位比尊，承於王者。職在搜揚國俊，賓薦王庭，故以進賢爲尚賓也。

九五：觀我生，君子无咎。

【解】虞翻曰：我，身也。謂我生，生謂生民。震生象反，坤爲死喪。嫌〔二〕非生民，故不言民〔三〕。陽爲君子，在臨二失位，之五得道處中，故「君子无咎」矣。

【注】居於尊位，爲觀之主，宣弘大化，光于四表，觀之極者也。上之化下，猶風之靡草，故觀民之俗，以察己道〔四〕。百姓有罪，在予〔五〕一人，君子風著，己乃无咎。上爲化主，將欲自觀，乃觀民也。

〔一〕「享」，原作「賓」，集解本同，據詩商頌殷武、纂疏本正。
〔二〕「嫌」，原作「廉」，據集解本、纂疏本正。
〔三〕「故不言民」，原作「故明而不言民也」，據集解本、纂疏本正。
〔四〕「道」，原作「之」，據四部備要本、注疏本正。
〔五〕「予」，原作「於」，據四部備要本、注疏本正。

象曰：「觀我生」，觀民也。

【解】虞翻曰：坤爲民，謂三也。坤體成，故「觀民也」矣。

上九：觀其生，君子无咎。

【解】虞翻曰：應在三，三體臨震，故「觀其生」。君子謂三，之三得正，故「无咎」矣。

【注】「觀我生」，自觀其道者[一]也；「觀其生」，爲民所觀者也。不在於位，最處上極，高尚其志，爲天下所觀者也。處天下所觀之地，可不慎乎？故君子德見，乃得「无咎」。生，猶動出也。

【集解】王傳云：獨處異地，不易執持。〔口訣義〕

象曰：「觀其生」，志未平也。

【解】虞翻曰：坎爲志、爲平。上來之三，故「志未平」矣。

【注】特[二]處異地，爲衆所[三]觀，不爲平易。和光流通，「志未平也」。

〔一〕「者」字原無，據四部備要本、注疏本及校勘記補。
〔二〕「特」，原作「將」，據四部備要本、孔疏及校勘記正。
〔三〕「所」字原無，據四部備要本、孔疏及校勘記補。

周易集解卷四

上經噬嗑傳第四

䷔ 震下離上

噬嗑：亨，利用獄。

【解】虞翻曰：否五之坤初，坤初之否五，剛柔交，故「亨」也。坎爲獄，艮爲手，離爲明。四以不正而係於獄，上當之三，蔽四成豐，「折獄致刑」，故「利用獄」。坤爲用也。案：「頤中有物，曰噬嗑」，謂九四也。四互體坎，坎爲法律，又爲刑獄。四在頤中，齧而後亨，故「利用獄」也。

【注】噬，齧也。嗑，合也。凡物之不親，由有間也；物之不齊，由有過也；有間與過，齧而合之，所以通也。刑克以通，獄之利也。

彖曰：頤中有物，曰噬嗑。

【解】虞翻曰：物謂四，則所噬乾胏也。頤中无物，則口不噬，故先舉「頤中有物曰噬嗑」也。

【注】頤中有物，齧而合之，噬嗑之義也。

【解】崔憬曰：物在頤中，隔其上下，因齧而合，乃得其亨焉。以喻人於上下之間，有亂羣者，當用刑去之，故言「利用獄」。

噬嗑而亨，

【注】有物有間，不齧不合，无繇亨也。

剛柔分，動而明，雷電合而章，

【解】盧氏曰：此本否卦。乾之九五分降坤初，坤之初六分升乾五，是「剛柔分」也。分則雷動于下，電照于上，合成天威，故曰雷電合而成章也。

【注】剛柔分動，不溷乃明；雷電並合，不亂乃章，皆「利用獄」之義。

柔得中而上行。雖不當位，「利用獄」也。

【解】侯果曰：坤之初六，上升乾五，是「柔得中而上行」。雖則失位，文明以中，斷制枉直，不失情理，故「利用獄」。

【注】謂五也。能爲齧合而通，必有其主，五則是也。上行，謂所之在進也。凡言上行，皆所之在貴也。雖不當位，不害用獄也。

象曰：「雷電」，「噬嗑」。

【解】宋衷曰：雷動而威，電動而明，二者合而其道彰也。用刑之道，威明相兼。若威而不明，恐致淫濫；明而无威，不能伏物，故須雷電並合，而噬嗑備。

先王以明罰勑法。〔釋文〕勑，恥力反，此俗字也，字林作「勅」。

【解】侯果曰：雷所以動物，電所以照物。雷電震照，則萬物不能懷邪，故先王則之。「明罰勑法」，以示萬物，欲萬方一心也。

【集解】鄭康成曰：勑，猶理也。〔釋文〕

初九：屨校滅趾，无咎。〔釋文〕校，爻教反，馬音教。滅止，本作「作趾」。趾，足也。

【解】侯果曰：屨，貫。趾，足也。震爲足，坎爲校。震没坎下，故「屨校滅趾」。初位得正，故「无咎」。

干寶曰：趾，足也。屨校，貫械也。初居剛躁之家，體貪狼之性，以震掩巽，強暴之男也。行侵陵之罪，以陷屨校之刑，故曰「屨校滅趾」。得位于初，顧震知懼，「小懲大戒」，以免刑戮，故曰「无咎」矣。

【注】居无位之地，以處刑初，受刑而非治刑者也。凡過之所始，必始於微而後至於著；罰之所始，必始於薄而後至於誅。過輕戮薄，故「屨校滅趾」，桎其行也，足懲而已，故不重也。過而不改，乃謂之過。小懲大誡，乃得其福，故「无咎」也。校者，以木絞校者也，即械也。校者，取其通名也。

象曰：「屨校滅趾」，不行也。〔釋文〕不行也，本或〔一〕作「止不行也」。

【解】虞翻曰：否坤小人，以陰消陽。「其亡其亡」，故五變滅初，否〔二〕坤殺，「不行也」。干寶曰：不敢遂行強也。

【注】過止於此。

六二：噬膚滅鼻，无咎。

【解】虞翻曰：噬，食也。艮爲膚，爲鼻。鼻没〔三〕滅坎水中，隱藏不見，故「噬膚滅鼻」。乘剛，又得正多譽，故「无咎」。

【注】噬，齧也。齧者，刑克之謂也。處中得位，所刑者當，故曰「噬膚」也。乘剛而刑，未盡順道，噬過其分，故「滅鼻」也。刑得所疾，故雖滅鼻，而无咎也。膚者，柔脆之物也。

【集解】馬融曰：柔脆肥美曰膚。〔釋文〕

象曰：「噬膚滅鼻」，乘剛也。

【解】侯果曰：居中履正，用刑者也。二互體艮，艮爲鼻，又爲黔喙，「噬膚滅鼻」之象也。乘剛噬必深。

〔一〕「本或」二字原誤倒，據釋文乙。
〔二〕「否」字原脱，據集解本、纂疏本補。
〔三〕「没」，原作「吸」，據集解本、纂疏本正。

噬過其分，故「滅鼻」也。刑刻雖峻，得所疾也。雖則「滅鼻」，而「无咎」矣。

六三：噬腊肉，遇毒，小吝，无咎。

【解】荀爽曰：腊肉，謂四也。三以不正，噬取異家，法當遇罪，故曰「遇毒」。爲艮所止，所欲不得，故「小吝」也。所欲不得，則免于罪，故「无咎」矣。虞翻曰：三〔一〕在膚裏，故稱肉，離日〔二〕熯之爲腊，坎爲毒，故「噬腊肉遇毒」。毒，謂矢毒也。失位承四，故「小吝」。與上易位，「利用獄」成豐，故「无咎」也。

【注】處下體之極，而履非其位，以斯食物，其物必堅。豈唯堅乎？將遇其毒。噬，以喻刑人；腊，以喻不服；毒，以喻怨生。然承於四而不乘剛，雖失其正，刑不侵順，故雖「遇毒，小吝，无咎」。

【集解】馬融曰：晞於陽而煬於火曰「腊肉」。〔釋文〕

象曰：「遇毒」，位不當也。

九四：噬乾胏，得金矢，利艱貞，吉。〔釋文〕胏，緇美反。子夏作「脯」。徐音甫，荀、董同。〔按〕説文引作「𩚵」。唐石經「吉」字上旁注一「大」字。

〔一〕「三」，原作「二」，據集解本、纂疏本正。
〔二〕「日」，原作「曰」，據集解本、纂疏本正。

【注】雖體陽爻，爲陰之主，履不獲中，而居非其[一]位。以斯噬物，物亦不服，故曰「噬乾胏」也。金，剛也。矢，直也。噬乾胏而得剛直，可以利於艱貞之吉，未足以盡通理之道也。

【集解】馬融曰：有骨謂之胏。〔釋文〕鄭康成曰：胏，簀也。〔同〕王肅曰：四體離，陰卦，骨之象。骨在乾肉，脯之象。金象所以獲野禽，故食之反得金矢。君子於味，必思其毒；於利，必備其難。〔初學記〕

象曰：「利艱貞，吉」，未光也。〔釋文〕未光大也，本亦無「大」字。

【解】陸績曰：肉有骨謂之胏。離爲乾肉，又爲兵矢。失位用刑，物亦不服，若噬有骨之乾胏也。金矢者，取其剛直也。噬胏雖復艱難，終得申其剛直。雖獲正吉，未爲光大也。

六五：噬乾肉，得黄金。貞厲，无咎。

【解】虞翻曰：陰稱肉。位當離日中[二]烈，故「乾肉」也。乾金黄，故「得黄金」。貞，正。厲，危也。變而得正，故「无咎」。

【注】乾肉，堅也。黄，中也。金，剛也。以陰處陽，以柔乘剛，以噬於物，物亦不服，故曰「噬乾肉」也。然處得尊位，以柔乘剛而居於中，能行其戮者也；履不正而能行其戮，剛勝者也。噬雖不服，得中而

[一]「非其」二字原誤倒，據四部備要本、孔穎達疏及校勘記乙。

[二]「日中」二字原誤倒，據集解本、纂疏本乙。

勝，故曰「噬乾肉，得黄金」也。己雖不正，而刑戮得當，故雖貞厲，而无咎也。

象曰：「貞厲，无咎」，得當也。

【解】荀爽曰：謂陰來正居是而厲〔一〕陽也。以陰厲陽，正居其處而无咎者，以從下明上，不失其中，所言「得當」。

上九：何校滅耳，凶。〔釋文〕何校，何可反，又音河。本亦作「荷」，音同。

【解】荀爽曰：爲五所何，故曰「何校」。據五應三，欲盡滅坎，上體「坎爲耳」，故曰「滅耳凶」。上以不正，侵欲无已，奪取異家。「惡積而不可掩，罪大而不可解」，故宜凶矣。　鄭康成曰：離爲槁木，坎爲耳，木在耳上，「何校滅耳」之象也。

【注】處罰之極，惡積不改者也。罪非所懲，故〔二〕刑及其首，至於「滅耳」。及首非誡，滅耳非懲，凶莫甚焉。

【集解】王肅曰：荷，擔也。〔釋文〕

象曰：「何校滅耳」，聰不明也。

〔一〕「而厲」，原作「何而」，據集解本、纂疏本正。

〔二〕「故」字原脱，據四部備要本、注疏本補。

【解】九家易曰：當據離坎以爲聰明。坎既不正，今欲滅之，故曰「聰不明也」。

【注】聰不明，故不慮，惡積至於不可解也。

【集解】馬融曰：耳無所聞也。〔釋文〕鄭康成曰：目不明，耳不聰。王肅曰：言其聰之不明。〔並同〕

䷕離下艮上

賁：亨。〔釋文〕賁，彼僞反，徐甫寄反，李軌府奮反，王肅符文反。

【解】虞翻曰：泰上之乾二，乾二之坤上，柔來文剛，陰陽交，故「亨」也。

【集解】傅氏曰：賁，古「斑」字，文章貌。〔釋文〕鄭康成曰：賁，變也，文飾之貌。王肅曰：賁，有文飾，黄白色。〔並同〕

小利有攸往。〔按〕唐石經「利」字下旁注一「貞」字。

【解】鄭康成曰：賁，文飾也。離爲日，天文也；艮爲石，地文也。天文在下，地文在上，天地二文相飾成賁者也。猶人君以剛柔仁義之道飾成其德也。剛柔雜，仁義合，然後嘉會禮通，故「亨」也。卦互體坎艮，艮止于上，坎險於〔一〕下，夾震在中，故不利大行，小有所之則可矣。虞翻曰：小謂五。五失

〔一〕「於」上原衍「止」字，據集解本、纂疏本删。

正，動得位體離，以剛文柔，故「小利有攸往」。

彖曰：賁亨，柔來而文剛，故「亨」。分剛上而文柔，故「小利有攸往」。

【解】荀爽曰：此本泰卦。謂陰從上來，居乾之中。文飾剛道，交與中和，故「亨」也。分乾之二，居坤之上。上飾柔道，兼據二陰，故「小利有攸往」矣。

【注】剛柔不分，文何由生〔一〕？故坤之上六來居二位，「柔來文剛」之義也。柔來文剛，居位得中，是以「亨」。乾之九二，分居上位，「分剛上而文柔」之義也。剛上文柔，不得中位，不若柔來文剛，故「小利有攸往」。

天文〔二〕也。

【解】虞翻曰：謂五利變之正，成巽體離，艮爲星，離日坎月，巽爲高，五，天位。離爲文明，日月星辰高麗于上，故稱「天之文」也。

【注】「剛柔交錯」而成文焉。天之文也。

【集解】陸希聲曰：天地以節氣相交，天文也。〔漢上圖〕

〔一〕「由生」，原「由」通作「繇」，「生」誤作「王」，據四部備要本、注疏本正。

〔二〕朱熹周易本義：「先儒謂『天文』上當有『剛柔交錯』四字。」案：與王弼注合。

文明以止，人文也。

【解】虞翻曰：人謂三，乾爲人。文明，離；止，艮也。震動離明。五變據四，二五分則止文三，故以三爲人文也。

【注】止物不以威武而以文明，人之文也。

觀乎天文，以察時變；

【解】虞翻曰：日月星辰爲天文也。泰震春兑秋，賁坎冬離夏。巽爲進退，日月星辰進退盈縮，謂朓側朒也。曆〔一〕象在天成變，故「以察時變」矣。

【注】觀天之文，則時變可知也。

觀乎人文，以化成天下。

【解】虞翻曰：泰乾爲人。五二動體既濟。賁離象「重明麗正」，故「以化成天下」也。干寶曰：四時之變，懸乎日月；聖人之化，成乎文章。觀日月而要其會通，觀文明而化成天下。

【注】觀人之文，則化成可爲也。

象曰：山下有火，賁。

〔一〕「曆」，原作「歷」，據文義及集解本、纂疏本改。後徑改，不復出校。

【解】王廙曰：「山下有火」，文相照也。 夫山之爲體，層峯峻嶺，峭嶮參差，直置其形，已如彫飾，復加火照，彌見文章，賁之象也。

君子以明庶政，无敢折獄。〔釋文〕以明，蜀才本作「命」。折，之舌反。

【解】虞翻曰：君子謂乾，離爲明，坤爲庶政，故「明庶政」。坎爲獄，三在獄得正，故「无敢折獄」。噬嗑四不正，故「利用獄」也。

【注】處賁之時，止物以文明，不可以威刑，故「君子以明庶政」而「无敢折獄」。

【集解】鄭康成曰：折，斷也。〔釋文〕

初九：賁其趾，舍車而徒。〔釋文〕其趾，一本作「止」。車，音居，鄭、張本作「輿」，從漢時始有居〔一〕音。

【解】虞翻曰：應〔二〕在震，震爲足，故「賁其趾」也。應在艮，艮爲舍，坎爲車。徒，步行也。位在下，故「舍車而徒」。 崔憬曰：剛柔相交，以成飾義者也。今近四，棄于二比，故曰「舍車」。車，士大夫所乘，謂二也。四乘于剛，艮止其應，初全其義，故曰「而徒」。徒，塵賤之事也。自飾其行，故曰「賁其趾」。趾，謂初也。 王肅曰：在下，故稱「趾」。既舍其車，又飾其趾，是徒步也。

【注】在賁之始，以剛處下，居於无位，棄於不義，安夫徒步以從其志者也，故飾其趾。「舍車而徒」，義

〔一〕「居」，原作「車」，據釋文正。
〔二〕「應」字原脱，據集解本、纂疏本補。

六五：賁于丘園，束帛戔戔。吝，終吉。〔釋文〕賁于丘園，黄本「賁」作「世」。戔戔，在千反，又音牋。子夏作「殘殘」。

【解】虞翻曰：艮爲山，五半山，故稱丘；木果曰園，故「賁于丘園」也。六五失正，動之成巽。巽爲帛、爲繩，艮手持，故「束帛」。以艮斷巽，故「戔戔」。失位无應，故「吝」。變而得正，故「終吉」矣。

【注】處得尊位，爲飾之主，飾之盛者也。施飾於物，其道害也。施飾丘園，盛莫大焉，故賁于束帛，丘園乃落；賁于丘園，帛乃戔戔。用莫過儉，泰而能約，故必「吝」焉，乃得「終吉」也。

【集解】子夏傳曰：五匹爲束。二〔一〕玄二纁象陰陽。〔釋文〕賈誼曰：束帛五匹。服虔同。〔文瑩湘山野録〕馬融曰：戔戔，委積貌。〔釋文〕王肅曰：失位无應，隱處丘園，蓋蒙闇之人，道德彌深，必有束帛之聘也。〔文選注〕黄穎曰：戔戔，猥積貌。一云顯見貌。〔釋文〕薛、虞云：戔戔，禮之多也。〔同〕先儒云：若賁飾束帛，不用聘士，則丘園之士乃落也。若賁飾丘園之士，與之，故束帛乃戔戔也。〔疏〕

象曰：六五之吉，有喜也。〔釋文〕有喜，如字。徐許意反。

【解】荀爽曰：艮山震林。失其正位，在山林之間，賁飾丘陵，以爲園圃，隱士之象也。五爲王位，體中

〔一〕「二」，原作「三」，據釋文正。

履和，勤賢之主，尊道之君也。故曰「賁于丘園，束帛戔戔」。君臣失正，故「吝」。能以中和，飾上成功，故「終吉」而「有喜也」。虞翻曰：五變之陽，故「有喜」。凡言喜慶，皆陽爻。「束帛戔戔」，委積之貌。案：六五離爻，離爲中女。午爲蠶絲，束帛之象。

上九：白賁，无咎。

【解】虞翻曰：在巽上，故曰「白賁」。乘五陰，變而得位，故「无咎」矣。

【注】處飾之終，飾終反素，故任〔一〕其質素，不勞文飾，而无咎也。以白爲飾，而无患憂，得志者也。

象曰：「白賁无咎」，上得志也。

【解】虞翻曰：上之正〔二〕得位，體成既濟，故曰「得志」。坎爲志也。干寶曰：白，素也。延山林之人，采素士之言，以飾其政，故「上得志也」。

䷖ 坤下艮上

剥：不利有攸往。

【解】虞翻曰：陰消乾也，與夬旁通。以柔變剛，小人道長，子弑其父，臣弑其君，故「不利有攸往」也。

〔一〕「任」，原作「在」，形近而誤，據四部備要本、注疏本及校勘記正。

〔二〕「正」，原作「五」，據集解本、纂疏本正。

【集解】馬融曰：剥，落也。〔釋文〕

彖曰：「剥」，剥也，柔變剛也。

【解】荀爽曰：謂陰外變五。五者〔一〕至尊，爲陰所變，故曰「剥」也。盧氏曰：此本乾卦，羣陰剥陽，故名爲「剥」也。

「不利有攸往」，小人長也。

【解】鄭康成曰：陰氣侵陽，上至于五，萬物零落，故謂之「剥」也。五陰一陽，小人極盛，君子不可有所之，故「不利有攸往」也。

順而止之，觀象也。

【解】虞翻曰：坤順艮止。謂五消觀成剥，故「觀象也」。

【注】坤順而艮止也，所以「順而止之」。不敢以剛止者，以觀其形象也。

君子尚消息盈虚，天行也。

【解】虞翻曰：乾爲君子，乾息爲盈，坤息爲虚，故「君子尚消息盈虚，天行也」。則「出入無疾，反復其道」。易虧巽消艮，出震息兑，盈乾虚坤，故於是見之耳。

〔一〕「者」字原脱，據集解本、纂疏本補。

【注】強亢激拂，觸忤以隕身，身既傾焉，功又不就，非君子之所尚也。

象曰：山附於地，剥。

【解】陸績曰：艮爲山，坤爲地，「山〔一〕附於地」，謂高附於卑，貴附於賤，君不能制臣也。

上以厚下安宅。

【解】盧氏〔二〕曰：上，君也。宅，居也。山高〔三〕絶于地，今附地者，明被剥也。屬地時也。君當厚錫于下，賢當卑降于愚，然後得安其居。

【注】「厚下」者，牀不見剥也。「安宅」者，物不失處也。厚下安宅，治剥之道也。

初六：剥牀以足，蔑貞，凶。〔釋文〕蔑，荀作「滅」。

【解】虞翻曰：此卦坤變乾也。動初成巽，巽木爲牀，復震在下爲足，故「剥牀以足」。蔑，无。貞，正也。失位无應，故「蔑貞，凶」。震在陰下，象曰「以滅下也」。

【注】牀者，人之所以安也。「剥牀以足」，猶云剥牀之足也。蔑，猶削也。剥牀之足，滅下之道也。下道始滅，剛隕柔長，則正削而凶來也。

〔一〕「山」字原脱，據集解本、纂疏本補。

〔二〕「盧氏」，纂疏本同，集解本作「虞翻」。

〔三〕「山高」上，纂疏本有「山高也」三字，集解本無。

【集解】馬融曰：蔑，無也。鄭康成曰：蔑，輕慢也。〔並釋文〕

象曰：「剥牀以足」，以滅下也。

【解】虞翻〔一〕曰：蔑，滅也。坤所以載物，牀所以安人。在下，故稱足。先從下剥，漸及于上，則君政崩滅，故曰「以滅下也」。

六二：剥牀以辨，蔑貞，凶。〔釋文〕辨，徐音「辦具」之「辦」，足上也。鄭符勉反。王肅否勉反。

【解】鄭康成曰：足上稱辨，謂近膝之下。屈則相近，申〔二〕則相遠，故謂之辨。辨，分也。虞翻曰：指間稱辨。剥，剥二成艮。艮爲指，二在指間，故「剥牀以辨」。无應在剥，故「蔑貞，凶」也。

【注】蔑，猶甚極之辭也。辨者，足之上也。剥道浸長，故剥其辨也。稍近於牀，轉欲滅，物之所處，長柔而削正，以斯爲德，物所棄也。

【集解】馬融、鄭康成曰：辨，足上也。〔釋文〕黄穎曰：辨，牀簀也。薛、虞曰：辨，膝下也。〔並同〕

象曰：「剥牀以辨」，未有與也。

【解】崔憬曰：今以牀言之，則辨當在第〔三〕足之間，是牀梐也。「未有與」者，言至三則應，故二「未有

〔一〕「虞翻」，集解本同，纂疏本作「盧氏」。
〔二〕「申」，集解本同，纂疏本作「信」。信，讀爲伸。信、伸、申，古通。
〔三〕「第」，原作「笫」，今據纂疏本正。

與」也。

六三：剥之，无咎。〔釋文〕六三剥无咎，本作「剥之无咎」，非。

【解】荀爽曰：衆皆剥陽，三獨應上，无剥害意，是以无咎，故曰〔一〕「失上下也」。

【注】與上爲應，羣陰剥陽，我獨協焉，雖處於剥，可以无咎。

象曰：「剥之无咎」，失上下也。

【注】三上下各有二陰，而三獨應於陽，則失上下也。

六四：剥牀以膚，凶。〔釋文〕以膚，方于反。京作「簠」，謂祭器。

【解】虞翻曰：辨上稱膚，艮爲膚。以陰變陽，至四乾毀，故「剥牀以膚」。臣弑君，子弑父，故「凶」矣。

王肅曰：在下而安人者，牀也。在上而處牀者，人也。坤以象牀，艮以象人。牀剥盡以及人身，爲敗滋深，害莫甚焉，故曰「剥牀以膚，凶」也。

【注】初、二剥牀，民所以安，未剥其身也。至四，剥道浸長，牀既剥盡，以及人身，小人遂盛，物將失身，豈惟削正？靡所不凶。

象曰：「剥牀以膚」，切近災也。〔釋文〕切近，如字，徐巨靳反。

〔一〕「故曰」，集解本同，纂疏本作「象曰」，並通。

【解】崔憬曰：牀之爲膚薦席，若獸之有皮毛也。牀以剥盡，次及其膚，剥于大臣之象，言近身與君。

【集解】鄭康成曰：切近，切，急也〔一〕。〔釋文〕

六五：貫魚，以宫人寵，无不利。〔釋文〕貫魚，古亂反。徐音官，穿也。

【解】虞翻曰：剥消觀五，巽爲魚、爲繩，艮手持繩貫巽，故「貫魚」也。艮爲宫室，人謂乾五，以陰代陽，五貫乾爲寵人，陰得麗之，故「以宫人寵」。動得正成觀，故「无不利」也。何妥曰：夫剥之爲卦，下比五陰，駢頭相次，似「貫魚」也。魚爲陰物，以喻衆陰也。夫「宫人」者，后夫人嬪妾，各有次序，不相瀆亂。此則貴賤有章，寵御有序。六五既爲衆陰之主，能有貫魚之次第，故得「无不利」矣。

【注】處剥之時，居得尊位，爲剥之主者也。剥之爲害，小人得寵，以消君子者也。若能施寵小人於〔二〕宫人而已，不害於正，則所寵雖衆，「終无尤也」。貫魚，謂此衆陰也。駢頭相次，似貫魚也。

【集解】陸希聲曰：无不利事，非无所不利也。〔撮要〕

象曰：「以宫人寵」，終无尤也。

【解】崔憬曰：魚與宫人皆陰類，以比小人焉。魚大小一貫，若后夫人嬪婦御女，小大雖殊，寵御則一，

〔一〕釋文作「切，急也」，無「切近」二字。
〔二〕「於」，原作「以」，據四部備要本、注疏本正。

故「終无尤也」。

上九：碩果不食，君子得輿，小人剥廬。〔釋文〕得輿，音餘。京作「德輿」。董作「德車」。

【解】虞翻曰：艮爲碩果。謂三已復位，有頤象，頤中无物，故「不食」也。夬乾爲君子、爲德，坤爲車、爲民，乾在坤，故以德爲車。小人謂坤，艮爲廬，上變滅艮，坤陰迷亂，故「小人剥廬」也。

【注】處卦之終，獨全不落，故果至于碩而不見食也。君子居之，則爲民覆蔭；小人用之，則剥下所庇也。

【集解】鄭康成曰：小人傲很，當剥徹廬舍而去。〔周禮疏〕

象曰：「君子得輿」，民所載也。「小人剥廬」，終不可用也。

【解】侯果曰：艮爲果、爲廬，坤爲輿。處剥之上，有剛直之德，羣小人不能傷害也，故果至碩大，不被剥食矣。君子居此，萬姓賴安，若得乘其車輿也。小人處之，則庶方無控，被剥其廬舍，故曰「小人剥廬，終不可用矣」。

䷗ 震下坤上

復：亨。

【解】何妥曰：復者，歸本之名。羣陰剥陽，至于幾盡，一陽來下，故稱「反復」。陽氣復反而得交通，故云「復亨」也。

【集解】鄭康成曰：復，反也，還也。陰氣侵陽，陽失其位，至此始還，反起於初，故謂之「復」。陽君象，君失國而還反，道德更興也。〔春秋疏〕

出入无疾，朋來无咎。〔釋文〕朋來，京作萠反。復，芳福反，劉本同，本又作「覆」。

【解】虞翻曰：謂出震成乾，入巽成坤。坎爲疾，十二消息不見坎象，故「出入无疾」。兑爲朋，在内稱來，五陰從初，初陽正，息而成兑，故「朋來无咎」矣。

反復其道，七日來復，

【解】案：易軌一歲十二月，三百六十五日四分日之一。以坎震離兑四方正卦，卦别六爻，爻主〔一〕一氣。其餘六十卦，三百六十爻，爻主一日，當周天之數。餘五日四分日之一，以通閏餘者也。剥卦陽氣，盡于九月之終，至十月末，純坤用事，坤卦將盡，則復陽來，隔坤之一卦，六爻爲六日，復來成震，一陽爻生爲七日，故言「反復其道，七日來復」，是其義也。天道玄邈，理絶希慕。先儒已論，雖各指于日月，後學尋討，猶未測其端倪。今舉約文，略陳梗概，以候〔二〕來悊，如積薪者焉。

【集解】鄭康成曰：建戌之月，以陽氣始進。建亥之月，純陰用事。至建子之月，陽氣始生。隔此純陰

〔一〕「主」，原作「生」，集解本同，並非。今據纂疏本正。

〔二〕「候」，原作「後」，據集解本、纂疏本正。

一卦，卦主六日七分，舉其成數言之，而云「七日來復」。〔正義序〕褚氏曰：「五月一陰生，至十一月一陽生」，凡七月。而云「七日」，不云「月」者，欲見陽長須速，故變月言日。莊氏同。〔疏〕

利有攸往。

【解】虞翻曰：陽息臨成乾，「小人道消，君子道長」，故「利有攸往」矣。

彖曰：復，亨，

【解】虞翻曰：陽息坤，與姤旁通。剛反交初，故「亨」。

剛反，動而以順行，〔釋文〕「剛反」絶句。

【解】虞翻曰：剛從艮入坤，從反震，故曰「反動」。坤順震行，故「而以順行」。陽不從上來反初，故不言剛自外來。是以明「不遠之復」，入坤出震義也。

是以「出入无疾，朋來无咎」。

【解】侯果曰：陽上出，君子道長也；陰下入，小人道消也。動而以行，故「出入无疾，朋來无咎」矣。

【注】入則爲反，出則剛長，故「无疾」。疾猶病也。朋，謂陽也。

「反復其道，七日來復」，天行也。

【解】虞翻曰：謂乾成坤，反出于震而來復，陽爲道，故「復其道」。剛爲晝日，消乾六爻爲六日。剛來反初，故「七日來復，天行也」。侯果曰：五月天行至午，陽復而陰升也。十一月天行至子，陰復而陽升也。天地運往，陰陽升復，凡歷七月，故曰「七日來復」，此天之運行也。豳詩曰「一之日觱發，二之日栗烈」。「一之日」，周之正月也；「二之日」，周之二月也，則古人呼月爲日，明矣。

【注】陽氣始剥盡，至來復時，凡七日。以天之行，反復不過七日，復之不可遠也。

「利有攸往」，剛長也。

【解】荀爽曰：利往居五，剛道浸長也。

【注】往則小人道消也。

復，其見天地之心乎。

【解】荀爽曰：復者，冬至之卦。陽起初九，爲天地心，萬物所始，吉凶之先，故曰「見天地之心」矣。虞翻曰：坤爲復。謂三復位時，離爲見，坎爲心，陽息臨成泰，乾天坤地，故「見天地之心」也。

【注】復者，反本之謂也。天地以本爲心者也。凡動息則静，静非對動者也；語息則默，默非對語者也。然則天地雖大，富有萬物，雷動風行，運化萬變，寂然至无，是其本矣。故動息地中，乃天地之心見也。若其以有爲心，則異類未獲具存矣。

象曰：雷在地中，復。先王以至日閉關，商旅不行，后不省方。

【解】宋衷曰：商旅不行。自天子至公侯，不省四方之事。將以輔遂陽體，成致君道也。制之者，王者之事。奉之者，爲君之業也。故上言先王，而下言后也。虞翻曰：先王，謂乾初。至日，冬至之日。坤闔爲閉關。巽爲商旅，爲近利市三倍，姤巽伏初，故「商旅不行」。姤象曰「后以施命誥四方」，今隱復下，故「后不省方」。復爲陽始，姤則陰始，天地之始，陰陽之首。已言「先王」，又更言「后」。后，君也。六十四卦，唯此重耳。

【注】方，事也。冬至，陰之復也；夏至，陽之復也。故爲復，則至於寂然大静。先王則天地而行者也，動復則静，行復則止，事復則无事也。

【集解】鄭康成曰：資貨而行曰「商」。旅，客也。〔釋文〕

初九：不遠復，无祇悔，元吉。〔釋文〕祇，音支，辭也。馬音之是反。韓康伯祁支反。王肅作「禔」，時支反。九家本作㱦字，音支。

【解】崔憬曰：從坤反震，而變此爻，「不遠復」也。復而有應，故獲「元吉」也。

【注】最處復初，始復者也。復之不速，遂至迷凶，不遠而復，幾悔而反。以此修身，患難遠矣；錯之於事，其殆庶幾乎！故「元吉」也。

【集解】馬融曰：祇，辭也。〔釋文〕鄭康成曰：祇，病也。陸績曰：禔，安也。韓康伯曰：祇，大也。〔並同〕陸希聲曰：祇，適也。〔撮要〕

象曰：「不遠」之「復」，以脩身也。

【解】侯果曰：祇，大也。往被陰剥，所以有悔。覺非遠復，故无大咎。以此修身，顔子之分矣。

六二：休復，吉。

【注】得位處中，最比於初。上无陽爻，以疑其親。陽爲仁行，在初之上而附順之，下仁之謂也。既處中位，親仁善鄰，復之休也。

象曰：「休復」之「吉」，以下仁也。〔釋文〕以下仁也，如字。徐户嫁反。

【集解】王肅曰：下附於仁。〔釋文〕

六三：頻復，厲，无咎。〔釋文〕頻復，如字。本又作「嚬」。嚬，眉也。鄭作「顰」，音同。

【解】虞翻曰：頻，蹙也。三失位，故「頻復，厲」。動而之正，故「无咎」。

【注】頻，頻蹙之貌也。處下體之終，雖愈於上六之迷，已失復遠矣，是以蹙也。蹙而求復，未至於迷〔一〕，故雖危無咎也。復道宜速，蹙而乃復，義雖无咎，它來難保。

【集解】馬融曰：頻，憂頻也。〔釋文〕

象曰：「頻復」之「厲」，義「无咎」也。

【解】侯果曰：處震之極，以陰居陽，懼其將危，頻蹙而復。履危反道，義亦无咎也。

六四：中行獨復。

〔一〕「迷」，原作「復」，據四部備要本、注疏本正。

【注】四，上下各有二陰，而處厥中，履得其位，而應於初，獨得所復。順道而反，物莫之犯，故曰「中行獨復」也。

【集解】鄭康成曰：爻處五陰之中，度中而行，四獨應初。〔漢上易〕

象曰：「中行獨復」，以從道也。

【解】虞翻曰：中謂初，震爲行。初一陽爻，故稱「獨」。四得正應初，故曰「中行獨復，以從道也」。俗説以四位在五陰之中，而獨應復，非也。四在外體，又非内象，不在二五，何得稱「中行」耳？

六五：敦復，无悔。

【注】居厚而履中。居厚則无怨，履中則可以自考。雖不足以及休復之吉，守厚以復，悔可免也。

象曰：「敦復无悔」，中以自考也。

【解】侯果曰：坤謂厚載，故曰「敦復」。體柔居剛，无應失位，所以有悔。能自考省，動不失中，故曰〔一〕「无悔」矣。

【集解】鄭康成曰：考，成也。〔釋文〕 向秀曰：考，察也。〔同〕

上六：迷復，凶，有災眚。〔釋文〕有灾，本又作「災」。鄭作「烖」。

〔一〕「曰」字原脱，據集解本、纂疏本補。

【解】虞翻曰：坤冥爲迷，高而无應，故「凶」。五變正時，坎爲災眚，故「有災眚」也。

【注】最處復後，是迷者也。以迷求復，故曰「迷復」也。

【集解】子夏傳曰：傷害曰「災」，妖祥曰「眚」。〔釋文〕　鄭康成曰：異自内生曰「眚」，自外曰「祥」，害物曰「災」。〔同〕

用行師，終有大敗，以其國君凶。

【解】荀爽曰：坤爲衆，故「用行師」也。謂上行師而距于初，陽息上升，必消羣陰，故「終有大敗」。國君，謂初也。受命復道，當從下升。今上六行師，王誅必加，故「以其國君凶」也。　虞翻曰：三復位時而體師象，故「用行師」。陰逆不順，坤爲死喪，坎流血，故「終有大敗」。姤乾爲君，滅藏于坤，坤爲異邦，故「國君凶」矣。

【注】用之行師，難用有克也，終必大敗。用之於國，則反乎君道也。

至于十年不克征。

【解】虞翻曰：坤爲至，爲十年。陰逆坎臨，故「不克征」。謂五變設險，故帥師敗，喪君而無征也。　何妥曰：理國之道，須進善納諫。迷而不復，安可牧民？以此行師，必敗績矣。敗乃思復，失道已遠。雖復十年乃征，無所克矣。　案：坤爲先迷，故曰「迷復」。坤又爲師象，故曰「行師」。坤主數十，「十年」之象也。

【注】大敗乃復，量斯勢也，雖復十年修之，猶未能征也。

象曰：「迷復」之「凶」，反君道也。

【解】虞翻曰：姤乾爲君，坤陰滅之，以國君凶，故曰「反君道也」。

☰☳ 震下乾上

无妄：

【解】何妥曰：乾上震下，天威下行，物皆潔齊，不敢虚妄也。

【集解】馬融曰：妄猶望，謂无所希望也。鄭康成、王肅同。〔釋文〕

元亨利貞。

【解】遁上之初。此所謂四陽二陰，非大壯則遁來也。剛來交初，體乾，故「元亨」。三四失位，故「利貞」也。此上虞義。

其匪正有眚，不利有攸往。

【解】虞翻曰：「非正」謂上也。四已之正，上動成坎，故「有眚」。變而逆乘，天命不佑，故「不利有攸往」矣。

象曰：无妄，剛自外來而爲主于内，

【解】蜀才曰：此本遯卦。案：剛自上降，爲主于初，故「動而健，剛中而應」也。於是乎邪妄之道消，大通以正矣。无妄大亨，乃天道恒命也。

【注】謂震也。

動而健，剛中而應。大亨以正，天之命也。

【解】虞翻曰：動，震也。「健」、「大亨」謂乾。剛中，謂五而應二。「大亨以正」，變四承五。乾爲天，巽爲命，故曰「大亨以正，天之命也」。

【注】震動而乾健也。「剛中而應」，謂五也。剛自外來而爲主於内，動而愈健。剛中而應，威剛方正，私欲不行，何可以妄？使有妄之道滅，无妄之道成，非大亨利貞而何？剛自外來而爲主於内，則柔邪之道消矣。動而愈健，則剛直之道通矣；剛中而應，則齊明之德著〔一〕矣，故「大亨以正」也。天之教命，何可犯乎？何可妄乎？是以匪正則有眚，而不利有攸往也。

「其匪正有眚，不利有攸往」，无妄之往，何之矣？

【解】虞翻曰：謂四已變，上動體屯坎，爲「泣血漣如」，故「何之矣」。

【集解】鄭康成曰：妄之言望。人所望宜正，行必有所望，行而无所，望，是失其正，何可往也。〔後漢

〔一〕「著」，原作「者」，據四部備要本、注疏本正。

書注〕

天命不祐，行矣哉！〔釋文〕不佑，本又作「祐」。馬作「右」。

【解】虞翻曰：天，五也。巽爲命。祐，助也。四已變成坤，天道助順。上動逆乘巽命，故「天命不祐」。「行矣哉」，言不可行也。馬君云「天命不右行」，非矣。

【注】匪正有眚，不求改以從正，而欲有所往。居不可以妄之時，而欲以不正有所往，將欲何之？天命之所不祐，竟矣哉！

【集解】馬融曰：謂天不右行也。〔釋文〕鄭康成曰：佑，助也。〔同〕

象曰：天下雷行，物與无妄。

【解】九家易曰：天下雷行，陽氣普偏，无物不與，故曰「物與」也。物受之以生，无有災妄，故曰「物與无妄」也。虞翻曰：與謂舉。妄，亡也。謂雷以動之，震爲反生，萬物出震，无妄〔一〕者也，故曰「物與无妄」。序卦曰「復則不妄矣，故受之以无妄」。而京氏及俗儒以爲「大旱之卦，萬物皆死，无所復妄」，失之遠矣；「有无妄，然後可畜」，不死明矣。若物皆死，將何畜聚，以此疑也。

【注】與，辭也，猶皆也。天下雷行，物皆不可以妄也。

〔一〕「无妄」二字原誤倒，據集解本、纂疏本乙。

先王〔一〕以茂對時育萬物。

【解】虞翻曰：先王謂乾。乾盈爲茂，艮爲對時，體頤養象，萬物出震，故「以茂對時育萬物」。言物皆死，違此甚矣。侯果曰：雷震天下，物不敢妄，威震驚洽，无物不與，故先王以茂養萬物，乃對時而育矣。時泰則威之以无妄，時否則利之以嘉遯，是對時而化育也。

【注】茂，盛也。物皆不敢妄，然後萬物乃得各全其性，對時育物，莫盛於斯也。

【集解】馬融曰：茂，勉也。對，配也。〔釋文〕

初九：无妄往，吉。

【解】虞翻曰：謂應四也。四失位，故命變之正，四變得位，承五應初，故「往吉」矣。在外稱「往」也。

【注】體剛處下，以貴下賤，行不犯妄，故往得其志。

象曰：「无妄」之「往」，得志也。

【解】虞翻曰：四變應初，夫妻體正，故「往，得志」矣。

六二：不耕穫，不菑畬，則利有攸往。〔釋文〕不耕穫，或依注作「不耕而穫」，非，下句亦然。畬，音餘，字林戈恕反。

〔一〕「王」，原作「生」，據諸本正。

【解】虞翻曰：有益耕象，无坤田，故「不耨」。震爲禾稼，艮爲手，禾在手中，故稱「穫」。田在初，一歲曰菑，在二，三歲曰畬。初爻非坤，故不菑而畬也。得位應五，利四變之益，則坤體成，有耒耨之利，故「利有攸往」，往應五也。

【注】不耕而穫，不菑而畬，代終已成而不造也。不擅其美，乃盡臣道，故「利有攸往」。

【集解】馬融曰：菑田，一歲也。畬田，三歲也。〔釋文〕　鄭康成曰：一歲曰菑，二歲曰新田，三歲曰畬。〔王氏〕　董遇曰：菑，反草也。悉耨曰畬。〔釋文〕

象曰：「不耕穫」，未富也。

【解】虞翻曰：四動坤虚，故「未富也」。

六三：无妄之災，或繫之牛。行人之得，邑人之災。

【注】以陰居陽，行違謙順，是无妄之所以爲災也。牛者，稼穡之資也。二以不耕而獲，「利有攸往」。而三爲不順之行，故「或繫之牛」。是有司之所以爲獲，彼人之所以爲災也，故曰「行人之得，邑人之災」也。

象曰：行人得牛，「邑人災」也。

【解】虞翻曰：上動體坎，故稱「災」也。四動之正，坤爲牛，艮爲鼻、爲止，巽爲桑、爲繩。係牛鼻而止柔下，故「或繫之牛」也。乾爲行人，坤爲邑人。乾四據三，故「行人之得〔一〕」。三係于四，故「邑人之災」。或説以四變，則牛應初震，坤爲死喪，故曰「行人得牛，邑人災也」。

九四：可貞，无咎。

【解】虞翻曰：動則〔二〕正，故「可貞」。承五應初，故「无咎」也。

【注】處无妄之時，以陽居陰，以剛乘柔，履於謙順，比近至尊，故可以任正，固有所守而无咎也。

象曰：「可貞，无咎」，固有之也。

【解】虞翻曰：動陰承陽，故「固有之也」。

九五：无妄之疾，勿藥有喜。

【解】虞翻曰：四〔三〕已之正，上動體坎，坎爲疾病，故曰「无妄之疾」也。巽爲木，艮爲石，故稱「藥」矣。坎爲多眚，藥不可試，故「勿藥有喜」。「康子饋藥，丘未達，不敢嘗」，此之謂也。

【注】居得尊位，爲无妄之主者也。下皆无妄，害非所致而取藥焉，疾之甚也。非妄之災，勿治自復，非妄而藥之則凶，故曰「勿藥，有喜」。

〔一〕「得」，原作「德」，據六三爻辭及集解本、纂疏本正。
〔二〕「則」，集解本同，纂疏本作「得」。
〔三〕「四」上原衍「謂」字，據集解本、纂疏本删。

象曰：「无妄」之「藥」，不可試也。

【解】侯果曰：位正居尊，爲无妄貴主。「百姓有過，在予一人」。三四妄處，五乃憂疾。非乖攝，則「藥不可試」。若下皆不妄，則不治自愈，故曰「勿藥有喜」也。

【注】藥攻有妄者也，而反攻无妄，故「不可試也」。

上九：无妄，行有眚，无攸利。

【解】虞翻曰：動而成坎，故「行有眚」。乘剛逆命，故「无攸利」。「天命不祐，行矣哉」。

【注】處不可妄之極，唯宜静保其身而已，故不可以行也。

象曰：「无妄」之「行」，窮之災也。

【解】崔憬曰：居无妄之中，有妄者也。妄而應三，上下非正，窮而反妄，故爲災也。

䷙ 乾下艮上

大畜：利貞。〔釋文〕大畜，本又作「蓄」。

【解】虞翻曰：大壯初之上，「其德剛上」也。與萃旁通。二五失位，故「利貞」。此萃五之復二成臨。「臨者，大也」。至上有頤養之象，故名「大畜」也。

不家食，吉。利涉大川。

【解】虞翻曰：二稱家。謂二五易位成家人，家人體噬嗑食，故「利涉大川，應乎天也」。

彖曰：大畜，剛健篤實，輝光日新其德。〔釋文〕「大畜剛健」絶句。煇，音輝。「光」絶句。日新其德，鄭以「日新」絶句，「其德」連下句。

【解】虞翻曰：剛健謂乾，篤實謂艮。二已之五，「利涉大川」。互體離坎，離爲日，故「輝光日新」也。

【注】凡物既厭而退者，弱也；既榮而隕者，薄也。夫能「輝光日新其德」者，唯「剛健篤實」也。

剛上而尚賢，

【解】蜀才曰：此本大壯卦。案：剛自初升，爲主于外。剛陽居上，尊尚〔一〕賢也。

【注】謂上九也。處上而大通，剛來而不距，尚賢之謂也。

能止健，大正也。

【解】虞翻曰：健，乾。止，艮也。二五易位，故「大正」。舊讀言能止健，誤也。

【注】健莫〔二〕過乾，而能止之，非夫大正，未之能也。

「不家食，吉」，養賢也。

〔一〕「尚」，原作「上」，據彖辭及集解本、纂疏本改。

〔二〕「莫」，原作「能」，據四部備要本、注疏本正。

【解】虞翻曰：二五易位成家人，今體頤養象，故「不家食吉，養賢也」。案：乾爲賢人也，艮爲宮闕也。令賢人居于闕下，「不家食」之象。

【注】有大畜之實，以之養賢，令賢者不家食，乃吉也。

【集解】鄭康成曰：自九三至上九，有頤象。居外，是不家吉而養賢。〔禮記疏〕

【解】京房曰：謂二變五體坎，故「利涉大川」。五，天位，故曰「應乎天」。

【注】尚賢制健，大正應天，不憂險難，故「利涉大川」也。

「利涉大川」，應乎天也。

【解】向秀曰：止莫若山，大莫若天，天在山中，大畜之象。天爲大器，山則極止，能止大器，故名「大畜」也。

象曰：天在山中，大畜。

君子以多識前言往行，以畜其德。〔釋文〕多識，如字，又音試。劉作「志」。

【解】虞翻曰：君子謂乾。乾爲言，震爲行，坎爲志、識。「乾知大始」，震在乾前，故「識前言往行」。有頤養象，故「以畜其德」矣。

【注】物之可畜於懷，令德不散，盡於此也。

初九：有厲，利已。〔釋文〕利已，夷止反。或音紀，姚同。

【注】四乃畜己，未可犯也。故進則有厲，已則利也。

象曰：「有厲利已」，不犯災也。

【解】虞翻曰：謂二變正，四體坎，故稱「災」也。

【注】處健之始，未果其健者，故能利已。

九二：輿説輹。〔釋文〕輿，本或作「轝」，音同。輹，音服。又音福，蜀才本同。或作「輻」。一云：「車」旁作「复」，音服，車下縛也。作「畐」者音福，老子所云「三十輻，共一轂」是也。

【解】虞翻曰：萃坤爲車、爲輹，坤消乾成，故「車説腹〔一〕」。腹，或作「輹」也。

【注】五處畜盛，未可犯也。遇斯而進，故「輿説輹」也。居得其中，能以其中不爲馮河，死而无悔，遇難能止，故「无尤」也。

【集解】馬融曰：説，解也。〔釋文〕

象曰：「輿説輹」，中无尤也。

【解】盧氏曰：乾爲輿。案：輹，車之鉤心，夾軸之物。處失其正，上應于五，五居畜盛，止不我升，故且「説〔二〕輹」。停留待時而進退得正，故「无尤也」。

〔一〕「腹」，原作「輹」，據集解本、纂疏本正。下「腹」字同。

〔二〕「説」，原作「脱」，據集解本、纂疏本正。

九三：良馬逐，利艱貞。曰：閑輿衛，利有攸往。〔釋文〕良馬逐，如字，鄭本作「逐逐」。一音胄。曰，音越，鄭人實反。

【解】虞翻曰：乾爲良馬。震爲驚走，故稱「逐」也。謂二已變，三在坎中，故「利艱貞吉」。離爲日，二至五體師象，坎爲閑習，坤爲車輿，乾人在上，震爲驚衛，講武閑兵，故曰「日閑輿衛」也。

【注】凡物極則反，故畜極則通。初二之進，值於畜盛，故不可以升。至於九三，升於上九，而上九處天衢之亨，塗徑大通，進无違距，可以馳騁，故曰「良馬逐」也。履當其位，進得其時，在乎通路〔一〕，不憂險厄，故「利艱貞」也。閑，閡也。衛，護也。進得其時，雖涉艱難而无患也，輿雖遇閑而故衛也。與上合志，故「利有攸往」也。

【集解】馬融曰：閑，習也。〔釋文〕鄭康成曰：逐逐，兩馬走也。閑，習也，曰習車徒也。姚信曰：逐逐，疾並驅之貌。劉氏曰：曰，猶言也。〔並同〕

象曰：「利有攸往」，上合志也。

【解】虞翻曰：謂上應也。五已變正，上動成坎，坎爲志，故「利有攸往」，與「上合志也」。

六四：童牛之牿，元吉。〔釋文〕牿，九家作「告」。〔按〕説文引作「僮牛之告」。

〔一〕「在乎通路」，「通」字原誤作「道」，據四部備要本、注疏本正。唯「在」字，四部備要本作「之」，羅振玉校本同。

【解】虞翻曰：艮爲童。五已之正，萃坤爲牛。牿，謂以木楅其角。大畜，畜物之家，惡其觸害。艮爲手，爲小木，巽爲繩。繩縛小木，横著牛角，故曰「童牛之牿」。得位承五，故「元吉」而「喜」。喜，謂〔一〕五也。　侯果曰：坤爲輿，故有牛矣。牿，楅也，以木爲之。横施于角，止其觝之威也。初欲上進而四牿之，角既被牿，則不能觸四，是四童初之角也。四能牿初，與无角同，所以「元吉」而「有喜」矣。童牛，无角之牛也。封人職曰「設其楅衡」，注云「楅設于角，衡設于鼻」，止其〔二〕觝觸也。

【注】處艮之始，履得其位，能止健初。距不以角，柔以止剛，剛不敢犯，抑鋭之始。以息強争，豈唯獨利，乃將「有喜」也。

【集解】鄭康成曰：巽爲木，互體震，震爲牛之足，足在艮體之中。艮爲手，持木以就足，是施牿。〔周禮疏〕　陸績曰：牿，當作「角」。〔釋文〕　劉氏曰：童，妾也。牿之言角也。〔同〕

象曰：六四「元吉」，有喜也。

六五：豶豕之牙，吉。〔釋文〕之牙，徐五加反。

【解】虞翻曰：二變時，坎爲豕。劇豕稱豶，令不害物。三至上體頤象。五變之剛，巽爲白，震爲出。剛白從頤中出，牙之象也。動而得位，「豶豕之牙，吉」。

〔一〕「謂」字原脱，據集解本、纂疏本補。
〔二〕「其」字原脱，據集解本、纂疏本補。

【注】豕牙横猾，剛暴難制之物，謂二也。五處得尊位，爲畜之主。二剛而進，能豶其牙，柔〔一〕能制健，禁暴抑盛，豈唯能固其位，乃將有慶也。

【集解】鄭康成曰：牙讀爲「互」。〔釋文〕 劉氏曰：豕去勢曰「豶」。〔同〕 陸希聲同劉氏。〔撮要〕

褚氏曰：豶，除也，除其牙也。〔疏〕

象曰：六五之「吉」，有慶也。

【解】虞翻曰：五變得正，故「有慶也」。 崔憬曰：説文「豶，劇豕」，今俗猶〔二〕呼「劇猪」是也。然以豕本剛突，劇乃性和，雖有其牙，不足害物，是制于人也矣。以〔三〕喻九二之剛健失位，若豕之劇，不足畏也。而六五應止之易，故「吉〔四〕有慶」矣。 案：九二坎爻，坎〔五〕爲豕也。以陽居陰而失其位，若豕被劇之象也。

上九：何天之衢，亨。〔釋文〕何天，音河，梁武帝音賀。

〔一〕「柔」，原作「象」，據四部備要本、注疏本正。

〔二〕「猶」字原脱，據集解本、纂疏本補。

〔三〕「以」字原脱，據集解本、纂疏本補。

〔四〕「吉」字原脱，據集解本、纂疏本補。

〔五〕「坎」字原脱，據集解本、纂疏本補。

【解】虞翻曰：何，當也。衢，四交道。乾爲天，震艮爲道，以震交艮，故「何天之衢，亨」。上變坎爲亨也。

【注】處畜之極，畜極則通，大畜以至於大亨之時。何，辭也，猶云何畜乃天之衢亨也。

【集解】馬融曰：四達謂之衢。〔釋文〕鄭康成曰：艮爲手，手上肩也。乾爲首。首肩之間荷物處。乾爲天，艮爲徑路，天衢象也。〔後漢書注〕又曰：人君在上位，負荷天之大道。〔文選注〕

象曰：「何天之衢」，道大行也。

【解】虞翻曰：謂上據二陰。乾爲天道，震爲行，故「道大行」。

【集解】何氏曰：天衢既通，道乃大亨。〔疏〕

䷚震下艮上

頤：貞吉。〔釋文〕頤，此篆文字也。

【解】虞翻曰：晉四之初，與大過旁通。「養正則吉」，謂三爻之正，五上易位，故「頤貞吉」。反復不衰，與乾坤坎離大過小過中孚同義，故不從臨觀四陰二陽之例。或以臨二之上。兑爲口，故有「口實」也。

【集解】陸希聲曰：頤大過與諸卦不同，大過從頤來，六爻皆相變，故卦有反合，爻有升降，所以明天人之理焉。故徵象會意，必本於此。〔漢上圖〕

觀頤，

【解】虞翻曰：離爲目，故「觀頤」，觀其所養也。

自求口實。

【解】鄭康成曰：頤，口車輔之名也。震動于下，艮止於上。口車動而上，因輔嚼物以養人，故謂之「頤」。頤，養也。能行養則其幹事，故吉矣。二五離爻皆得中，離爲目，觀象也。觀頤，觀其養賢與不肖也。頤中有物曰「口實」。自二至五有二坤，坤載養物，而人所食之物皆存焉。觀其求可食之物，則貪廉之情可別也。虞翻曰：或〔一〕以大過兑爲口，或以臨兑爲口。坤爲自。艮爲求。口實，頤中物，謂其「自養」。

彖曰：「頤，貞吉」，養正則吉也。

【解】宋衷曰：頤者，所由飲食，自養也。君子「割不正不食」，況非其食乎？是故所養必得賢明，「自求口實」，必得體宜，是謂「養正」也。姚信曰：以陽養陰，動于下，止于上，各得其正，則吉也。

「觀頤」，觀其所養也。

【解】侯果曰：王者所養，養賢則吉也。

「自求口實」，觀其自養也。

〔一〕「或」上原衍「則口」二字，據集解本、纂疏本删。

【解】侯果曰：此本觀卦，初六升五，九五降初，則成頤也。是「自求口實，觀其自養」。〔案〕「口實」謂頤口中也。實事可言，震聲也。實物可食，艮其〔一〕成也。

天地養萬物，

【解】翟玄曰：天，上。地，初也。萬物，衆陰也。天地以元氣養萬物，聖人以正道養賢及萬民，此其聖也。

聖人養賢以及萬民，

【解】虞翻曰：乾爲聖人，艮爲賢人。頤下養上，故「聖人養賢」。坤陰爲民，皆在震上，「以貴下賤大得民」，故「以及萬民」。

頤之時大矣哉！

【解】天地養物，聖人養賢，以及萬民。人非頤不生，故大矣。

象曰：山下有雷，頤。

【解】劉表曰：山止于上，雷動於下，頤之象也。

君子以慎言語，節飲食。

【解】荀爽曰：雷爲號令，今在山下閉藏，故「慎言語」。雷動于上，以陽食陰，艮以止之，故「節飲食」

〔一〕「其」字原脱，據集解本、纂疏本補。

也。「言出乎身，加乎民」，故「慎言語」，所以養人也。飲食不節，殘賊羣生，故節飲食以養物。

【注】言語、飲食猶慎而節之，而況其餘乎。

【集解】荀爽曰：飲食失宜，患之所起。〔口訣義〕先儒云：禍從口出，患從口入，故於頤養而慎節也。〔疏〕

初九：舍爾靈龜，觀我朶頤，凶。〔釋文〕朶，京作「揣」。

【解】虞翻曰：晉離爲龜，四之初，故「舍爾靈龜」。坤爲我，震爲動。謂四失離入坤，遠應多懼，故「凶」矣。

【注】「朶頤」者，嚼也。以陽處下而爲動始，不能令物繇己養，動而求養者也。夫安身莫若不競，修己莫若自保。守道則福至，求禄則辱來。居養賢之世，不能貞其所履，以全其德，而舍其靈龜之明兆，羨我朶頤而躁求，離其致養之至道，闚我寵禄而競進，凶莫甚焉。

【集解】鄭康成曰：朶，動也。〔釋文〕

象曰：「觀我朶頤」，亦不足貴也。

【解】侯果曰：初本五也。五互體艮，艮爲山龜，自五降初，則爲頤矣。是舍爾靈龜之德，來觀朶頤之饌，貪禄致凶，故「不足貴」。　案：朶頤垂下，動之貌也。

六二：顛頤，拂經于丘。頤，征凶。〔釋文〕拂，符弗反，違也。一音敷弗反。子夏傳作「弗」。

【解】王肅曰：養下曰「顛」。拂，違也。經，常也。丘，小山，謂六五也。二宜應五，反下養初，豈非「顛頤」？違常于五也，故曰「拂經于丘」矣。拂經雖阻常理，養下故謂養賢。上既无應，征必凶矣，故曰「征凶」。

【注】養下曰顛。拂，違也。經，猶義也。丘，所履之常也。處下體之中，无應於上，反而養初。居下不奉上而反養下，故曰「顛頤，拂經于丘」也。以此而養，未見其福也。以此而行，未見有與，故曰「頤，征凶」。

【集解】子夏傳曰：弗，輔弼也。〔釋文〕劉氏云：拂，違也。〔同〕

象曰：六二「征凶」，行失類也。

【解】侯果曰：正則失養之類。

【注】類皆上養，而二處下養初。

六三：拂頤，貞凶。十年勿用，无攸利。

【解】虞翻曰：三失位，體剥。不正相應，弑父弑君，故「貞凶」。坤爲十年，動无所應，故「十年勿用，无攸利」也。

【注】履夫不正，以養於上，納上以諂者也。拂養正之義，故曰「拂頤，貞凶」也。處頤而爲此行，十年見棄者也。立行於斯，无施而利。

象曰：「十年勿用」，道大悖也。

【解】虞翻曰：弑父弑君，「道大悖也」。

六四：顛頤，吉。虎視眈眈，其欲逐逐，无咎。〔釋文〕虎視，徐市志反，又常止反。眈眈，丁南反，一音大南反。逐逐，如字，敦實也，子夏傳作「攸攸」。志林云：「攸」當爲「逐」。蘇林音迪，荀作「悠悠」，劉作「跾」。

【解】虞翻曰：晉四之初，謂三已變，故「顛頤」。與屯四乘坎馬同義。坤爲虎，離爲目。眈眈，下眂貌。逐逐，心煩貌。坤爲吝嗇，坎水爲欲，故「其欲逐逐」。得位應初，故「无咎」。

【注】體屬上體，居得其位，而應於初，以上養下，得頤之義，故曰「顛頤，吉」也。下交不可以瀆，故「虎視眈眈」。威而不猛，不惡而嚴。養德施賢，何可有利？故「其欲逐逐」，尚敦實也。修此二者，然後乃得全其吉而无咎，觀其自〔一〕養則履正，察其所養則養陽，頤爻之貴，此爲盛矣。

【集解】馬融曰：兑爲虎。〔漢上易〕又曰：眈眈，虎下視貌。〔釋文〕虞翻曰：艮爲虎。〔漢上易〕薛氏曰：逐逐，速也。〔釋文〕劉氏曰：跾，遠也。〔同〕

象曰：「顛頤」之「吉」，上施光也。

【解】虞翻曰：謂上已反，三成離，故「上施光也」。

六五：拂經，居貞吉。不可涉大川。

【解】虞翻曰：失位，故「拂經」。无應順上，故「居貞吉」。艮爲居也。涉上成坎，承陽无應，故「不可涉

〔一〕「自」，原作「所」，據四部備要本、注疏本正。

大川」矣。

【注】以陰居陽，拂頤之義也。行則失類，故宜居貞也。无應於下而比於上，故可守貞從上，得頤之吉。雖得居貞之吉，處頤違謙，難未可涉也。

象曰：「居貞」之「吉」，順以從上也。

上九：由頤，厲，吉。利涉大川。

【解】虞翻曰：由，自從也。體剥居上，衆陰順承，故「由頤」。失位，故「厲」。以坤艮自輔，故「吉」也。失位厲危[一]。之五得五成坎，坎爲大川，故「利涉大川」。

【注】以陽處上而履四陰，陰不能獨爲主，必宗於陽也。故莫不由之以得其養，故曰「由頤」。爲衆陰之主，不可瀆也，故厲乃吉。有似家人悔厲之義，貴而无位，是以「厲」也；高而无民，是以「吉」也。爲養之主，物莫之違，故「利涉大川」也。

【集解】馬融曰：厲，危也。王肅同。〔釋文〕

象曰：「由頤厲吉」，大有慶也。

【解】虞翻曰：變陽得位，故「大有慶也」。

〔一〕「厲危」二字原誤倒，據集解本乙。纂疏本作「故厲」。

【集解】鄭康成曰：君以得人爲慶。〔漢上易〕

䷛ 巽下兌上

大過：棟撓。〔釋文〕大過，徐古臥反，罪過也，超過也。王肅音戈。棟，徐丁貢反。

【解】虞翻曰：大壯五之初，或兑〔一〕三之初。「棟撓」謂三，巽爲長木稱棟。初上陰柔，本末弱，故「棟撓」也。

【集解】鄭康成曰：陽爻過也。〔漢上易〕

利有攸往，亨。

【解】虞翻曰：謂二也。「剛過而中」，失位无應，利變應五，之外稱往，故「利有攸往」，乃「亨」也。

彖曰：「大過」，大者過也。

【解】虞翻曰：陽稱大，謂二也。二失位，故「大者過也」。

【注】大者乃能過也。

「棟撓」，本末弱也。〔釋文〕弱，本亦作「溺」，並依字讀。

〔一〕「兑」字原闕作「□」，據集解本、纂疏本補。

【解】向秀曰：棟撓則屋壞，主弱則國荒。所以撓，由于初上兩陰爻也。初爲善始，末是令終，始終皆弱，所以「棟撓」。　侯果曰：本，君也。末，臣也。君臣俱弱，「棟撓」者也。

【注】初爲本而上爲末也。

剛過而中，巽而説行，「利有攸往」，乃「亨」。

【解】虞翻曰：「剛過而中」謂二。説，兑也。故「利有攸往」。大壯震，五之初，故「亨」。與遁二同義。

【注】謂二也。居陰，「過」也；處二，「中」也。拯弱興衰，不失其中也。「巽而説行」，以此救難，難乃濟也。危而弗持，則將焉〔一〕用？故往乃亨。

大過之時大矣哉！

【解】虞翻曰：「國之大事，在祀與戎」。「藉用白茅」，女妻有子，繼世承祀，故「大矣哉」。

【注】是君子有爲之時也。

象曰：澤滅木，大過。

【解】案：兑，澤也。巽，木。滅〔二〕，漫也。凡木生近水者楊也。遇澤大過，木則漫滅焉。二五枯楊，

〔一〕「焉」，集解本、纂疏本作「安」，並通。

〔二〕「滅」字原脱，據集解本、纂疏本補。

是其義。

君子以獨立不懼，遯世无悶。〔釋文〕遯，本又作「遁」，同，徒遜反。

【解】虞翻曰：「君子」謂乾初。陽伏巽中，體復一爻，潛龍之德，故稱「獨立不懼」。「憂則違之」，乾初同義，故「遁世无悶」也。

【注】此所以爲大過，非凡所及也。

初六：藉用白茅，无咎。

【解】虞翻曰：位在下稱藉，巽柔白爲茅，故「藉用白茅」。失位，咎也。承二過四應五士夫，故「无咎」矣。

【注】以柔處下，過而可以无咎，其唯慎乎？

【集解】馬融曰：在下曰「藉」。〔釋文〕

象曰：「藉用白茅」，柔在下也。

【解】侯果曰：以柔處下，履非其正，咎也。苟能潔誠肅恭不怠，雖置羞于地，可以薦奉，況「藉用白茅」，重慎之至，何咎之有矣！

九二：枯楊生稊，老夫得其女妻，无不利。〔釋文〕枯楊，如字，鄭音姑。稊，徒稽反，楊之秀也。鄭作「荑」，音夷。

【解】虞翻曰：稊，稚也。楊葉未舒稱稊[一]。巽爲楊，乾爲老，老楊故「枯」。陽[二]在二也，十二月時，周之二月。兑爲雨澤，枯楊得澤復生稊。二體乾老，故稱「老夫」。「女妻」謂上兑。兑爲少女，故曰「女妻」。大過之家，「過以相與」，「老夫得其女妻」，故「无不利」。

【注】稊者，楊之秀也。以陽處陰，能過其本而救其弱者也。上无其應，心无特吝，處過以此，无衰不濟也。故能令枯楊更生稊，老夫更得少妻，拯弱興衰，莫盛斯爻，故「无不利」也。老過則枯，少過則稚。以老分少，則稚者長；以稚分老，則枯者榮，過以相與之謂也。大過至衰而已至壯，以至壯輔至衰，應斯義也。

【集解】鄭康成曰：枯，謂無姑山榆。荑，木更生，謂山榆之實。〔釋文〕又曰：以丈夫年過，娶二十之女；老婦年過，嫁三十之男，皆得其女。〔詩疏〕

象曰：「老夫女妻」，過以相與也。

【解】虞翻曰：謂二過初與五，五過上與二。獨大過之爻，得過其應，故「過以相與也」。

九三：棟撓，凶。

【注】居大過之時，處下體之極，不能救危拯弱，以隆其棟，而以陽處陽，自守所居，又應於上，係心在

〔一〕「稊」，原作「梯」，據集解本、纂疏本改。下同。

〔二〕「陽」，原作「楊」，集解本同，據纂疏本改。

一，宜其淹溺而凶衰也。

象曰：「棟撓」之「凶」，不可以有輔也。

【解】虞翻曰：「本末弱」，故「撓」。輔之益撓，故不可以有輔。陽以陰爲「輔」也。

九四：棟隆，吉。有他吝。

【解】虞翻曰：隆，上也。應在于初，己與五意在于上，故「棟隆吉」。失位，動入險而陷于井，故「有他吝」。

【注】體屬上體，以陽處陰，能拯其弱，不爲下所撓者也，故「棟隆，吉」也。而應在初，用心不弘，故「有它吝」也。

象曰：「棟隆」之「吉」，不撓乎下也。

【解】虞翻曰：乾爲動直，遠初近上，故不撓下也。

九五：枯楊生華，老婦得其士夫，无咎无譽。〔釋文〕生華，如字，徐音花。无譽，音預，又音餘。

【解】虞翻曰：陽在五也。夬〔一〕三月時，周之五月。枯楊得澤，故「生華」矣。老婦謂初。巽爲婦，乾爲老，故稱「老婦」也。士夫謂五。大壯震爲夫，兑爲少，故稱「士夫」。五過二使應上，二過五使取初。

〔一〕「夬」，原作「夏」，據集解本、纂疏本正。

五得位，故「无咎」。陰在二多譽，今退伏初，故「无譽」。體姤淫女，故「過以相與」，使應少夫，象曰「亦可醜也」。舊説以初爲女妻，上爲老婦，誤矣。馬君亦然。荀公以初陰失正當變，數六爲女妻。二陽失正，數九爲老夫。以五陽得正位不變，數七爲士夫。上陰得正，數八爲老婦。此何異俗説也。悲夫！學之難。而以初本爲小，反以上末爲老，後之達者，詳其義焉。

【注】處得尊位，而以陽處陽，未能拯危。處得尊位，亦未有撓，故能生華，不能生稊；能得夫，不能得妻。處棟撓之世，而爲「无咎无譽」，何可長哉！故生華不可久，士夫誠可醜也。

象曰：「枯楊生華」，何可久也。「老婦士夫」，亦可醜也。

【解】虞翻曰：乾爲久，枯而生華，故不可久也。婦體姤〔一〕淫，故可醜也。

上六：過涉滅頂，凶，无咎。

【解】虞翻曰：大壯震爲足，兑爲水澤，震足没水，故「過涉」也。頂，首也。乾爲頂。頂没兑水中，故「滅頂凶」。乘剛，咎也。得位，故「无咎」。與「滅耳」同義也。

【注】處大過之極，過之甚也。涉難過甚，故至於滅頂，凶。志在救時，故不可咎也。

象曰：「過涉」之「凶」，不可咎也。

〔一〕「姤」，原作「遘」，據集解本、纂疏本正。

【解】九家易曰：君子以禮義爲法，小人以畏慎爲宜。至于大過之世，不復遵常，故君子犯義，小人犯刑，而家家有誅絶之罪，「不可咎也」。大過之世，君子遜遯，不行禮義，謂當不義則争之，若比干諫而死是也。桀紂之民，可比屋而誅，上化致然，亦不可咎。曾子曰：「上失其道，民散久矣。如得其情，則哀矜而勿喜。」是其義也。

【注】雖凶，无咎，不害義也。

䷜ 坎下坎上

習坎，有孚，〔釋文〕坎，徐苦感反，本亦作「埳」，京、劉作「欿」。

【解】虞翻曰：乾二五之坤，與離旁通。于爻，觀上之二。習，常也。孚，信。謂二五。水行往來，「朝宗于海」，不失其時，如月行天，故習坎爲孚也。

【注】坎，險陷之名也。習，謂便習之。剛正在内，有孚者也。

【集解】孟喜曰：自冬至初，中孚用事，一月之策，九六、七八，是爲三十。而卦以地六，候以天五，五六相成，消息一變，十有二變而歲復初。坎、離、震、兑，二十四氣，次主一爻，其初則二至、二分也。坎以陰包陽，故自北正，微陽動於下，升而未達，極於二月，凝涸之氣消，坎運終焉。春分出於震，始據萬物之元，爲主於内，則羣陰化而從之，極於南正，而豐大之變窮，震功究焉。離以陽包陰，故自南正，微陰生於地下，積而未章，至於八月，文明之質衰，離運終焉。仲秋陰形於兑，始循萬物之末，爲主於内，羣陰降而承之，極於北正，而天澤之施窮，兑功究焉。故陽七之静始於坎，陽九之動始於震，陰八之静始於離，陰六之動始於兑。故四象之變，皆兼六爻，而中節之應備矣。〔大衍曆〕劉氏曰：水流行不休，故曰習。

維心亨，

【解】虞翻曰：坎爲心。乾二五旁行流坤，陰陽會合，故「亨」也。

【注】陽不外發而在乎内，心亨者也。

行有尚。

【解】虞翻曰：行謂二，尚謂五也。二體震爲行。動得正應五，故「行有尚，往有功也」。

【注】内亨外闇，内剛外順，以此行險，行有尚也。

彖曰：「習坎」，重險也。

【解】虞翻曰：兩象也，天險地險，故曰「重險」也。

【注】坎以險爲用，故特名曰「重險」。言「習坎」者，習乎重〔一〕險也。

水流而不盈，

〔一〕「乎重」二字原誤倒，據集解本、纂疏本乙。

【解】荀爽曰：陽動陰中，故「流」。陽陷陰中，故「不盈」也。陸績曰：水性趨下，不盈溢崖岸也。月者，水精。月在天，滿則虧，不盈溢之義也。

【注】險陗之極，故水流而不能盈也。

行險而不失其信。

【解】荀爽曰：謂陽來爲險，而不失中，中稱「信」也。虞翻曰：信謂二也。震爲行。水性有常，消息與月相應，故「不失其信」矣。

【注】處至險而不失剛中，行險而不失其信者，習坎之謂也。

「維心亨」，乃以剛中也。

【解】侯果曰：二五剛而居中，則「心亨」也。

「行有尚」，往有功也。

【解】虞翻曰：功謂五。二動應五，故「往有功也」。

【注】便習於坎，而之坎地，盡坎之宜，故往必有功也。

天險不可升也，

【解】虞翻曰：謂五在天位，五從乾來，體屯難，故「天險不可升也」。

【注】不可得升，故得保其威尊。

地險山川丘陵也。

【解】虞翻曰：坤爲地，乾二之坤，故曰「地險」。艮爲山，坎爲川，半山稱丘，丘下稱陵，故曰「地險山川丘陵也」。

【注】有山川丘陵，故物得以保全也。

王公設險，以守其國，

【解】虞翻曰：王公，大人，謂乾五。坤爲邦。乾二之坤成坎險。震爲守。有屯難象，故「王公設險，以守其國」。離言「王用出征以正邦」是也。案：九五，王也。六三，三公也。艮爲山城，坎爲水池〔一〕，

【注】國之爲衛，恃於險也。言自天地以下，莫不須險也。

「王公設險」之象也。

險之時用大矣哉！

【解】王肅曰：守險以德，據險以時，成功大矣。

【注】非用之常，用有時也。

〔一〕「池」，原作「也」，據集解本、纂疏本正。

象曰：水洊至，習坎。君子以常德行，習〔一〕教事。〔釋文〕洊，在薦反，徐在悶反，舊又才本反。京作「臻」。干作「荐」。

【解】虞翻曰：君子謂乾五。在乾稱大人，在坎爲君子。坎爲習，爲常，乾爲德，震爲行，巽爲教令，坤爲事，故「以常德行，習教事」也。　陸績曰：洊，再。習，重也。水再至而益通流，「不捨晝夜」，重〔二〕習相隨以爲常，有似於習。故君子象之，以常習教事，如水不息也。

【注】重險懸絶，故「水洊至」也。不以坎爲隔絶，相仍而至，習乎坎也。至險未夷，教不可廢，故以常德行而習教事也。習於坎，然後乃能不以險難爲困，而德行不失常也。故則夫習坎，以「常德行」而「習教事」也。

【集解】劉氏曰：洊，仍也。〔釋文〕　莊氏曰：雖處危難之時，道教豈可忘哉。〔口訣義〕

初六：習坎，入于坎窞，凶。〔釋文〕窞，徒坎反，王肅又作徒感反。

【解】干寶曰：窞，坎之深者也。江、河、淮、濟，百川之流，行乎地〔三〕中，水之正也。及其爲災，則泛溢平地而入於坎窞，是水失其道也。刑獄之用，必當于理，刑之正也。及其不平，則枉濫无辜，是法失其

〔一〕「習」，原作「皆」，據集解本、纂疏本正。
〔二〕「重」，原作「重重」，集解本同，據纂疏本删一「重」字。
〔三〕「地」，原作「坎」，據集解本、纂疏本正。

道也，故曰「入于坎窞，凶」矣。

【注】習坎者，習爲險難之事也。最處坎底，入坎窞者也。處重險而復入坎底，其道凶也。行險而不能自濟，習坎而入坎窞，失道而窮在坎底，上无應援可以自濟，是以凶也。

【集解】王肅曰：窞，坎底也。〔釋文〕

象曰：「習坎入坎」，失道凶也。

【解】虞翻曰：習，積也。位下，故「習」。坎爲入。坎中小穴稱窞。上无其應，初二失正，故曰「失道凶」矣。

九二：坎有險，求小得。

【解】虞翻曰：陽陷陰中，故「有險」。據陰有實，故「求小得」。

【注】履失其位，故曰「坎」。上无應援，故曰「有險」。坎而有險，未能出險之中也。處中而與初三相得，故可以求小得也。初三未足以爲援，故曰「小得」也。

象曰：「求小得」，未出中也。

【解】荀爽曰：處中而比初〔一〕三，未足爲援，雖「求小得」，未出於險中。

〔一〕「初」，原作「物」，據集解本、纂疏本正。

六三：來之坎坎，險且枕，入于坎窞，勿用。〔釋文〕險且，古文及鄭、向本作「檢」。枕，徐針鴆反，王肅針甚反。九家作「玷」。古文作「沈」，「沈」，直林反。

【解】虞翻曰：坎在内稱來，在坎終坎，故「來之坎坎」。枕，止也。艮爲止。三失位，乘二則險。承五隔四，故「險且枕」。「入于坎窞」，體師三輿尸〔一〕，故「勿用」。

【注】既履非其位，而又處兩坎之間，出則之坎，居則亦坎，故曰「來之坎坎」也。枕者，枕枝而不安之謂也。出則无之，處則无安，故曰「險且枕」也。來之皆坎，无所用之，徒勞而已。

【集解】鄭康成曰：木在手曰檢，在首曰枕。〔釋文〕陸績曰：枕，閡礙險害〔二〕之貌。〔同〕

象曰：「來之坎坎」，終无功也。

【解】干寶曰：坎，十一月卦也。又失其位，喻殷之執法者，失中之象也。「來之坎坎〔三〕」者，斥周人觀釁于殷也。枕，安也。「險且枕」者，言安忍以暴政加民，而无哀矜之心。淫刑濫罰，百姓无所措手足，故曰「來之坎坎，終无功也」。

六四：樽酒，簋貳，用缶。〔釋文〕「樽酒」絶句。「簋貳」絶句。「用缶」絶句。舊讀「樽酒簋」絶句，「貳用缶」

〔一〕「體師三輿尸」，原作「體與三俱」，集解本作「體師三輿」，今從纂疏本。

〔二〕「害」，原作「惡」，據釋文改。

〔三〕「坎」字原不重，據象辭及纂疏本補。

一句。

【解】虞翻曰：震主祭器，故有樽簋。坎爲酒。簋，黍稷器。三至五有頤口象，震獻在中，故爲簋。坎爲木，震爲足，坎酒在上，樽酒之象。貳，副也。坤爲缶。禮有副樽，故「貳用缶」耳。

【集解】鄭康成曰：六四上承九五，又互體在震上，天子大臣以王命出會諸侯，尊於簋副，設玄酒而用缶也。〔禮記疏〕　又曰：爻辰在丑，上值斗，可以斟之象。斗上有建星之形，似簋貳副也。建星上有弁星，弁星之形又如缶。〔詩疏〕

納約自牖，終无咎。〔釋文〕自牖，陸作「誘」。

【解】虞翻曰：坎爲納也。四陰小，故「約」。艮爲牖，坤爲户，艮小光照户牖之象。「貳用缶」，故「納約自牖」。得位承五，故「无咎」。　崔憬曰：於重險之時，居多懼之地，近三而得位，比五而承陽。修其絜誠，進其忠信，則雖祭祀省薄，明德惟馨，故曰「樽酒簋，貳〔一〕用缶」。「納約」，文王於紂時行此道，從羑里内約，卒免於難，故曰「自牖終无咎」也。

【注】處重險而履正，以柔居柔，履得其位，以承於五。五亦得位，剛柔各得其所，不相犯位，皆无餘應以相承比，明信顯著，不存外飾。處坎以斯，雖復一樽之酒，二簋之食，瓦缶之器，納此至约，自進於

〔一〕「貳」，原作「二」，據爻辭及集解本、纂疏本正。

牖，乃可羞之於王公，薦之於宗廟，故「終无咎」也。

象曰：「樽酒簋貳」，剛柔際也。〔釋文〕樽酒簋，一本更有「貳」字。

【注】剛柔相比而相親焉，際之謂也。

【解】虞翻曰：乾剛坤柔，震爲交，故曰「剛柔際也」。

九五：坎不盈，祇〔一〕既平，无咎。〔釋文〕祇，音支，又祈支反。京作「禔」，古文同，音支。又上支反，安也。

〔按〕説文引亦作「禔」。

【解】虞翻曰：盈，溢也。艮爲止，謂「水流而不盈」。坎爲平。禔，安也。艮止坤安，故「祇既平」。得位正中，故「无咎」。

【注】爲坎之主，而无應輔可以自佐，未能盈坎者也。坎之不盈，則險不盡矣。祇，辭也。爲坎之主，盡平乃无咎，故曰「祇既平，无咎」也。説既平乃无咎，明九五未免於咎也。

【集解】鄭康成曰：「祇」當爲「坻」，小丘也。〔釋文〕

象曰：「坎不盈」，中未光大也。

【解】虞翻曰：體屯五中，故「未光大也」。

〔一〕「祇」，唐石經及集解本作「祗」。

上六：係用徽纆，寘用叢棘，三歲不得，凶。〔釋文〕寘，之豉反，置也。劉作「示」，子夏傳作「湜」，姚作「寔」。寔，置也。張作「置」。

【解】九家易曰：坎爲叢棘，又爲法律。案：周禮，王之外朝，左九棘，右九棘，面三槐，司寇公卿議獄於其下。害人者，加明刑，任之以事。上罪三年而〔一〕舍，中罪二年而舍，下罪一年而舍也。虞翻曰：徽纆，黑索也。觀巽爲繩，艮爲手，上變入坎，故「係用徽繩」。寘，置也。坎多心，故「叢棘」。獄外種九棘，故稱「叢棘」。二變則五體剥，剥傷坤殺，故「寘於叢棘」也。不得，謂不得出獄。艮止坎獄，乾爲歲，五從乾來，三非其應，故曰「三歲不得，凶」矣。案：坎於木堅而多心，叢棘之象也。坎下巽爻，巽爲繩直，「係用徽纆」也。馬融云「徽纆，索也」。劉表云「三股〔二〕爲徽，兩股爲纆，皆索名，以繫縛其罪人矣」。

【注】險陗之極，不可升也；嚴法峻整，難可犯也。宜其囚執，寘于思過之地。三歲，險道之夷也，險終乃反，故「三歲不得」。自修三歲，乃可以求復，故曰「三歲不得，凶」也。

【集解】劉表曰：徽纆，索名，所以禁囚。〔唐律表疏注〕又曰：示，言衆議於九棘之下也。〔釋文〕

鄭康成曰：繫，拘也。爻辰在巳，巳爲蛇，蛇之蟠屈似徽纆也。三五互體艮，又與震同體。艮爲門闕，

〔一〕「而」字原脱，據周禮秋官朝士及纂疏本補。

〔二〕「股」，原作「腹」，據文義及集解本、纂疏本正。

于木爲多節。震之所爲〔一〕，有叢拘之類。門闕之内有叢木多節之木，是天子外朝左右九棘之象也。外朝者，所以詢事之處也。左嘉石，平罷民焉；右肺石，達窮民焉。罷民，邪惡之民也。上六乘陽，有邪惡之罪，故縛以徽纆，置于叢棘，而後〔二〕公卿以下議之。其害人者，置之圜土而施職事焉，以明刑恥之。能復者，上罪三年而赦，中罪二年而赦，下罪一年而赦。不得者，不自思以得正道，終不自改而出諸圜土者殺。故〔三〕凶。〔公羊疏〕虞氏曰：以置九棘，取改過自新。〔口訣義〕陸德明曰：三糾繩曰徽，二糾繩曰纆。〔穀梁疏〕

象曰：上六失道，凶三歲也。

䷝ 離下離上

離：利貞，亨。

【解】虞翻曰：坤二五之乾，與坎旁通。于爻，遯初之五。柔麗中正，故「利貞亨」。

【注】離之爲卦，以柔爲正，故必貞而後乃亨，故曰「利貞，亨」也。

〔一〕「爲」，原作「以」，據公羊宣公元年疏正。

〔二〕「後」，原作「使」，據公羊宣公元年疏正。

〔三〕「故」下原衍「曰」字，據公羊宣公元年疏删。

畜牝牛，吉。〔釋文〕牝，頻忍反，徐又扶死反。

【解】虞翻曰：畜，養也。坤爲牝牛。乾二五之坤成坎，體頤養象，故「畜牝牛，吉」。俗説皆以離爲牝牛，失之矣。

【注】柔處於内，而履正中，牝之善也。外彊而内順，牛之善也。離之爲體，以柔順爲主者也，故不可以畜剛猛之物，而吉於畜牝牛也。

象曰：離，麗也。

【解】荀爽曰：陰麗于陽，相附麗也。亦爲别離，以陰隔陽也。離者，火也。託于木，是其附麗也。「煙燄飛升」，炭灰降滯，是其别離也。

【注】麗，猶著也，各得其著之宜。

日月麗乎天，

【解】虞翻曰：乾五之坤，成坎爲月，離爲日，日月麗天也。

百穀草木麗乎土。〔釋文〕草木麗，説文作「麗」。土，王肅本作「地」。〔按〕説文引作「百穀草木麗於土」。

【解】虞翻曰：震爲百穀，巽爲草木，坤爲地〔一〕。乾二五之坤，成坎震體屯。「屯者，盈也。盈天地之間

〔一〕「地」，原作「土」，據集解本、纂疏本正。

者，唯萬物」。「萬物出震」，故「百穀草木麗乎土」。

重明以麗乎正，乃化成天下。

【解】虞翻曰：兩象，故「重明」。「正」謂五陽。陽變之坤來化乾，以成萬物，謂離日「化成天下」也。

柔麗乎中正，故「亨」，

【解】虞翻曰：柔謂五陰，中正謂五伏陽。出在坤中畜牝牛，故中正而亨也。

【注】柔著於中正，乃得通也。

是以「畜牝牛吉」也。

【解】荀爽曰：牛者，土也。生土于火。離者陰卦，牝者陰性，故曰「畜牝牛吉」矣。

【注】柔通之吉，極於畜牝牛，不能及剛猛也。

象曰：明兩作，離。

【解】虞翻曰：兩謂日與月也。乾五之坤成坎，坤二之乾成離。離坎，日月之象，故「明兩作，離」。作，成也。日月在天，動成萬物，故稱「作」矣。或以日與火爲「明兩作」也。

【集解】鄭康成曰：作，起也。荀爽曰：作，用也。〔並釋文〕

大人以繼明照于四方。

【解】虞翻曰：陽氣稱大人，則乾五大人也。乾二五之光，繼日之明。坤爲方。二五之坤，震東兑西，離南坎北，故曰「照于四方」。

【注】繼，謂不絶也。明照相繼，不絶曠也。

【集解】鄭康成曰：明兩者，取君明，上下以明德相承，其於天下之事，无不見也。〔文選注〕

初九：履錯然，敬之，无咎。〔釋文〕履錯，鄭、徐七各反，馬七路反。

【解】荀爽曰：火性炎上，故初欲履錯于三。二爲三所據，故「敬之」則「无咎」矣。

【注】錯然者，敬〔一〕愼之貌也。處離之始，將進而盛，未在既濟，故宜愼其所履，以敬爲務，辟其咎也。

象曰：「履錯」之「敬」，以辟咎也。

六二：黄離，元吉。

【注】居中得位，以柔處柔，履文明之盛而得其中，故曰「黄離，元吉」也。

【集解】鄭康成曰：離，南方之卦。離爲火，上託位焉。土色黄，火之子。喻子有明德，能附麗於父之道，文王之子發、旦是也。〔文選注〕又曰：愼成其業，故「吉」矣。〔太平御覽〕

象曰：「黄離元吉」，得中道也。

【解】侯果曰：此本坤爻，故云「黄離」。來得中道，所以「元吉」也。

〔一〕「敬」，原作「警」，據初九爻辭及集解本、校勘記正。

九三：日昃之離，〔釋文〕日昃，王嗣宗本作「仄」，音同。按：説文引作「𣅊」。

【解】荀爽曰：初爲日出，二爲日中，三爲日昃，以喻君道衰也。

不鼓缶而歌，則大耋之嗟，凶。〔釋文〕鼓，鄭本作擊。大耋，田節反，王肅又他結反，京作「絰」，蜀才作「咥」。之嗟，如字，王肅又遭哥反。荀作「差凶」，古文及鄭無「凶」字。

【解】九家易曰：「鼓缶」者，以目〔一〕下視。離爲大腹，瓦缶之象，謂不取二也。歌者，口仰向上，謂兑爲口而向上取五也。「日昃」者，向下也。今不取二而上取五，則上九耋之。陽稱「大」也。嗟者，謂上被三奪五，憂嗟窮凶也。火性炎上，故三欲取五也。

【注】嗟，憂嘆之辭也。處下離〔二〕之終，明在將没，故曰「日昃之離」也。明在將終，若不委之於人，養志无爲，則至於耋老而有嗟，凶矣〔三〕，故曰「不鼓缶而歌，則大耋之嗟，凶」也。

【集解】馬融曰：七十曰耋。〔釋文〕鄭康成曰：艮爻也。位近丑，丑上值弁星，弁星似缶，詩云「坎其擊缶」，則樂器亦有缶。〔詩疏〕又曰：「大耋」謂年踰七十也。〔禮記疏〕王肅曰：八十曰耋。〔釋文〕

〔一〕「目」，原作「日」，據集解本、纂疏本正。

〔二〕「離」，原作「卦」，據四部備要本、注疏本正。

〔三〕「矣」字原脱，據四部備要本、注疏本補。

象曰：「日昃之離」，何可久也？

【解】九家易曰：日昃當降，何可久長。三當據二，以爲鼓缶。而今與四同取于五，故曰「不鼓缶而歌」也。

九四：突如其來如，焚如，死如，棄如。〔釋文〕突，徒忽反，王肅唐屑反，舊又湯骨反，字林同，云「暫出」。

〔按〕唐石經「棄」作「弃」。

【解】荀爽曰：陽升居五，光炎宣揚，故「突如」也。陰退居四，灰炭降墜，故「其來如」也。陰以不正，居尊乘陽。歷盡數終，天命所誅。位喪民畔，下離所害，故「焚如」也。以離入坎，故「死如」也。火息灰損，故「棄如」也。

【注】處於明道始變之際，昏而始曉，没而始出，故曰「突如其來如」。其明始進，其炎始盛，故曰「焚如」。逼近至尊，履非其位，欲進其盛，以炎其上，命必不終，故曰「死如」。違離之義，无應无承，衆所不容，故曰「棄如」也。

【集解】鄭康成曰：震爲長子，爻失正，又互體兑。兑爲附決。子居明法之家而无正，何以自斷其君父不志也。突如，震之失正，不知其所如，又爲巽。巽爲進退，不知所從。不孝之罪，五刑莫大焉，得用議貴之辟刑之，若如所犯之罪。焚如，殺其親之刑。死如，殺人之刑。棄如，流宥之刑。〔周禮疏〕

象曰：「突如其來如」，无所容也。

【解】九家易曰：在五見奪，在四見棄，故「无所容也」。

六五：出涕沱若，〔釋文〕出，如字，徐尺遂反，王嗣宗勑類反。涕，徐他米反，又音弟。沱，徒河反，荀作「池」，一本作「沲」。若，古文「若」皆如此。

【解】荀爽曰：六五陰柔，退居于四，出離爲坎，故「出涕沱若」。而下，以順陰陽也。

戚嗟若，吉。〔釋文〕戚，千寂反。子夏傳作「嘁」，「嘁」，子六反，咨慙也。

【解】虞翻曰：坎爲心，震爲聲，兑爲口，故「戚嗟若」。動而得正，尊麗陽，故「吉」也。

【注】履非其位，不勝所履。以柔乘剛，不能制下，下剛而進，將來害己，憂傷之深，至於沱嗟也。然所麗在尊，四爲逆首，憂傷至深，衆之所助，故乃沱嗟而獲吉也。

象曰：六五之「吉」，離王公也。〔釋文〕離王公也，音麗，鄭作「麗」。梁武力智反，王嗣宗同。

【解】九家易曰：戚嗟順陽，附麗于五，故曰「離王公也」。陽當居五，陰退還四。五當爲王，三則三〔一〕公也。四處其中，附上下矣。

【集解】王肅曰：麗王者之後爲公。〔釋文〕

上九：王用出征，有嘉折首，獲匪其醜，无咎。

〔一〕「三」字原脱，據集解本、纂疏本補。

【解】虞翻曰：王謂乾，乾二五之坤成坎，體師象，震爲出，故「王用出征」。「首」謂坤二五來折乾，故「有嘉折首」。醜，類也。乾征得坤，陰類，乾陽物，故「獲非其醜，无咎」矣。

【注】離，麗也。各得安其所履，謂之離。處離之極，離道已成，則除其非類，以去民害，「王用出征」之時也。故必「有嘉折首，獲匪其醜」，乃得「无咎」也。

象曰：「王用出征」，以正邦也。〔釋文〕「王用出征，以正邦也」，王肅本此下更有「獲匪其醜，大有功也」。

【解】虞翻曰：乾五出征坤，故「正邦也」。

周易集解卷五

下經咸傳第五

☱☶ 艮下兑上

咸：亨，利貞，取女吉。〔釋文〕取，本亦作「娶」，音同。

【解】鄭康成曰：咸，感也。艮爲山，兑爲澤，山氣下，澤氣上，二氣通而相應，以生萬物，故曰「咸」也。其於人也，嘉會禮通，和順於義，幹事能正。三十之男，有此三德，以下二十之女，正而相親説，娶之則吉也。虞翻曰：咸，感也。坤三之上成女，乾上之三成男。乾坤氣交以相與，「止而説，男下女」，故「通利貞，取女吉」。

【集解】先儒云：易之舊題，分自此以上三十卦爲上經，已下三十四卦爲下經，上經明天道，下經明人事。〔疏〕

彖曰：咸，感也。柔上而剛下，二氣感應以相與。

【解】蜀才曰：此本否卦。案：六三升上，上九降三，是「柔上而剛下，二氣交感以相與」也。

【注】是以亨也。

【集解】鄭康成曰：與，猶親也。〔釋文〕

止而説，

【注】故「利貞」也。

男下女，

【注】取女吉也。

是以「亨，利貞，取女吉」也。

【解】王肅曰：山澤以氣通，男女以禮感。男而下女，初婚之所以爲禮也。通義正，娶女之所以爲吉也。

天地感而萬物化生，

【解】荀爽曰：乾下感坤，故萬物化生於山澤。陸績曰：天地因山澤孔竅以通其氣，化生萬物也。

【注】二氣相與，乃「化生」也。

聖人感人心而天下和平。

【解】虞翻曰：乾爲聖人。初四易位成既濟，坎爲心、爲平，故「聖人感人心而天下和平」，此「保合太和」，「品物流行」也。

觀其所感，而天地萬物之情可見矣。

【解】虞翻曰：謂四之初，以離日見天，坎月見地，縣象著明，萬物見離，故「天地萬物之情可見」也。

【注】天地萬物之情，見於所感也。凡感之爲道，不能感非類者也，故引取女以明同類之義也。同類而不相感應，以其各亢所處也。故女雖應男之物，必下之而後取女乃吉也。

象曰：山上有澤，咸。

【解】崔憬曰：山高而降，澤下而升，「山澤通氣」，咸之象也。

君子以虚受人。

【解】虞翻曰：君子謂否乾。乾爲人，坤爲虚，謂坤虚三受上，故「以虚受人」。艮山在地下爲謙，在澤下爲虚。

【注】以虚受人，物乃感應。

【集解】何妥曰：虚心受人，不問不拒，即物來歸己，君子之志也。〔口訣義〕

初六：咸其拇。〔釋文〕拇，子夏作「蹞」，荀作「母」。

【解】虞翻曰：拇，足大指也。艮爲指，坤爲拇，故「咸其拇」。

【注】處咸之初，爲感之始，所感在末，故有志而已。如其本實，未至傷静。

【集解】馬融曰：拇，足大指也。鄭、薛同。荀爽曰：母，陰位之尊。〔並釋文〕

象曰：「咸其拇」，志在外也。

【解】虞翻曰：失位遠應，之四得正，故「志在外」，謂四也。

【注】四屬外卦。

六二：咸其腓，凶。居吉。〔釋文〕腓，荀作「肥」。

【解】崔憬曰：腓，脚膊。次於拇上，二之象也。得位居中，於五有應，若感應相與，失艮止之禮，故凶。居而承比於三，順止而隨與當禮，故吉也。

【注】咸道轉進，離拇升腓，腓體動躁者也。感物以躁，凶之道也。由躁故凶，居則吉矣。處不乘剛，故可以居而獲吉。

【集解】鄭康成曰：腓，膊腸也。〔釋文〕史徵同。〔口訣義〕荀爽曰：肥，謂五也。尊盛，故稱肥。

〔釋文〕王廙曰：動於腓腸，斯則行矣。〔疏〕

象曰：雖凶居吉，順不害也。

【注】陰而爲居，順之道也；不躁而居，順不害也。

九三：咸其股，執其隨，往吝。

【解】崔憬曰：股，髀而次於腓上，三之象也。剛而得位，雖欲感上，以居艮極，止而不前。二隨於己，志在所隨，故「執其隨」，下比〔一〕二也。而遂感上，則失其正義，故「往吝」窮也。

【注】股〔二〕之爲物，隨足者也。進不能制動，退不能静處，所感在股，「志在隨人」者也。志在隨人，所執亦以賤矣，用斯以往，吝其宜也。

象曰：「咸其股」，亦不處也。志在隨人，所執下也。

【解】虞翻曰：巽爲股，謂二也。巽爲隨，艮爲手，故稱執。三應於上，初四已變，歷險，故往吝。巽爲處女也。男已下女，以艮陽入兑陰，故「不處也」。凡士與女未用，皆稱「處」矣。志在於二，故「所執下也」。

九四：貞吉，悔亡。憧憧往來，朋從爾思。〔釋文〕憧憧，昌容反。徐又音童，又音鍾。京作「憧」。字林云：憧，遲也，丈冢反。

【解】虞翻曰：失位，悔也。應初動〔三〕得正，故「貞吉而悔亡」矣。憧憧，懷思慮也。之内爲來，之外爲往。欲感上隔五，感初隔三，故「憧憧往來」矣。兑爲朋，少女也。艮初變之四，坎心爲思，故曰「朋從爾思」也。

【注】處上卦之初，應下卦之始，居體之中，在股之上，二體始相交感，以通其志，心神始感者也。凡物

〔一〕「比」，原作「北」，據集解本、纂疏本正。
〔二〕「股」，原作「咸」，據四部備要本、注疏本正。
〔三〕「動」字原脱，據集解本、纂疏本補。

始感而不以之於正，則至於害，故必貞然後乃吉，吉然後乃得亡其悔也。始在於感，未盡感極，不能至於无思，以得其黨，故有「憧憧往來」，然後「朋從其思」也。

【集解】馬融曰：憧憧，行貌。〔釋文〕王肅曰：憧憧，往來不絕貌。劉氏曰：憧憧，意未定也。〔並同〕

象曰：「貞吉」「悔亡」，未感害也。

【解】虞翻曰：坤爲害也。今未感坤初，體遁弑父，故曰「未感害也」。

【注】未感於害，故可正之得悔亡也。

「憧憧往來」，未光大也。

【解】虞翻曰：未動之離，故「未光大」也。

九五：咸其脢，无悔。〔釋文〕脢，武杯反，又音每。王肅又音灰。

【解】虞翻曰：脢，夾脊肉也。謂已四變，坎爲脊，故「咸其脢」。得正，故「无悔」。

【注】脢者，心之上，口之下。進不能大感，退亦不爲無志，其志淺末，故无悔而已。

【集解】子夏傳曰：在脊曰脢。〔疏〕馬融曰：脢，背也。〔同〕鄭康成曰：脢，背脊肉也。〔釋文〕王肅曰：脢在背而夾脊。〔疏〕

象曰：「咸其脢」，志末也。

【解】案：末，猶上也。四感於初，三隨其二，五比於上，故「咸其脢」。「志末」者，謂五志感於上也。

上六：咸其輔頰舌。〔釋文〕輔，虞作「酺」。頰，孟作「俠」。

【解】虞翻曰：耳目之間稱「輔頰」。四變爲目，坎爲耳，兑爲口舌，故曰「咸其輔頰舌」。

【注】咸道轉末，故在口舌言語而已。

【集解】馬融曰：輔，上頷也。「輔頰舌」者，言語之具。〔疏〕

象曰：「咸其輔頰舌」，滕口説也。〔釋文〕滕，九家作「乘」，虞作「媵」。口説，如字，徐音脱，又始鋭反。

【解】虞翻曰：媵，送也。不得之三，「山澤通氣」，故「媵口説矣」。〔按〕此注「媵」字，俱當依釋文作「媵」。又戴埴鼠璞亦引虞注云「媵，送也」。

【注】輔頰舌者，所以爲語之具也。「咸其輔頰舌」，則「滕口説」也。憧憧往來，猶未光大，況在滕口，薄可知也。

【集解】舊説云：字作「滕」，徒登反。滕，競與也。所競者口，無復心實。〔疏〕鄭康成云：字作「媵」。媵，送也。咸道極薄，徒送口舌言語相感而已，不復有志於其間。〔同〕

䷟ 巽下震上

恒：亨，无咎，利貞。

【解】鄭康成曰：恒，久也。巽爲風，震爲雷。雷風相須而養物，猶長女承長男，夫婦同心而成家，久長之道也。夫婦以嘉會禮通，故「无咎」。其能和順幹事，所行而善矣。虞翻曰：恒，久也。與益旁通。乾初之坤四，剛柔皆應，故「通无咎，利貞」也。

【注】恒而亨，以濟三事也。恒之爲道，亨乃无咎也；恒通无咎，乃利正也。

【集解】褚氏曰：三事，謂无咎、利貞、利有攸往。莊氏曰：三事者，无咎，一也；利，二也；貞，三也。周氏云：三事者，一亨也，二无咎也，三利貞也。〔並疏〕

利有攸往。

【解】虞翻曰：初利往之四，終變成益，則初四二五皆得其正。「終則有始」，故「利有攸往」也。

【注】各得所恒，脩其常道，終則有始，往而无違，故「利有攸往」也。

彖曰：恒，久也。剛上而柔下，

【注】剛尊柔卑，得其序也。

雷風相與。

【注】長陽長陰，能相成也。

【集解】褚氏云：雷資風而益遠，風假雷而增威。〔口訣義〕

巽而動，

【解】蜀才曰：此本泰卦。案：六四降初，初九升四，是「剛上而柔下」也。分乾與坤，雷也；分坤與乾，風也，是「雷[一]風相與，巽而動」也。

【注】動無違也。

剛柔皆應，

【解】九家易曰：初四、二五雖不正，而剛柔皆應，故通无咎矣。

【注】不孤媲也。

恒。

【注】皆可久之道。

「恒，亨，无咎，利貞」，久於其道也。

【解】荀爽曰：恒，震世也。巽來乘之，陰陽合會，故「通无咎」。長男在上，長女在下，夫婦道正，故「利貞，久於其道也」。

【注】道得所久，則常通无咎而利貞[二]也。

[一]「雷」，原作「霜」，據集解本、纂疏本正。

[二]「貞」，四部備要本同，注疏本及樓氏本作「正」。

天地之道，恒久而不已也

【解】虞翻曰：泰乾坤爲天地，謂終則復始，「有親則可久」也。

【注】得其所久，則不已也。

「利有攸往」，終則有始也。

【解】荀爽曰：謂乾氣下終，始復升上居四也。坤氣上終，始復降下居初者也。

【注】得其常道，故終則復始，往无窮極〔一〕。

日月得天而能久照，

【解】虞翻曰：動初成乾爲天，至二離爲日，至三坎爲月，故「日月得天而能久照」也。

四時變化而能久成，

【解】虞翻曰：春夏爲變，秋冬爲化。變至二離夏，至三兑秋，至四震春，至五坎冬，故「四時變化而能久成」，謂乾坤成物〔二〕也。

聖人久於其道而天下化成。

〔一〕「極」，原作「也」，據四部備要本、注疏本及校勘記正。

〔二〕「成物」上原衍「化」字，據集解本、纂疏本删。

【解】虞翻曰：聖人謂乾，乾爲道。初二已正，四五復位，成既濟定。「乾道變化，各正性命」。有兩離象，「重明麗正」，故「化成天下」矣。

【注】言各得其所恒，故皆能長久。

觀其所恒，而天地萬物之情可見矣。

【解】虞翻曰：以離日照乾，坎月照坤，萬物出震，故「天地萬物之情可見矣」。與咸同義也。

【注】天地萬物之情，見於所恒也。

象曰：雷風，恒。

【解】宋衷曰：「雷以動之，風以散之」，二者常相薄而爲萬物用。故君子象之，以立身守節而不易道也。

【注】長陽長陰，合而相與，可久之道也。

君子以立不易方。

【解】虞翻曰：君子謂乾三也。乾爲易、爲立，坤爲方。乾初之坤四，三正不動，故「立不易方」也。

【注】得其所久，故不易也。

初六：浚恒，貞凶，无攸利。〔釋文〕浚，鄭作「濬」。

【解】侯果曰：浚，深。恒，久也。初本六四，自四居初，始求深厚之位者也。位既非正，求乃涉邪，以此爲正，凶之道也，故曰「浚恒，貞凶，无攸利」矣。

【注】處恒之初，最處卦底，始求深者也。求深窮底，令物无餘藴，漸以至此，物猶不堪，而况始求深者乎？以此爲恒，凶正害德，无施而〔一〕利也。

象曰：「浚恒」之「凶」，始求深也。

【解】虞翻曰：浚，深也。初下稱浚，故曰「浚恒」。乾初爲淵，故深矣。失位變之正，乾爲始，故曰「始〔二〕求深也」。

九二：悔亡。

【解】虞翻曰：失位，悔也。動而得正，處中多譽，故「悔亡」。

【注】雖失其位，恒位於中，可以消悔也。

象曰：九二「悔亡」，能久中也。

【解】荀爽曰：乾爲久也。能久行中和，以陽據陰，故曰「能久中也」。

九三：不恒其德，或承之羞，貞吝。〔釋文〕或承，鄭本作「咸承」。

〔一〕「而」，原作「不」，據四部備要本、注疏本正。

〔二〕「故曰始」三字原脱，據集解本、纂疏本補。

【解】荀爽曰：與初同象，欲據初隔二。與五爲兑，欲悦之隔四。意无所定，故「不恒其德」。與上相應，欲往承之，爲陰所乘，故「或承之羞」也。「貞吝」者，謂正居其所，不與陰通，无居自容，故「貞吝」矣。

【注】處三陽之中，居下體之上，處上體之下，上不全尊，下不全卑，中不在體，體在乎恒而分无所定，无恒者也。德行无恒，自相違錯，不可致詰，故「或承之羞」也。施德於斯，物莫之納，鄙賤甚矣，故曰「貞吝」也。

【集解】正義曰：爻得正，互體爲乾，乾有剛健之德。體在巽，巽爲進退，是「不恒其德」也。又互體爲兑，兑爲毁折，是將有羞辱也。〔禮記疏〕後漢書注引作「後或有羞辱也」。

象曰：「不恒其德」，无所容也。

【解】九家易曰：言三取初，隔二，應上見乘，是「无所容」。无居自容，故「貞吝」。

九四：田无禽。

【解】虞翻曰：田謂二也。地上〔一〕稱田。无禽謂五也。九四失位，利上之五，已變承之，故曰「田无禽」。言二五皆非其位，故象曰「久非其位，安得禽」。

〔一〕「上」，原作「位」，據集解本、纂疏本正。

【注】恒於非位，雖勞无獲也。

象曰：久非其位，安得禽也。

六五：恒其德。貞，婦人吉，夫子凶。

【解】虞翻曰：動正成乾，故「恒其德」。婦人謂初，巽爲婦。終變成益，震四復初，婦得歸陽，從一而終，故「貞，婦人吉」也。震乾之子而爲巽夫，故曰「夫子」。終變成益，震四從巽，死於坤中，故「夫子凶」也。

【注】居得尊位，爲恒之主，不能制義，而係應在二，用心專貞，從唱而已。婦人之吉，夫子之凶也。

【集解】正義曰：以陰爻而處尊位，是天子之女。又互體兑，兑爲和説，至尊主家之女。以和悦幹其家事，問正於人，故爲「吉」也。應在九二，又男子之象。體在巽，巽爲進退，是無所定而婦言是從，故云「夫子凶」也。〔禮記疏〕

象曰：「婦人貞吉」，從一而終也。

【解】虞翻曰：一謂初。終變成益，以巽應初震，故「從一而終也」。

夫子制義，從婦凶也。

【解】虞翻曰：震没從巽，入坤，故「從婦凶」也。

上六：振恒，凶。〔釋文〕振恒，張作「震」。〔按〕説文引作「榰」。恒，其義爲長也。

【解】虞翻曰：在震上，故「震恒」。五動乘陽，故「凶」。終在益上，五遠應，故「无功」也。

【注】夫静爲躁君，安爲動主，故安者，上之所處也；静者，可久之道也。處卦之上，居動之極，以此爲恒，无施而得也。

【集解】馬融曰：振，動也。〔釋文〕　鄭康成曰：振，揺落也。〔同〕

象曰：「振恒」在上，大无功也。

䷠ 艮下乾上

遯：亨，小利貞。〔釋文〕「遯」字又作「遂」，又作「遁」，同。隱去也。

【解】鄭康成曰：遯，逃去之名也。艮爲門闕，乾有健德。互體有巽，巽爲進退。君子出門，行有進退，逃去之象。二五得位而有應，是用正道，得禮見召聘。始仕他國，當尚謙。謙小，其和順之道，居小官，幹小事，其進以漸，則遠妬忌之害，昔陳敬仲奔齊辭卿是也。　虞翻曰：小陰謂二，得位浸長，以柔變剛，故「小利貞」。

象曰：「遯，亨」，遯而亨也。

【解】侯果曰：此本乾卦。陰長剛殞，君子遯避，遯則通也。

【注】遯之爲義，遯乃通也。

剛當位而應，與時行也。

【解】虞翻曰：剛謂五而應二，艮爲時，故「與時行」矣。

【注】謂五也。「剛當位而應」，非否亢也。遯不否亢，能與時行也。

「小利貞」，浸而長也。〔釋文〕而長，丁丈反，或如字。

【解】荀爽曰：陰稱小，浸而長，則將消陽，故利正居二，與五相應也。

【注】陰道欲浸而長，正道亦未全滅，故「小利貞」也。

遯之時義大矣哉！

【解】宋衷曰：大公遯殷，四皓遯秦之時也。陸績曰：謂陽氣退，陰〔一〕氣將害，隨時遯避，其義大也。

象曰：天下有山，遯。

【解】崔憬曰：天喻君子，山比小人。小人浸長，若山之侵天；君子遯避，若天之遠山，故言「天下有山，遯」也。

【注】「天下有山」，陰長之象。

〔一〕「陰」，原作「陽」，據集解本、纂疏本正。

君子以遠小人，不惡而嚴。

【解】虞翻曰：君子謂乾，乾爲遠、爲嚴；小人謂陰，坤爲惡、爲小人，故「以遠小人，不惡而嚴」也。侯果曰：羣小浸盛，剛德殞削，故君子避之也。高尚林野，但矜嚴於外，亦不憎惡于内，所謂「吾家耄遜於荒」也。

初六：遯尾，厲，勿用有攸往。

【解】陸績曰：陰氣已至於二，而初在其後，故曰「遯尾」也。避難當在前，而在後，故「厲」。往則與災難會，故「勿用有攸往」。

【注】遯之爲義，辟内而之外者也。尾之爲物，最在體後者也。處遯之時，不往何災，而爲遯尾，禍所及也。危至而後求行，難可免乎？「厲」則「勿用有攸往」也。

象曰：「遯尾」之「厲」，不往何災也？〔釋文〕何災，音河，褚河可反，今不用。

【解】虞翻曰：艮爲尾也。初失位，動而得正，故「遯尾厲」。之應成坎爲災，在艮宜静，若不往于四，則无災也。

六二：執之用黄牛之革，莫之勝説。〔釋文〕勝，升證反，又音升。説，王肅如字，師同。徐吐活反，又始鋭反。

【解】虞翻曰：艮爲手稱執，否坤爲黄牛，艮爲皮。四變之初，則坎水濡皮，離日乾之，故「執之用黄牛之革」。莫，无也。勝，能。説，解也。乾爲堅剛，巽爲繩，艮爲手，持革縛三在坎中，故「莫之勝説」也。

【注】居内處中，爲遯之主，物皆遯己，何以固之？若能執乎理中、厚順之道以固之也，則莫之勝解。

【集解】王肅曰：説，解説也。〔釋文〕

【解】侯果曰：六二離爻，離爲黄牛。體艮履正，上應貴主，志在輔時，不隨物遯。獨守中直，堅如革束，執此之志，莫之勝説。殷〔一〕之父師，當此爻矣。

象曰：「執用黄牛」，固志也。

九三：係遯，有疾，厲。畜臣妾，吉。〔釋文〕係遯，古詣反，本或作「繫」。

【解】虞翻曰：厲，危也。巽繩爲係，四變三體坎，坎爲疾，故「有疾，厲」。遁陰剥陽，三消成坤，與上易位，坤爲臣，兑爲妾，上來之三，據坤應兑，故「畜臣妾，吉」也。

【注】在内近二，以陽附陰，宜遯而係，故曰「係遯」。遯之爲義，宜遠小人，以陽附陰，係〔二〕於所在，不能遠害，亦已憊矣，宜其屈辱而危厲也。係於所在，畜臣妾可也。施於大事，凶之道也。

象曰：「係遯」之「厲」，有疾憊也。〔釋文〕憊，王肅作「斃」，荀作「備」。

〔一〕「殷」上原衍「則」字，據集解本、纂疏本删。

〔二〕「係」，原作「依」，據四部備要本、注疏本正。

【解】王肅曰：三下〔一〕係於二而獲遯，故曰「係遯」。病此係執而獲危懼，故曰「有疾憊也」。此於六二畜臣妾之象，足以畜其臣妾，不可施爲大事也。

【集解】鄭康成曰：憊，困也。〔釋文〕

「畜臣妾，吉」，不可大事也。

【解】荀爽曰：大事，謂與五同任天下之政。潛遯之世，但可居家畜養臣妾，不可治國之大事。虞翻曰：三動入坤，坤爲事，故「不可大事也」。

九四：好遯，君子吉，小人否。〔釋文〕小人否，音鄙，惡也。徐方有反。鄭、王肅備鄙反。

【解】虞翻曰：否乾爲好、爲君子，陰稱小人。動之初，故「君子吉」。陰在四多懼，故「小人否」。得位承五，故无凶咎矣。

【注】處於外而有應於内，君子好遯，故能舍之；小人繫戀，是以否也。

【集解】馬融曰：「好遯，君子吉」，言身雖外，乃心在王室，此之謂也。小人則不然，身外，心必怨也。

象曰：君子好遯，小人否也。

【解】侯果曰：不處其位而遯於外，好遯者也。然有應在初，情未能棄。君子剛斷，故能舍之；小人係

〔一〕「下」，原作「上」，集解本同，據文義及纂疏本改。

戀，必不能矣，故「君子吉，小人否」矣。

【注】音臧否之否。

九五：嘉遯，貞吉。

【解】虞翻曰：乾爲嘉。剛當位應二，故「貞吉」。謂三已變，上來之三成坎，故象曰「以正志也」。

【注】遯而得正，反制於内，小人應命，率正其志，不惡而嚴，得正之吉，遯之嘉也。

象曰：「嘉遯，貞吉」，以正志也。

【解】侯果曰：時否德剛，雖遯中正，嘉遯者也，故曰「貞吉」。遯而得正，則羣小應命，所謂紐以紊之剛，正羣小之志。則殷之高宗，當此爻也。

上九：肥遯，无不利。

【解】虞翻曰：乾盈爲肥，二不及上，故「肥遯，无不利」，故象曰「无所疑也」。

【注】最處外極，无應於内，超然絶志，心无疑顧。憂患不能累，矰繳不能及，是以「肥遯，无不利」也。

【集解】子夏傳曰：肥，饒裕也。〔釋文〕淮南九師訓曰：遯而能肥，吉孰大焉。〔文選注〕後漢書注引作「遯而能飛」。

象曰：「肥遯，无不利」，无所疑也。

【解】侯果曰：最處外極，无應於内，心无疑戀，超世〔一〕高舉，果行育德，安時无悶，遯之肥也，故曰「肥遯，无不利」。則潁濱巢許，當此爻矣。

䷡ 乾下震上

大壯：利貞。

【解】虞翻曰：陽息泰也。壯，傷也。大謂四。失位爲陰所乘，兑爲毁折，傷。與五易位，乃得正，故「利貞」也。

【集解】馬融曰：壯，傷也。〔釋文〕 鄭康成曰：壯，氣力浸強之名。 王肅曰：壯，盛也。〔並同〕。

彖曰：「大壯」，大者壯也。

【解】侯果曰：此卦本坤。陰柔消弱，剛大長壯，故曰「大壯」也。

【注】大者謂陽爻。小道將滅，大者獲正，故「利貞」也。

剛以動，故壯。

【解】荀爽曰：乾剛震動，陽從下升，陽氣大動，故壯也。

〔一〕「世」，原作「然」，據集解本、纂疏本正。

「大壯，利貞」，大者正也。

【解】虞翻曰：謂四進之五，乃得正，故「大者正也」。

正大而天地之情可見矣。

【解】虞翻曰：正大謂四之五成需，以離日見天，坎月見地，故「天地之情可見也矣」。

【注】天地之情，正大而已矣。弘正極大，則「天地之情可見矣」。

象曰：雷在天上，大壯。

【解】崔憬曰：乾下震上，故言「雷在天上」。一曰雷，陽氣也。陽至于上卦，能助於天威，大壯之象也。

【注】剛以動也。

君子以非禮弗履。

【解】陸績曰：天尊雷卑，君子見卑乘尊，終必消除，故象以爲戒，非禮不履。

【注】壯而違禮則凶，凶則失壯也，故君子以大壯而順禮也。

初九：壯于趾，征凶，有孚。

【解】虞翻曰：趾謂四。征，行也。震足爲趾，爲征。初得位，四不征之五，故「凶」。坎爲孚，謂四上之五成坎，已得應四，故「有孚」。

【注】夫得大壯者，必能自終成也。未有陵犯於物，而得終其壯者。在下而壯，故曰「壯于趾」也。居下

而用剛壯，以斯而進，窮凶可必也，故曰「征凶，有孚」。

象曰：「壯于趾」，其孚窮也。

【注】言其信窮。

【解】虞翻曰：應在乾終，故「其孚窮也」。

九二：貞吉。

【注】居得中位，以陽居陰，履謙不亢，是以貞吉。

象曰：九二「貞吉」，以中也。

【解】虞翻曰：變得位，故「貞吉」。動體離，故「以中也」。

九三：小人用壯，君子用罔，貞厲。

【解】虞翻曰：應在震也。三陽君子，小人謂上。上逆，故「用壯」。謂二已變離。離爲罔，三乘二，故「君子用罔」。體乾夕惕，故「貞厲」也。

【集解】馬融、王肅云：罔，无也。〔釋文〕

羝羊觸藩，羸其角。〔釋文〕觸，徐處六反。藩，方袁反。徐甫言反。羸，律悲反，又力追反。徐力皮反。王肅作「縲」，音螺。鄭、虞作「纍」。蜀才作「累」。張作「虆」。

【解】荀爽曰：三與五同功爲兑，故曰「羊」；終始陽位，故曰「羝」。藩謂四也。三欲觸四而危之，四反羸其角。角謂五也。

【注】處健之極，以陽處陽，用其壯者也。故小人用之以爲壯，君子用之以爲羅己者也。貞厲以壯，雖復羝羊，以之觸藩，能无羸乎！

【集解】馬融曰：藩，蘺落也。羸，大索也。〔釋文〕　張氏曰：羝羊，羖羊也。〔同〕

象曰：「小人用壯」，君子罔也。

【解】侯果曰：藩，謂四也。九四體震爲竹葦，故稱「藩」也。三互乾兑，乾壯兑羊，故曰「羝羊」。四藩未決，三宜勿往，用壯觸藩，求應於上，故角被拘羸矣。　案：自三至五，體兑爲羊，四既是藩，五爲羊角，即「羝羊觸藩，羸其角」之象也。

九四：貞吉，悔亡。藩決不羸，壯于大轝之輹。〔釋文〕之輹，本又作「輻」。

【注】下剛而進，將有憂虞，而以陽處陰，行不違謙，不失其壯，故得「貞吉」而「悔亡」也。己得其壯，而上陰不罔己路，故「藩決不羸」也。壯于大輿之輹，无有能説其輹者，可以往也。

象曰：「藩決不羸」，尚往也。

【解】虞翻曰：失位，悔也。之正〔一〕得中，故「貞吉」而「悔亡」矣。體夬象，故「藩決」。震四上處五，則

〔一〕「正」，原作「五」，據集解本、纂疏本正。

藩毀壞，故「藩決不羸」。坤爲大車，爲腹，四之五折坤，故「壯于大車之腹」。而象曰「尚〔一〕往」者，謂上之五。

六五：喪羊于易，无悔。〔釋文〕于易，以豉反。鄭音亦。陸作「埸」，謂壃埸也。

【解】虞翻曰：四動成泰，坤爲喪也。乾〔二〕爲易，四上之五，兑還屬乾，故「喪羊於易」。動各得正，而處中和，故「无悔」也。

【注】居于大壯，以陽處陽，猶不免咎，而況以陰處陽、以柔乘剛者乎？羊，壯也。必喪其羊，失其所居也。能喪壯于易，不于險難，故得「无悔」。二履貞吉，能幹其任而已委焉，則得无悔。委之則難不至，居之則敵寇來，故曰「喪羊于易」。

【集解】鄭康成曰：易，謂佼易也。〔釋文〕莊氏云：經止一言喪羊，而注爲兩處分用。初云「必喪其羊，失其所居」，是自然應失。後云「能喪壯于易，不于險難」，故得无咎。自能喪其羊，二理自相矛盾。〔疏〕

象曰：「喪羊于易」，位不當也。

〔一〕「尚」，原作「上」，古通。據九四象辭及集解本、纂疏本改。

〔二〕「乾」，原作「坤」，據集解本、纂疏本正。

【解】案：謂四五陰陽失正。陰陽失正，故曰「位不當也〔一〕」。

上六：羝羊觸藩，不能退，不能遂，无攸利，艱則吉。

【解】虞翻曰：應在三，故「羝羊觸藩」。遂，進也。謂四已之五體坎，上能變之巽，巽爲進退，故「不能退，不能遂」。進則失位，上則乘剛，故「无攸利」。坎爲艱，得位應三利上，故「艱則吉」。

【注】有應於三，故「不能退」；懼於剛長，故「不能遂」。持疑猶豫，志无所定，以斯決事，未見所利。雖處剛長，剛不害正。苟定其分，固志在三，以斯自處，則憂患消亡，故曰「艱則吉」也。

象曰：「不能退，不能遂」，不詳也。〔釋文〕不詳，詳，審也。鄭、王肅作「祥」，善也。

【解】虞翻曰：乾善爲詳。不得三應，故「不詳也」。

「艱則吉」，咎不長也。

【解】虞翻曰：巽爲長，動失位爲咎。不變之巽，故「咎不長也」。

䷢ 坤下離上

晉：康侯用錫馬蕃庶，晝日三接。〔釋文〕晉，孟作「齊」，齊，子西反，義同。蕃，音煩，鄭發袁反。庶，如字，

〔一〕「也」字原脱，據集解本、纂疏本補。

衆也。鄭止奢反。三,徐息暫反。接,如字,鄭音捷。

【解】荀爽曰:陰進居五,處用事之位。陽中之陰,侯之象也。陰性安静,故曰「康侯」。馬謂四也。五以下羣陰錫四也。坤爲衆,故曰「蕃庶」矣。虞翻曰:觀四之五。晉,進也。坤爲康。康,安也。初動體屯,震爲侯,故曰「康侯」。震爲馬,坤爲用,故「用錫馬」。艮爲多,坤爲衆,故「繁庶」。離日在上,故「晝日」。三陰在下,故「三接」矣。侯果曰:康,美也。四爲諸侯,五爲天子,坤爲衆,坎爲馬。天子至明於上,公侯謙順於下,美其治物有功,故蕃錫車馬,一晝三覿也。采菽刺幽王侮諸侯,詩曰「雖无與之,路車乘馬」。大行人職曰「諸公三饗三問三勞,諸侯三饗再問再勞,子男三饗一問一勞」,即天子三接諸侯之禮也。

【集解】馬融曰:康,安也。〔釋文〕鄭康成曰:康,尊也,廣也。蕃庶,謂蕃遮,禽也。接,勝也。陸績曰:康,安也,樂也。〔並同〕

彖曰:晉,進也。明出地上,順而麗乎大明。

【解】崔憬曰:渾天之義,日從地出,而升于天,故曰「明出地上」。坤,臣道。日,君德也。臣以功進,君以恩接,是以「順而麗于大明」。雖以卦名晉,而五爻爲主,故言「柔進而上行」也。

柔進而上行,

【解】蜀才曰:此本觀卦。案:九五降四,六四進五,是「柔進而上行」也。

【注】凡言上行者，所之〔一〕在貴也。

是以「康侯」用「錫馬蕃庶，晝日三接」也。

【注】康，美之名也。順以著明，臣之道也。柔進而上行，物所與也，故得錫馬而蕃庶。以訟受服，則終朝三褫；柔進受寵，則一晝三接也。

象曰：明出地上，晉。君子以自昭明德。

【解】鄭康成曰：地雖生萬物，日出於上，其功乃著，故君子法之，而以明自照其德。虞翻曰：君子謂觀乾。乾爲德，坤爲自，離爲明。乾五動，以離日自照，故「以自昭明德」也。

【注】以順著明，自顯之道。

【集解】周氏等爲「照」，之召反，以爲自照己身。〔疏云〕

初六：晉如摧如，貞吉。罔孚，裕，无咎。〔釋文〕摧如，罪雷反，退也。〔按〕説文引「罔孚」作「有孚」。

【解】虞翻曰：晉，進。摧，憂愁也。應在四，故「晉如」。失位，故「摧如」。動得位，故「貞吉」。應離爲罔，四坎稱孚，坤弱爲裕。欲四之五成巽，初受其命，故「无咎」也。

【注】處順之初，應明之始，明順之德，於斯將隆。進明退順，不失其正，故曰「晉如摧如，貞吉」也。處

〔一〕「之」，原作「以」，據四部備要本、注疏本及校勘記正。

卦之始，功業未著，物未之信，故曰「罔孚」。方踐卦始，未至履位，以此爲足，自喪其長者也。故必裕之，然後无咎。

【集解】鄭康成曰：摧，讀如「南山崔崔」之「崔」。〔釋文〕何氏曰：摧，退也。裕，寬也。如，辭也。〔疏〕

象曰：「晉如摧如」，獨行正也。

【解】虞翻曰：初動震爲行，初一稱獨也。

「裕无咎」，未受命也。

【解】虞翻曰：五未之巽，故「未受命也」。

【注】未得履位，「未受命也」。

六二：晉如愁如，貞吉。〔釋文〕愁，狀由反。鄭子小反。

【解】虞翻曰：謂二應在坎上，故「愁如」。得位處中，故「貞吉」也。

【集解】鄭康成曰：愁，變色貌。〔釋文〕

受兹介福于其王母。

【解】虞翻曰：乾爲介福，艮爲手，坤爲虛，故稱受。介，大也。謂五已正中〔一〕，乾爲王，坤爲母，故「受

〔一〕「中」字原脱，據集解本、纂疏本補。

兹介福于其王母」。

【注】進而无應，其德不昭，故曰「晉如愁如」。居中得位，履順而正，不以无應而回其志，處晦能致其誠者也。脩德以斯，聞乎幽昧，得正之吉也，故曰「貞吉」。「母」者，處內而成德者也。「鳴鶴在陰」，則「其子和之」，立誠於闇，闇亦應之，故其初「愁如」。履貞不回，則乃「受茲大福于其王母」也。

【集解】馬融曰：介，大也。〔釋文〕

象曰：「受茲介福」，以中正也。

【解】九家易曰：五動得〔一〕正中，故二受大福矣。大福，謂馬與蕃庶之物是也。

六二：衆允，悔亡。

【解】虞翻曰：坤爲衆。允，信也。土〔二〕性信，故「衆允」。三失正，與上易位，則「悔亡」。故象曰「上行也」。此則成小過，小過故有〔三〕飛鳥之象焉。臼杵之利，見碩鼠出入坎穴，蓋取諸此也。

象曰：「衆允」之志，上行也。

【注】處非其位，悔也。志在上行，與衆同信，順而麗明，故得「悔亡」也。

〔一〕「得」，原作「謂」，據集解本、纂疏本正。
〔二〕「土」，原作「十」，據集解本、纂疏本正。
〔三〕「有」，原作「爲」，據集解本、纂疏本正。

【解】虞翻曰：坎爲志，三之上成震，故曰「上行也」。

九四：晉如鼫鼠，貞厲。〔釋文〕鼫，子夏傳作「碩鼠」。

【解】九家易曰：鼫鼠喻貪，謂四也。體離欲升，體坎欲降。游〔一〕不度瀆，不出坎也。飛不上屋，不至上也。緣不極木，不出離也。穴不掩身，五坤薄也。走不先足，外震在下也。五伎皆劣，四爻當之，故曰「晉如鼫鼠」也。

【注】履非其位，上承於五，下據三陰，履非其位。又負且乘，无業可安，志无所據，以斯爲進，正之危也。進如鼫鼠，无所守也。

【集解】鄭康成曰：詩云：「碩鼠碩鼠，无食我黍。」〔疏〕

象曰：「鼫鼠，貞厲」，位不當也。

【解】翟玄曰：鼫鼠晝伏夜行，貪猥无已，謂雖進承五〔二〕，然潛據下陰，久居不正之位，故有危厲〔三〕也。

六五：悔亡，失得，勿恤。往，吉，无不利。

〔一〕「游」，原作「淤」，據集解本、纂疏本正。
〔二〕「五」，原作「上」，據集解本、纂疏本正。
〔三〕「厲」，原作「慮」，據集解本、纂疏本正。

【解】荀爽曰：五從坤動而來爲離，離者射也，故曰「矢得」。陰居尊位，故有悔也。以中〔一〕盛明，光照四海，故「悔亡勿恤」，「吉无不利」也。

【注】柔得尊位，陰爲明主，能不用察，不代下任也。故雖不當位，能消其悔。「失得勿恤」，各有其司，術斯以往，「无不利」也。

【集解】馬融、王肅曰：離爲「矢」。〔釋文〕

象曰：「矢得，勿恤」，往有慶也。

【解】虞翻曰：動之乾，乾爲慶也。矢，古「誓」字，誓，信也。勿，无。恤，憂也。五變得正，坎象不見，故「誓得勿恤，往有慶也」。

上九：晉其角，

【解】虞翻曰：五已〔二〕變之乾爲首，位在首上，故稱角，故「晉其角」也。

維用伐邑。厲吉，无咎，貞吝。

【解】虞翻曰：坤爲邑，動成震而體師象，坎爲心，故「維用伐邑」。得位乘〔三〕五，故「厲吉无咎」而「貞

〔一〕「中」，原作「終」，據集解本、纂疏本正。
〔二〕「已」，原作「以」，據集解本、纂疏本正。
〔三〕「乘」，原作「承」，據易例及集解本、纂疏本正。

吝」矣。

【注】處晉之極，過明之中，明將夷焉。已在乎角，而猶進之〔一〕，非亢如何？失夫道化无爲之事，必須攻伐，然後服邑。危乃得吉，吉乃无咎，用斯爲正，亦以賤矣。

象曰：「維用伐邑」，道未光也。

【解】荀爽曰：陽雖在上，動入冥豫，故「道未光也」。

䷣ 離下坤上

明夷：

【解】虞翻曰：夷，傷也。臨二之三而反晉也。「明入地中」，故傷也。

利艱貞。

【解】鄭康成曰：夷，傷也。日出地上，其明乃光，至其入地，明則傷矣，故謂之明夷。日之明傷，猶聖人君子有明德而遭亂世，抑在下位，則宜自艱，无幹事政〔二〕，以避小人之害也。虞翻曰：謂五也。五失位變出，成坎爲艱，故「利艱貞」矣。

〔一〕「之」，原作「也」，據四部備要本、注疏本正。

〔二〕「政」，原作「故」，據集解本、纂疏本正。

象曰：明入地中，明夷。

【解】蜀才曰：此本臨卦也。案：夷，滅也。九二升三，六三降二，「明入地中也」。明入地中，則明滅也。

內文明而外柔順，以蒙大難，

【解】荀爽曰：明在地下，爲坤所蔽，大難之象。大難，文王君臣相事，故言「大難」也。

【集解】鄭康成曰：蒙，猶遭也。一云：蒙，冒也。〔並釋文〕

文王以之。〔釋文〕文王以之，鄭、荀、向作「似之」。下亦然。

【解】虞翻曰：以，用也。三喻文王。大難謂坤，坤爲弒父。迷亂荒淫，若紂殺比干。三幽坎中，象文王之拘羑里。震爲諸侯，喻從文王者。紂懼出之，故「以蒙大難」，得身全矣。

【集解】王肅曰：惟文王能用之。〔釋文〕

「利艱貞」，晦其明也。內難而能正其志，箕子以之。

【解】虞翻曰：箕子，紂諸父，故稱「內難」。五乾天位，今化爲坤，箕子之象。坤爲晦。箕子正之，出〔一〕五成坎，體離重明麗正，坎爲志，故「正其志」。「箕子以之」，而紂奴之矣。

〔一〕「出」字原脫，據集解本、纂疏本補。

象曰：明入地中，明夷。君子以蒞衆，〔釋文〕蒞，履二反，又律秘反。

【注】莅衆顯明，蔽僞百姓者也。故以蒙養正，以明夷莅衆。

用晦而明。

【解】虞翻曰：而，如也。君子謂三。體師象，以坎莅坤。坤爲衆、爲晦，離爲明，故「用晦如明」也。

【注】藏明於内，乃得明也；顯明於外，巧所辟也。

初九：明夷于飛，垂其翼。君子于行，三日不食。

【解】荀爽曰：火性炎上，離爲飛鳥，故曰「于飛」。爲坤所抑〔一〕，故曰「垂其翼」。陽爲君子，三者，陽德成也。日以喻君。不食者，不得君禄食也。陽未居五，陰暗在上，初〔二〕有明德，耻食其禄，故曰「君子于行，三日不食」也。

有攸往，主人有言。

【解】九家易曰：四者初應，衆陰在上，爲「主人」也。初欲上居五，則衆陰有言，言謂震也。四五體震爲雷聲，故曰「有攸往，主人有言」也。

〔一〕「抑」，原作「翼」，據集解本、纂疏本正。
〔二〕「初」，原作「陽」，據集解本、纂疏本正。

【注】明夷之主，在于上六，上六爲至闇者也。初處卦之始，最遠於難也。遠難過甚，明夷遠遯，絶跡匿形，不由軌路，故曰「明夷于飛」。懷懼而行，行不敢顯，故曰「垂其翼」也。尚義而行，故曰「君子于行」也。志急于行，飢不遑食，故曰「三日不食」也。殊類過甚，以斯適人，人必疑之，故曰「有攸往，主人有言」。

象曰：「君子于行」，義「不食」也。

【解】荀爽曰：暗昧在上，有明德者，義不食禄也。

六二：明夷，夷于左股，用拯馬壯，吉。〔釋文〕夷于，子夏作「睇」，鄭、陸同。京〔一〕作「眱」。左股，音古，馬、王肅作「般」。姚作「右般」。用拯，子夏作「抍」。〔按〕説文引亦作「抍」。

【解】九家易曰：左股謂初，爲二所夷也。離爲飛鳥，蓋取小過之義。鳥飛舒翼而行。夷者，傷也。今〔二〕初傷，垂翼在下，故曰「明夷於〔三〕左股」矣。九〔四〕三體坎，坎爲馬也。二應於五，三與五同功。二以中和應天，應天合衆。欲升上三，以壯於五，故曰「用拯馬壯，吉」。案：初爲足，二居足上，股也。二

〔一〕「京」，原作「亦」，據釋文正。
〔二〕「今」，原作「金」，據集解本、纂疏本正。
〔三〕「於」字原脱，據集解本、纂疏本補。
〔四〕「九」字原脱，據集解本、纂疏本補。

互體坎，坎主左方，左股之象也。

【注】「夷于左股」，是行不能壯也。以柔居中，用夷其明，進不殊類，退不近難，不見疑憚，順以則也，故可用拯馬而壯吉也。不垂其翼，然後乃免也。

【集解】馬融、王肅云：般，旋也，日隨天左旋也。〔釋文〕鄭康成曰：旁視爲睇。六二辰在酉，酉在一作是西方，又下體離，離爲目。九三體在震，震東方，九三又在辰，辰得巽氣爲股。此謂六二有明德，欲承九三，故云「睇于左股」。〔禮記疏〕又曰：拯，承也。〔釋文〕姚信曰：右般，自辰右旋入北。〔同〕莊氏曰：「言左者，取其傷小」，則比夷右未爲切也。「夷于左股」，明避難不壯，不爲闇主所疑，猶得處位，不至懷懼而行，然後徐徐用馬，以自拯濟而獲其壯吉也。〔疏〕

象曰：六二之「吉」，順以則也。

【解】九家易曰：二欲上三居五爲天子，坎爲法律，君有法則，衆陰當順從之矣。

【注】順之以則，故不見疑。

九三：明夷于南狩，得其大首，不可疾貞。〔釋文〕南狩，本亦作「守」，同。

【解】九家易曰：歲終田獵，名曰狩也。南者，九五。大陽之位，故稱南也。暗昧道終，三可升上而獵于五，得據大陽首位，故曰「明夷于南狩，得其大首」。自暗復明，當以漸次，不可卒正，故曰「不可疾貞」也。

【注】處下體之上，居文明之極，上爲至晦，入地之物也。故夷其明，以獲南狩，得大首也。南狩者，發其明也。既誅其主，將正其民。民之迷也，其日固已久矣，化宜以漸，不可速正，故曰「不可疾貞」。

象曰：「南狩」之志，乃大得也。

【解】案：冬獵曰狩也。三互離坎〔一〕，離南坎北，北主於冬，故曰「南狩」。五居暗主，三處明終，履正順時，拯難興衰者也。以臣伐君，故假言狩。既獲五上之大首，而三志「乃大得也」。

【注】去闇主也。

六四：入于左腹，獲明夷之心，于出門庭。

【解】荀爽曰：陽稱左，謂九三也。腹者，謂五居坤，坤爲腹也。四得位比三，處於順首，欲上三居五，以陽爲腹心也，故曰「入于左腹，獲明夷之心」。言三明當出門庭，升五君位。干寶曰：一爲室，二爲户，三爲庭，四爲門，故曰「于出門庭」也。

【注】左者，取其順也。入于左腹，得其心意，故雖近不危。隨時辟難，門庭而已，能不逆忤也。

象曰：「入于左腹」，獲心意也。

【解】九家易曰：四欲上三居五爲坎，坎爲心，四以坤爻爲腹，故曰「入于左腹，獲心意也」。

〔一〕「離坎」上原衍「體」字，據集解本、纂疏本删。

六五：箕子之明夷，利貞。〔釋文〕箕子之明夷，蜀才「箕」作「其」。

【解】馬融曰：箕子，紂之諸父，明于天道、洪範之九疇，德可以王，故以當五。知紂之惡，无可奈何，同姓恩深，不忍棄去，被髮佯狂，以明爲暗，故曰「箕子之明夷」。卒以全身，爲武王師，名傳无窮，故曰「利貞」矣。

【注】最近於晦，與難爲比，險莫如茲。而在斯中，猶闇不能没，明不可息，正不憂危，故「利貞」也。

【集解】劉向云：今易「箕子」爲「荄滋」。鄒湛云：荀爽訓「箕」爲「荄」，詁「子」爲「滋」，漫衍無經，不可致〔一〕詰。〔並釋文〕

象曰：「箕子」之「貞」，明不可息也。

【解】侯果曰：體柔履中，内明外暗。羣陰其掩，以夷其明。然以正爲明而不可息，以爻取象，箕子當之，故曰「箕子之貞，明不可息也」。

上六：不明晦，初登于天，後入于地。

【解】虞翻曰：應在三，離滅坤下，故「不明晦」。晉時在上麗乾，故「登于天」，照四國。今反在下，故「後入于地」，失其則。

〔一〕「致」，原作「究」，據釋文正。

【注】處明夷之極，是至晦者也。本其初也，在乎光照，轉至於晦，遂入于地。

象曰：「初登于天」，照四國也。「後入于地」，失則也。

【解】侯果曰：最遠於陽，故曰「不明晦」也。「初登于天」，謂明出地上，下照于坤，坤爲衆國，故曰照于四國也。喻陽之初興也。「後入于地」，謂明入地中，晝變爲夜，暗晦之甚，故曰「失則也」。況紂之亂世也。此之二象，言晉與明夷，往復不已。故見暗則伐取之，亂則治取之，聖人因象設試也。

䷤ 離下巽上

家人：利女貞。

【解】馬融曰：家人以女爲奥主。長女中女，各得其正，故特〔一〕曰「利女貞」矣。虞翻曰：遁初之四也。女謂離巽，二四得正，故「利女貞」也。

【注】家人之義，各自脩一家之道，不能知家外他人之事也。統而論之，非元亨利君子之貞，故「利女貞」。其正在家内而已。

象曰：家人，女正位乎内，男正位乎外。

【注】謂二、五也。家人之義，以内爲本者也，故先説女矣。

〔一〕「特」字原脱，據集解本、纂疏本補。

男女正，天地之大義也。

【解】虞翻曰：遁乾爲天，三動坤爲地。男得天正於五，女得地正於二，故「天地之大義也」。

家人有嚴君焉，父母之謂也。

【解】荀爽曰：離巽之中有乾坤，故曰「父母之謂也」。王肅曰：凡男女所以能各得其正者，由「家人有嚴君」也。家人有嚴君，故父子夫婦各得其正。家家咸正，而天下之治大定矣。案：二五相應，爲卦之主。五陽在外，二陰在内，父母之謂也。

父父、子子，兄兄、弟弟，

【解】虞翻曰：遁乾爲父，艮爲子，三五位正，故「父父、子子」。三動時，震爲兄，艮爲弟，初位正，故「兄兄、弟弟」。

夫夫、婦婦，

【解】虞翻曰：三動時，震爲夫，巽四爲婦，初四位正，故「夫夫、婦婦」也。

而家道正。正家而天下定矣。

【解】荀爽曰：父謂五，子謂四。兄謂三，弟謂初。夫謂五，婦謂二也。各得其正，故「天下定矣」。陸績曰：聖人教先從家始，家正則天下化之，「修己以安百姓」者也。

象曰：風自火出，家人。

【解】馬融曰：木生火，火以木爲家，故曰「家人」。火生於木，得風而盛，猶夫婦之道，相須而成。

【注】由内以相成，熾也。

君子以言有物而行有恒。

【解】荀爽曰：風火相與，必附于物，物大火大，物小火小。君子之言，必因其位，位大言大，位小言小。「不在其位，不謀其政」。故「言有物」也。大暑爍金，火不增其烈；大寒凝冰，火不損其熱，故曰「行有恒」矣。

【注】家人之道，脩於近小而不妄也。故君子以言必有物，而口无擇言；行必有恒，而身无擇行。

初九：閑有家，悔亡。

【注】凡教在初而法在始。家瀆而後嚴之，志變而後治之，則悔矣。處家人之初，爲家人之始，故宜必以「閑有家」，然後「悔亡」也。

【集解】馬融曰：閑，闌也，防也。鄭康成曰：閑，習也。〔並釋文〕

象曰：「閑有家」，志未變也。

【解】荀爽曰：初在潛〔一〕位，未干國政，閑習家事而已，未得治官，故悔。居家理治，可移於官，守之以

〔一〕「潛」，原作「僭」，據集解本、纂疏本正。

正，故「悔亡」。而未變從國之事，故曰「志未變也」。

六二：无攸遂，在中饋，貞吉。

【解】荀爽曰：六二處和得正，得正有應，有應有實，陰道之至美者也。坤道順從，故无所得遂。「供餚中饋，酒食是議」，故曰「中饋」。居中守正，永貞其志則吉，故曰「貞吉」也。

【注】居内處中，履得其位，以陰應陽，盡婦人之正義。无所必遂，職乎中饋，巽順而已，是以貞吉也。

【集解】鄭康成曰：二爲陰爻，得正于内。五，陽爻也，得正于外。猶婦人自修正于内，丈夫修正于外。「无攸遂」，言婦人无敢自遂也。爻體離，又互體坎，火位在下，水在上，飪之象也。饋，食也，故云「在中饋」也。〔後漢書注〕〔按〕後漢書注又引鄭注云：中饋，酒食也。魏徵曰：從子從夫，无所遂志。〔撮要〕

象曰：六二之「吉」，順以巽也。

【解】九家易曰：謂二居貞，巽順於五，則「吉」矣。

九三：家人嗃嗃，悔厲，吉。婦子嘻嘻，終吝。〔釋文〕嗃嗃，呼落反，又呼學反。荀作「確確」，劉作「熇熇」。嘻嘻，張作「嬉嬉」，陸作「喜喜」。

【解】侯果曰：嗃嗃，嚴也。嘻嘻，笑也。

【注】以陽居陽，剛嚴者也。處下體之極，爲一家之長。行與其慢也，寧過乎恭；家與其〔一〕瀆也，寧過乎嚴。是以家雖「嗃嗃，悔厲」，猶得吉也。「婦子嘻嘻」，「失家節也」。〔二〕

【集解】馬融曰：嗃嗃，悦樂自得貌。嘻嘻，笑聲。鄭康成曰：嗃嗃，苦熱之意。嘻嘻，驕佚喜笑之意。〔並釋文〕

象曰：「家人嗃嗃」，未失也。「婦子嘻嘻」，失家節也。

【解】九家易曰：别體異家，陰陽相據，喜樂過節也。别體異家，謂三五也。陰陽相據，三五各相據陰，故言婦子也。

六四：富家，大吉。

【注】能以其富順而處位，故「大吉」也。若但能富其家，何足爲大吉？體柔居巽，履得其位，明於家道，以近至尊，能富其家也。

象曰：「富家大吉」，順在位也。

【解】虞翻曰：三變體艮，艮爲篤實，坤爲大業。得位應初，順五乘〔三〕三，比據三陽，故曰「富家大吉」。

〔一〕「其」，原作「共」，據四部備要本、注疏本正。
〔二〕此注文同集解本，與四部備要本、注疏本文稍異，今仍之。
〔三〕「乘」，原作「承」，據集解本、纂疏本正。

「順在位也」，謂順於五也。

九五：王假有家，勿恤，吉。〔釋文〕王假，更白反，至也。徐古互反。

【解】陸績曰：假，大也。五得尊位，據四應二，以天下爲家，故曰「王大有家」。天下正之，故无所憂則吉。

【注】假，至也。履正而應，處尊體巽，王至斯道，以有其家者也。居於尊位，而明於家道，則下莫不化矣。父父、子子，兄兄、弟弟，夫夫、婦婦，六親和睦，交相愛樂，而家道正，正家而天下定矣。故王假有家，則勿恤而吉。

【集解】馬融曰：假，大也。〔釋文〕　鄭康成曰：假，登也。〔同〕　先儒云：猶如舜能治家，處于嬀汭，即是歸讓至焉。〔口訣義〕

象曰：「王假有家」，交相愛也。

【解】虞翻曰：乾爲愛也，二稱家。三動成震，五得交二，初得交四，故「交相愛」。震爲交也〔一〕。

上九：有孚，威如，終吉。

【解】虞翻曰：謂三已變，與上易位成坎，坎爲孚，故「有孚」。乾爲威如，自上之坤，故「威如」。易則得

〔一〕「也」上原衍「之」字，據集解本、纂疏本删。

位，故「終吉」也。

【注】處家人之終，居家道之成，「刑于寡妻」，以著於外者也，故曰「有孚」。凡物以猛爲本者，則患在寡恩；以愛爲本者，則患在寡威。故家人之道，尚威嚴也。家道可終，唯信與威，身得威敬，人亦如之。反之於身，則知施於人也。

象曰：「威如」之「吉」，反身之謂也。

【解】虞翻曰：謂三動坤爲身，上之三成既濟定，故「反身之謂」。此「家道正，正家而天下定矣」。

䷥ 兌下離上

睽：小事吉。〔釋文〕睽，苦圭反。馬、鄭、王肅、徐、吕忱並音圭。

【解】鄭康成曰：睽，乖也。火欲上，澤欲下，猶人同居而志異也，故謂之「睽」。二五相應，君陰臣陽，君而應臣，故「小事吉」。虞翻曰：大壯上之三，在繫，蓋取无妄二之五也。小謂五，陰稱小，得中應剛，故「吉」。

象曰：睽，火動而上，澤動而下。

【解】虞翻曰：離火炎上，澤水潤下也。

二女同居，其志不同行。〔釋文〕同行，如字，王肅遐孟反。

【解】虞翻曰：二女，離兑也。坎爲志，離上兑下。无妄震爲行，巽爲同，艮爲居。二五易位，震巽象壞，故「二女同居，其志不同行」也。

説而麗乎明，柔進而上行，得中而應乎剛，

【解】虞翻曰：説，兑。麗，離也。明謂乾，當言大明以麗於晉。柔謂五，无妄巽爲進，從二之五，故「上行」。剛謂應乾五伏陽，非應二也。與鼎五同義也。

是以「小事吉」。

【解】荀爽曰：「小事」者，臣事也。百官異體，四民殊業，故睽而不同。剛者，君也。柔得其中，而應於君，故言「小事吉」也。

【注】事皆相違，害之道也。何由得小事吉？以有此三德。

天地睽而其事同也，

【解】虞翻曰：五動乾爲天，四動坤爲地，故「天地睽」。坤爲事也，五動體同人，故「事〔一〕同」矣。王肅曰：高卑雖異，同育萬物。

男女睽而其志通也，

〔一〕「故事」二字原誤倒，據集解本、纂疏本正。

【解】侯果曰：出處雖殊，情通志合。虞翻曰：四動艮爲男，兑爲女，故「男女睽」。坎爲志、爲通，故「其志通也」。

萬物睽而其事類也。

【解】虞翻曰：四動，萬物出乎震，區以別矣，故「萬物睽」。坤爲事、爲類，故「其事類也」。崔憬曰：萬物雖睽於形色，而生性事類，言亦同也。

睽之時用大矣哉！

【解】九家易曰：乖離之卦，於義不大。而天地事同，共生萬物，故曰「用大〔一〕」。盧氏曰：不言「義」而言「用」者，明用睽之義至大矣。

【注】睽離之時，非小人之所能用也。

象曰：上火下澤，睽。

【解】荀爽曰：火性炎上，澤性潤下，故曰「睽」也。

君子以同而異。

〔一〕「用大」，原作「用矣」，據集解本、纂疏本正。

【解】荀爽曰：大歸[一]雖同，小事當異。百官殊職，四民異業，文武並用。威德相反，共歸於治，故曰「君子以同而異」也。

【注】同於通理，異於職事。

初九：悔亡。喪馬勿逐，自復。見惡人，无咎。

【解】虞翻曰：无應，悔也。四動得位，故「悔亡」。應在於坎，坎爲馬。四而失位，之正入坤，坤爲喪，坎象不見，故「喪馬」。震爲逐，艮爲止，故「勿逐」。坤爲自，二至五體復象，故「自復」。四動震馬來，故「勿逐自復」也。離爲見，惡人謂四，動入坤初，四復正，故[二]「見惡人，以避咎」矣。

【注】處睽之初，居下體之下，无應獨立，悔也。與四[三]合志，故得「悔亡」。馬者，必顯之物。處物之始乖而喪其馬，物莫能同，其私必相顯也，故「勿逐」而「自復」。時方乖離，而位乎窮下，上无應可援，下无權可恃，顯德自異，爲惡所害，故「見惡人」，乃得免咎也。

象曰：「見惡人」，以辟咎也。

九二：遇主于巷，无咎。

[一]「大歸」，原作「夫婦」，據集解本、纂疏本正。

[二]「故」字原脱，據集解本、纂疏本補。

[三]「四」，原作「人」，據四部備要本、注疏本正。

【解】虞翻曰：二動體震，震〔一〕爲主，爲大塗，艮爲徑路，大道而有徑路，故稱「巷」。變而得正，故「无咎」而「未失道也」。

【注】處睽失位，將无所安。然五亦失位，俱求其黨，出門同趣，不期而遇，故曰「遇主于巷」也。處睽得援，雖失其位，未失道也。

象曰：「遇主于巷」，未失道也。

【解】虞翻曰：動得正，故「未失道」。　崔憬曰：處睽之時，與五有應。男女雖隔，其志終通。而三比焉，近不相得。遇者，不期而會。主者，三爲下卦之〔二〕主。巷者〔三〕，出門近遇之象。言二遇三，明非背五，未爲失道也。

六三：見輿曳，其牛掣。〔釋文〕掣，昌逝反。鄭作「㸷」。徐市制反。説文作「觢」，之世反，云：角一俯一仰。子夏作「𢍁」。荀作「觭」。劉本從説文。

【解】虞翻曰：離爲見，坎爲車、爲曳，故「見輿曳」。四動坤爲牛、爲類，牛角一低一仰，故稱「掣」。離上而坎下，故「其牛掣」也。

〔一〕「震」字原脱，據集解本、纂疏本補。
〔二〕「之」，原作「者」，據集解本、纂疏本正。
〔三〕「者」字原脱，據集解本、纂疏本補。

【集解】子夏傳曰：𢍉，一角仰也。〔釋文〕 鄭康成曰：牛角皆踊曰「𤚍」。 劉氏曰：觢，牛角皆踊也。〔並同〕

其人天且劓，无初有終。〔釋文〕劓，魚器反。王肅作「臲」，臲，魚一反。

【解】虞翻曰：「其人」謂四，惡人也。黥額爲天，割鼻爲劓。无妄乾爲天，震二之乾五，以陰墨其天，乾五之震二毀艮，割其鼻也，兑爲〔一〕刑人，故「其人天且劓」。失位，動得正成乾，故「无初有終」。象曰「遇剛」，是其義也。

【注】凡物近而不相得，則凶。處睽之時，履非其位，以陰居陽，以柔乘剛，志在於上，而不和於四，二應於五，則近而不相比，故「見輿曳」。「輿曳」者，履非其位，失所載也。「其牛掣」者，滯隔所在，不獲進也。「其人天且劓」者，四從上取，二從下取，而應在上九，執志不回，初雖受困，終獲剛助。

【集解】馬融曰：剠〔二〕鑿其額曰「天」。〔釋文〕

象曰：「見輿曳」，位不當也。「无初有終」，遇剛也。

【解】虞翻曰：動正成乾，故「遇剛」。

〔一〕「爲」字原脱，據集解本、纂疏本補。

〔二〕「剠」，原作「剌」，據釋文正。

九四：睽孤，遇元夫。交孚，厲，无咎。

【解】虞翻曰：孤，顧也。在兩〔一〕陰間，睽五顧三，故曰「睽孤」。震爲元夫，謂二已變，動而應震，故「遇元夫」也。震爲交，坎爲孚，動而得正，故「交孚，厲无咎」矣。

【注】无應獨處，五自應二，三與己睽，故曰「睽孤」也。初亦无應特立。處睽之時，俱在獨立，同處體下，同志者也。而己失位，比於三五，皆與己乖，處无所安，故求其疇類而自託焉，故曰「遇元夫」也。同志相得而无疑焉，故曰「交孚」也。雖在乖隔，志故得行，故雖危无咎。

象曰：「交孚」「无咎」，志行也。

【解】虞翻曰：坎動成震，故「志行也」。

六五：悔亡。厥宗噬膚，往何咎？

【解】虞翻曰：往得位，「悔亡」也。動而之乾，乾爲宗，二〔二〕體噬嗑，故曰「噬」。四變時，艮爲膚，故曰「厥宗噬膚」也。變得正成乾，乾爲慶，故往无咎而有慶矣。　案：二兑爲口，五爻陰柔，噬膚之象也。

〔一〕「兩」，原作「雨」，據集解本、纂疏本正。

〔二〕「二」下原衍「動」字，據集解本、纂疏本删。

【注】非位，悔也，有應故「悔〔一〕亡」。厥宗，謂二也。噬膚者，齧柔也。三雖比二，二之所噬，非妨己應者也。以斯而往，何咎之有？往必合也。

象曰：「厥宗噬膚」，「往」有慶也。

上九：睽孤。見豕負塗，載鬼一車。

【解】虞翻曰：睽三顧五，故曰「睽孤」也。離爲見，坎爲豕爲雨，四變時，坤爲土，土得雨爲泥塗，四動艮爲背，豕背有泥，故「見豕負塗」矣。坤爲鬼，坎爲車，變在坎上，故「載鬼一車」也。

先張之弧，後説之弧。〔釋文〕後説，吐活反，一音始鋭反。之弧，本亦作「壺」。京、馬、鄭、王肅、翟子玄作「壺」。

【解】虞翻曰：謂五已變，乾爲先，應在三，坎爲弧，離爲矢，張弓之象也，故「先張之弧」。四動震爲後，説猶置也。兑爲口，離爲大腹，坤爲器，大腹有口，坎酒在中，壺之象也。之應歷險以與兑，故「後説之壺」也。

【集解】虞翻：説，音稅。〔會通云〕陸績曰：「弧」作「壺」，是。〔同〕

匪寇婚媾，往，遇雨則吉。

【解】虞翻曰：匪，非。坎爲寇，之三歷坎，故「匪寇」。陰陽相應，故「婚媾」。三在坎下，故「遇雨」。與

〔一〕「悔」字原脱，據四部備要本、注疏本補。

上易位，坎象不見，各得其正〔一〕，故「則吉」也。

【注】處睽之極，睽道未通，故曰「睽孤」。己居炎極，三處澤盛，睽之極也。以文明之極，而觀至穢之物，睽之甚也。豕而〔二〕負塗，穢莫過焉。至睽將合，至殊將通，詼詭譎怪，道將爲一。未至於治，先見殊怪，故「見豕負塗」，甚可穢也。見鬼盈車，吁可怪也。「先張之弧」，將攻害也。「後説之弧」，睽怪通也。四剠其應，故爲寇也。睽志將通，「匪寇婚媾」，往不失時，睽疑亡也。貴於遇雨，和陰陽也。陰陽既和，「羣疑亡也」。

象曰：「遇雨」之「吉」，羣疑亡也。

【解】虞翻曰：物三稱羣，坎爲疑，三變坎敗，故「羣疑亡」矣。

䷦ 艮下坎上

蹇：利西南，〔釋文〕蹇，紀免反。王肅、徐紀偃反。

【解】虞翻曰：觀上反三也。坤，西南卦。五在坤中，坎爲月，月生西南，故「利西南」。「往得中」，謂「西南得朋」也。

〔一〕「正」，原作「王」，據集解本、纂疏本正。

〔二〕「而」，原作「之」，據四部備要本、注疏本及校勘記正。

不利東北。

【解】虞翻曰：謂三也。艮，東北之卦，月消於艮，喪乙滅癸，故「不利東北，其道窮也」，則「東北喪朋」矣。

【注】西南，地也。東北，山也。以難之平則難解，以難之山則道窮。

利見大人，

【解】虞翻曰：離爲見，大人謂五，二得位應五，故「利見大人，往有功也」。

【注】往則濟也。

貞吉。

【解】虞翻曰：謂五當位正邦，故「貞吉」也。

【注】爻皆當位，各履其正，居難履正，正邦之道也。正道未否，難由正濟，故「貞吉」也。遇難失正，吉可得乎？

彖曰：蹇，難也，險在前也。見險而能止，知矣哉！

【解】虞翻曰：離見坎險，艮爲止。觀乾爲智，故「知矣哉」。

蹇，「利西南」，往得中也。〔釋文〕得中，如字，又張仲反。

【解】荀爽曰：西南謂坤，乾動往居坤五，故「得中也」。

【集解】鄭康成曰：中，和也。王肅曰：中，適也。〔並釋文〕

「不利東北」，其道窮也。

【解】荀爽曰：東北，艮也。艮在坎下，見險而止，故「其道窮也」。

「利見大人」，往有功也。

【解】虞翻曰：「大人」謂五。二往應五，「五多功」，故「往有功也」。

當位「貞吉」，以正邦也。〔釋文〕荀、陸本作「正國」，爲漢朝諱。

【解】荀爽曰：謂五當尊位正。居是，羣陰順從，故能正國。

蹇之時用大矣哉！

【解】虞翻曰：謂〔一〕坎月生西南而終東北，震象出庚，兑象見丁，乾象盈甲，巽象退辛，艮象消丙，坤象窮乙，喪滅於癸，終則復始，以生萬物，故「用大」也。

【注】蹇難之時，非小人之所能用也。

象曰：山上有水，蹇。

【解】崔憬曰：山上至險，加之以水，蹇之象也。

〔一〕「謂」，原作「爲」，據集解本、纂疏本改。

【注】山上有水，蹇難之象。

【集解】陸績曰：水在山上，失流通之性，故曰「蹇」。通水流下，今在山上，不得下流，蹇之象。〔疏〕

君子以反身脩德。

【解】虞翻曰：君子謂觀乾，坤爲身，觀上反三，故「反身」。陽在三，「進德修業」，故「以反身脩德」。孔子曰：「德之不脩，是吾憂」也。

【注】除難莫若反身脩德。

【集解】陸績曰：「水本應山下，今在山上，終應反下，故曰反身」。處難之世〔一〕，不可以行，只可反自省察，脩己德用乃除難。君子通達道暢之時，並濟天下；處窮之時，則獨善其身也。〔疏〕

初六：往蹇，來譽。

【解】虞翻曰：譽謂二，「二多譽」也。失位應陰，往歷坎險，故「往蹇」。變得位，以陽承二，故來而譽矣。

【注】處難之始，居止之初，獨見前識，覩險而止，以待其時，知矣哉！故往則遇蹇，來則得譽。

象曰：「往蹇來譽」，宜待也。〔釋文〕宜待也，張本作「宜時也」，鄭本「宜待時也」。

〔一〕「世」，原作「時」，據孔穎達疏本改。

六二：王臣蹇蹇，匪躬之故。

【解】虞翻曰：觀乾爲王，坤爲臣、爲躬，坎爲蹇也，之應涉坤，二五俱坎，故「王臣蹇蹇」。觀上之三，折坤之體，臣道得正，故「匪躬之故」。象曰「終无尤也」。

【注】處難之時，履當其位，居不失中，以應於五。不以五在難中，私身遠害，執心不回，志匡王室者也，故曰「王臣蹇蹇，匪躬之故」。履中行義，以存其上，處蹇以此，未見其尤也。

象曰：「王臣蹇蹇」，終无尤也。

【解】侯果曰：處艮之二，上應於五，五在坎中，險而入險，志在匡弼，匪惜其躬，故曰「王臣蹇蹇，匪躬之故」。輔君以此，「終无尤也」。

九三：往蹇，來反。

【解】虞翻曰：應正歷險，故「往蹇」。反身據二，故「來反」也。

【注】進則入險，來則得位，故曰「往蹇，來反」。爲下卦之主，是内之所恃也。

象曰：「往蹇來反」，内喜之也。〔釋文〕内喜，如字。徐許意反，猶好也。

【解】虞翻曰：「内」謂二陰也。

六四：往蹇，來連。〔釋文〕來連，力善反。鄭如字。

【解】虞翻曰：連，輦；蹇，難也。在兩坎間，進則无應，故「往蹇」；退初介三，故「來連」也。

【注】往則无應，來則乘剛，往來皆難，故曰「往蹇，來連」。得位履正，當其本實，雖遇於難，非妄所招也。

【集解】馬融曰：連，亦難也。 鄭康成曰：連，遲久之意。〔並釋文〕

象曰：「往蹇，來連」，當位實也。

【解】荀爽曰：蹇難之世，不安其所，欲往之三，不得承陽，故曰「往蹇」也。來還承五，則與至尊相連，故曰「來連」也。處正承陽，故曰「當位實也」。

九五：大蹇，朋來。

【解】虞翻曰：當位正邦，故「大蹇」。睽兑爲朋，故「朋來」也。

【注】處難之時，獨在險中，難之大者也，故曰「大蹇」。然居不失正，履不失中，執德之長，不改其節，如此，則同志者集而至矣，故曰「朋來」也。

象曰：「大蹇朋來」，以中節也。

【解】干寶曰：在險之中而當王〔一〕位，故曰「大蹇」。此蓋以託文王爲紂所囚也。承上據四應二，衆陰並至。此蓋以託四臣，能以權智相救也，故曰「以中節也」。

上六：往蹇，來碩，吉，利見大人。

〔一〕「王」，原作「上」，據集解本、纂疏本正。

【解】虞翻曰：陰在險上，變失位，故「往蹇」。碩謂三，艮爲碩，退來之三，故「來碩」。得位有應，故「吉」也。離爲見，大人謂五，故「利見大人」矣。

【注】往則長難，來則難終，難終則衆難皆濟，志大得矣，故曰「往蹇，來碩，吉」。險夷難解，大道可興，故曰「利見大人」也。

象曰：「往蹇，來碩」，志在内也。

【注】有應在内，往則失之，來則志獲，志在内也。

「利見大人」，以從貴也。

【解】侯果曰：處蹇之極，體猶在坎，水无所之，故曰「往蹇」。來而復位，下應于三，三德碩大，故曰「來碩」。三爲内主，五爲大人。若「志在内」，心附〔一〕于五，則「利見大人」也。　案：三互體離，離爲明目，五爲大人，「利見大人」之象也。

䷧ 坎下震上

解：利西南。

【解】虞翻曰：臨初之四。坤，西南卦，初之四得坤衆，故「利西南，往得衆也」。

〔一〕「附」，原作「竭」，據集解本、纂疏本正。

【注】西南，衆也。解難濟險，利施於衆也。亦不困于東北，故不言不利東北也。

【集解】先儒皆讀爲：解，諧買反。〔疏云〕

无所往，其來復吉。

【解】荀爽曰：陰處尊位，陽无所往也。來復居二，處中成險，故曰「復吉」也。虞翻曰：謂四本從初之四，失位于外而无所應，故「无所往」。宜來反初，復得正位，故「其來復吉」也。二往之五，四來之初，成屯體復象，故稱「來復吉」矣。

有攸往，夙吉。

【解】虞翻曰：謂二也。夙，早也。離爲日爲甲，日出甲上，故早也。九二失正，早往之五，則吉，故「有攸往，夙吉，往有功也」。

【注】未有善於解難而迷於處安也。解之爲義，解難而濟厄者也。无難可往，以解來復，則不失中；有難而往，則以速爲吉者。无難則能復其中，有難則能濟其厄也。

【集解】褚氏曰：世有无事求功，故誡以无難宜静，亦有待敗乃救，故誡以有難須速也。〔疏〕

彖曰：解，險以動，動而免乎險，解。

【解】虞翻曰：險，坎。動，震。解二月，「雷以動之，雨以潤之」，物咸孚甲，萬物生震。震出險上，故「免乎險」也。

【注】動乎險外，故謂之「免」。免險則解，故謂之「解」。

「解，利西南」，往得衆也。

【解】荀爽曰：乾動之坤而得衆，西南，衆之象也。

「其來復吉」，乃得中也。李氏本上有「无所往」三字，衍。

「有攸往，夙吉」，往有功也。

【解】荀爽曰：五位无君，二陽又卑，往居之者則吉。據五解難，故「有功也」。

天地解而雷雨作，

【解】荀爽曰：謂乾坤交通，動而成解卦，坎下震上，故「雷雨作」也。

【注】天地否結，雷雨不作，交通感散，雷雨乃作也。

雷雨作而百果草木皆甲坼。〔釋文〕坼，馬、陸作「宅」。

【解】荀爽曰：解者，震世也。仲春之月，草木萌芽，「雷以動之，雨以潤之，日以烜之」，故「甲坼〔一〕」也。

【注】雷雨之作，則險厄者亨，否結者散，故「百果草木皆甲坼〔二〕」也。

〔一〕「坼」，原作「拆」，據集解本正。纂疏本作「宅」。

〔二〕「坼」，原作「拆」，據四部備要本、注疏本正。

【集解】馬融曰：宅，根也。〔釋文〕鄭康成曰：木實（本作「碩」。）曰「果」。皆（本作「解」。），讀如人倦之解。解謂拆嘑。（嘑，火亞反。○本作「呼」。）皮曰「甲」，根曰「宅」，宅，居也。〔文選注〕陸績與馬同。〔釋文云〕

解之時大矣哉！

【注】无所〔一〕而不釋也。難解之時，非治難時，故不言用。體盡於解之名，无有幽隱，故不曰「義」。

象曰：雷雨作，解。君子以赦過宥罪。〔釋文〕宥罪，京作「尤」。

【解】虞翻曰：君子，謂三伏陽。出成大過，坎爲罪，人則大過象壞，故「以赦過」。二四失位，皆在坎獄中，三出體乾，兩坎不見，震喜兑悦，罪人皆出，故「以宥罪」。謂三入則赦過，出則宥罪，「公用射隼以解悖」，是其義也。

初六：无咎。

【解】虞翻曰：與四易位，體震得正，故「无咎」也。

【注】解者，解也。屯難盤結，於是乎解也。處蹇難始解之初，在剛柔始散之際，將赦罪厄，以夷其險。處此之時，不煩於位而无咎也。

〔一〕「所」，集解本、纂疏本並同，唐石經作「圻」。

象曰：剛柔之際，義无咎也。

【解】虞翻曰：體屯初震，「剛柔始交」，故「无咎」。

【注】或有過咎，非其理也。義，猶理也。

九二：田獲三狐，得黄矢，貞吉。

【解】虞翻曰：二稱田，田獵也。變之正，艮爲狐。坎爲弓，離爲黄矢。矢貫狐體，二之五歷三爻，故「田獲三狐，得〔一〕黄矢」。之正得中，故「貞吉」。

【注】狐者，隱伏之物也。剛中而應，爲五所任，處於險中，知險之情，以斯解物，能獲隱伏也，故曰「田獲三狐」也。黄，理中之稱也。矢，直也。田而獲三狐，得乎理中之道，不失枉直之實，能全其正者也，故曰「田獲三狐，得黄矢，貞吉」也。

象曰：九二「貞吉」，得中道也。

【解】虞翻曰：動得正，故「得中道」。

六三：負且乘，〔釋文〕且乘，如字。王肅繩證反。

〔一〕「得」字原脱，據九二爻辭及集解本、纂疏本補。

【解】虞翻曰：負，倍也。二變時，艮爲背，謂三以四艮倍五也。五來寇三時，坤爲車，三〔一〕在坤上，故「負且乘」。小人而乘君子之器，故象曰「亦可醜也」。

致寇至，貞吝。

【解】虞翻曰：五之二成坎，坎爲寇盜。上位慢五〔二〕，下暴於二，「慢藏誨盜」，故「致寇至，貞吝」。象曰「自我致戎，又誰咎也」。

【注】處非其位，履非其正，以附於四，用夫柔邪以自媚者也。乘二負四，以容其身。寇之來也，自己所致，雖幸而免，正之所賤也。

象曰：「負且乘」，亦可醜也。自我致戎，又誰咎也？〔釋文〕自我致戎，本或作「致寇」。

【解】虞翻曰：臨坤爲醜也。坤爲自我。以離兵伐三，故轉寇爲戎，艮手招盜，故「誰咎也」。

九四：解而拇，朋至斯孚。〔釋文〕拇，荀作「母」。

【解】虞翻曰：二動時艮爲指，四變之坤爲母，故「解而拇」。臨兑爲朋，坎爲孚，四陽從初，故「朋至斯孚」矣。　案：九四體震，震爲足。三在足下，拇之象。

〔一〕「三」，原作「二」，據集解本、纂疏本正。

〔二〕「上位慢五」，原作「上漫五」，據集解本、纂疏本補正。

【注】失位不正，而比於三，故三得附之爲其拇也。三爲之拇，則失初之應，故解其拇，然後朋至而信矣。

【集解】陸績曰：拇，足大指。王肅曰：拇，手大指。〔並釋文〕

象曰：「解而拇」，未當位也。

六五：君子維有解，吉。有孚于小人。

【解】虞翻曰：君子，謂二。之五得正成坎，坎爲心，故「君子惟有解，吉」。小人謂五，陰爲小人。君子升位，則小人退在二，故「有孚于小人」。坎爲孚也。

【注】居尊履中，而應乎剛，可以有解而獲吉矣。以君子之道解難釋險，小人雖闇，猶知服之而无怨矣，故曰「有孚于小人」也。

象曰：「君子有解」，小人退也。

【解】虞翻曰：二陽上之五，五陰小人退之二也。

上六：公用射隼于高墉之上，獲之，无不利。

【解】虞翻曰：上應在三，公謂三伏陽也。離爲隼。三失位，動〔一〕出成乾，貫隼，入〔二〕大過死象。故

〔一〕「動」上原衍「變」字，據集解本、纂疏本删。
〔二〕「入」下原衍「體」字，據集解本、纂疏本删。

「公用射隼于高墉之上，獲之，无不利」矣。　案：二變時體艮，艮爲山、爲宫闕，三在山半，高墉之象也。

【注】初爲四應，二爲五應，三不應上，失位負乘。處下體之上，故曰「高墉」。「墉」非隼之所處，「高」非三之所履，上六居動之上，爲解之極，將解荒悖而除穢亂者也，故用射之。極而後動，成而後舉，故必「獲之」而「无不利」也。

象曰：「公用射隼」，以解悖也。

【解】虞翻曰：坎爲悖，三出成乾而坎象壞，故「解悖」。九家易曰：隼，鷙鳥也，今捕食雀者。其性疾害，喻暴君也。陰盜陽位，萬事悖亂，今射去之，故曰「以解悖也」。

【集解】馬融曰：墉，城也。〔釋文〕

䷨ 兑下艮上

損：

【解】鄭康成曰：艮爲山，兑爲澤，互體坤，坤爲地。山在地上，澤在地下，澤以自損，增山之高也。猶諸侯損其國之富以貢獻于天子，故謂之損矣。

有孚，元吉，无咎，可貞，利有攸往。

【解】虞翻曰：泰初之上，損下益上，以據二陰，故「有孚，元吉，无咎」。艮男居上，兑女在下，男女位正，故「可貞，利有攸往」矣。

【集解】先儒云：言既吉而无咎，則可以爲正。　莊氏曰：若行損有咎，則須補過以正其失。今行損用信，則是无咎可正，故云「无咎可貞」。〔並疏〕

曷之用？二簋可用享。〔釋文〕簋，蜀才作「軌」。享，香兩反，蜀才許庚反。

【解】崔憬曰：曷，何也。言其道上行，將何所用？可用二簋而享也。以喻損下益上，惟在乎心，何必竭于不足而補有餘者也。

【集解】鄭康成曰：四以簋進黍稷於神也。初與二直其四與五承上，故用「二簋」。四，巽爻也，巽爲木。五，離爻也，離爲日。日體圜，木器而圜，簋象也。〔考工記疏〕

象曰：損，損下益上，其道上行。

【解】蜀才曰：此本泰卦。案：坤之上六〔一〕下處乾三，乾之九三上升坤六，損下益上者也。陽德上行，故曰「其道上行」也。

【注】艮爲陽，兑爲陰，凡陰順於陽者也。陽止於上，陰説而順，損下益上，上行之義也。

〔一〕「六」，原作「九」，據纂疏本正。

損而「有孚，元吉，无咎，

【解】荀爽曰：謂損乾之三，居上孚二陰也。居上據陰，故「元吉，无咎」。以未得位，嫌於咎也。

可貞，

【解】荀爽曰：少男在上，少女雖年尚幼，必當相承，故曰「可貞」。

利有攸往。

【解】荀爽曰：謂陽利往居上。損者，損下益上，故利往居上。

【注】損之爲道，損下益上，損剛益柔也。損下益上，非補不足也；損剛益柔，非長君子之道也。爲損而可以獲吉，其唯有孚乎！「損而有孚」，則「元吉，无咎」，而可正，「利有攸往」矣。損剛益柔，不以消剛；損下益上，不以盈上。損剛而不爲邪，益上而不爲諂〔一〕，則何咎而可正？雖不能拯濟大難，以斯有往，物无距也。

曷之用？二簋可用享」，

【解】荀爽曰：二簋，謂上體二陰也。上爲宗廟。簋者，宗廟之器，故可享獻也。

〔一〕「諂」，原作「詔」，蓋形近致誤。

【注】曷，辭也。曷之用，言何用豐爲也。二簋，質薄之器也。行損以信，雖二簋而〔一〕可用享。

二簋應有時，〔釋文〕應，師如字，舊「應對」之「應」。

【解】虞翻曰：時，謂春秋也。損二之五，震二月，益正月，春也。損七月，兑八月，秋也。謂「春秋祭祀，以時思之」。艮爲時，震爲應，故「應有時」也。

【注】至約之道，不可常也。

損剛益柔有時，

【解】虞翻曰：謂冬夏也。二五已易成益，坤爲柔。謂損上之剛，益三之柔，成既濟，坎冬離夏，故「損剛益柔有時」。

【注】下不敢剛，貴於上行，「損剛益柔」之謂也。剛爲德長，損之不可以爲常也。

損益盈虚，與時偕行。

【解】虞翻曰：乾爲盈，坤爲虚，「損剛益柔」，故「損益盈虚」。謂泰初之上，損二之五，益上之三，變通趨時，故「與時偕行」。

【注】自然之質，各定其分，短者不爲不足，長者不爲有餘，損益將何加焉？非道之常，故必「與時偕

〔一〕「而」字原脱，據四部備要本、注疏本補。

行」也。

象曰：山下有澤，損。君子以懲忿窒欲。〔釋文〕徵，劉作「懲」，蜀才作「澄」。窒，珍栗反。徐得悉反。鄭、劉作「憤」，憤，止也。孟作「恎」，陸作「咨」。欲，孟作「浴」。

【解】虞翻曰：君子，泰乾。乾陽剛武爲忿，坤陰吝嗇爲欲。損乾之初成兑説，故「懲忿」。初上據坤，艮爲山〔一〕，故「窒欲」也。

【注】「山下有澤」，損之象也。可損之善，莫善忿欲也。

【集解】鄭康成曰：徵，猶清也。劉氏曰：懲，清也。〔並釋文〕

初九：已事遄往，无咎，酌損之。〔釋文〕已，本亦作「以」，虞作「祀」。遄，荀作「顓」。〔按〕説文引作「目」。

【解】虞翻曰：祀，祭祀。坤爲事，謂二也。遄，速。酌，取也。二失正，初利二速往合志於五，得正无咎，已得之應，故「遄往，无咎，酌損之」。故象曰「上合志也」。祀，舊作「巳」也。

【注】損之爲道，損下益上，損剛益柔，以應其時者也。居於下極，損剛奉柔，則不可以逸；處損之始，而不可以盈。事已則往，不敢宴安，乃獲无咎也。剛以奉柔，雖免乎咎，猶未親也，故既獲无咎，復自酌損，乃得合志也。遄，速也。

〔一〕「山」，原作「止」，據集解本、纂疏本正。

象曰：「已事遄往」，尚合志也。

【解】虞翻曰：終成既濟，謂二上合志于五也。

【注】尚合於志，故速往也。

九二：利貞，征凶，弗損，益之。

【解】虞翻曰：失位當之正，故「利貞」。征，行也。震爲征。失正毁折，故不征之五則凶。二之五成益，小損大益，故「弗損益之」矣。

【注】柔不可全益，剛不可全削，下不可以无正。初九已損剛以順柔，九二履中，而復損己以益柔，則剥道成焉，故不可遄往而利貞也。進之於柔，則凶矣，故曰「征凶」也。故九二不損而務益，以中爲志也。

象曰：九二「利貞」，中以爲志也。

【解】虞翻曰：動體離中，故「爲志也」。

六三：三人行，則損一人。

【解】虞翻曰：泰乾三爻爲三人，震爲行，故「三人行」。損初之上，故「則損一人」。

一人行，則得其友。

【解】虞翻曰：一人，謂泰初，之上，「損剛益柔」，故「一人行」。兑爲友，初之上，據坤應兑，故「則得其友」，言致一也。

【注】損之爲道，損下益上，其道上行。三人，謂自六三已上三陰也。三陰並行，以承於上，則上失其友，內无其主，名之曰益，其實乃損。故天地相應，乃得化醇；男女匹配，乃得化生。陰陽不對，生可得乎？故六三獨行，乃得其友；三陰俱行，則必疑矣。

象曰：「一人行」，三則疑也。

【解】荀爽曰：一陽在上，則教令行。三陽在下，則民衆疑也。　虞翻曰：坎爲疑，上益三成坎，故「三則疑」。

六四：損其疾，使遄有喜，无咎。

【解】虞翻曰：四，謂二〔一〕也。四得位，遠應初，二疾上五，已得承之，謂二之五，三上復坎爲疾也。陽在五稱喜，故「損其疾，使遄有喜」。二上體觀，得正承五，故「无咎」矣。

【注】履得其位，以柔納剛，能損其疾也。疾何可久，故速乃有喜。損疾以離其咎，有喜乃免，故使速乃有喜，有喜則无咎也。

象曰：「損其疾」，亦可喜也。

【解】虞翻曰：二上之五，體大觀象，故「可喜也」。　蜀才曰：四當承上，而有初應，必上之所疑矣。

〔一〕「二」，原作「三」，據集解本、纂疏本正。

初，四之疾也，宜損去其〔一〕初，使上遄喜。

六五：或益之，十朋之龜，弗克違，元吉。

【解】虞翻曰：謂二五已〔二〕變成益，故「或益之」。坤數十，兑爲朋。三上失位，三動離爲龜，十謂神、靈、攝、寶、文、筮、山、澤、水、火之龜也，故「十朋之龜」。三上易位成既濟，故「弗克違，元吉」矣。崔憬曰：「或之者，疑之也」，故用元龜，價直二十大貝，龜之最神貴者以決之。不能違其益之義，故獲「元吉」。雙貝曰「朋」也。

【注】以柔居尊，而爲損道，江海處下，百谷歸之。履尊以損，則或益之矣。朋，黨也。龜者，決疑之物也。陰非先唱，柔非自任，尊以自居，損以守之。故人用其力，事竭其功，智者慮能，明者慮策，弗能違也，則衆才之用盡矣。獲益而得十朋之龜，足以盡天人之助也。

【集解】馬融、鄭康成曰：十朋之龜者，一曰神龜，二曰靈龜，三曰攝龜，四曰寶龜，五曰文龜，六曰筮龜，七曰山龜，八曰澤龜，九曰水龜，十曰火龜。〔疏〕

象曰：六五「元吉」，自上祐也。〔釋文〕祐，本亦作「佑」。

〔一〕「其」字原脱，據集解本、纂疏本補。
〔二〕「已」，原作「也」，據集解本、纂疏本正。

【解】侯果曰：内柔外剛，龜之象也。又體兑艮，互有〔一〕坤震。兑爲澤龜，艮爲山，坤爲地龜，震爲木龜。坤數又十，故曰「十朋」。朋，類也。六五處尊，損己奉上，人謀允叶，龜墨不違，故能延上九之祐而來十朋之益，所以大吉也。

上九：弗損，益之，无咎，貞吉。

【解】虞翻曰：損上益三也。上失正，之三得位，故「弗損，益之，无咎，貞吉」。動成既濟，故「大得志」。

利有攸往，得臣无家。

【解】虞翻曰：謂三往之上，故「利有攸往」。二五已動成益，坤爲臣，三變據坤成家人，故曰「得臣」。動而應三成既濟，則家人壞，故曰「无家」。王肅曰：處損之極，損極則益，故曰不損，益之〔二〕。非无咎也，爲下所益，故「无咎」。據五應三，三陰上附，外内相應，上下交接，正之〔三〕吉也，故「利有攸往」矣。剛陽居上，羣下共臣，故曰「得臣」矣。得臣則萬方一軌，故「无家」也。

【注】處損之終，上无所奉，損終反益。剛德不損，乃反益之，而不憂於咎。用正而吉，不制於柔，剛德遂長，故曰「弗損，益之，无咎，貞吉，利有攸往」也。居上乘柔，處損之極，尚夫剛德，爲物所歸，故曰

〔一〕「有」，原作「育」，據集解本、纂疏本正。
〔二〕「益之」下原重一「之」字，衍文，據集解本、纂疏本删。
〔三〕「之」字原脱，據集解本、纂疏本補。

「得臣」；得臣則天下爲一，故「无家」也。

象曰：「弗損，益之」，大得志也。

【解】虞翻曰：謂二五已變，上下益三，成既濟定，離坎體正，故「大得志」。

䷩ 震下巽上

益：利有攸往，

【解】虞翻曰：否上之初也。「損上益下」，「其道大光」。二利往坎應五，故「利有攸往，中正有慶」也。

【集解】宋衷曰：明君之德，必須損己而利人，則下盡益矣。〔口訣義〕向秀曰：明王之道，志在惠下，故取下謂之損，與下謂之益。〔疏〕

利涉大川。

【解】鄭康成曰：陰陽之義，陽稱爲君，陰稱〔一〕爲臣。今震一陽二陰，臣多於君矣。而四體巽之不應初，是天子損其所有以下諸侯也。人君之道，以益下爲德，故謂之益也。震爲雷，巽爲風，雷動風行，二者相成，猶人君出教令，臣奉行之，故「利有攸往」。坎爲大川，故「利涉大川」也。虞翻曰：謂三

〔一〕「稱」字原脱，據集解本、纂疏本補。

失正，動成坎體渙，坎爲大川，故「利〔一〕涉大川」。渙，舟楫象，「木道乃行」也。

彖曰：益，損上益下，民説无疆。

【解】蜀才曰：此本否卦。案：乾之上九下處坤初，坤之初六上升乾四，「損上益下」者也。虞翻曰：上之初，坤爲无疆，震爲喜笑。「以貴下賤，大得民」，故「説无疆」矣。

【注】震，陽也。巽，陰也。巽非違震者也，處上而巽，不違於下，「損上益下」之謂也。

自上下下，其道大光。〔釋文〕下下，上遐嫁反，下如字。

【解】虞翻曰：乾爲大明，以乾照坤，故「其道大光」。或以上之三，離爲大光矣。

「利有攸往」，中正有慶。

【解】虞翻曰：中正謂五，而二應之，乾爲慶也。

【注】五處中正，「自上下下」，故「有慶」也。以中正有慶之德，有攸往也，何適而不利〔二〕哉！

「利涉大川」，木道乃行。

【解】虞翻曰：謂三動成渙，渙，舟楫象，巽木得水，故「木道乃行」也。

〔一〕「利」上原衍「利」字，不當重，據集解本、纂疏本删。

〔二〕「利」，原作「往」，據四部備要本、注疏本正。

【注】木者，以涉大川爲常，而不溺者也。以益涉難，同乎木也。

益動而巽，日進无疆。天施地生，其益无方。

【解】虞翻曰：震三動爲離，離爲日，巽爲進，坤爲疆，日與巽俱進，故「日〔一〕進无疆」也。乾下之坤，震爲出生，萬物出〔二〕震，故「天施地生」。陽在坤初爲无方，「日進无疆」，故「其益无方」也。

【注】損上益下。

凡益之道，與時偕行。

【解】虞翻曰：上來益三，四時象正。艮爲時，震爲行，與損同義，故「與時偕行」也。

【注】益之爲用，施未足也。滿而益之，害之道也。故「凡益之道，與時偕行」也。

象曰：風雷，益。君子以見善則遷，有過則改。

【解】虞翻曰：君子，謂乾也。上之三，離爲見，乾爲善，坤爲過，坤三進之乾四，故「見善則遷」。乾上之坤初，改坤之過，體復象，「復以自知」，故「有過則改」也。

【注】遷善改過，益莫大焉。

〔一〕「日」，原作「曰」，據集解本、纂疏本正。

〔二〕「出」下原衍「乎」，據集解本、纂疏本删。

【集解】子夏傳曰：雷以動之，風以散之，萬物皆益。孟僖同。何晏曰：取其最長可久之義也。〔並疏〕

初九：利用爲大作，元吉，无咎。

【解】虞翻曰：「大作」謂耕播，「耒耨之利」，蓋取諸此也。坤爲用，乾爲大，震爲作，故「利用爲大作」。體復初得正，「朋來无咎」，故「元吉，无咎」。震，三月卦，「日中星鳥，敬授民時」，故以耕播也。

【注】處益之初，居動之始，體夫剛德，以莅其事，而之乎巽，以斯大作，必獲大功。夫居下非厚事之地，在卑非任重之處，大作非小功所濟，故「元吉」乃得「无咎」也。

象曰：「元吉，无咎」，下不厚事也。

【解】侯果曰：大作，謂耕植也。處益之始，居震之初，震爲稼穡，又有大作。益之大者莫大耕植，故初九之利，利爲大作。若能不厚勞于下民，不奪時於農畯，則大吉无咎矣。

【注】時可以大作，而下不可以厚事，得其時而无其處，故「元吉」乃得「无咎」也。

六二：或益之，十朋之龜，弗克違，永貞吉。

【解】虞翻曰：謂上從外來益初也，故「或益之」。二得正遠應，利三之正，已得承之。坤數十，損兑爲朋，謂三變離爲龜，故「十朋之龜」。坤爲永，上之三得正，故「永貞吉」。

王用享于帝，吉。〔釋文〕享，香兩反。王廙許庚反。

【解】虞翻曰：震稱帝，王謂五，否乾爲王。體觀象，艮爲宗廟，三乾折坤牛，體噬嗑食，故「王用享〔一〕于帝」。得位，故「吉」。干寶曰：聖王先成其民，而後致力於神，故「王用享于帝」。在巽之宮，處震之象，是則倉精之帝同始祖矣。

【注】以柔居中，而得其位。處内履中，居益以沖。益自外來，不召自至，不先不爲，則朋龜獻策，同於損卦六五之位。位不當尊，故「吉」在「永貞」也。帝者，生物之主，興益之宗，出震而齊巽者也。六二居益之中，體柔當位而應於巽，享帝之美，在此時也。

象曰：「或益之」，自外來也。

【解】虞翻曰：乾上稱外，來益三〔二〕也。

六三：益之用凶事，无咎。

【解】虞翻曰：坤爲事，「三多凶」，上來益三得正，故「益用凶事，无咎」。

有孚中行，告公用圭。〔釋文〕用圭，王肅作「用桓圭」。

【解】九家易曰：天子以尺二寸玄圭事天，以九寸事地也。上公執桓圭，九寸；諸侯執信圭，七寸；諸

〔一〕「享」，原作「孚」，據集解本、纂疏本正。

〔二〕「三」，原作「初」，據集解本、纂疏本正。

伯執躬圭，七寸；諸子執穀璧，五寸；諸男執蒲璧，五寸。五等諸侯各執之以朝見天子也。虞翻曰：公，謂三伏陽也。三動體坎，故「有孚」。震爲中行，爲告，位在中，故曰〔一〕「中行」。三，公位。乾爲圭，乾之三，故「告公用圭」。圭，桓圭也。

【注】以陰居陽，求益者也，故曰「益之」。益不外來，己自爲之，物所不與，故在謙則戮，救凶〔二〕則免。以陰居陽，處下卦之上，壯之甚也，用救衰危，物所恃也，故「用凶事」，乃得「无咎」也。若能益不爲私，志在救難，壯不志亢，不失中行，以此告公，國王所任也。用圭之禮，備此道矣。故曰「有孚，中行，告公用圭」也。公者，臣之極也。凡事足以施天下，則稱王；次天下之大者，則稱公。六三之才，不足以告王，足以告公而得用圭也，故曰「中行，告公用圭」也。

象曰：「益用凶事」，固有之也。

【解】虞翻曰：三上失正當變，是「固有之」。干寶曰：「固有」如桓文之徒，罪近篡弑，功實濟世。六三失位而體奸邪，處震之動，懷巽之權，是矯命之士，争奪之臣，桓文之爻也，故曰「益之用凶事」。在益之家而居坤中，能保社稷，愛撫人民，故曰「无咎」。既乃中行近仁〔三〕，故曰「有孚中行」。然後俯

〔一〕「曰」，原作「告」，據集解本、纂疏本正。
〔二〕「凶」，原作「危」，據四部備要本、注疏本正。
〔三〕「仁」，原作「人」，據集解本、纂疏本改。

列盟會，仰致錫命，故曰「告公用圭」。

【注】用施凶事，乃得固有之也。

六四：中行，告公從。

【解】虞翻曰：中行謂震，位在中，震爲行、爲從，故曰「中行」。公謂三，三上失位，四利三之正，已得以爲實，故曰「告公從」矣。

利用爲依遷國。

【解】虞翻曰：坤爲邦。遷，徙也。三動坤徙，故「利用爲依遷國」也。

【注】居益之時，處巽之始，體柔當位，在上應下，卑不窮下，高不處亢，位雖不中，用中行者也。以斯告公，何有不從？以斯依遷，誰有不納也？

象曰：「告公從」，以益志也。

【解】虞翻曰：坎爲志。三之上〔一〕有兩坎象，故「以益志也」。崔憬曰：益其勤王之志也。居益之時，履當其位，與五近比，而四上公，得藩〔二〕屏之寄，爲依從之國，若周平王之東遷，晉鄭是從也。五

〔一〕「上」，原作「正」，據集解本、纂疏本正。

〔二〕「藩」，原作「蕃」，據集解本、纂疏本改。

爲天子，益其忠志以勑之，故言「中行，告公從，利用爲依遷國」矣。

【注】志得益也。

九五：有孚惠心，勿問，元吉。

【解】虞翻曰：謂三上也。震爲問。三上易位，三五體坎，已成既濟，坎爲心。故「有孚惠心，勿問元吉」，故象曰「勿問之矣」。

有孚惠我德。

【解】虞翻曰：坤爲我，乾爲德。三之上，體坎爲孚，故「惠我德」，象曰「大得志」。

【注】得位履尊，爲益之主者也。爲益之大，莫大於信；爲惠之大，莫大於心。「因民所利而利之焉，惠而不費」，惠心者也。信以惠心，盡物之願，固不待問而元吉，「有孚惠我德」也。以誠惠物，物亦應之，故曰「有孚惠我德」也。

象曰：「有孚惠心」，勿問之矣。「惠我德」，大得志也。

【解】崔憬曰：居中履尊，當位有應，而損上之時，自一以損己爲念。雖有孚于國，惠心及下，終不言以彰己功，故曰「有孚惠心，勿問」。問猶言也。如是則獲元吉。且爲下所信而懷己德，故曰「有孚惠我德」。君雖不言，人惠其德，則我「大得志也」。

上九：莫益之，

【解】虞翻曰：莫，无也。自非上，无益初者。唯上當无應，故「莫益之」矣。

或擊之，

【解】虞翻曰：謂上不益初，則以剥滅乾。艮爲手，故「或擊之」。

立心勿恒，凶。

【解】虞翻曰：上體巽爲進退，故「勿恒」。動成坎心，以陰乘陽，故「立心勿恒，凶」矣。

【注】處益之極，過盈者也。求益无已，心无恒者也。无厭之求，人弗與也。獨唱莫和，是偏辭也。人道惡盈，怨者非一，故曰「或擊之」也。

象曰：「莫益之」，偏辭也。〔釋文〕偏，孟作「徧」。

【解】虞翻曰：偏，周匝〔一〕也。三體剛凶，故至上應，乃益之矣。

【集解】孟喜曰：徧，周匝也。〔釋文〕

「或擊之」，自外來也。

【解】虞翻曰：外謂上，上來之三，故曰「自外來也」。

〔一〕「匝」，原作「布」，據集解本、纂疏本正。

易學典籍選刊

孫氏周易集解

下

〔清〕孫星衍 撰

黄晃 點校

中華書局

周易集解卷六

下經夬傳第六

䷪ 乾下兑上

夬：揚于王庭，

【解】鄭康成曰：夬，決也。陽氣浸長，至于五，五，尊位也。而陰先之，是猶聖人積德悦天下，以漸消去小人，至於受命爲天子，故謂之夬〔一〕。揚，越也。五互體乾，乾爲君，又居尊位，王庭之象也。陰爻越其上，小人乘君子，罪惡上聞於聖人之朝，故曰「夬，揚于王庭」。虞翻曰：陽決陰，息卦也。剛決柔，與剥旁通。乾爲揚爲王，剥艮爲庭，故「揚于王庭」矣。

【注】夬，與剥反者也。剥以柔變剛，至於剛幾盡。夬以剛決柔，如剥之消剛。剛隕，則君子道消；柔

〔一〕「夬」，原作「決」，集解本同，纂疏本作「夬」，今據正。

消，則小人道隕。君子道消，則剛正之德不可得直道而用〔一〕，刑罰之威不可得坦然而行。「揚于王庭」，其道公也。

孚號有厲。

【解】虞翻曰：陽在二五稱孚，孚謂五也。二失位，動體巽，巽爲號，離爲光。不變則危，故「孚號有厲，其危乃光也」。

告自邑，不利即戎。

【解】虞翻曰：陽息動復，剛長成夬。震爲告，坤爲自邑。夬從復升，坤逆在上，民衆消滅。二變時，離爲戎，故「不利即戎，所尚乃窮也」。翟玄曰：坤稱邑也。干寶曰：殷民告周以紂无道。

利有攸往。

【解】虞翻曰：陽息陰消，「君子道長」，故「利有攸往，剛長乃終」。

彖曰：夬，決也，剛決柔也。〔釋文〕決，徐古穴反。

【解】虞翻曰：乾決坤也。

健而説，決而和。

〔一〕「用」，原作「行」，據四部備要本、注疏本正。

【解】虞翻曰：健，乾。説，兑也。以乾陽獲陰之和，故「決而和」也。

【注】「健而説」，則「決而和」矣。

「揚于王庭」，柔乘五剛也。

【注】剛德齊長，一柔爲逆，衆所同誅[一]而无忌者也，故可「揚于王庭」。

「孚號有厲」，其危乃光也。

【解】荀爽曰：信其號令於下，衆陽危去上六，陽乃光明也。干寶曰：夬[二]九五則「飛龍在天」之爻也。應天順民，以發號令，故曰「孚號」。以柔決剛，以臣伐君，君子危之，故曰「有厲」。德大而[三]心小，功高而意下，故曰「其危乃光也」。

【注】剛正明信，以宣其令，則柔邪者危，故曰「其危乃光」也。

「告自邑」，「不利即戎」，所尚乃窮也。

【解】荀爽曰：不利即尚兵戎，而與陽争，必困窮。

【注】以剛斷制，告令可也。告自邑，謂行令於邑也。用剛即戎，尚力取勝也。尚力取勝，物所同疾也。

[一]「誅」，原作「謀」，據四部備要本、注疏本正。

[二]「夬」，原作「夫」，據集解本、纂疏本正。

[三]「而」，原作「即以」，集解本作「即」，據纂疏本正。

「利有攸往」，剛長乃終也。

【解】虞翻曰：乾體大成，以決小人，終乾之剛，故「乃以終也」。

【注】剛德愈長，柔邪愈消，故利有攸往，道乃成也。

【集解】李翱曰：自古小人在上，最爲難去，蓋得位得權，而勢不能摇奪，以四凶尚歷堯至舜而後能去。嘗玩易之夬，夫一陰在上，五陽並進，以剛決柔，宜若易然，然爻辭俱險而肆，蓋小人在上，故繇曰「剛長乃終」是也。〔王得臣麈史〕

象曰：澤上於天，夬。

【解】陸績曰：水氣上天，決降成雨，故曰「夬」。

君子以施禄及下，居德則忌。

【解】虞翻曰：君子謂乾，乾爲施禄。下謂剥坤，坤爲衆臣。以乾應坤，故「施禄及下」。乾爲德，艮爲居，故「居德則忌」。陽極陰生，謂陽忌陰。

【注】澤上於天，夬之象也。澤上於天，必來下潤，施禄及下之義也。夬者，明法而決斷之象也。忌，禁也。法明斷嚴，不可以慢，故居德以明禁也。明而能嚴，嚴而能施，健而能説，決而能和，美之道也。

初九：壯于前趾，往不勝，爲咎。〔釋文〕趾，荀作「止」。

【解】虞翻曰：夬變大壯，大壯震爲趾，位有前，故「壯于前」。剛以應剛，不能克之，往如失位，故「往不勝，爲咎」。

【注】居健之初，爲決之始，宜審其策，以行其事。壯其前趾，往而不勝，宜其咎也。

象曰：「不勝」而「往」，咎也。

【解】虞翻曰：往失〔一〕位應陽，故「咎」矣。

【注】不勝之理，在往前也。

九二：惕號，莫夜有戎，勿恤。〔釋文〕惕，荀、翟作「錫」。號，户羔反，鄭、王廙音号。莫，音暮，鄭如字。

【解】虞翻曰：惕，懼也。二失位，故「惕」。變成巽，故「號」。剥坤爲「暮〔二〕夜」。二動成離，離爲戎，變而得正，故「有戎」。四變成坎，坎爲憂，坎又得正，故「勿恤」，謂成既濟定也。

【注】居健履中，以斯決事，能審己度而不疑者也。故雖有惕懼號呼，莫夜有戎，不憂不惑，故勿恤也。

【集解】荀爽曰：錫，賜也。翟玄同。〔釋文〕鄭康成曰：莫，無也。無夜，非一夜。〔同〕

象曰：「有戎勿恤」，得中道也。

〔一〕「失」下原衍「其」字，據集解本、纂疏本删。

〔二〕「暮」，集解本、纂疏本皆作「莫」，古通，今不改。

【解】虞翻曰：動得正應五，故「得中道」。

九三：壯于頄，有凶。〔釋文〕頄，求龜反，顴也。又音求，又丘倫反。鄭作「頯」，頯，夾面也。王肅音龜。江氏音琴威反。蜀才作「仇」。

【解】翟玄曰：頄，面也。謂上處乾首之前稱頄，頄，頰間骨。三往壯上，故「有凶」也。

君子夬夬，獨行遇雨。

【解】荀爽曰：九三體乾，乾爲君子。三五同功，二爻俱欲決上，故曰「君子夬夬」也。獨行，謂一爻獨上，與陰相應，爲陰所施，故「遇雨」也。

若濡有慍，无咎。〔釋文〕慍，紆運反，舊於問反。

【解】荀爽曰：雖爲陰所濡，能慍不〔一〕悦，得无咎也。

【注】頄，面權也，謂上六也。最處體上，故曰權也。剥之六三，以應陽爲善。夫剛長則君子道興，陰盛則小人道長。然則，處陰長而助陽則善，處剛長而助柔則凶矣。夬爲剛長，而三獨應上六，助於小人，是以凶也。君子處之，必能弃夫情累，決之不疑，故曰「夬夬」也。若不與衆陽爲羣，而獨行殊志，應於小人，則受其困焉。遇雨若濡，有恨而無所咎也。

〔一〕「不」，原作「下」，據集解本、纂疏本正。

象曰：「君子夬夬」，終「无咎」也。

九四：臀无膚，其行次且，〔釋文〕臀，徐徒敦反。次，本作「趑」，或作「𨀕」。説文及鄭作「趀」，同，七私反。且，本亦作「趄」，或作「且」，同，七餘反。

【解】虞翻曰：二四已變，坎爲臀，剥艮爲膚，毁滅不見，故「臀无膚」。謂大壯震爲行，坎爲破爲曳，故「其行趑趄」也。

【注】下剛而進，非己所據，必見侵傷，失其所安，故臀无膚，其行次且也。

【集解】馬融曰：次，卻行不前也。且，語助也。〔釋文〕王肅曰：趑趄，行止之礙也。〔同〕

牽羊悔亡，聞言不信。〔釋文〕牽，子夏作「掔」。

【解】虞翻曰：兑爲羊，二變巽爲繩，剥艮手持繩，故「牽羊」。謂四之正，得位承五，故「悔亡」。震爲言，坎爲耳，震坎象不〔一〕正，故「聞言不信」也。案：兑爲羊，四五體兑故也。凡卦初爲足，二爲腓，三爲股，四爲臀。當陰柔，今反剛陽，故曰「臀无膚」。九四震爻，震爲足，足既不正，故〔二〕「行趑趄」矣。

〔一〕「不」，原無，據集解本、纂疏本補。

〔二〕「故」字原脱，據集解本、纂疏本補。

【注】羊者，抵狠難移之物，謂五也。五爲夬主，非下所侵，若牽於五，則可得悔亡而已。剛亢不能納言，自任所處，聞言不信，以斯而行，凶可知矣。

象曰：「其行次且」，位不當也。「聞言不信」，聰不明也。

【解】虞翻曰：坎耳離目，折入于兑，故「聰不明」矣。

【注】同於噬嗑滅耳之凶。

九五：莧陸夬夬，〔釋文〕莧，閑辯反，三家音胡練反。一本作「莧」，華板反。陸，如字。蜀才作「睦」，睦，親也，通也。

【解】荀爽曰：莧謂五，陸謂三，兩爻決上，故曰「夬夬」也。莧者，葉柔而根堅且赤，以言陰在上六也。陸亦取〔一〕葉柔根堅也。去陰遠，故曰陸，言差堅於莧。莧根小，陸根大。五體兑柔居上，「莧」也。三體乾剛在下，根深，故謂之「陸」也。

【集解】子夏傳曰：莧陸，木根、草莖，剛下柔上也。〔疏〕孟喜曰：莧陸，獸名。夬有兑，兑爲羊也。〔路史注〕馬融、鄭康成曰：莧陸，一名商陸。王肅同。〔疏〕宋衷曰：莧，莧菜也。陸，商陸也。〔釋文〕虞翻曰：莧，蕢也。陸，商也。〔同〕董遇曰：莧，人莧也。陸，商陸也。〔疏〕又

〔一〕「取」下原衍「上」字，據集解本、纂疏本删。

曰：前人以莧陸爲一草，陸之爲葉，差堅於莧，莧根小，陸根大。〔輯聞〕

中行无咎。

【解】虞翻曰：莧，説也。莧，讀「夫子莧〔一〕爾而笑」之「莧」。陸，和睦也。震爲笑言，五得正位，兑爲説，故「莧陸夬夬」。大壯震爲行，五在上中〔二〕，動而得正，故「中行无咎」。舊讀言「莧陸」，字之誤也。馬君、荀氏皆從俗言「莧陸」，非也。

【注】莧陸，草之柔脆者也，決之至易，故曰「夬夬」也。夬之爲義，以剛決柔，以君子除小人者也。而五處尊位，最比小人，躬自決者也。以至尊而敵至賤，雖其克勝，未足多也。處中而行，足以免咎而已，未足光也。

象曰：「中行无咎」，中未光也。

【解】虞翻曰：在坎陰中，故「未光也」。

上六：无號，終有凶。

【解】虞翻曰：應在於三，三動時體巽，巽爲號令，四〔三〕已變坎，之應歷險，巽象不見，故「无號」。位極

〔一〕「莧」，原作「莞」，論語陽貨篇作「莞」，以文義當作「莧」，據集解本、纂疏本正。
〔二〕「上中」上原衍「中」字，據集解本、纂疏本删。
〔三〕「四」，原作「回」，據集解本、纂疏本正。

乘陽，故「終有凶」矣。

【注】處夬之極，小人在上，君子道長，衆所共弃，故非號咷所能延也。

象曰：「无號」之「凶」，終不可長也。

【解】虞翻曰：陰道消滅，故「不可長也」。

䷫ 巽下乾上

姤：女壯，〔釋文〕姤，鄭同，古文作「遘」。

【解】鄭康成曰：姤，遇也。一陰承五陽，一女當五男，苟相遇耳，非禮之正，故謂之「姤」。　虞翻曰：消卦也，與復旁通。巽長女，女壯，傷也。陰傷陽，柔消剛，故「女壯」也。

【集解】薛虞曰：姤，古文作「遘」。〔釋文〕

勿用取女。〔釋文〕娶，本亦作「取」。

【解】鄭康成曰：「女壯」如是，壯健以〔一〕淫，故不可娶，婦人以婉娩爲其德也。　虞翻曰：陰息剥陽，以柔變剛，故「勿用娶女，不可與長也」。

〔一〕「以」，原作「似」，據集解本、纂疏本正。

彖曰：姤，遇也，柔遇剛也。

【注】施之於人，即女遇男也。一女而遇五男，爲壯至甚，故不可取也。

「勿用取女」，不可與長也。

【解】王肅曰：女不可娶，以其不正，不可與長久也。

天地相遇，品物咸章也。

【解】荀爽曰：謂乾成於巽而舍於離。坤出於離，與乾相遇。南方夏位，萬物章明也。九家易曰：謂陽起子，運行至四月，六爻成乾，巽位在巳，故言「乾成於巽」。既成，轉舍於離。萬〔一〕物皆盛大，坤〔二〕從離出，與乾相遇，故言「天地遇」也。

【注】匹〔三〕乃功成也。

【集解】荀爽曰：故萬物皆相見也。〔漢上傳〕

剛遇中正，天下大行也。

〔一〕「萬」上原衍「坤」字，據集解本、纂疏本刪。

〔二〕「坤」字原脱，據集解本、纂疏本補。

〔三〕「匹」，原作「正」，據四部備要本、注疏本及校勘記正。

【解】翟玄曰：剛謂九五，遇中處正，教化大行於天下。

【注】化乃大行也。

【集解】莊氏曰：「一〔一〕女而遇五男，既不可取，天地匹配，則能成品物。」由是言之，若剛遇中正之柔，男得幽貞之女，則天下人倫之化，乃得大行也。〔疏〕

姤之時義大矣哉！

【解】陸績曰：天地相遇，萬物亦然，故其義大矣。

【注】凡言義者，不盡於所見，中有意謂者也。

象曰：天下有風，姤。后以施命誥四方。〔釋文〕誥，李古報反。鄭作「詰」，起一反，止也，王肅同。

【解】翟玄曰：天下有風，風无不周布，故君以施令，告化四方之民矣。

【解】虞翻曰：后，繼體之君。姤陰在下，故稱后，與泰稱后同義也。乾爲施，巽爲命爲誥。復震二月，東方。姤五月，南方。巽八月，西方。復十一月，北方。皆總在初，故以「誥〔二〕四方」。孔子「行夏之

〔一〕「一」，原作「以」，據孔穎達疏正。

〔二〕「誥」，原作「告」，據象辭及集解本、纂疏本正。

時」，經用周家之月，夫子傳彖象以下〔一〕，皆用〔二〕夏家月，是故復爲十一月，姤爲〔三〕五月矣。

初六：繫于金柅，貞吉。〔釋文〕柅，徐乃履反，又女紀反。説文作「檷」，讀若昵。字林音乃米反。王肅作「抳」，從手。子夏作「鑈」。蜀才作「尼」。

【解】虞翻曰：柅謂二也。巽爲繩，故「繫柅」。乾爲金，巽木入金，柅之象也。初四失正，易位乃吉，故「貞吉」矣。

【集解】馬融曰：柅者，在車之下，所以止輪，令不動者也。〔疏〕 王肅曰：柅，織績之物，婦人所用。〔同〕

有攸往，見凶，

【解】九家易曰：絲繫于柅，猶女繫于男，故以喻初宜繫二也。若能專心順二則吉，故曰「貞吉」。今既爲二所據，不可往應四，往則有凶，故曰「有攸往，見凶」也。

【注】金者，堅剛之物。柅者，制動之主，謂九四也。初六處遇之始，以一柔而乘五剛，體夫躁質，得遇而通，散而无主，自縱者也。柔之爲物，不可以不牽；臣妾之道，不可以不貞，故必繫於正應，乃得「貞

〔一〕「下」字原脱，據集解本、纂疏本補。
〔二〕「用」字原脱，據集解本、纂疏本補。
〔三〕「爲」字原脱，據集解本、纂疏本補。

吉」也。若不牽於一而有攸往，行則唯凶是見矣。

羸豕孚蹢躅。〔釋文〕羸，劣隨反，王肅同，鄭力追反。蹢，直戟反，徐治益反，一本作「躑」，古文作「蹢」。躅，本亦作「躅」，古文作「蹤」。

【解】宋衷曰：羸，大索，所以繫豕者也。巽爲股，又爲進退，股而進退，則「蹢躅」矣。初應於四，爲二所據，不得從應，故不安矣。體巽爲風，動摇之貌也。虞翻曰：以陰消陽，往謂成坤，遁子殺父，否臣弑君，夬時三動，離爲見，故「有攸往，見凶」矣。三，夬之四，在夬動而體坎，坎爲豕、爲孚，巽繩操之，故稱「羸」也。巽爲舞爲進退，操而舞，故「羸豕孚蹢躅」，以喻姤女望於五陽，如豕蹢躅也。

【注】羸豕，謂牝豕也。羣豕之中，豭強而牝弱，故謂之「羸豕」也。孚，猶務躁也。夫陰質而躁恣者，羸豕特甚焉。言以不貞之陰，失其所牽，其爲淫醜，若羸豕之孚〔一〕，務蹢躅也。

【集解】陸績曰：羸，讀爲累。〔釋文〕

象曰：「繫于金柅」，柔道牽也。

【解】虞翻曰：陰道柔，巽爲繩，牽于二也。

九二：包有魚，无咎，不利賓。〔釋文〕包，本亦作「庖」，同，白交反，鄭百交反，荀作「胞」。

〔一〕「豕之孚」三字原脱，據四部備要本、注疏本補。

【解】虞翻曰：巽爲白茅，在中稱包，詩曰「白茅包之」，魚謂初陰，巽爲魚。二雖失位，陰陽相承，故「包有魚，无咎」。賓，謂四也，乾尊稱賓。二據四應，故「不利賓」。或以包爲庖廚也。

【注】初陰而窮下，故稱「魚」。不正之陰，處遇之始，不能逆近者也。初自樂來應己之廚，非爲犯奪，故「无咎」也。擅人之物，以爲己惠，義所不爲，故「不利賓」也。

象曰：「包有魚」，義不及賓也。

九三：臀无膚，其行次且。厲，无大咎。

【解】虞翻曰：夬時動之坎爲臀，艮爲膚，二折艮體，故「臀无膚」。復震爲行，其象不正，故「其行次且」。三得正位，雖則危厲，故「无大咎」矣。　案：巽爲股，三居上，臀也。爻非柔无膚，行次且也。

【注】處下體之極，而二據於初，不爲己乘〔一〕，居不獲安，行無〔二〕其應，不能牽據，以固所處，故曰「臀无膚，其行次且」也。然履得其位，非爲妄處，不遇其時，故使危厲。災非己招，是以「无大咎」也。

象曰：「其行次且」，行未牽也。

【解】虞翻曰：在夬失位，故「牽羊」。在姤得正，故「未牽也」。

〔一〕「乘」，原作「弃」，據四部備要本、注疏本及校勘記正。

〔二〕「無」，原作「失」，據四部備要本、注疏本及校勘記正。

九四：包无魚，起凶。

【注】二有其魚，故〔一〕失之也。无民而動，失應而作，是以「凶」也。

象曰：「无魚」之「凶」，遠民也。

【解】崔憬曰：雖與初應而失其位，二有其魚而賓不及。若起於〔二〕競，涉遠必〔三〕難，終不遂心，故曰「无魚之凶，遠民也」，謂初六矣。

九五：以杞包瓜，含章，〔釋文〕包，白交反，子夏作「匏」，馬、鄭百交反。

【解】虞翻曰：杞，杞柳，木名也。巽爲杞爲包，乾圓稱瓜，故「以杞包瓜」矣。含章，謂五也。五欲使初四易位，以陰含陽，已得乘之，故曰「含章」。初之四，體兑口，故稱「含」也。干寶曰：初二體巽，爲草木，二又〔四〕爲田，田中之果，柔而蔓者，瓜之象也。

【集解】子夏傳曰：作「杞匏瓜」。〔疏〕馬融曰：杞，大木也。〔釋文〕鄭康成曰：杞，柳也。

〔一〕集解本「故」上有「四」字。

〔二〕「於」，原作「魚」，據集解本、纂疏本正。

〔三〕「必」，原作「行」，據集解本、纂疏本正。

〔四〕「又」，原作「人」，據集解本、纂疏本正。

張氏曰：杞，苟杞也。〔並同〕薛虞記曰：杞，杞柳也。杞性柔韌，宜屈撓，似〔一〕匏瓜。〔疏〕史徵曰：杞，枸杞也。瓜，瓠瓜也。杞生於肥地，瓠瓜爲物，繫而不食也。〔口訣義〕

有隕自天。

【解】虞翻曰：隕，落也。乾爲天。謂四隕之初，初上承五，故「有隕自天」矣。

【注】杞之爲物，生於肥地者也。包瓜爲物，繫而不食者也。九五履得尊位，而不遇其應，得地而不食，含章而未發，不遇其應，命未流行。然處得其所，體剛居中，志不舍〔二〕命，不可傾隕，故曰「有隕自天」也。

象曰：九五「含章」，中正也。「有隕自天」，志不舍命也。

【解】虞翻曰：巽爲命也。欲初之四承己，故「不舍命」也。

上九：姤其角，吝，无咎。

【解】虞翻曰：乾爲𩠐首，位在𩠐上，故稱「角」。動而得正，故「无咎」。

【注】進之於極，无所復遇，遇角而已，故曰「姤其角」也。進而无遇，獨恨而已，不與物争，其道不害，故

〔一〕「似」，原作「以」，據孔穎達疏正。

〔二〕「舍」，原作「含」，據四部備要本、注疏本正。

无凶〔一〕咎也。

象曰：「姤其角」，上窮吝也。

䷬坤下兑上

萃：亨，王假有廟。〔釋文〕亨，王肅本同。馬、鄭、陸、虞等並無此字。

【解】虞翻曰：觀上之四也。觀乾〔二〕爲王。假，至也。艮爲廟，體觀享祀〔三〕。上之四，故「假有廟，致孝享」矣。陸績曰：王，五。廟，上也。王者聚百物以祭其先，諸侯助祭於廟中。假，大也。言五親奉上矣。

【注】聚乃通也。假，至也。王以聚至有廟也。

【集解】周宏正曰：鬼神享德，不在食也。〔口訣義〕

利見大人，亨，利貞，

【解】虞翻曰：大人謂五。三四失位，利之正，變成離，離爲見，故「利見大人，亨利貞」，「聚以正也」。

〔一〕「凶」字原脱，據四部備要本、注疏本補。
〔二〕「乾」，原作「天」，據集解本、纂疏本正。
〔三〕此句下原衍「故通」二字，據集解本、纂疏本刪。

【注】聚得大人，乃得通而利正〔一〕也。

用大牲，吉。利有攸往。

【解】鄭康成曰：萃，聚也。坤爲順，兑爲悦。臣下以順道承事其君，悦德居上待之。上下相應，有事而和通，故曰「萃，亨」也。假，至也。互有艮巽，巽爲木，艮爲闕，木在闕上，宫〔二〕室之象也。四本震爻，震爲長子。五本坎爻，坎爲隱伏，居尊而隱伏，鬼神之象。長子入闕升堂，祭祖禰之禮也，故曰「王假有廟」。二本離爻也，離爲目，居正應五，故「利見大人」矣。大牲，牛也。言大人有嘉會，時可幹事，必殺牛而盟，既盟則可以往，故曰「利往」。虞翻曰：坤爲牛，故曰「大牲」。四之三折坤得正，故「用大牲吉」。三往之四，故「利有攸往，順天命也」。案：坤爲牛，巽木下剋坤土，殺〔三〕牛之象也。

【注】全乎聚道，用大牲乃吉也。聚道不全而用大牲，神不福也。

彖曰：萃，聚也。順以説，剛中而應，故「聚」也。

【解】荀爽曰：謂五以剛居中，羣陰順悦而從之，故能聚衆也。

【注】但「順而説」，則邪佞之道也；剛而違於中應，則強亢之德也。何由得聚？順説而以剛爲主，主

〔一〕「正」，原作「貞」，據四部備要本、注疏本正。

〔二〕「宫」，原作「官」，據集解本、纂疏本正。

〔三〕「殺」，原作「煞」，據集解本、纂疏本正。

剛而履中，履中以應，故得聚也。

「王假有廟」，致孝享也。

【解】虞翻曰：享，享祀也。五至初有觀象，謂享坤牛，故「致孝享」矣。

【注】全聚乃得致孝之享也。

「利見大人，亨」，聚以正也。

【解】九家易曰：五以正聚陽，故曰「利貞」。虞翻曰：坤爲聚，坤之三四，故「聚以正也」。

【注】大人，體中正者也。通聚以正，聚乃得全也。

「用大牲，吉。利有攸往」，順天命也。

【解】虞翻曰：坤爲順，巽爲命，三往之四，故「順天命也」。

【注】順以説而不損剛，「順天命」者也。天德剛而不違中，順天而説，而〔一〕以剛爲主也。

觀其所聚，而天地萬物之情可見矣。

【解】虞翻曰：三四易位成離坎，坎月離日，日以見天，月以見地，故「天地之情可見矣」。與大壯、咸、恒同義也。

〔一〕「而」，原作「則」，據四部備要本、注疏本正。

【注】「方以類聚，物以羣分」，情同而後乃聚，氣合而後乃羣。

象曰：澤上於地，萃。

【解】荀爽曰：澤者卑下，流潦歸之，萬物生焉，故謂之萃也。

君子以除戎器，戒不虞。〔釋文〕除，本亦作「儲」，又作「治」。荀作「慮」。

【解】虞翻曰：君子謂五。除，修。戎，兵也。詩曰：「修爾車馬，弓矢戎兵。」陽在三四爲修，坤爲器。三四之正，離爲戎兵、甲冑、飛矢，坎爲弓弧，巽爲繩，艮爲石，謂敹〔一〕甲冑，鍛厲矛矢，故「除戎器」也。坎爲寇，坤爲亂，故「戒不虞」矣。

【注】聚而无防，則衆生心〔二〕。

【集解】鄭康成曰：除，去〔三〕也。〔釋文〕王肅、姚信、陸績曰：除，猶脩治也。蜀才曰：除去戎器，脩行文德也。〔並同〕

初六：有孚不終，乃亂乃萃。

【解】虞翻曰：孚，謂五也。初四易位，五坎中，故「有孚」。失正當變，坤爲終，故「不終」。萃，聚也。

〔一〕「敹」，原作「敕」，據尚書費誓「善敹乃甲冑」句及集解本、纂疏本正。

〔二〕「生心」二字原誤倒，據校勘記、樓氏本乙。

〔三〕「去」上原衍「除」字，此字不當重，據釋文删。

坤爲亂〔一〕爲聚，故「乃亂乃萃」。失位不變，則相聚爲亂，故象曰「其志亂也」。

【注】有應在四，而三承之，心懷嫌疑，故「有孚不終」也。不能守道，以結至好，迷務競爭，故「乃亂乃萃」也。

若號，一握爲笑，勿恤，往无咎。〔釋文〕若號，絶句，户報反。馬、鄭、王肅、王廙户羔反。握，傅氏作「渥」。

【解】虞翻曰：巽爲號。艮爲手，初稱一，故「一握」。初動成震，震爲笑。四動成坎，坎爲恤。故「若號，一握爲笑，勿恤」。初之四得正，故「往无咎」矣。

【注】一握者，小之貌也。爲笑者，懦劣之貌也。己爲正配，三以近寵，若安夫卑退，謙以自牧，則「勿恤」而「往无咎」也。

【集解】鄭康成曰：握，讀爲「夫三爲屋」之「屋」。蜀才同。〔釋文〕

象曰：「乃亂乃萃」，其志亂也。

六二：引吉，无咎，

【解】虞翻曰：應巽爲繩，艮爲手，故「引吉」。得正應五，故「无咎」。利引四之初使避己，己得之五也。

【注】居萃之時，體柔當位，處坤之中，己獨處正，與衆相殊，異操而聚，民之多僻，獨正者危，未能變體

〔一〕「爲亂」二字原脱，據集解本、纂疏本補。

以遠於害，故必見引。然後乃吉而无咎也。

【集解】王肅曰：六二與九五相應，俱履貞正。引，由迎也。爲吉所迎，何咎之有？〔舊唐書〕

孚乃利用禴。〔釋文〕禴，蜀才作「躍」，劉作「𨻰」。

【解】虞翻曰：孚謂〔一〕五。禴，夏祭也。體觀象，故「利用禴」。四之三，故「用大牲」。離爲夏，故禴祭，詩曰「禴祠烝嘗」，是其義。

【注】禴，殷春祭名也，四時祭之省者也。居聚之時，處於中正，而行以忠信，故可以省薄薦於鬼神也。

【集解】馬融曰：禴，殷春祭名。王肅同。鄭康成曰：禴，夏祭名也。〔並釋文〕

象曰：「引吉无咎」，中未變也。

【解】虞翻曰：二得正，故「不變」也。

六三：萃如嗟如，无攸利，往无咎，小吝。

【解】虞翻曰：坤爲萃，故「萃如」。巽爲號，故「嗟如」。失正，故「无攸利」。動得位，故「往无咎，小吝」，謂往之四。

〔一〕「謂」，原作「爲」，據集解本、纂疏本正。

【注】履非其位，以比於四，四亦失位，不正相聚，相聚不正，患所生也，千人之應，害〔一〕所起也，故「萃如嗟如，无攸利〔二〕也」。上六亦无應而獨立，處極而憂危，思援而求朋，巽以待物者也。與其萃於不正，不若之於同志，故〔三〕可以往而无咎也。二陰相合，猶不若一陰一陽之應，故有小吝也。

象曰：「往无咎」，上巽也。

【解】虞翻曰：動之四，故「上巽」。

九四：大吉，无咎。

【注】履非其位，而下據三陰，得其所據，失其所處。處聚之時，不正而據，故必大吉，立夫大功，然後无咎也。

象曰：「大吉无咎」，位不當也。

【解】虞翻曰：以陽居陰，故「位不當」。動而得正，承五應初，故「大吉」而「无咎」矣。

九五：萃有位，无咎，匪孚。元永貞，悔亡。

【解】虞翻曰：得位居中，故「有位，无咎，匪孚」，謂四也。四變之正，則五體皆正，故「元永貞」。與比

〔一〕「害」，原作「患」，據四部備要本、注疏本正。
〔二〕「利」，原作「往」，據四部備要本、注疏本正。
〔三〕「故」，原作「則」，據文例及四部備要本、注疏本改。

象同義。四動之初，故「悔亡」。

【注】處聚之時，最得盛位，故曰「萃有位」也。四專而據，己德不行，自守而已，故曰「无咎，匪孚」。夫修仁守正，久必悔消，故曰「元永貞，悔亡」。

象曰：「萃有位」，志未光也。〔釋文〕未光也，一本作「志未光也」。

【解】虞翻曰：陽在坎中，故「志未光」。與屯五同義。

上六：齎資涕洟，无咎。〔釋文〕齎，徐將池反，王肅將啼反。咨，音諮，又將利反。涕，徐音體。洟，他麗反，又音夷。

【解】虞翻曰：齎，持。資，賻也，貨財喪稱賻。自目曰涕，自鼻稱洟，坤爲財，巽爲進，故「齎資」也。三之四體離坎，艮爲鼻，涕淚流鼻目，故「涕洟」。得位應三，故「无咎〔一〕」。上體大過死象，故有「齎資涕洟」之哀。

【注】處聚之時，居於上極，五非所乘，內无應援，處上獨立，近遠无助，危莫甚焉。齎咨，嗟歎之辭也。若能知危之至，懼禍之深，憂病之甚，至於涕洟，不敢自安，亦衆所不害，故得无咎也。

【集解】馬融曰：齎咨，悲聲、怨聲。〔釋文〕鄭康成曰：齎咨，嗟歎之辭也。自目曰「涕」，自鼻曰

〔一〕「得位應三故无咎」，原作「得應故三无咎」，據集解本、纂疏本補正。

「洟」。〔同〕

象曰：「齎資涕洟」，未安上也。

【解】荀爽曰：此本否卦。上九陽爻，見滅遷移，以喻夏桀、殷紂。以上六陰次代之，若夏之後封東樓公于杞，殷之後封微子于宋。去其骨肉，臣服異姓，受人封土，未安居位，故曰「齎資涕洟，未安上也」。虞翻曰：乘剛遠應，故「未安上也」。

䷭ 巽下坤上

升：〔釋文〕升，鄭本作「昇」。

【解】鄭康成曰：升，上也。坤地巽木，木生地中，日長而上，猶聖人在諸侯之中，明德日益高大也，故謂之「升」。升，進益之象也。

【注】巽順可以升。

【集解】馬融曰：升，高也。〔釋文〕

元亨。

【解】虞翻曰：臨初之三，又有臨象，剛中而應，故「元亨」也。

【集解】褚氏曰：猶人日思善道，進而不已，其德日新，故能亨也。〔口訣義〕

用見大人，勿恤。〔釋文〕用見，本或作「利見」。

【解】虞翻曰：謂二當之五爲大人，離爲見，坎爲恤，二之五得正，故「用見大人，勿恤，有慶也」。

【注】陽爻不當尊位，无嚴剛之正，則未免於憂，故用見大人，乃「勿恤」也。

南征，吉。

【解】虞翻曰：離，南方卦。二之五成離，故「南征吉，志行也」。

【注】以柔之南，則麗乎大明也。

彖曰：柔以時升，

【解】虞翻曰：柔謂五，坤也。升謂二。坤邑无君，二當升五虚。震兑爲春秋，二升坎離爲冬夏，四時象正，故「柔以時升」也。

【注】柔以其時，乃得升也。

巽而順，剛中而應，是以大亨。

【解】荀爽曰：謂二以剛居中而來應五，故能「大亨」，上居尊位也。

【注】純柔則不能自升，剛亢則物不從。既以時升，又「巽而順，剛中而應」，以此而升，故得「大亨」。

「用見大人，勿恤」，有慶也。

【解】荀爽曰：大人，天子，謂升居五，見爲大人。羣陰有主，无所復憂而有慶也。

「南征，吉」，志行也。

【解】虞翻曰：二之五，坎爲志，震爲行。

【注】巽順以升，至于大明，志行之謂也。

象曰：地中生木，升。

【解】荀爽曰：地謂坤，木謂巽。地中生木，以微至著，升之象也。

君子以順德，積小以成高大。〔釋文〕順，如字，王肅同。本又作「慎」，師同。姚本「德」作「得」。以高大，本或作「以成高大」。〔按〕史徵本作「成高大」。

【解】虞翻曰：君子謂三。小謂陽息復時，復小爲德之本。至〔二〕二成臨，臨者，大也。臨初之三，巽爲高，二之五，艮爲順，坤爲積，故「順德積小成高大」。

【集解】何妥曰：君子謹習爲先，脩習道德，積其微小，以至高大。〔口訣義〕史徵曰：案此義，「順」字恐當爲「慎」也。〔同〕

初六：允升，大吉。〔按〕説文引作「粇升」，與施、易同。

【解】荀爽曰：謂一體相隨，允然俱升。初欲與巽一體，升居坤上，位尊得正，故「大吉」也。

〔二〕「至」，原作「志」，據集解本、纂疏本正。

【注】允，當也。巽卦三爻，皆升者也。雖无其應，處升之初，與九二、九三合志俱升。當升之時，升必大得，是以大吉也。

【集解】施犨曰：粇，進也。〔漢上傳〕

象曰：「允升，大吉」，上合志也。

【解】九家易曰：謂初失正，乃與二陽允然合志，俱升五位，故曰「上合志也」。

九二：孚乃利用禴，无咎。

【解】虞翻曰：禴，夏祭也。孚謂二之五成坎爲孚。離爲夏，故「乃利用禴，无咎」矣。

【注】與五爲應，往必見任。體夫剛德，進不求寵，閑邪存誠，志在大業，故乃利用納約於神明矣。

象曰：「九二」之「孚」，有喜也。

【解】虞翻曰：升五得位，故「有喜」。干寶曰：剛中而應，故孚也。又言乃利用禴於春時也。非時而祭曰「禴」。然則文王儉以恤民，四時之祭，皆以禴禮，神享德與信，不求備也，故既濟九五曰「東鄰殺牛，不如西鄰之禴祭〔一〕，實受其福」。九五坎，坎爲豕。然則禴祭以豕而已，不奢盈於禮，故曰「有喜」矣。

〔一〕「祭」，原作「祀」，據既濟九五爻辭及集解本、纂疏本正。

九三：升虚邑。〔釋文〕虚，如字，空也。徐去餘反。

【解】荀爽曰：坤稱邑也。五虚无君，利二上居之，故曰「升虚邑，无所疑〔一〕也」。

【注】履得其位，以陽升陰，以斯而舉，莫之違距，故若「升虚邑」也。

【集解】馬融曰：虚，丘也。〔釋文〕

象曰：「升虚邑」，无所疑也。

【解】虞翻曰：坎爲疑，上得中，故「无所疑也」。

【注】往必得邑。

六四：王用亨於岐山，吉，无咎。〔釋文〕亨，許庚反，通也。馬、鄭、陸、王肅許兩反。岐，其宜反，或祁支反。

【解】荀爽曰：此本升卦也。巽升坤上，據三成艮，巽爲岐，艮爲山，王謂五也。通有兩體，位正衆服，故「吉」也。四能與衆陰退避當升者，故「无咎」也。

【注】處升之際，下升而進，可納而不可距也。距下之進〔二〕，攘來自專，則殃咎至焉。若能不距而納，順物之情，以通庶志，則得吉而无咎矣。岐山之會，順事〔三〕之情，无不納也。

〔一〕「疑」，原作「邑」，據九三象辭及集解本、纂疏本正。
〔二〕「進」，原作「道」，據四部備要本、注疏本正。
〔三〕「事」，原作「物」，據四部備要本、注疏本正。

【集解】馬融曰：亨，祭也。〔釋文〕鄭康成曰：亨，獻也。〔同〕陸希聲曰：升之六二，柔以時升，太王之德；隨之上六，天下悦隨，文王之德。太王在岐，直曰岐山。武王在鎬，故曰西山。〔撮要〕

象曰：「王用亨于岐山」，順事也。

【解】崔憬曰：爲順之初，在升當位，近比于五，乘剛于三，宜以進德，不〔一〕可修守。此象大王爲狄所逼，徙居岐山之下，一年成邑，二年成都，三年五倍其初，通而王矣，故曰「王用亨於岐山」。以其用通，避于狄難，順于時事，故「吉无咎」。

六五：貞吉，升階。

【解】虞翻曰：二之五，故「貞吉」。巽爲高，坤爲土，震升高，故「升階」也。

【注】升得尊位，體柔而應，納而不拒，任而不專，故得「貞吉，升階」而尊也。

象曰：「貞吉升階」，大得志也。

【解】荀爽曰：陰正〔二〕居中，爲陽作階，使升居五。己下降二，與陽相應，故吉而得志。

上六：冥升，利于不息之貞。

〔一〕「不」字原脱，集解本同，據文義及纂疏本補。
〔二〕「正」，原作「中」，據集解本、纂疏本正。

【解】荀爽曰：坤性暗昧，今升在上，故曰「冥升」也。陰用事爲消，陽用事爲息，陰正〔一〕在上，陽道不息，陰之所利，故曰「利于不息之貞」。

【注】處升〔二〕之極，進而不息者也。進而不息，故雖冥猶升也。故施於不息之正則可，用於爲物之主則喪矣。終於不息，消之道也。

象曰：「冥升」在上，消不富也。

【解】荀爽曰：陰升失實，故「消不富也」。

【注】勞不可久也。

䷮ 坎下兌上

困：亨。

【解】鄭康成曰：坎爲月，互體離，離爲日，兌爲暗昧，日所入也。今上掩日月之明，猶君子處亂代，爲小人所不容，故謂之「困」也。君子雖困，居儉能悅，是以通而无咎也。　虞翻〔三〕曰：否二之上，乾坤

〔一〕「正」，原作「王」，據集解本、纂疏本正。
〔二〕「升」，原作「貞」，據四部備要本、注疏本及校勘記正。
〔三〕虞翻注原另提行，又列「解」目，今合爲一目。

交，故通也。

【注】窮必通也。處困而不能自通者，小人也。

貞大人吉，无咎。

【解】虞翻曰：「貞大人吉」謂五也。在困〔一〕无應，宜静則无咎，故「貞大人吉，无咎」。

【注】處困而得无咎，吉乃免也。

有言不信。

【解】虞翻曰：震爲言，折入兑，故「有言不信，尚口乃窮」。

彖曰：困，剛掩也。〔釋文〕揜，本又作「掩」，於檢反，李於範反，虞作「弇」。

【解】荀爽曰，謂二五爲陰所掩也。

【注】剛見〔二〕揜於柔也。

險以説，

【解】荀爽曰：此本否卦。陽降爲險，陰升爲説也。

〔一〕「困」，原作「因」，據集解本、纂疏本正。

〔二〕「見」，原作「則」，據四部備要本、注疏本及校勘記正。

困而不失其所亨，其唯君子乎！

【解】荀爽曰：謂二雖掩陰陷險，猶不失中，與正陰合，故通也。喻君子雖陷險中，不失中和之行也。

【注】處險而不改其説，困而不失其所亨也。

「貞大人吉」，以剛中也。

【解】荀爽曰：謂五雖掩于陰，近无所據，遠无所應。體剛得中，正居五〔一〕位，則「吉无咎」也。

【注】處困而用剛，不失其中，履正而能體大者也。能正而不能大博，未能濟困者也，故曰「貞大人吉」也。

「有言不信」，尚口乃窮也。

【解】荀爽曰：陰從二升上六成兑爲有言，失〔二〕中爲不信，動而乘陽，故曰「尚口乃窮也」。虞翻曰：兑爲口，上變口滅，故「尚口乃窮」。

【注】處困而言，不見信之時也。非行言之時，而欲用言以免，必窮者也。其吉〔三〕在於「貞大人」，口何爲乎？

〔一〕「五」，原作「王」，據集解本、纂疏本正。

〔二〕「失」，原作「夫□」，據集解本、纂疏本正。

〔三〕「吉」，原作「言」，據四部備要本、注疏本正。

象曰：澤无水，困。

【注】澤无水，則水在澤下；水在澤下，困之象也。

君子以致命遂志。

【解】虞翻曰：君子謂三，伏陽也。否坤爲致，巽爲命，坎爲志，三入陰中，故「致命遂志」也。

【注】處困而屈其志者，小人也。「君子固窮」，道可忘乎！

初六：臀困于株木，

【解】九家易曰：臀謂四。株木，三也。三體爲木，澤中无水，兑金傷木，故枯爲株也。初者四應，欲進之四，四困于三，故曰「臀困于株木」也。干寶曰：兑爲孔穴，坎爲隱伏。隱伏在下，而漏孔穴，臀之象也。

【注】最處底下，沈滯卑困，居无所安，故曰「臀困于株木」也。

【集解】陸希聲曰：坎於木爲堅多心，株木之象。〔會通〕

入於幽谷，三歲不覿。〔釋文〕谷，徐古木反。

【解】九家易曰：幽谷，二也。此本否卦。謂陰來入坎，與初同體，故曰「入幽谷」。三者，陽數。謂陽陷險中，爲陰所掩，中不得見，故曰「三歲不覿」也。

【注】欲之其應，二隔其路。居則困于株木，進不獲拯，必隱遯者也，故曰「入於幽谷」也。困之爲道，不

過數歲者也。以困而藏，困解乃出，故曰「三歲不覿」也。

象曰：「入於幽谷」，幽不明也。

【解】荀爽曰：爲陰所掩，故「不明」矣。

【注】言「幽」者，不明之辭也。入於不明，以自藏也。

九二：困於酒食，朱紱方來。

【解】案：二本陰位，中饋之職。坎爲酒食，上爲宗廟。今二陰升上，則酒食入廟，故「困於酒食」也。上九降二，故「朱紱方來」。朱紱，宗廟之服。乾爲大赤，朱紱之象也。

【注】以陽居陰，尚謙者也。居困之時，處得其中，體夫剛質，而用中履謙，應不在一，心无所私，盛莫先焉。夫謙以待物，物之所歸；剛以處險，難之所濟；履中而不失其宜，无應則心无私恃。以斯處困，物莫不至，不勝豐衍，故曰「困于酒食」，美之至矣。坎，北方之卦也。朱紱，南方之物也。處困以斯，能招異方者也，故曰「朱紱方來」也。

【集解】鄭康成曰：二據初，辰在未，未爲上，此二爲大夫有地之象。未上值天廚，酒食象。困于酒食者，采地薄不足己用也。二與四爲體離，爲鎮霍，爻四爲諸侯有明德受命當王者。離爲火，火色赤，四爻辰在午時，離氣赤爲朱是也。文王將王，天子制用朱韍。〔儀禮疏〕

利用享祀，征凶，无咎。

【解】荀爽曰：二升在廟，五親奉之，故「利用享祀」。陰動而上，失中乘陽，陽下而陷，爲陰所掩，故曰「征凶」。陽降來二，雖位不正，得中有實，陰雖去中，上得居正，而皆免咎，故曰「无咎」也。

【注】豐衍盈盛，故「利用享祀」。盈而又進，傾之道也，以此而征，凶誰咎乎？故曰「征凶，无咎」。

象曰：「困於酒食」，中有慶也。

【解】翟玄曰：陽從上來，居中得位，富有二陰，故「中有慶也」。

六三：困於石，據於蒺蔾。

【解】虞翻曰：二變正時，三在艮山下，故「困於石」。蒺蔾，木名。坎爲蒺蔾。二變艮手據坎，故「據蒺蔾」者也。　案：三居坎上，坎爲蕀棘，而木多心，蒺蔾之象。

入于其宫，不見其妻，凶。

【解】虞翻曰：巽爲入，二動艮爲宫，兑爲妻，謂上无應也。三在陰下，離象毁壞，隱在坤中，死其將至，故「不見其妻，凶」也。

【注】石之爲物，堅而不納者也，謂四也。三以陰居陽，志武者也。四自納初，不受己者。二非所據，剛非所乘，上比困石，下據蒺蔾，无應而入，焉得配〔一〕偶？在困處斯，凶其宜也。

〔一〕「配」，原作「匹」，據四部備要本、注疏本正。

象曰：「據于蒺藜」，乘剛也。「入于其宮，不見其妻」，不祥也。

【解】九家易曰：此本否卦。二四同功〔一〕爲艮，艮爲門闕，宮之象也。六三居困而位不正，上困于民，内无仁恩〔二〕，親戚叛逆，誅將加身，入宮无妻，非常之困，故曰「不祥也」。

九四：來徐徐，困于金車，吝有終。〔釋文〕徐徐，子夏作「荼荼」，翟同，「荼」音圖。金車，本亦作「金輿」。

【解】虞翻曰：來，欲之初。徐徐，舒遲也。見險，故「來徐徐」。否乾爲金，坤爲〔三〕車，之應歷險〔四〕，故〔五〕「困于金車」。易〔六〕位得正，故「吝有終」也。

【注】金車，謂二也。二剛以載者也，故謂之金車。徐徐者，疑懼之辭也。志在於初，而隔於二，履不當位，威命不行，弃之則不能，欲往則畏二，故曰「來徐徐，困于金車」也。有應而不能濟之，故曰「吝」也。然以陽居陰，履謙之道，量力而處，不與二争，雖不當位，物終與之，故曰「有終」也。

【集解】子夏傳曰：荼荼，内不定之意。翟玄同。〔釋文〕馬融曰：徐徐，安行貌。〔同〕何氏

〔一〕「功」，原作「宮」，據集解本、纂疏本正。
〔二〕「上困于民，内无仁恩」，原「困」上脱「上」字，「仁」下衍「義」字，據集解本、纂疏本補删。
〔三〕「金坤爲」三字原脱，據集解本、纂疏本補。
〔四〕「險」，原作「坎」，據集解本、纂疏本改。
〔五〕「故」字原脱，據集解本、纂疏本補。
〔六〕「易」上原衍「各」字，據集解本、纂疏本删。

曰：九二以剛德勝，故曰「金車」也。〔疏〕

象曰：「來徐徐」，志在下也。

【注】下，謂初也。

雖不當位，有與也。

【解】崔憬曰：位雖不當，故吝也。有與于援，故有終也。

九五：劓刖，困于赤紱，〔釋文〕劓，徐魚器反。刖，徐五刮反，又音月。荀、王肅本「劓刖」作「臲卼」，京作「劓劊」。

【解】虞翻曰：割鼻曰劓，斷足曰刖。四動時，震爲足，艮爲鼻，離爲兵，兑爲刑，故「劓刖」也。赤紱謂二。否乾爲朱，故赤。坤爲紱。二未變應五，故「困于赤紱」也。

【注】以陽居陽，任其壯者也。不能以謙致物，物則不附。忿物不附而用其壯猛，行其威刑，異方愈乖，遐邇愈叛，刑之欲以得，乃益所以失也，故曰「劓刖，困于赤紱」也。

【集解】荀爽曰：臲卼，不安貌。王肅、陸績同。〔釋文〕鄭康成曰：「劓刖」當爲「倪仉」。〔同〕又曰：朱深曰赤。〔王氏〕陸希聲曰：五以剛中處位，能去小人以救困者也。上六鼻之象，六三足之象，皆掩剛者，故刑而去之。〔會通〕

乃徐有説，

【解】虞翻曰：兑爲説，坤爲徐，二動應己，故「乃徐有説」也。

【注】二以謙得之，五以剛失之，體在中直，能不遂迷，困而後能用其道者也。致物之功，不在于暴，故曰「徐」也。困而後乃徐，徐則有説矣，故曰「困于赤紱，乃徐有説」也。

利用祭祀。〔釋文〕祭祀，本亦作「享祀」。

【解】崔憬曰：劓刖，刑之小者也。於困之時，不崇柔德，以剛遇剛，雖行其小刑而失其大柄，故言「劓刖」也。赤紱，天子祭服之飾。所以稱困者，被奪其政，唯得祭祀，若春秋傳曰「政由甯氏，祭則寡人」，故曰「困于赤紱」。居中以直，在困思通，初雖蹔窮，終則必喜，故曰「乃徐有説」。所以險而能悦，窮而能通者，在「困于赤紱」乎，故曰「利用祭祀」也。

【注】祭祀，所以受福也。履夫尊位，困而能改，不遂其迷，以斯祭祀，必得福焉，故曰「利用祭祀」也。　案：五應在二，二互體離，離爲文明，赤紱之象也。

象曰：「劓刖」，志未得也。

【解】陸績曰：无據无應，故「志未得也」。二言「朱紱」，此言「赤紱」；二言「享祀」，此言「祭祀」，傳互言耳，无他義也。謂二困五，三困四，五初困上，斯乃迭困之義也。

「乃徐有説」，以中直也。

【解】崔憬曰：以其居中當位，故有悦。

「利用祭祀」，受福也。

【解】荀爽曰：謂五爻合同〔一〕，據國當位而主祭祀，故「受福也」。

上六：困于葛藟，于臲卼，〔釋文〕藟，又作「虆」。臲，五結反。王肅研喆反。説文作「劓」，牛列反，薛同。卼，五骨反，又音月，説文作「𡾰」。薛又作「杌」字。〔同〕

【解】虞翻曰：巽爲草莽，稱爲「葛藟」，謂三也。兑爲刑人，故「困于葛藟，于臲卼」也。

【注】居困之極而乘於剛，下无其應，行則愈繞者也。行則纏繞，居不獲安，故曰「困于葛藟，于臲卼」也。下句无「困」，因于上也。

曰動悔有悔，征吉。

【解】虞翻曰：乘陽，故「動悔」。變而失正，故「有悔」。三已變正，已得應之，故「征吉」也。

【注】處困之極，行无通路，居无所安，困之至也。凡物窮則思變，困則謀通，處至困之地，用謀之時也。「曰」者，思謀之辭也。謀之所行，有隙則獲，言將何以通至困乎？曰動悔，令生有悔，以征則濟矣，故曰「動悔有悔，征吉」也。

【集解】向秀曰：曰，言其无不然。〔釋文〕

象曰：「困于葛藟」，未當也。

〔一〕「同」，原作「用」，據集解本、纂疏本改。

【解】虞翻曰：謂三未變，當位應上故也。

【注】所處未當，故致此困也。

「動悔有悔」，吉行也。

【解】虞翻曰：行謂三變，乃得當位之應，故「吉行」者也。

䷯ 巽下坎上

井：〔釋文〕井，精領反。字林作「丼」，子挺反。

【解】鄭康成曰：坎，水也。巽，木，桔槔也。互體離〔一〕兑，離外堅中虚，瓶〔二〕也。兑爲暗澤，泉口也。言桔槔引瓶下入泉口，汲水而出，井之象也。井以汲人，水无空竭，猶人君〔三〕以政教養天下，惠澤无窮也。

【集解】宋衷曰：世本云「化益作井」，化益，伯益也，堯臣。〔釋文〕鄭康成曰：井，法也。周氏曰：井以不變更爲義。〔並同〕先儒曰：井以清絜爲義。〔口訣義〕

〔一〕「離」字原脱，據集解本、纂疏本補。
〔二〕「瓶」字原脱，據集解本、纂疏本補。
〔三〕「人君」，原作「君子」，據集解本、纂疏本正。

改邑不改井，

【解】虞翻曰：泰初之五也。坤爲邑，乾初之五折坤，故「改邑」。初爲舊井，四應甃之，故「不改井」。

【注】井以不變爲德者也。

无喪无得，往來井井。

【解】荀爽曰：陰來居初，有實爲「无喪」，失中爲「无得」也。又曰：此本泰卦。陽往居五，得坎爲井，陰來在下亦爲井，故曰「往來井井」也。虞翻曰：无喪，泰初之五，坎象毁壞，故「无喪」。五來之初，失位无應，故「无〔一〕得」。坎爲通，故〔二〕「往來井井」。「往」謂之五，「來」謂之初也。

【注】德有常也，不渝變也。

汔至，亦未繘井，〔釋文〕汔，徐許訖反，幾也。王肅音其乞反。繘，音橘，徐又居密反，又其律反，又音述。

【解】荀爽曰：「汔至」者，陰來居初，下至汔竟也。繘者，所以出水通井道也。今乃在初，未〔三〕得應五，故〔四〕「未繘」也。繘者，綆汲之具也。虞翻曰：巽繩爲繘。汔，幾也，謂二也。幾至初改，未繘

〔一〕「故无」二字原誤倒，據集解本、纂疏本乙。

〔二〕「故」字原脱，據集解本、纂疏本補。

〔三〕「未」，原作「下」，據集解本、纂疏本正。

〔四〕「故」，原作「欲」，據集解本、纂疏本正。

井，未有功也。

【注】已來至而未出井也。

【集解】鄭康成曰：繘，綆也。〔釋文〕

羸其瓶，凶。〔釋文〕羸，律悲反，徐力追反，蜀才作「累」。

【解】荀爽曰：井謂二，瓶謂初。初欲應五，今爲二所拘羸，故凶也。虞翻曰：羸，鉤羅也。艮爲手，巽爲繘，離爲瓶，手繘折其中，故「羸其瓶」。體兑毁缺，瓶缺漏，「凶」矣。干寶曰：水，殷德也。木，周德也。夫井，德之地也，所以養民性命而清潔之主者也。自震化行，至于五世，改〔一〕殷紂比屋之亂俗，而不易成、湯昭假〔二〕之法度也，故曰「改邑不改井」。二代之制，各因時宜，損益雖異，囊括則同，故曰「无喪无得，往來井井」也。當殷之末，井道之窮，故曰「汔至」。周德雖興，未及革正，故曰「亦未繘井」。井泥爲穢，百姓無聊〔三〕，比者之間，交受塗炭，故曰「羸其瓶，凶」矣。

【注】井道以已出爲功也。幾至而覆，與未汲同也。

【集解】鄭康成曰：羸，讀曰「虆」。〔釋文〕

〔一〕「改」，原作「故」，據集解本、纂疏本正。

〔二〕「假」，原作「格」，據集解本、纂疏本正。

〔三〕「無聊」，原作「无仰」，據集解本、纂疏本正。

彖曰：巽乎水而上水，井。

【解】荀爽曰：「巽乎水」，謂陰下爲巽也。「而上水」，謂陽上爲坎也〔一〕。木入水出，井之象也。

【注】音舉上之上。

井養而不窮也。〔釋文〕養，如字，徐以上反。

【解】虞翻曰：兑口飲水，坎爲通，往來井井，故「養不窮也」。

「改邑不改井」，乃以剛中也。

【解】荀爽曰：剛得中，故爲「改邑」。柔不得中，故爲「不改井」也。

【注】以剛處中，故能定居其所而不變也。

「汔至，亦未繘井」，未有功也。

【解】虞翻曰：謂二未變應五，故「未有功也」。

「羸其瓶」，是以凶也。

象曰：木上有水，井。〔釋文〕上，如字，師又時掌反。

【注】井以已成爲功。

〔一〕「而上水謂陽上爲坎也」，「水」字原脱，「爲」字原作「謂」，據集解本、纂疏本補正。

【注】「木〔一〕上有水」，井之象也。上水以養，養而不窮者也。

君子以勞民勸相。〔釋文〕相，息亮反，王肅如字。

【解】虞翻曰：君子，謂泰乾也。坤爲民，初上成坎爲勸，故「勞民勸相」。相，助也，謂以陽助坤矣。

【注】相猶助也。可以勞民勸助，莫若養而不窮也。

【集解】周弘正曰：勸助民人，使功日濟。〔口訣義〕

初六：井泥不食，舊井无禽。

【解】干寶曰：在井之下，體本土〔二〕爻，故曰「泥」也。井而爲泥，則不可食，故曰「不食」。此託紂之穢政，不可以養民也。舊井，謂「殷之未喪師」也。亦皆清潔，无水禽之穢，又況泥土乎？故曰「舊井无禽」矣。

【注】最在井底，上又无應，沈滯滓穢，故曰「井泥不食」也。井泥而不可食，則是久井不見渫治者也。久井不見渫治，禽所不嚮，而況人乎？一時所共弃舍也。井者，不變之物，居德之地。恒德至賤，物无取也。

〔一〕「木」，原作「水」，據象辭及四部備要本、注疏本正。

〔二〕「土」，原作「上」，據集解本、纂疏本正。

象曰：「井泥不食」，下也。「舊井无禽」，時舍也。

【解】虞翻曰：食，用也。初下稱泥。巽爲木果，无噬嗑食象，下而多泥，故「不食」也。乾爲舊，位在陰下，故「舊井无禽」。時〔一〕舍也，謂時舍于初，非其位也，與乾二同義。　崔憬曰：處井之下，无應于上，則是所用之井不汲，以其多塗；久廢之井不獲，以其時舍，故曰「井泥不食，舊井無禽」。禽，古「擒」字，擒猶獲也。

九二：井谷射鮒，甕敝漏。〔釋文〕谷，古木反，又音浴。射，食亦反，徐食夜反，鄭、王肅皆音亦，荀作「耶」。甕，屋送反，李於鍾反，鄭作「甕」，説文作「罋」。敝，婢世反，王肅、徐扶滅反。

【解】虞翻曰：巽爲谷爲鮒，鮒，小鮮也。離爲甕，甕瓶毁缺，「羸其瓶凶」，故「甕敝漏」也。　案：魚，陰蟲也。初處井下，體又陰爻，魚之象也。

【注】谿谷出水，從上注下，水常射焉。井之爲道，以下給上者也。而无應於上，反下與初，故曰「井谷射鮒」。鮒，謂初也。失井之道，水不上出而反下注，故曰「甕敝漏」也。夫處上宜下，處下宜上。井已下矣，而復下注，其道不交，則莫之與也。

【集解】子夏傳曰：鮒，謂蝦蟇也。〔釋文〕　鄭康成曰：九二，坎爻也，坎爲水，上直巽。九三，艮爻

〔一〕「時」，原作「而」，據集解本、纂疏本正。

也，艮爲山，山上有井，必因谷水。所生魚無大魚，但多鮒魚耳，言微小也。夫感動天地，此魚之至大；射鮒井谷，此魚之至小，故以相況。〔文選注〕　又曰：射，厭也。甕，停水器也。〔釋文〕　王肅曰：射，厭也。鮒，小魚也。〔御覽〕

象曰：「井谷射鮒」，无與也。

【解】崔憬曰：唯得於鮒，无與於人也。井之爲道，上汲者也。今與五非應，與初比，則是若谷水不注，唯及於魚，故曰「井谷射鮒」也。「甕敝漏」者，取其水下注不汲之義也。

九三：井渫不食，爲我心惻。〔釋文〕渫，息列反，徐又食列反。　〔按〕唐石經「渫」作「[illegible]」。

【解】荀爽曰：渫去穢濁，清潔之〔一〕意也。三者得正，故曰「井渫」。不得據陰，喻不得用，故曰「不食」。道既不行，故「我心惻」。

【注】渫，不停污之謂也。處下卦之上，履得其位，而應於上，得井之義也。當井之義而不見食，修己全絜而不見用，故「爲我心惻」也。爲猶使也。

【集解】鄭康成曰：謂已浚渫也，猶臣修正其身以事君。〔文選注〕　向秀曰：渫者，浚治去泥濁也。〔史記注〕　黄穎曰：渫〔二〕，治也。〔釋文〕　張璠曰：可爲惻然，傷道未行也。〔史記注〕

〔一〕「之」下原衍「義」字，據集解本、纂疏本删。

〔二〕「渫」，原作「浚」，據釋文正。

可用汲，王明，並受其福。

【解】荀爽曰：謂五可用汲三，則王道明，而天下並受其福。

【注】不下注而應上，故「可用汲」也。王明，則見昭明。既嘉其行，又欽其用，故曰「王明，並受其福」也。

【集解】京房曰：言我道可汲而用也。〔史記注〕

象曰：「井渫不食」，行惻也。求「王明」，「受福」也。

【解】干寶曰：此託殷之公侯，時有賢者，獨守成湯之法度，而不見任〔一〕，謂微、箕之倫也，故曰「井渫不食，爲我心惻」。惻，傷悼也。民乃外附，故曰「可用汲」。周德來〔二〕被，故曰「王明」。王德其民，民得其王〔三〕，故曰「求王明，受福也」。

【注】行感於誠，故曰「惻」也。

六四：井甃，无咎。

【解】荀爽曰：坎性下降，嫌于從三。能自修正，以甃輔五，故「无咎」也。

〔一〕「任」，原作「仕」，據集解本、纂疏本正。

〔二〕「來」，原作「求」，據集解本、纂疏本正。

〔三〕「王」，纂疏本同，集解本作「主」。

【注】得位而无應，自守而不能給上，可以修井之壞，補〔一〕過而已。

【集解】子夏傳曰：甃，脩治也。〔釋文〕馬融曰：爲瓦裏下達上也。干寶曰：以甎壘井曰甃。〔並同〕

象曰：「井甃无咎」，修井也。

【解】虞翻曰：修，治也。以瓦甓壘井稱甃。坤爲土，初之五成離，離火燒土，爲瓦治象，故曰「井甃无咎，修井也」。

九五：井洌寒泉食。〔釋文〕洌，音列，王肅音例。

【解】虞翻曰：泉自下出稱井。周七月，夏之五月，陰氣在下。二已變坎，十一月爲「寒泉」。初二已變，體噬嗑食，故「洌寒泉食」矣。

【注】洌，潔也。居中得正，體剛不撓，不食不義，中正高潔，故「井洌寒泉」，然後乃「食」也。

象曰：「寒泉」之「食」，中正也。

【解】崔憬曰：洌，清潔也。居中得正〔二〕而比於上，則是井渫水清，既寒且潔，汲上可食於人者也。

上六：井收，勿幕，有孚，元吉。〔釋文〕收，徐詩救反，又如字，荀作「甃」。干本「勿」作「网」。

〔一〕「補」，原作「輔」，據四部備要本、注疏本正。

〔二〕「正」，原作「中」，據集解本、纂疏本正。

【解】虞翻曰：幕，蓋也。收，謂以轆轤[一]收繘也。坎爲車，應巽繩爲繘，故「井收，勿幕」。「有孚」謂五坎，坎爲孚，故「元吉」也。

【注】處井上極，水已出井，井功大成，在此爻矣，故曰「井收」也。羣下仰之以濟，淵泉由之以通者也。幕猶覆也。不擅其有，不私其利，則物歸之，往無窮矣，故曰「勿幕，有孚，元吉」也。

【集解】馬融曰：收，汲也。（釋文）　陸績曰：收，井幹也。（同）

象曰：「元吉」在「上」，大成也。

【解】虞翻曰：謂初二已變，成既濟定，故「大成也」。　干寶曰：處井上位，在瓶之水也，故曰「井收」。幕，覆也。井以養生[二]，政以養德，无覆水泉而不惠民，无藴典禮而不興教，故曰「井收勿幕」。勿幕則教信于民，民服教則大化成也。

䷰ 離下兑上

革：

【解】鄭康成曰：革，改也。水火相息而更用事，猶王者受命，改正朔，易服色，故謂之革也。

[一]「轆轤」，原作「鹿盧」，據集解本、纂疏本改。

[二]「生」，原作「性」，據集解本、纂疏本正。

【集解】馬融曰：革，改也。〔釋文〕

巳〔一〕日乃孚，元亨利貞，悔亡。

【解】虞翻曰：遁上之初，與蒙旁通。悔亡，謂四也。四失正，動得位，故「悔亡」。離爲日，孚謂坎。四動體離，五在坎中，故「巳日乃孚」。以成既濟，「乾道變化，各正性命，保合太和，乃利貞」，故「元亨利貞，悔亡」矣。與乾彖〔二〕同義也。

【注】夫民可與習常，難與適變；可與樂成，難與慮始。故革之爲道，即日不孚，「巳日乃孚」也。孚，然後乃得「元亨利貞，悔亡」也。巳日而不孚，革不當也。悔吝之所生，生乎變動者也。革而當，其悔乃亡也。

【集解】宋衷曰：人心習常，不説改易；乃變之後，樂其所成，故即日不孚，「巳日乃孚」矣。〔口訣義〕

象曰：革，水火相息，〔釋文〕息，如字。説文作「熄」。

【解】虞翻曰：息，長也。離爲火，兑爲水，繫曰「潤之以風雨」。風，巽。雨，兑也。四革之正坎見，故獨于此稱水也。

〔一〕「巳」，黄侃手批白文十三經作「已」，樓氏本亦作「已」。纂疏本則作「己」，云：「二體離爲日，離納己，故曰『己日』。」集解本、李鏡池周易通義、高亨周易大傳今注皆謂「巳」借爲「祀」，今從此説。

〔二〕「彖」，原作「象」，據集解本、纂疏本正。

【集解】馬融曰：息，滅也。〔釋文〕

二女同居，其志不相得曰「革」。

【解】虞翻曰：二女，離兑，體同人象，蒙艮爲居，故「二女同居」。四變，體兩坎象，二女有志，離火志上，兑水志下，故「其志不相得」。坎爲志也。

【注】凡不合然後乃變生，變之所生，生於不合者也，故取不合之象以爲革也。息者，生變之謂也。火欲上而澤欲下，水火相戰，而後生變者也。二女同居，而有水火之性，近而不相得也。

「巳日乃孚」，革而信之。〔釋文〕革而信之，一本無「之」字。

【解】干寶曰：天命已至之日也。乃孚，大信著也。武王陳兵孟津之上，諸侯不期而會者八百國，皆曰：「紂可伐矣！」武王曰：「爾未知天命，未可也。」還歸。二年，紂殺比干，囚箕子，周[一]乃伐之，所謂「巳日乃[二]孚，革而信」也。

文明以説，大亨以正。革而當，其悔乃亡。

【解】虞翻曰：「文明」謂[三]離。説，兑也。大亨謂乾。四動成，既濟定，故「大亨以正」。革而當位，故

[一]「周」，原作「爾」，集解本同，據纂疏本正。
[二]「乃」字原脱，據集解本、纂疏本補。
[三]「謂」，原作「爲」，據集解本、纂疏本正。

「悔乃亡」也。

【注】夫所以得革而信者，「文明以説」也。「文明以説」，履正而行，以斯爲革，應天順民，「大亨以正」者也。「革」而「大亨以正」，非當如何？

天地革而四時成，

【解】虞翻曰：謂五位成乾爲天，蒙坤爲地。震春兑秋，四之正，坎冬離夏，則四時具。坤革而成乾，故「天地革而四時成」也。

湯武革命，順乎天而應乎人，

【解】虞翻曰：湯武謂乾，乾爲聖人。天謂五，人謂三，四動順五應三，故「順天應人」。巽爲命也。

革之時大矣哉！

【解】虞翻〔一〕曰：革天地，成四時，誅二叔，除民害，天下定，武功成，故「大矣哉」也。

象曰：澤中有火，革。

【解】崔憬曰：火就燥，澤資濕，二物不相得，終宜易之，故曰「澤中有火，革」也。

君子以治曆明時。

〔一〕「虞翻」，集解同，纂疏本作「干寶」。

【解】虞翻曰：君子，遁乾也。曆象，謂日月星辰也。離爲明，坎爲月，離爲日，蒙艮爲星，四動成坎離，日月得〔一〕正。「天地革而〔二〕四時成」，故「君子以治曆明時」也。

【注】曆數時會，存乎變也。

初九：鞏用黄牛之革。

【解】干寶曰：鞏，固也。離爲牝牛，離爻本坤，黄牛之象也。在革之初而无應據，未可以動，故曰「鞏用黄牛之革」。此喻文王雖有聖德，天下歸周，三分有二而服事殷，其義也。

【注】在革之始，革道未成，固夫常中，未能應變者也。此可以守成，不可以有爲也。鞏，固也。黄，中也。牛之革，堅韌不可變也。固之所用，常中堅韌，不肯變也。

【集解】馬融曰：鞏，固也。〔釋文〕

象曰：「鞏用黄牛」，不可以有爲也。

【解】虞翻曰：得位无應，動而必凶，故「不可以有爲也」。

六二：巳日乃革之，征吉，无咎。

〔一〕「得」，原作「德」，據集解本、纂疏本正。

〔二〕「而」字原脱，據集解本、纂疏本補。

【解】荀爽曰：「日」以喻君也〔一〕。謂五已居位爲君，二乃革，意去三應五，故曰「巳日乃革之」。上行應〔二〕五，去卑事尊，故曰「征吉，无咎」也。

【注】陰之爲物，不能先唱，順從者也。不能自革，革已乃能從之，故曰「巳日乃革之」也。二與五雖有水火殊體之異，同處厥中，陰陽相應，往必合志，不憂咎也，是以征吉而无咎。

象曰：「巳日革之」，行有嘉也。〔釋文〕行，如字，又下孟反。

【解】虞翻曰：嘉謂五，乾爲嘉，四動承五，故「行有嘉」也。崔憬曰：得位以正，居中有應，則是湯、武行善，桀、紂行惡，各終其日，然後革之，故曰「巳日乃革之」。行此有嘉。

九三：征凶，貞厲。

【解】荀爽曰：三應于上，欲往應之，爲陰所乘，故曰「征凶」〔三〕。若〔四〕正居三而據二陰，則五來危之，故曰「貞厲」也。

革言三就，有孚。

〔一〕「君也」，原作「君子」，據集解本、纂疏本正。
〔二〕「應」，原作「用」，據集解本、纂疏本正。
〔三〕「征凶」下原有一「者」字，據集解本、纂疏本删。
〔四〕「若」字原脱，據集解本、纂疏本補。

【解】翟玄曰：言三就上二陽，乾得[一]共有，信據于二[二]陰，故曰「革言三就」，「有孚」于二矣。崔憬曰：雖得位以正，而未可頓革，故以言就之。夫安者有其危也，故受命之君，雖誅元惡，未改其命者，以即行改命，習俗不安，故曰「征凶」。猶以正自危，故曰「貞厲」。是以武王克紂，不即行周命，及反商政，一就也；釋箕子囚，封比干墓，式商容閭，二就也；散鹿臺之財，發巨橋之粟，大賚于四海，三就也，故曰「革言三就」。

【注】已處火極，上卦三爻，雖體水性，皆從革者也。自四至上，從命而變，不敢有違，故言[三]「革言三就」。其言實誠，故曰「有孚」。「革言三就，有孚」而猶征之，凶其宜也。

象曰：「革言三就」，又何之矣。

【解】虞翻曰：四動成，既濟定，故「又何之矣」。

九四：悔亡，有孚改命，吉。

【解】虞翻曰：「革而當，其悔乃亡」。孚謂五也。巽爲命，四動，五坎改巽，故[四]「改命吉」。四乾爲

[一]「得」字原脱，據集解本、纂疏本補。
[二]「二」，原作「三」，據集解本、纂疏本正。
[三]「言」，四部備要本、注疏本作「曰」，並通。後同。
[四]「故」，原作「五」，據集解本、纂疏本正。

君，「進退無恒」，在離焚棄，體大過死，傳以比桀紂。湯武革命，順天應人，故「改命吉」也。

【注】初九處下卦之下，九四處上卦之下，故能變也。无應，悔也。與水火相比，能變者也，是以「悔亡」。處水火之際，居會變之始，能不固吝，不疑於下，信志改命，不失時願，是以「吉」也。有孚則見信矣，見信以改命，則物安而无違，故曰「悔亡，有孚改命，吉」也。處上體之下，始宣命也。

象曰：「改命」之「吉」，信志也。

【解】虞翻曰：四動成坎，故「信志也」。干寶曰：爻入上象，喻紂之郊也。以逆取而四海順之，動凶器而前歌後舞，故曰「悔亡」也。中流而白魚入舟，天命信矣，故曰「有孚」。甲子夜陣雨甚至，水德賓服之祥也，故曰「改命之吉，信志也」。

【注】信志而行。

九五：大人虎變，未占有孚。

【解】馬融曰：「大人虎變」，虎變威德，折衝萬里，望風而信，以喻舜舞〔一〕干羽而有苗自服；周公修文德，越裳獻雉，故曰「未占有孚」矣。虞翻曰：乾爲大人，謂五也。蒙坤爲虎變。傳論湯武以坤臣爲君。占，視也，離爲占。四未之正，五未在坎，故「未占有孚」也。

〔一〕「舞」，原作「舜」，形近而誤，據集解本、纂疏本正。

【注】「未占而孚」，合時心也。

象曰：「大人虎變」，其文炳也。

【解】宋衷曰：陽稱大，五以陽居中，故曰「大人」。兑爲白虎，九者變爻，故曰「大人虎變，其文炳也」。虞翻曰：乾爲大明，動[一]成離，故「其文炳也」。

上六：君子豹變，

【解】虞翻曰：蒙艮爲君子爲豹，從乾而更[二]，故「君子豹變」也。

小人革面。征凶，居貞吉。

【解】虞翻曰：陰稱小人也，面謂四，革爲離，以順承五，故「小人革面」。乘陽失正，故「征凶」。得位，故「居貞吉」。蒙艮爲「居」也。　案：兑爲口，乾爲首。今口在首上，面之象也。乾爲「大人虎變」也，兑爲「小人革面」也。

【注】居變之終，變道已成。君子處之，能成其文，小人樂成，則革面以順上也。改命創制，變道已成。功成則事損，事損則无爲，故居則得正而吉，征則躁擾而凶也。

〔一〕「動」上，纂疏本有「四」字。

〔二〕「更」，原作「東」，據集解本、纂疏本正。

象曰：「君子豹變」，其文蔚也。〔釋文〕蔚，音尉，又紆弗反，説文作「斐」。

【解】陸績曰：兑之陽爻稱虎，陰爻稱豹，豹，虎類而小者也。君子小于大人，故曰「豹變，其文蔚也」。虞翻曰：蔚，蔇也。兑小，故「其文蔚也」。

「小人革面」，順以從君也。

【解】虞翻曰：乾君謂五也。四變順五，故「順以從君也」。干寶曰：君子，大賢次聖之人。謂若太公、周、召之徒也。豹，虎之屬。蔚，炳之次也。君聖臣賢，殷之頑民，皆改志從化，故曰「小人革面」。天下既定，必倒載干戈，包之以虎皮。將卒之士，使爲諸侯，故曰「征凶，居貞吉」。得正有應，君子之象也。

䷱ 巽下離上

鼎：

【解】鄭康成曰：鼎，象也。卦有木火之用，互體乾兑，乾爲金，兑爲澤，澤鍾金而含水，爨以木火，鼎亨熟〔一〕物之象。鼎亨熟以養人，猶聖君興仁義之道以教天下也，故謂之鼎矣。

【集解】荀爽曰：三鼎形同，以足爲巽。〔董逌廣川書跋〕

〔一〕「亨」，集解本、纂疏本皆作「亨」，並通。下同。

元吉，亨。

【解】虞翻曰：大壯上之初，與屯旁通。天地交，柔進上行，得中應乾五剛，故「元吉〔一〕，亨」也。

【注】革去故而鼎取新，取新而當其人，易故而法制齊明。吉然後乃亨，故先「元吉」而後「亨」也。鼎者，成變之卦也。革既變矣，則制器立法以成之焉。變而无制，亂可待也。法制應時，然後乃吉；賢愚有別，尊卑有序，然後乃亨，故先「元吉」而後乃「亨」。

【集解】何妥曰：古者鑄金爲此器，能調五味，變故取新〔二〕，以成烹飪之用，以供宗廟，次養聖賢。天子以天下爲鼎，諸侯以國爲鼎，變故成新〔三〕，尤須當理，故先「元吉」而後「亨」通。〔口訣義〕

彖曰：鼎，象也。以木巽火，亨飪也。〔釋文〕亨，本又作「亯」，同，普庚反，煑也。飪，入甚反，徐而鴆反。〔按〕説文引作「孰飪」，其義爲長。

【解】荀爽曰：巽〔四〕入離下，中有乾象。木火在外，金在其内，鼎鑊亨飪之象也。 九家易曰：鼎言

〔一〕「元吉」下原衍「是」字，據集解本、纂疏本刪。
〔二〕「變故取新」，粤雅堂本同，口訣義疏證作「故取新」，無「變」字。
〔三〕「變故成新」，粤雅堂本同，口訣義疏證作「故成新」，無「變」字。
〔四〕「巽」，原作「震」，集解本同，據纂疏本正。

「象」者，卦也木〔一〕火，互有乾兑。乾金兑澤，澤者水也。爨以木火，是鼎鑊烹飪之象。亦象三公之位。上則調和陰陽，下而撫育〔二〕百姓。鼎能熟物養人，故云「象也」。牛鼎受一斛，天子飾以黄金，諸侯白金。三足以象三台。足上皆作鼻目爲飾也。羊鼎五斗，天子飾以黄金，諸侯白金，大夫以銅。豕鼎三斗，天子飾以黄金，諸侯白金，大夫銅，士鐵。三鼎形同。亯〔三〕飪，煑肉。上離陰爻爲肉也。

虞翻曰：六十四卦皆觀繫辭，而獨于鼎言象，何也？「象事知器」，故獨言「象」也。

【注】法象也。亨飪，鼎之用也。

聖人亨以享上帝，而大亨以養聖賢。〔釋文〕以亨，香兩反。

【解】虞翻曰：聖人謂乾。初四易位體大畜，震爲帝，在乾天上，故曰「上帝」。體頤象，三動噬嗑〔四〕食，故「以享上帝」也。大亨謂「天地養萬物，聖人養賢，以及萬民」。賢之能者稱「聖人」矣。

【注】亨者，鼎之所爲也。革去故而鼎成新，故爲亨飪調和之器也。去故取新，聖賢不可失也。飪，熟也。天下莫不用之，而聖人用之，乃上以享上帝，而下以大亨養聖賢也。

〔一〕「木」，原作「水」，據集解本、纂疏本正。
〔二〕「育」，集解本、纂疏本作「毓」，古通。
〔三〕「亯」字原無，據集解本、纂疏本補。
〔四〕「噬」，原作「一」，據集解本、纂疏本正。

巽而耳目聰明。

【解】虞翻曰：謂三也。三在巽上，動成坎離，有兩坎兩離象，乃稱「聰明」。「日月相推而明生焉」，故「巽而耳目聰明」。「眇能視，不足以有明」，「聞言不信，聰不明」，皆有一離一坎象故。

【注】聖賢獲養，則已不爲而成矣，故「巽而耳目聰明」也。

柔進而上行，得中而應乎剛，是以元亨。

【解】虞翻曰：柔謂五，得上中，應乾五剛。巽爲進，震爲行。非謂應二剛，與睽五同義也。

【注】謂五也。有斯二德，故能成新而獲大亨也。

象曰：木上有火，鼎。

【解】荀爽曰：木火相因，金在其間，調和五味，所以養人，鼎之象也。

君子以正位凝命。〔釋文〕凝，翟作「擬」。

【解】虞翻曰：君子謂三也。鼎五爻失正，獨三得位，故「以正位」。凝，成也。體姤謂陰始〔一〕凝初，巽爲命，故「君子以正位凝命」也。

【注】凝者，嚴整之貌也。鼎者，取新成變者也。革去故而鼎成新。「正位」者，明尊卑之序也。凝命

〔一〕「始」，原作「如」，據集解本、纂疏本正。

者，以成教命之嚴也。

【集解】鄭康成曰：凝，成也。〔釋文〕　翟玄曰：凝，度也。〔同〕

初六：鼎顛趾，

【解】虞翻曰：趾，足也。應在四，大壯震爲足，折入大過，「大過，顛也」，故「鼎顛趾」也。

【注】凡陽爲實而陰爲虚。鼎之爲物，下實而上虚，而今陰在下，則是爲覆鼎也。鼎覆則趾倒矣。

利出否，得妾以其子，无咎。〔釋文〕出，徐尺遂反，或如字。

【解】虞翻曰：初陰在下，故「否」。利出之四，故曰「利出」。兑爲妾〔一〕，四變得正成震，震爲長子，繼世守宗廟而爲祭主，故「得妾以其子，无咎」矣。

【注】否，謂不善之物也。取妾以爲室主，亦「顛趾」之義也。處鼎之初，將在納新，施鼎以出穢，得妾以爲子，故「无咎」也。

【集解】鄭康成曰：顛，踣也。趾，足也。無事曰「趾」，陳設曰「足」。爻體巽爲股，初爻在股之下，足象也。足所以承正鼎也。初陰爻而柔，與乾同體，以否正承乾。乾爲君，以喻君夫人事君，若失正禮，踣其爲足之道，情無怨則當以和義處之。然如否者嫁於天子，雖失禮，无出道，廢遠之而已。若其无子，

〔一〕「妾」上原衍「妻」字，據集解本、纂疏本删。

不廢遠之，后尊如故。其犯六出，則廢之遠之。子廢，坤爲順，又爲子母牛，今在后妃之旁，側妾之例也。有順德，子必賢，賢而立以爲世子，又何咎也？（儀禮疏）

象曰：「鼎顛趾」，未悖也。

【解】荀爽曰：以陰承陽，故「未悖也」。

【注】倒以寫否，故「未悖也」。

「利出否」，以從貴也。

【解】虞翻曰：出初之四，承乾五，故「以從貴也」。

【注】棄穢以納新也。

九二：鼎有實，我仇有疾，不我能即，吉。

【解】虞翻曰：二爲實，故「鼎有實」也。坤爲我，謂四也。二據四婦，故相與爲仇。謂三變時，四體坎，坎爲疾，故「我仇有疾」。四之二歷險，二動得正，故「不我能即，吉」。

【注】以陽之質處鼎之中〔一〕，有實者也。有實之物，不可復加，益之則溢，反傷其實。「我仇」，謂五也。困於乘剛之疾，不能就我，則我不溢，得全其吉也。

〔一〕「中」，原作「初」，據四部備要本、注疏本正。

【集解】鄭康成曰：怨耦曰「仇」。〔釋文〕

象曰：「鼎有實」，慎所之也。

【解】虞翻曰：二變之正，艮爲慎〔一〕。

【注】有實之鼎，不可復有所取；才任已極，不可復有所加。

「我仇有疾」，終无尤也。

【解】虞翻曰：「不我能即，吉」，故「終无尤也」。

九三：鼎耳革，其行塞，雉膏不食。

【解】虞翻曰：動成兩坎，坎爲耳，而革在乾，故「鼎耳革」。初四變時，震爲行，鼎以耳行。伏坎，震折而入乾，故「其行塞」。離爲雉，坎爲膏，初四已變，三動體頤，頤中无物，離象不見，故「雉膏不食」。

【注】鼎之爲義，虚〔二〕中以待物者也。而三處下體之上，以陽居陽，守實无應，无所納受。耳宜空以待鉉，而反全其實塞，故曰「鼎耳革，其行塞」。雖有雉膏，而終不能食〔三〕也。

【集解】鄭康成曰：雉膏，食之美者。〔釋文〕

〔一〕「慎」，原作「順」，據集解本、纂疏本正。

〔二〕「虚」，原作「空」，據四部備要本、注疏本正。

〔三〕「食」，原作「實」，據九三爻辭及注文正。

方雨虧悔，終吉。

【解】虞翻曰：謂四已變，三動成坤，坤爲方，坎爲雨，故曰「方雨」。三動虧乾而失位，悔也。終復之正，故「方雨虧悔，終吉」也。

【注】雨者，陰陽交和，不偏亢者也。雖體陽爻，而統屬陰卦。若不全任剛亢，務在和通，方雨則悔虧，終則吉也。

象曰：「鼎耳〔一〕革」，失其義也。

【解】虞翻曰：鼎以耳行，耳革行塞，故「失其義也」。

九四：鼎折足，覆公餗，其形渥，凶。〔釋文〕渥，於角反，沾也。鄭作「剭」，音屋。

【解】九家易曰：鼎者三足一體，猶三公承天子也。三公謂調陰陽，鼎謂調五味。足折餗覆，猶三公不勝其任，傾敗天子之美，故曰「覆餗」也。 虞翻曰：謂四變時，震爲足，足折入兑，故「鼎折足」。兑〔二〕爲形。渥，大形也。鼎足折，則公餗覆，言不勝任。象入大過死，凶，故「鼎折足，覆公餗，其形渥，凶」。 案：餗者，雉膏之屬。公者，四爲諸侯，上公之位，故曰「公餗」。

〔一〕「耳」，原作「而」，據九三爻辭正。
〔二〕「兑」下原衍「渥」字，據集解本、纂疏本刪。

【注】處上體之下，而又應初，既承且施，非已所堪，故曰「鼎折足」也。初已「出否」，至四所盛則已絜矣，故曰「覆公餗」也。渥，沾濡之貌也。既「覆公餗」，體爲渥沾，知小謀大，不堪其任，受其至辱，災及其身，故曰「其形渥，凶」也。

【集解】馬融曰：餗，鍵也。〔釋文〕又曰：餗，謂糜也。〔穀梁疏〕鄭康成曰：糝謂之「餗」。震爲足。竹萌曰「筍」。筍者，餗之爲菜也，是八珍之食。〔周禮疏〕又曰：餗，美饌。鼎三足，三公象。若三公傾覆王之美道，屋中形之。〔周禮疏〕虞翻曰：餗，八珍之具也。〔釋文〕

象曰：「覆公餗」，信如何也。

【解】九家易曰：渥者厚大，言罪〔一〕重也。既「覆公餗」，信有大罪，刑罰當加，无可如何也。

【注】不量其力，果致凶災，信之如何？

六五：鼎黄耳，金鉉，利貞。〔釋文〕鉉，玄典反，徐又古玄反，又古冥反，一音古螢反。

【解】虞翻曰：離爲黄，三變坎爲耳，故「鼎黄耳」。鉉謂三，貫鼎兩耳，乾爲金，故「金鉉」。動而得正，故「利貞」。干寶曰：凡舉鼎者，鉉也。尚三公者，王也。金喻可貴，中之美也，故曰「金鉉」。鉉鼎得其物，施令得其道，故曰「利貞」也。

〔一〕「罪」，集解本、纂疏本作「辠」，辠、罪古今字。下同。

【注】居中以柔，能以通理，納乎剛正，故曰「黄耳金鉉，利貞」也。耳黄，則能納剛正以自舉也。

【集解】馬融曰：鉉，扛鼎而舉之也。〔釋文〕　鄭康成曰：金鉉喻明道，能舉君之官職也。〔唐律疏議注〕

象曰：「鼎黄耳」，中以爲實也。

【解】宋衷曰：五當耳，中色黄，故曰「鼎黄耳」。兑爲金，又正秋，故曰「金鉉」。公侯，謂五也。上尊故玉，下卑故金，金和良可柔屈，喻諸侯順天子。　陸績曰：得中承陽，故曰「中以爲實」。

【注】以中爲實，所受不妄也。

上九：鼎玉鉉，大吉，无不利。

【解】虞翻曰：鉉謂三，乾爲玉鉉。體大有上九「自天祐之」，位貴據五，三動承上，故「大吉，无不利」。謂三虧悔應上成未濟，雖不當位，六位相應，故「剛柔節」。象曰「巽耳目聰明」，爲此九三發也。　干寶曰：玉又貴於金者。凡亨飪之事，自鑊升於鼎，載於俎，自俎〔一〕入於口，馨香上達，動而彌貴，故鼎之義，上爻愈吉也。鼎主亨飪，不失其和，金玉鉉之，不失其所，公卿仁賢、天王聖明之象也。君臣相臨，剛柔得節，故曰「吉无不利」。

〔一〕「自俎」二字原脱，據集解本、纂疏本補。

【注】處鼎之終，鼎道之成也。居鼎之成，體剛履柔，用勁施鉉，以斯處上，高不誡亢。得夫剛柔之節，能舉其任者也。應不在一，則靡所不舉，故曰「大吉，无不利」也。

象曰：玉鉉在上，剛柔節也。

【解】宋衷曰：以金承玉，君臣之節。上體乾爲玉，故曰「玉鉉」。雖非其位，陰陽相承，剛柔之節也。

䷲ 震下震上〔一〕

震：亨。

【解】鄭康成曰：震爲雷。雷，動物之氣也。雷之發聲，猶人君出政教以動中國〔二〕之人也，故謂之震。人君有善聲教，則嘉會之禮通矣。

【注】懼以威〔三〕則是以亨。

震來虩虩，〔釋文〕虩虩，荀作「愬愬」。

〔一〕「震下震上」，原作「震上震下」，據文例正。

〔二〕「中國」二字原誤倒，據集解本、纂疏本乙。

〔三〕「威」，四部備要本及注疏本作「成」。

【解】虞翻曰：臨二之四。天地交，故通。虩虩謂四也。來應初，初〔一〕命四變而來應己，四失位多懼，故「虩虩」。之内曰「來」也。

【集解】馬融、鄭康成曰：虩虩，恐懼貌。〔釋文〕陸希聲曰：虩，蠅虎。始在空中，跳躍而出，象人心之恐動也。〔撮要〕

笑言啞啞。〔釋文〕「言」亦作「語」。

【解】虞翻曰：啞啞，笑且言，謂初也。得正有則，故「笑言啞啞，後有則也」。

【注】震之爲義，威至而後乃懼也，故曰「震來虩虩」，恐懼之貌也。震者，驚駭怠惰，以肅解〔二〕慢者也，故「震來虩虩，恐致福也。笑言啞啞，後有則也」。

【集解】馬融曰：啞啞，笑聲。〔釋文〕鄭康成曰：啞啞，樂也。〔同〕

震驚百里，不喪匕鬯。

【解】鄭康成曰：雷發聲聞于百里，古者諸侯之象。諸侯出〔三〕教令，能警戒其國。内則守其宗廟社稷，爲之祭主，不亡匕與鬯也。人君於祭之禮，匕牲體、薦鬯而已，其餘不親爲也。升牢於俎，君匕之，

〔一〕「初」字原脱，集解本同，據纂疏本補。
〔二〕「解」，原作「懈」，據四部備要本、注疏本正。
〔三〕「出」，原作「之」，據集解本、纂疏本正。

臣載之。鬯，秬酒，芬芳條鬯，因名焉。　虞翻曰：謂陽。從臨二陰爲百二十，舉其大數，故當「震百里」也。坎爲棘匕〔一〕，上震爲鬯，坤爲喪，二上之坤成震，體坎得其匕鬯，故「不喪匕鬯」也。

【注】威震驚乎百里，則是可以不喪匕鬯矣。匕〔二〕，所以載鼎實。鬯，香酒。奉宗廟之盛也。

【集解】鄭康成曰：「驚」之言「警戒」也。〔詩疏〕　又曰：鬯者，秬黍之酒。其氣調暢，故謂之鬯。

〔疏〕　陸績曰：匕者棘匕，橈鼎之器。　先儒云：雷之發聲，聞乎百里，故古帝王制國，公侯地方百里，故以象焉。　又云：匕形似畢，但不兩岐耳。以棘木爲之，長三〔三〕尺，刊柄與末，詩云「有捄棘匕」是也。用棘者，取其赤心之義。〔並同〕

彖曰：震，「亨」。「震來虩虩」，恐致福也。

【解】虞翻曰：懼變，承五應初，故「恐致福也」。

「笑言啞啞」，後有則也。

【解】虞翻曰：則，法也，坎爲則也。

「震驚百里」，驚遠而懼邇也。

〔一〕「棘」字原重，誤衍；「匕」字原脱，據集解本、纂疏本删補。

〔二〕「匕」字原脱，據注疏本及樓氏本補。

〔三〕「三」，原作「二」，據校勘記、禮記雜記正。

【解】虞翻曰：遠謂四，近謂初，震爲百。謂四出驚遠，初應懼近也〔一〕。

【注】威震驚乎百里，則惰者懼於近也。

出可以守宗廟社稷，以爲祭主也。

【解】虞翻曰：謂五出之正，震爲守，艮爲宗廟社稷，長子〔二〕主祭器，故〔三〕「以爲祭主也」。干寶曰：周木德，震之正象也，爲殷諸侯。殷諸侯之制，其地百里，是以文王「小心翼翼，昭事上帝，聿懷多福，厥德不回，以受方國」，故以百里〔四〕而臣諸侯也。爲諸侯，故主社稷。爲長子，而爲祭主也。祭禮薦陳甚多，而經獨言「不喪匕鬯」者，匕〔五〕牲體，薦鬯酒，人君所自親也。

【注】明所以堪長子之義也。「不喪匕鬯」，則已「出可以守宗廟」。

【集解】王肅曰：在有靈而尊者，莫若於天；有靈而貴者，莫若於王。有聲而威者，莫若於雷；有政而嚴者，莫若於侯。是以天子當乾，諸侯用震。地不過一同，雷不過百里，政行百里，則匕鬯亦不喪。祭祀，國家大事。不喪，宗廟安矣。處則諸侯執其政，出則長子掌其祀。〔御覽〕

〔一〕此句中「應」字，原作「動」；「近」字上原衍「之」字，據集解本、纂疏本刪正。

〔二〕「子」字原脱，據集解本、纂疏本補。

〔三〕「故」上原有「故以祭主器」五字，據集解本、纂疏本刪。

〔四〕「里」，原作「世」，據集解本、纂疏本正。

〔五〕「匕」，原作「上」，形近而誤。據集解本、纂疏本正。

象曰：洊雷，震。君子以恐懼修省。〔釋文〕洊，在薦反，徐又在悶反。

【解】虞翻曰：君子謂臨二。二出之坤四，體以修身，坤爲身。二之四，以陽照坤，故「以恐懼修省」，老子曰「修之身，德乃真〔一〕」也。

初九：「震來虩虩」，後「笑言啞啞」，吉。

【解】虞翻曰：虩虩謂四也。初位在下，故「後笑言啞啞〔二〕」。得位，故「吉〔三〕」也。干寶曰：得震之正，首震之象者。「震來虩虩」，羑里之厄〔四〕也。「笑言啞啞」，後受方國也。

【注】體夫剛德，爲卦之先，能以恐懼脩其德也。

象曰：「震來虩虩」，恐致福也。

【解】虞翻曰：陽稱福。

「笑言啞啞」，後有則也。

【解】虞翻曰：得正，故「有則也」。

〔一〕「真」，原作「貞」，據老子及集解本、纂疏本正。

〔二〕「故後笑言啞啞」，集解本作「故言後笑啞啞」，據初九爻辭及纂疏本正。

〔三〕「故吉」二字原誤倒，集解本同，據虞注文例及纂疏本正。

〔四〕「厄」，原作「危」，據集解本正。纂疏本作「戹」，「戹」，「厄」之古字。

六二：震來厲，億喪貝，躋于九陵，勿逐，七日得。〔釋文〕億，本又作「噫」，同，於其反，辭也。鄭於力反。喪，息浪反，荀如字。貝，如字，荀作「敗」。躋，本又作「隮」。

【解】虞翻曰：厲，危也。乘剛故厲〔一〕。億，惜辭也。坤爲喪。三動，離爲蠃蚌，故稱貝。在艮山下，故稱陵。震爲足，足乘初九，故「躋于九陵」。震爲逐，謂四已體復象，故「喪貝勿逐」。三動時，離爲日〔二〕，震數七，故「七日得」者也。干寶曰：六二木爻，震之身也，得位无應，而以乘剛爲危。此託文王積德〔三〕累功以被囚爲禍也，故曰「震來厲」。億，歎辭也。貝，寶貨也，産乎東方，行乎大塗也。此以喻紂拘文王，閎夭之徒乃於江淮之浦求盈箱之貝，而以賂紂也，故曰「億喪貝」。貝，水〔四〕物而方升于九陵，今雖喪之，猶外府也，故曰「勿逐，七日得」。「七日得」者，七年之日也，故書曰「誕保文武受命，惟七年」是也。

【注】震之爲義，威駭怠懈、肅整惰慢者也。初幹其任而二乘之，震來則危，喪其資貨，亡其所處矣，故曰「震來厲，億喪貝」。億，辭也。貝，資貨、糧用之屬也。犯逆受戮，无應而行，行無所舍。威嚴大行，

〔一〕「厲」，原作「用」，據集解本、纂疏本正。

〔二〕「日」字原脱，據集解本、纂疏本補。

〔三〕「積德」，原作「之得」，據集解本、纂疏本正。

〔四〕「水」，原作「小」，形近而誤，據集解本、纂疏本正。

物莫之納，无糧而走。雖復超越陵險，必困於窮匱〔一〕，不過七日，故曰「勿逐，七日得」也。

【集解】鄭康成曰：十萬曰億。〔釋文〕

象曰：「震來厲」，乘剛也。

六三：震蘇蘇，震行无眚。

【解】虞翻曰：死而復生稱蘇，三死坤中，動出得正，震爲生，故「蘇蘇」。坎爲眚，三出得正，坎象不見，故「无眚」。春秋傳曰「晉獲秦諜，六日而蘇」也。

【注】不當其位，位非所處，故懼「蘇蘇」也。而无乘剛之逆，故可以懼行而「无眚」也。

【集解】馬融曰：蘇蘇，尸禄素餐貌。〔釋文〕鄭康成曰：蘇蘇，不安也。王肅曰：蘇蘇，躁動貌。〔並同〕

象曰：「震蘇蘇」，位不當也。

九四：震遂泥。〔釋文〕泥，乃計反。荀本「遂」作「隊」，泥音乃低反。

【解】虞翻曰：坤土得雨爲泥，位在坎中，故「遂泥」也。

【注】處四陰之中，居恐懼之時，爲衆陰之主，宜勇其身以安於衆。若其震也，遂困難矣。履夫不正，不

〔一〕「匱」，原作「困」，據注疏本及樓氏本改。

能除恐，使物安己，德未光也。

【集解】鄭衆曰：身既不安，豈能安衆？〔口訣義〕

象曰：「震遂泥」，未光也。

【解】虞翻曰：在坎陰中，與屯五同義，故「未光也」。

六五：震往來厲，

【解】虞翻曰：往謂乘陽，來謂應陰，失位乘剛，故「往來厲」也。

【注】往則无應，來則乘剛，恐而往來，不免於危。

億无喪有事。

【解】虞翻曰：坤爲喪也。事謂祭祀之事。出而體隨，「王享于西山」，則可以守〔一〕宗廟社稷爲祭主，故「无喪有事」也。

【注】夫處震之時，而得尊位，斯乃有事之機也。而懼往來，將喪其事，故曰「億无喪，有事」也。

象曰：「震往來厲」，危行也。

【解】虞翻曰：乘剛山頂，故「危行也」。

〔一〕「守」字原脱，據集解本、纂疏本補。

其事在中，大「无喪」也。

【解】虞翻曰：動出得正，故「无喪」。

【注】大則无喪，往來乃危也。

上六：震索索，視矍矍，〔釋文〕視，如字，徐市至反。矍矍，俱縛反，徐許縛反。

【解】虞翻曰：上謂四也，欲之三隔坎，故「震索索」。三已動，應在離，故「矍矍」者也。

【注】處震之極，極震者也。居震之極，求中未得，故懼而索索，視而矍矍，无所安親也。

【集解】馬融曰：索索，内不安貌。矍矍，中未得之貌。〔釋文〕鄭康成曰：索索猶縮縮，足不正也。矍矍，目不正。〔同〕

征凶。震不于其躬于其鄰，无咎。婚媾有言。

【解】虞翻曰：上得位，震爲征，故「征凶」。四變時，坤爲躬，鄰謂五也。四上之五，震東兑西，故稱鄰。之五得正，故「不于其躬于其鄰，无咎」。謂三已變，上應三，震爲言，故「婚媾有言」。

【注】已處動極而復征焉，凶其宜也。若恐非己造，彼動故懼，懼鄰而戒，合於備豫，故「无咎」也。極懼相疑，故雖「婚媾」而「有言」也。

象曰：「震索索」，中未得也。

【解】虞翻曰：四未之五，故「中未得也」。

雖凶无咎，畏鄰戒也。

【解】虞翻曰：謂五正位，已乘之逆，「畏〔一〕鄰戒也」。

䷳ 艮下艮上

艮其背。〔釋文〕背，必内反，徐甫載反。

【解】鄭康成曰：艮爲山，山立峙各于其所，无相順之時，猶君在上，臣在下，恩敬不相與〔二〕通，故謂之艮也。

【注】目无患也。

【集解】鄭康成曰：艮之言很也。〔釋文〕

不獲其身，

【注】所止在後，故不得其身也。

行其庭，不見其人，无咎。

〔一〕「畏」，原作「謂」，據集解本、纂疏本正。

〔二〕「與」，原作「於」，據集解本、纂疏本正。

【解】虞翻曰：觀五之三也。艮爲多節，故稱背，觀坤爲身，觀五之三，折坤爲背，故「艮其背」〔一〕。坤象不見，故「不獲其身」。震爲行人，艮爲庭，坎爲隱伏，故「行其庭，不見其人」。三得正，故「无咎」。

案：「艮爲門闕」，今純艮，重其門闕，兩門之間，庭中之象。

【注】相背故也。凡物對面而不相通，否之道也。艮者，止而不相交通之卦也。各止而不相與，何得无咎？唯不相見乃可也。施止於背，不隔物欲，得其所止也。背者，无見之物也。无見則自然靜止，靜止而無見，則不獲其身矣。相背者，雖近而不相見，故「行其庭，不見其人」也。夫施止不於无見，令物自然而止，而強正之，則姦邪並興。近而不相得，則凶。其得「无咎」，「艮其背，不獲其身，行其庭，不見其人」故也。

彖曰：艮，止也。

【解】虞翻曰：位窮於上，故「止也」〔二〕。

時止則止，時行則行，

【解】虞翻曰：時止謂上陽窮上〔三〕，故止。時行謂三體處震爲行也。

〔一〕「艮其背」，原作「艮二其背」，「二」字衍，據集解本、纂疏本删。

〔二〕「位窮於上故止也」句，「窮」原作「躬」，「止」字原脱，據集解本、纂疏本補正。

〔三〕「上」，原作「止」，集解本同，據纂疏本正。

動静不失其時，其道光明。

【解】虞翻曰：動謂三，静謂上。艮止則止，震行則行，故「不失時」。五動成離，故「其道光明」。

【注】止道不可常用，必施於不可以行，適於其時，道乃光明也。

艮其止，止其所也

【解】虞翻曰：謂兩象各止其所。

【注】易背曰止，以明背即止也。施止不可於面，施背乃可也。施止於止。不施止於行，得其所矣，故曰「艮其止，止其所」也。

上下敵應，不相與也。〔釋文〕應，「應對」之「應」，又音膺。

【解】虞翻曰：「艮其背」，背也。兩象相背，故「不相與」也。

是以不獲其身，行其庭，不見其人，无咎也。

【解】案：其義已見繇辭也。

象曰：兼山，艮。君子以思不出其位。

【解】虞翻曰：君子謂三也。三，君子位，震爲出，坎爲隱伏爲思，故「以思不出其位」也。

【注】各止其所，不侵官〔一〕也。

初六：艮其趾，无咎，利永貞。〔釋文〕趾，如字，荀作「止」。

【解】虞翻曰：震爲趾，故「艮其趾」矣。失位變得正，故「无咎永貞」也。

【注】處止之初，行无所之，故止其趾，乃得「无咎」。至静而定，故「利永貞」。

象曰：「艮其趾」，未失正也。

【解】虞翻曰：動而得正，故「未失正也」。

六二：艮其腓，不拯其隨，其心不快。〔釋文〕腓，符非反，本又作「肥」，義與咸卦同。承，音「拯救」之「拯」。

【解】虞翻曰：巽長爲股，艮小爲腓。拯，取也。隨謂下二陰。艮爲止，震爲動，故「不拯其隨」。坎爲心，故「其心不快」。

【注】隨，謂趾也。止其腓，故其趾不拯也。腓體躁而處止，而〔二〕不得拯其隨，又不能退聽安静，故「其心不快」也。

【集解】馬融曰：承，舉也。〔釋文〕〔案〕漢上傳引「承」作「抍」。

〔一〕「官」，原作「害」，據四部備要本、注疏本正。

〔二〕「而」字原脱，據四部備要本、注疏本補。

象曰：其心不快。「不拯其隨」，未退〔一〕聽也。〔按〕從李氏本。

【解】虞翻曰：坎爲耳，故「未退聽也」。

九三：艮其限，列其夤，厲閽心。〔釋文〕夤，引真反，鄭本作「䏰」，徐又音胤。荀作「腎」。薰，荀作「動」。

【解】虞翻曰：限，腰帶處也。坎爲腰，五來之三，故「艮其限」。夤，脊〔二〕肉，艮爲背，坎爲脊，艮爲手，震起艮止，故「裂其夤」。坎爲心。厲，危也。艮爲閽，閽，守門人。坎盜動門，故「厲閽心」。古「閽」作「熏」字，馬因言「熏灼其心」。未聞易道以坎水熏灼人也。荀氏以「熏」爲「勳」，或誤作「動」〔三〕，皆非也。

【注】限，身之中也。三當兩象之中，故曰「艮其限」。夤，當中脊之肉也。止加其身，中體而分，故「列其夤」而憂危薰心也。艮之爲義，各止於其所，上下不相與，至中則列矣。列加其夤，危莫甚焉，危亡之憂，乃薰灼其心也。施止體中，其體分焉，體分兩主，大器喪矣。

【集解】馬融曰：限，要也。鄭康成、荀爽、虞翻同。〔釋文〕又曰：夤，夾脊肉也。荀爽曰：互體有坎，坎爲腎。互體有震，震爲動。〔並同〕王肅曰：熏灼其心。〔漢上傳〕

〔一〕「退」，原作「爲」，纂疏本作「違」，據集解本、注疏本正。下虞注同。

〔二〕「脊」，原作「脅」，據集解本、纂疏本正。

〔三〕「荀氏以熏爲勳或誤作動」，原作「荀氏以熏爲誤或作動」，纂疏本作「荀氏以熏爲勳讀作動」。據集解本改。

象曰：「艮其限」，危「閽心」也。

【解】虞翻曰：坎爲心，坎盜動門，故「危閽心也」。

六四：艮其身，无咎。

【解】虞翻曰：身，腹也。觀坤爲身，故「艮其身」。得位〔一〕承五，故「无咎」。或謂妊身也，五動則四體離婦，離爲大腹，孕之象也，故「艮其身」。得正承五而受陽施，故「无咎」，詩曰「太任有身，生此文王」也。

【注】中上稱身，履得其位，止求諸身，得其所處，故不陷於咎也。

象曰：「艮其身」，止諸躬也。

【解】虞翻曰：艮爲止，五動乘〔二〕四則妊〔三〕身，故「止諸躬也」。

【注】自止其躬，不分全體。

六五：艮其輔，言有序，悔亡。〔按〕李氏本「序」作「孚」。

【解】虞翻曰：輔，面頰骨上頰車者也。三至〔四〕上體頤象，艮爲止，在坎車上，故「艮其輔」，謂「輔車相

〔一〕「位」上原衍「艮」字，據集解本、纂疏本删。
〔二〕「乘」，原作「承」，據集解本、纂疏本正。
〔三〕「妊」，纂疏本同，集解本作「任」。
〔四〕「至」，原作「止」，據集解本、纂疏本正。

依」。震爲言，五失位，悔也，動得正，故「言有孚，悔亡」也。

【注】施止於輔，以處於中，故口无擇言，能亡其悔也。

象曰：「艮其輔」，以中正也。

【解】虞翻曰：五動之中，故「以中正〔一〕也」。

【注】能用中正，故「言有序」也。

上九：敦艮，吉。

【解】虞翻曰：无應靜止，下據二陰，故「敦艮，吉」也。

【注】居止之極，極止者也。敦重在上，不陷非妄，宜其「吉」也。

象曰：「敦艮」之「吉」，以厚終也。

【解】虞翻曰：坤爲厚，陽上據坤，故「以厚終也」。

䷴ 艮下巽上

漸：女歸吉，利貞。

〔一〕「中正」二字原誤倒，集解本同，據纂疏本乙。

【解】虞翻曰：否三之四。女謂四。歸，嫁也。坤三之四承五，進得位，往有功。反成歸妹，兑女歸吉。初上失位，故「利貞」，「可以正邦也」。

【注】漸者，漸進之卦也。止而巽，以斯適進，漸進者也。以止巽爲進，故「女歸吉」也。進而用正，故「利貞」也。

彖曰：漸之進也，「女歸吉」也。〔釋文〕王肅本作「女歸吉利貞」。

【解】虞翻曰：三進四得位，陰陽體正，故吉也。

【注】之於進也。

進得位，往有功也。

【解】虞翻曰：功謂五，四進承五，故「往有功」。巽爲進也。

進以正，可以正邦也。其位，剛得中也。

【解】虞翻曰：謂初已變爲家人，四進已正而上不正，三動成坤爲邦，上來反三，故「進以正，可以正邦」。其位，剛得中」。與家人道正同義。三在外體之中，故稱「得中」。乾文言曰「中不在人」，謂三也。此可謂上變既濟定者也。

【注】以漸進得位也。

止而巽，動不窮也。

【解】虞翻曰：止，艮也。三變震爲動。上之三據坤，動震成坎，坎爲通，故「動不窮」。「往來不窮謂之通」。

象曰：山上有木〔一〕，漸。君子以居賢德善俗。〔釋文〕王肅作「善風俗」。

【解】虞翻曰：君子謂否乾。乾爲賢德，坤陰小人，柔弱爲俗。乾四之坤，爲艮爲居，以陽善陰，故「以居賢德善俗」也。

【注】賢德以止巽則居，風俗以止巽乃〔二〕善。

【集解】侯果曰：賢者德成之名，德是資賢之實也。〔口訣義〕

初六：鴻漸于干，小子厲，有言，无咎。

【解】虞翻曰：鴻，大雁也。離五，鴻。漸，進也。小水從山流下稱干。艮〔三〕爲山、爲小徑。坎水流下山，故「鴻漸于干」也。艮爲小子，初失位，故「厲」，變得正，三動受上成震，震爲言，故「小子厲，有言，无咎」也。

【注】鴻，水鳥也。適進之義，始於下而升者也，故以鴻爲喻。六爻皆以進而履之爲義焉。始進而位乎

〔一〕「木」，原作「水」，據集解本、纂疏本等正。
〔二〕「乃」，原作「則」，據注疏本及樓氏本正。
〔三〕「艮」字原脱，據集解本、纂疏本補。

窮下，又无其應，若履于干，危不可以安也。始進而未得其位，則困於小子，窮於謗言，故曰「小子厲，有言」也。困於小子讒諛之言，未傷君子之義，故曰「无咎」也。

【集解】鄭康成曰：干，謂大水之傍，故停水處。〔詩疏〕　陸績曰：水畔稱「干」。〔釋文〕　荀爽、王肅曰：干，山間澗水也。　翟玄曰：干，涯也。〔並同〕

象曰：「小子」之「厲」，義「无咎」也。

【解】虞翻曰：動而得正，故「義无咎也」。

六二：鴻漸于磐，飲食衎衎，吉。

【解】虞翻曰：艮爲山石，坎爲聚，聚石稱磐。初已之正，體噬嗑食，坎水陽物，並在頤中，故「飲食衎衎」。得正應五，故「吉」。

【注】磐，山石之安者也。進而得位，居中而應，本無禄養，進而得之，其爲歡樂，願莫先焉。

【集解】馬融曰：山中石磐紆，故稱「磐」也。〔疏〕　又曰：衎衎，饒衍也。〔釋文〕　王肅曰：衎衎，寬饒之貌。〔文選注〕

象曰：「飲食衎衎」，不素飽也。

【解】虞翻曰：素，空也。承三應五，故「不素飽」。

九三：鴻漸于陸，

【解】虞翻曰：高平稱陸。謂初已變，坎水爲平，三動之坤，故「鴻〔一〕漸于陸」。

【注】陸，高之頂也。

【集解】馬融曰：山上高平曰「陸」。〔釋文〕

夫征不復，

【解】虞翻曰：謂初已之正，三動成震，震爲征爲夫而復象，坎陽死坤中，坎象不見，故「夫征不復」也。

【注】進而之陸，與四相得，不能復反者也。

婦孕不育，凶。〔釋文〕孕，以證反，説文弋甑反。荀作「乘」。

【解】虞翻曰：孕，妊娠也。育，生也。巽爲婦，離爲孕，三動成坤，離毁失〔二〕位，故「婦孕〔三〕不育，凶」。

【注】「夫征不復」，樂於邪配，則婦亦不能執貞矣。非夫而孕，故「不育」也。三本艮體，而棄乎羣醜，與四相得，遂乃不反，至使婦孕不育。見利忘義，貪進忘舊，「凶」之道也。

【集解】鄭康成曰：九三上與九五互體爲離，離爲大腹，孕之象也。又互體爲坎，坎爲丈夫，坎爲水，水

〔一〕「鴻」字原脱，據九三爻辭及集解本、纂疏本補。
〔二〕「失」，原作「夫」，集解本同，據纂疏本正。
〔三〕「婦孕」二字原誤倒，據集解本、纂疏本乙。

流而去，是「夫征不復」也。夫既不復，則婦人之道顛覆，故「孕而不育」。〔禮記疏〕又曰：孕猶娠也。〔釋文〕

利禦寇。〔案〕史徵本「利」後〔一〕有「用」字。

【解】虞翻曰：禦，當也。坤爲用，巽爲高，艮爲山，離爲戈兵甲冑，坎爲寇〔二〕，自上禦下，三動坤順，坎象不見，故「利用禦寇，順象保」。保，大也。

【注】巽體合好，順而相保，物莫能間，故「利禦寇」也。

象曰：「夫征不復」，離羣醜也。

【解】虞翻曰：坤三爻爲醜，物三稱羣也。

【集解】鄭康成曰：離猶去也。〔釋文〕

「婦孕不育」，失其道也。

【解】虞翻曰：三動〔三〕離毁，陽隕坤中，故「失其道也」。

「利用禦寇」，順相保也。〔案〕李氏本「相」作「象」。

〔一〕「後」字原脱，據文義當有，今補。
〔二〕「寇」上原衍「震」字，據集解本、纂疏本删。
〔三〕「動」字原重，誤，據集解本、纂疏本删。

【解】虞翻曰：三動坤順，坎象不見，故以「順相保也」。

六四：鴻漸于木，或得其桷，无咎。

【解】虞翻曰：巽爲木。桷，椽也，方者謂之「桷」。巽爲交、爲長木，艮爲小木，坎爲脊，離爲麗，小木麗長木，巽繩束〔一〕之，象脊之形，椽桷象也，故「或得其桷」。得位順五，故「无咎」。四已承五，又顧得三，故「或得其桷」也矣。

【注】鳥而之木，得其宜也。「或得其桷」，遇安棲也。雖乘于剛，志相得也。

【集解】馬融、陸績曰：桷，榱也。〔釋文〕翟玄曰：方曰桷，桷，椽也。〔同〕

象曰：「或得其桷」，順以巽也。

【解】虞翻曰：坤爲順，以巽順〔二〕五。案：四居巽木，爻〔三〕陰位正直，桷之象也。自二至五，體有離坎，離爲飛鳥而居坎水，鴻之象也。鴻隨陽鳥，喻女從夫。卦明漸義，爻皆稱焉。

九五：鴻漸于陵，婦三歲不孕，

【解】虞翻曰：陵，丘。婦謂四也。三動受上時，而四體半艮山，故稱「陵」。巽爲婦，離爲孕，坎爲歲，

〔一〕「束」，原作「柬」，據集解本、纂疏本正。
〔二〕「順」字原脱，據集解本、纂疏本補。
〔三〕「爻」上原衍「吕」字，據集解本、纂疏本删。

三動離壞，故「婦三歲不孕」。

【集解】陸績曰：陵、陸俱是高處，然陵卑於陸也。〔口訣義〕

終莫之勝，吉。

【解】虞翻曰：莫，无。勝，陵也。得正居中，故「莫之勝吉」。上終變之三，成既濟定，坎爲心，故象曰「得所願也」。

【注】陵，次陸者也。進得中位，而隔乎三四，不得與其應合，故「婦三歲不孕」也。各履正而居中，三四不能久塞其塗者也。不過三歲，必得所願矣。進以正邦，三年有成，成則道濟，故不過三歲也。

象曰：「終莫之勝，吉」，得所願也。

【解】虞翻曰：上之三，既濟定，故「得所願也」。

上九：鴻漸于陸，

【解】虞翻曰：陸謂三也。三坎爲平，變而成坤，故稱「陸」也。

其羽可用爲儀，吉。

【解】虞翻曰：謂三變受，成既濟，與家人象同義。上之三得〔一〕正，離爲鳥，故「其羽可用爲儀，吉」。

〔一〕「得」，原作「稱」，據集解本、纂疏本正。

三動失位，坎爲亂，乾四止坤，象曰「不可亂」，彖曰「進以正邦」，爲此爻發也。三已得位，又變受上，權也。孔子曰「可與適道，未可與權」，宜无怪焉。

【注】進處高潔，不累於位，无物可以屈其心而亂其志。峨峨清遠，儀可貴也，故曰「其羽可用爲儀，吉」。

象曰：「其羽可用爲儀，吉」，不可亂也。

【解】虞翻曰：坤爲亂，上來正坤，六爻得位，成既濟定，故「不可亂也」。干寶曰：處漸高位，斷漸之進，順艮之言，謹巽之全，履坎之通，據離之耀，婦德既終，母教又明，有德而可受，有儀而可象，故曰「其羽可以爲儀，不可亂也」。

䷵ 兑下震上

歸妹：

【解】虞翻曰：歸，嫁也。兑爲妹。泰三之四，坎月離日，俱歸妹象。「陰陽之義〔一〕配日月」，則「天地交而萬物通」，故以〔二〕嫁娶也。

〔一〕「義」，原作「儀」，據繫辭下文及集解本、纂疏本正。

〔二〕「以」字原脱，據集解本、纂疏本補。

【注】妹者，少女之稱也。兑爲少陰，震爲長陽，少陰而承〔一〕長陽，説以動，嫁妹之象也。

【集解】虞翻曰：九女者，貴其男女繼嗣，宗享不絶也。〔口訣義〕

征凶，

【解】虞翻曰：謂四也。震爲征，三之四不當位，故「征凶」也。

无攸利。

【解】虞翻曰：謂三也。四之三失正无應，以柔乘剛，故「无攸利」也。

彖曰：歸妹，天地之大義也。

【解】虞翻曰：乾天坤地，三之四，天地交，以離日坎月戰陰陽，「陰陽之義配日月」，則萬物興，故「天地之大義」。乾主壬，坤主癸，日月會北。「震爲玄黄」，「天地之雜」。震東兑西，離南坎北。六十四卦，此象最備，四時正卦，故「天地之大義也」。

天地不交而萬物不興。

【解】虞翻曰：乾三之坤四，震爲興。天地以離坎交陰陽，故「天地不交則萬物不興」矣。王肅曰：男女交而後人民蕃，天地交然後萬物興，故歸妹以及天地交之義也。

〔一〕「承」，原作「乘」，自下受上稱「承」，據四部備要本、校勘記改。

「歸妹」，人之終始也。

【解】虞翻曰：人始生乾而終於坤，故「人之終始」。雜卦曰「歸妹，女之終」。謂陰終坤癸，則乾始震庚也。　干寶曰：歸妹者，衰落之女也。父既没矣，兄主其禮，子續父業，人道所以相終始也。

【注】陰陽既合，長少又交，「天地之大義」，人倫之終始。

說以動，所歸妹也。〔釋文〕所歸妹也，本或作「所以歸妹」。

【解】虞翻曰：說，兑。動，震也。謂震嫁兑，所歸必妹也。

【注】少女而與長男交，少女所不樂也。而今「說以動」，所歸必妹也，雖與長男交，嫁而係娣，是以說也。

「征凶」，位不當也。

【解】崔憬曰：中四爻皆失位，以象歸妹非正嫡，故「征凶」也。

【注】履於不正，說動以進，妖邪之道也。

「无攸利」，柔乘剛也。

【解】王肅曰：以征則有不正之凶，以處則有乘剛之逆也，故「无所利」矣。

【注】以征則有不正之凶，以處則有乘剛之逆。

象曰：澤上有雷，歸妹。

【解】干寶曰：雷薄于澤，八月、九月，將藏之時也。君子象之，故不敢恃當今之虞而慮將來禍也。

君子以永終知敝。

【解】虞翻曰：君子謂乾也。坤爲永終爲敝，乾爲知，三之四爲永終，四之三兑爲毁折，故「以永終知敝」。崔憬曰：「歸妹，人之終始也」，始則「征凶」，終則「无攸利」，故「君子以永終知敝」，爲戒者也。

【注】歸妹，相終始之道也，故「以永終知敝」。

初九：歸妹以娣，跛能履，征吉。

【解】虞翻曰：震爲兄，故嫁妹，謂三也。初在三下，動而應四，故稱「娣」。履，禮也。初九應變成坎〔一〕，坎爲曳，故「跛而履」。應在震爲征，初爲娣，變爲陰，故「征吉」也。

【注】少女而與長男爲耦，非敵之謂，是娣從之義也。妹〔二〕，少女之稱也。少女之行，善莫若娣。夫承嗣以君之子，雖幼而不妄行，少女以娣，雖「跛能履」，斯乃恒久之義，吉而相承之道也。以斯而進，吉其宜也。

〔一〕「初九應變成坎」句，「九」字原訛作「无」，「坎」字原作「二」，據集解本、纂疏本正。

〔二〕「妹」，原作「娣」，據四部備要本、校勘記正。

象曰：「歸妹以娣」，以恒也。「跛能履」，吉相承也。

【解】虞翻曰：陽得正，故「以恒」。恒動初成二，故「吉相承也」。

九二：眇能視，利幽人之貞。

【解】虞翻曰：視，應五也。震上兑下，離目不正，故「眇能視」。幽人謂二之初動二在坎中，故稱「幽人」。變得正，震喜兑説，故「利幽人之貞」。與履二同義也。

【注】雖失其位，而居内處中，眇猶能視，足以保常也。在内履中，而能守其常，故「利幽人之貞」也。

象曰：「利幽人之貞」，未變常也。

【解】虞翻曰：常，恒也。乘初未之五，故「未變常」矣。

六三：歸妹以須，反歸以娣。〔釋文〕須，荀、陸作「嬬」。

【解】虞翻曰：須，需也。初至五體需象，故「歸妹以須」。娣謂初也。震爲反，反馬歸也。三失位，四反得正，兑進在四，見初進之，初在兑後，故「反歸以娣」。

【注】室主猶存，而求進焉，進未值時，故有須也。不可以進，故反歸待時，以娣乃行也。

【集解】鄭康成曰：須，有才智之稱。天文有須女，屈原之姊名女須。〔詩疏〕陸績曰：須，妾也。

〔釋文〕陸希聲曰：在天文，織女爲貴，須女爲賤。〔撮要〕

象曰：「歸妹以須」，未當也。

【解】虞翻曰：三未變之陽，故位「未當」。

九四：歸妹愆期，遲歸有時。〔釋文〕遲，雉夷反，一音直冀反。

【解】虞翻曰：愆，過也。謂二變三動之正，體大過象，坎月離日爲期。三變，日月不見，故「愆期」。坎爲曳，震爲行，行〔一〕曳，故「遲」也。歸謂反三。震春兑秋，坎冬離夏，四時體正，故「歸有時」也。

【注】夫以不正无應而適人也，必須彼道窮盡，无所與交，然後乃可以往，故「愆期遲歸」，以待時也。

【集解】馬融曰：愆，過也。陸績曰：遲，待也。〔並釋文〕

象曰：「愆期」之志，有待而行也。〔釋文〕有待而行也，一本「待」作「時」。

【解】虞翻曰：待男行矣。

六五：帝乙歸妹，其君之袂，不如其娣之袂良。

【解】虞翻曰：三四已正，震爲帝，坤爲乙，故曰「帝乙」。泰乾爲良爲君，乾在下爲小君，則妹也。袂口，袂之飾也。兑爲口，乾爲衣，故稱「袂」。謂三失位无應，娣袂謂二，得中應五，三動成乾爲良，故「其君之袂，不如其娣之袂良」，故象曰「以貴行也」矣。

【注】歸妹之中，獨處貴位，故謂之「帝乙歸妹」也。袂，衣袖，所以爲禮容者也。「其君之袂」，謂帝乙所

〔一〕「行」字原脱，據集解本、纂疏本補。

寵也，即五也。爲帝乙所崇飾，故謂之「其君之袂」也。配在九二，兑少震長，以長從少，不若以少從長之爲美也，故曰「不若其娣之袂良」也。

月幾望，吉。〔釋文〕幾，音機，又音祈。荀作「既」。

【解】虞翻曰：幾，其也。坎月離日，兑西震東，日月象〔一〕對，故曰「幾望」。二之五，四復三得正，故「吉」也。與小畜、中孚「月幾望」同義也。

【注】位在乎中，以貴而行，極陰之盛，以斯適配，雖不若少，往亦必合，故曰〔二〕「月幾望，吉」也。

象曰：「帝乙歸妹，不如其娣之袂良」也。

【解】虞翻曰：三四〔三〕復正，乾爲良。

其位在中，以貴行也。

【解】虞翻曰：三四復，二之五，成既濟，五貴，故「以貴行也」。

上六：女承筐无實，〔釋文〕承匡，鄭作「筐」。

【解】虞翻曰：女謂應三兑也。自下受上稱承，震爲筐。以陰應陰，三四復位，坤爲虚，故「无實」，象曰

〔一〕「象」，原作「相」，據集解本、纂疏本正。

〔二〕「曰」，原作「日」，據文義及四部備要本、注疏本正。

〔三〕「四」字原脱，據集解本、纂疏本補。

「承虛筐也」。

【集解】鄭康成曰：宗廟之禮，主婦奉筐米。〔儀禮疏〕又曰：士昏禮云：婦人三月而後祭行。〔詩疏〕

士刲羊无血，无攸利。〔釋文〕刲，苦圭反，一音工惠反。

【解】虞翻曰：刲，刾也。震爲士，兑爲羊，離爲刀，故「士刲羊」。三四復位成泰，坎象不見，故「无血」。三〔一〕柔承剛，故「无攸利」也。

【注】「羊」謂三也。處卦之窮，仰无所承，下又无應，爲女而承命，則筐虛而莫之與。爲士而下命，則「刲羊」而「无血」。刲羊而无血，不應所命也。進退莫與，故曰「无攸利」也。

【集解】馬融曰：刲，刺也。〔釋文〕

象曰：上六「无實」，承虛筐也。

【解】虞翻曰：泰坤爲虛，故「承虛筐也」。

〔一〕「三」上原衍「坎」字，據集解本、纂疏本删。

周易集解卷七

下經豐傳第七

☳☲ 離下震上

豐：亨，〔釋文〕豐，芳忠反，字林匹忠反。

【解】虞翻曰：此卦三陰三陽之例，當從泰二之四。而豐三從噬嗑上來之三，折四于五獄中而成豐，故「君子以折獄致刑」。陰陽交故「通」。噬嗑所謂「利用獄」者，此卦之謂也。

【集解】鄭康成曰：豐之言偀，充滿意也。〔釋文〕

王假之。〔釋文〕假，庚白反，至也。馬古雅反。

【解】虞翻曰：乾爲王。假，至也。謂四宜上至五，動之正成乾，故「王假之，尚大也」。

【注】大而亨者，王之所至。

【集解】馬融曰：假，大也。〔釋文〕

勿憂，宜日中。

【解】虞翻曰：五動之正，則四變成離，離日中當五，在坎中，坎爲憂，故「勿憂，宜日中」。體〔一〕兩離象，「照天下也」。「日中則昃，月盈則蝕。天地盈虚，與時消息」。干寶曰：豐，坎宫陰世在五，以其宜中而憂其昃〔二〕也。坎爲夜，離爲晝，以離變坎，至于天位，日中之象也。殷水德，坎象。晝〔三〕敗而離居之，周伐殷，居王位之象也。聖人德大而心小，既居天位，而戒懼不怠。「勿憂」者，勸勉之言也，猶詩曰「上帝臨女〔四〕，无貳爾心」。言周德當天人之心，宜居王位，故「宜日中」。

【注】豐之爲義，闡弘微細，通夫隱滯者也。爲天下之主，而令微隱者不亨，憂未已也，故至「豐亨」，乃得勿憂也。用夫豐亨不憂之德，宜處天中，以偏照者也，故曰「宜日中」也。

彖曰：豐，大也。明以動，故豐。

【解】崔憬曰：離下震上，「明以動」之象。明則見微，動則成務，故能大矣。

【注】音闡大之大也。

〔一〕「體」，原作「離」，據集解本、纂疏本正。

〔二〕「昃」，原作「測」，集解本作「側」，據纂疏本正。

〔三〕「晝」，原作「盡」，據集解本正。又纂疏本云：「晝」當作「紂」。

〔四〕「女」，原作「爾」，集解本作「汝」，女通汝，「爾」亦通，唯詩作「女」，今正。

「王假之」，尚大也。

【解】姚信曰：四體震王。假，大也。四上〔一〕之五，得其盛位謂之「大」。

【注】大者，王之所尚，故至之也。

「勿憂，宜日中」，

【解】九家易曰：震動而上，故「勿憂」也。「日」者君，「中」者五，君宜居五也。謂陰處五日中之位，當傾昃矣。

宜照天下也。

【解】虞翻曰：五動成乾，乾爲天，四動成兩離，重明麗正，故「宜照天下」，謂「化成天下」也。

【注】以勿憂之德，故宜照天下也。

日中則昃，〔釋文〕昊，孟作「稷」。

【解】荀爽曰：豐者至盛，故「日中」。下居四，日昃之〔二〕象也。

月盈則食，〔釋文〕食，或作「蝕」，非。

〔一〕「上」，原作「宜」，據集解本、纂疏本正。

〔二〕「之」字原脱，據集解本、纂疏本補。

【解】虞翻曰：月之行，生震見兑，盈於乾甲。五動成乾，故「月〔一〕盈」。四變，體噬嗑食，故「則食」。此「豐其屋，蔀其家」也。

【集解】鄭康成曰：言皆有休已，無常盛也。〔公羊疏〕

天地盈虚，與時消息，而況於人乎？況於鬼神乎？

【解】虞翻曰：五息成乾爲盈，四消入坤爲虚，故「天地盈虚」也。豐之既濟，四時象具〔二〕。乾爲神人，坤爲鬼。鬼神與人，亦隨時消息，謂「人謀鬼謀，百姓與能」，「與時消息」。

【注】豐之爲用，困於昃食者也。施於未足則尚豐，施於已盈則方溢，不可以爲常，故具陳消息之道者也。

象曰：雷電皆至，豐。

【解】荀爽曰：豐者，陰據不正，奪陽之位而行以豐，故「折獄致刑」，以討除之也。

君子以折獄致刑。

〔一〕「月」，原作「曰」，據集解本、纂疏本正。

〔二〕「具」，原作「其」，據集解本、纂疏本正。

【解】虞翻曰：「君子」謂三。噬嗑四失正，係在坎獄中，故上之三折四入〔一〕大過死象，故以〔二〕「折獄致刑」。兑折爲刑。賁三得正，故「无敢折獄」也。

【注】文明以動，不失情理也。

初九：遇其配主，〔釋文〕配，鄭作「妃」。

【解】虞翻曰：妃嬪謂四也。四失位，在震爲主。五動體姤遇，故「遇其配主」也。

【注】處豐之初，其配在四，以陽適陽，以明之動，能相光大者也。

【集解】鄭康成曰：嘉耦曰「妃」。〔釋文〕

雖旬无咎，往有尚。〔釋文〕旬，如字，王肅尚純反，或音脣。荀作「均」，劉昞作「鈞」。

【解】虞翻曰：謂四失位，變成坤應初，坤數十。四上而之五成離，離爲日。

【注】旬，均也。雖均无咎，往有尚也。初、四俱陽爻，故曰「均」也。

【集解】鄭康成曰：初修禮上朝四，四以匹敵恩厚待之，雖留十日不爲咎。〔詩疏〕

象曰：「雖旬无咎」，過旬災也。

〔一〕「入」字原脱，據集解本、纂疏本補。

〔二〕「以」字原脱，據集解本、纂疏本補。

【解】虞翻曰：體大過〔一〕，故「過旬災」。四上之五，坎爲災也。

【注】過均則争，交斯叛也。

六二：豐其蔀，日中見斗，往得疑疾。〔釋文〕蔀音部，王廙同，蒲户反，王肅普苟反。鄭、薛作「菩」。見斗，孟作「見主」。

【解】虞翻曰：日蔽雲中稱蔀。蔀，小，謂四也。二利四之五，故「豐其蔀」。噬嗑離爲見象，在上爲日中，艮爲斗。斗，七星也。噬嗑艮爲星、爲止，坎爲北〔二〕中，巽爲高舞。星上於中而舞者，北斗之象也。離上之三，隐坎雲下，故「日中見斗」。四往之五，得正成坎，坎爲疑疾，故「往得疑疾」也。

【集解】馬融曰：蔀，小也。鄭康成曰：菩，小席。薛氏同。〔並釋文〕陸希聲曰：蔀，茂盛周匝之義。〔漢上易〕

有孚發若，吉。

【解】虞翻曰：坎爲孚。四發之五成坎孚，動而得位，故「有孚發若，吉」也。

【注】蔀，覆曖，鄣光明之物也。處明動之時，不能自豐以光大之德，既處乎内，而又以陰居陰，所豐在蔀，幽而无覩者也，故曰「豐其蔀，日中見斗」也。日中者，明之盛也。斗見者，闇之極也。處盛明而豐

〔一〕「過」字原脱，據集解本、纂疏本補。

〔二〕「北」，原作「比」，據集解本、纂疏本正。

其蔀，故曰「日中見斗」。不能自發，故「往得疑疾」。然履中當位，處闇不邪，有孚者也。若，辭也。有孚可以發其志，不困於闇，故獲吉也。

九家易曰：信著〔一〕于五，然後乃可發其順志。

象曰：「有孚發若」，信以發志也。

【解】虞翻曰：四發之五，坎爲志也。

九三：豐其沛，日中見沬，〔釋文〕沛，本或作「旆」，謂旛幔。又普貝反，王廙豐蓋反，又補賴反，徐普蓋反。子夏作「芾」，鄭、干〔二〕作「韋」。沬，徐武蓋反，又亡對反，微昧之光也。字林作「昧」，亡太反，云：斗杓後星。鄭作「昧」。

【解】虞翻曰：日在雲下稱沛。沛，不明也。沬，小星也。噬嗑離爲日，艮爲沬，故「日中見沬」。上之三，日入坎雲下，故「見沬」也。 九家易曰：大暗謂之沛。沬，斗杓後小星也。

【注】沛，旛幔，所以禦盛光也。沬，微昧之明也。應在上六，志在乎陰，雖愈乎以陰處陰，亦未足以免於闇也。所豐在沛，日中則見沬之謂也。

【集解】子夏傳曰：芾，小也。昧，星之小者。〔釋文〕 馬融曰：昧，星之小者。 鄭康成、干寶曰：韋，祭祀之蔽膝。 服虔曰：昧，日中而昏也。 薛氏曰：昧，輔星也。 姚信曰：沛，滂沛也。 王肅曰：沬，音妹。〔並同〕 陸希聲曰：沬者斗概，謂斗之輔星。斗以象大臣，概以象家臣。〔撮要〕

〔一〕「著」，原作「者」，據集解本、纂疏本正。
〔二〕「干」，原作「于」，據釋文正。

折其右肱，无咎。〔釋文〕肱，姚作「股」。

【解】虞翻曰：兑爲折爲右，噬嗑艮爲肱。上來之三，折艮入兑，故「折其右肱」。之三得正，故「无咎」也。

【注】施明，則見沬而已；施用，則折其右肱。故可以自守而已，未足用也。

【集解】鄭康成曰：三艮爻，艮爲手。互體爲巽，巽又爲進退，手而便於進退，右肱也。猶大臣用事於君，君能誅之，故「无咎」。〔儀禮疏〕

象曰：「豐其沛」，不可大事也。

【解】虞翻曰：利四之陰，故「不可大事」。

【注】明不足也。

「折其右肱」，終不可用也。

【解】虞翻曰：四死大過，故「終不可用」。

【注】雖有左在，不足用也。

九四：豐其蔀，

【解】虞翻曰：蔀，蔽也。噬嗑離[一]日之坎雲中，故「豐其蔀」。象曰「位不當也」。

【注】以陽居陰，豐其蔀也。

日中見斗，

【解】虞翻曰：噬嗑日在上爲中，上[二]之三爲巽，巽爲入。日入坎雲下，幽伏不明，故「日中見斗」。象曰「幽不明」，是其義也。

遇其夷主，吉。

【解】虞翻曰：震爲主，四行之正成明夷，則三體震爲夷主，故「遇其夷主，吉」也。案：四處上卦之下，以陽居陰，履非其位，而[三]比於五，故曰「遇」也。夷者，傷也。主者，五也。謂四不期相遇，而能上行傷五則吉，故曰「遇其夷主，吉行也」。

【注】得初以發，夷主吉也。

象曰：「豐其蔀」，位不當也。「日中見斗」，幽不明也。

【解】虞翻曰：離上變入坎雲下，故「幽不明」。坎，幽也。

[一]「離」，原作「籬」，據集解本、纂疏本正。

[二]「上」，原作「止」，據集解本、纂疏本正。

[三]「而」下原衍「上」字，據集解本、纂疏本刪。

「遇其夷主」，吉行也。

【解】虞翻曰：動體明夷，震爲行，故曰「吉行」。

六五：來章，有慶譽，吉。

【解】虞翻曰：在内稱來。章，顯也。慶謂五，陽出稱慶也。譽謂二，二多譽。五發得正，則來應二，故「來章，有慶譽〔一〕，吉」也。

【注】以陰之質，來適尊陽之位，能自光大，章顯其德，獲慶譽也。

象曰：六五之「吉」，「有慶」也。

【解】虞翻曰：動而成乾，乾爲慶。

上六：豐其屋，蔀其家，〔按〕説文「豐其屋」字作「寷」，云大屋也。

【解】虞翻曰：豐，大。蔀，小也。三至上體大壯屋象，故「豐其屋」。謂四五已變，上動成家人。大屋見則家人壞，故「蔀其家」。與泰二同義。故象曰「天際祥」，明以大壯爲屋象故也。

【注】屋，藏蔭之物。以陰處極，而最在外，不履於位，深自幽隱，絶跡深藏者也。既豐其屋，又蔀其家，屋厚家覆，闇之甚也。

〔一〕「譽」字原脱，據六五爻辭及虞注文例補。

闚其户，闃其无人，三歲不覿，凶。〔釋文〕闃，苦鶪反，徐苦鵙反，一音苦馘反。姚作「閲」，孟作「窒」，並通。

【解】虞翻曰：謂從外闚三應。闃，空也。四動時，坤爲闔。户闔，故「闚其户」。坤爲空虚，三隱伏坎中，故「闃其无人」，象曰「自藏也」。四五易位，噬嗑離目爲闚。闚人者，言皆不見。坎爲三歲，坤冥在上，離象不見，故「三歲不覿，凶」。干寶曰：在豐之家，居乾之位，乾爲屋宇，故曰「豐其屋」。此蓋記紂之侈，造爲〔一〕璿宮玉臺也。「蔀其家」者，以記紂多傾國〔二〕之女也。社稷既亡，宮室虚曠，故曰「闚其户，闃其无人」。闃，无人貌也。三者，天地人之數也。凡國於天地，有興亡焉。故王者之亡其家也，必天示其祥，地出其妖，人反其常。非斯三者，亦弗之亡也，故曰「三歲不覿，凶」。然則璿室之成，三年而後亡國矣。案：上應于三，三互離，巽爲户，離爲目，目而近户，闚之象也。既屋豐家蔀，若闚地户，闃寂无人。震木數三，故三歲致凶於災。

【注】雖闚其户，闃其无人，棄其所處，而自深藏也。處於明動尚大之時，而深自幽隱，以高其行。大道既濟，而猶不見，隱不爲賢，更爲反道，凶其宜也。三年豐道之成，治道未濟，隱猶可也；既濟而隱，是以治爲亂者也。

【集解】馬融、鄭康成曰：闃，无人貌。〔釋文〕

〔一〕「爲」字原脱，據集解本、纂疏本補。

〔二〕「國」，原作「宮」，據集解本、纂疏本正。

象曰：「豐其屋」，天際翔也。〔釋文〕翔，鄭、王肅作「祥」。〔按〕李鼎祚本亦作「祥」。

【解】孟喜曰：天降下惡祥也。

【注】翳光最甚者也。

【集解】鄭康成曰：「際」當爲「瘵」，瘵，病也。〔釋文〕

「闚其户，闃其无人」，自藏也。〔釋文〕藏，如字，衆家作「戕」，慈羊反。

【解】虞翻曰：謂三隱伏坎中，故「自藏」者也。

【注】可以出而不出，自藏之謂也，非有爲而藏。不出户庭，失時致凶，況自藏乎？凶其宜也。

【集解】馬融、王肅曰：戕，殘也。鄭康成曰：戕，傷也。〔並釋文〕

䷷ 艮下離上

旅：小亨，旅貞吉。

【解】虞翻曰：賁初之四，否三之五，非乾坤往來也。與噬嗑之豐同義。小謂柔，得貴位而順剛，麗乎大明，故「旅小亨，旅貞吉」。再言「旅」者，謂四凶惡，進退无恒，无所容處。故再言「旅」，惡而愍之。

【注】不足全夫貞吉之道，唯足以爲旅之貞吉，故特重曰「旅貞吉」也。

【集解】王肅曰：旅，軍旅也。〔釋文〕

彖曰：旅小亨，

【解】姚信曰：此本否卦，三五交易，去其本體，故曰客旅。 荀爽曰：謂陰升居五，與陽通者也。

柔得中乎外而順乎剛，止而麗乎明，是以「小亨，旅貞吉」也。

【解】蜀才曰：否三升五，柔得中於外，上順於剛。九五降三，降不失正，止而麗乎明，所以「小亨，旅貞吉」也。

【注】夫物失其主則散，柔乘於剛則乖，既乖且散，物皆羈旅，何由得小亨而貞吉乎？ 夫陽爲物長，而陰皆順陽，唯六五乘剛而復得中乎外，以承於上，陰各順陽，不爲乖逆，止而麗明，動不履妄，雖不及剛得尊位，恢弘大通，是以小亨。 令附旅者不失其正，得其所安也。

旅之時義大矣哉！

【解】虞翻曰：以離日〔一〕麗天，「懸象著明，莫大日月」，故「義大」也。

【注】旅者，大散。物皆失其所居之時也。 咸失其居，物願所附，豈非知者有爲之時？

象曰：山上有火，旅。

〔一〕「日」，原作「曰」，據集解本、纂疏本正。

【解】侯果曰：火在山上〔一〕，其〔二〕勢非長久，旅之象也。

君子以明慎用刑而不留獄。

【解】虞翻曰：君子謂三。離謂明，艮爲慎，兑爲刑，坎爲獄。賁初之四，獄象不見，故「以明慎用刑而不留獄」，與豐「折獄」同義者也。

【注】止以明之，刑戮詳也。

初六：旅瑣瑣，斯其所取災。〔釋文〕瑣瑣，或作「璅」字者，非也。

【解】陸績曰：瑣瑣，小也。艮爲小石，故曰「旅瑣瑣」也。履非其正，應離之始，離爲火。艮爲山，以應火災，焚自取也，故曰「斯其所取災」也。

【注】最處下極，寄旅不得所安，而爲斯賤之役，所取致災，志窮且困。

【集解】馬融曰：瑣瑣，疲弊貌。〔釋文〕鄭康成曰：瑣瑣，猶小小也。爻互體艮。艮，小石，小小之象。三爲聘客，初與二，其介也。介當以篤實之人爲之，而用小人瑣瑣然。客主人爲言，不能辭曰非禮，不能對曰非禮。每者，不能以禮行之，則其所以得罪。〔儀禮疏〕王肅曰：瑣瑣，細小貌。〔釋文〕

〔一〕「上」字原脱，據集解本、纂疏本補。

〔二〕「其」，集解本、纂疏本皆無此字，無礙文義，仍之。

象曰：「旅瑣瑣」，志窮災也。

【解】虞翻曰：瑣瑣，最弊之貌也。失位遠應，之正介坎。坎爲災眚，艮手爲取。謂三動應坎。坎爲志，坤稱窮〔一〕，故曰「志窮災也」。

六二：旅即次，懷其資，得童僕，貞。〔釋文〕懷其資，本或作「懷其資斧」，非。

【解】九家易曰：即，就。次，舍也。資，財也。以陰居二，即就其舍，故「旅即次」〔二〕。承陽有實，故「懷其資」。初者卑賤，二得履之，故「得僮僕」。處和得位正居〔三〕，是故曰「得僮僕貞」也。

【注】次者，可以安行旅之地也。懷，來也。得位居中，體柔奉上，以此寄旅，必獲次舍。懷來資貨，得童僕之所正也。旅不可以處盛，故其美盡〔四〕於童僕之正也。過斯以往，則見害矣！童僕之正，義足而已。

象曰：「得童僕貞」，終无尤也。

【解】虞翻曰：艮爲童僕，得正承三，故「得童僕貞」而「終无尤也」。案：六二履正體艮，艮爲閽寺，

〔一〕「窮」，原作「災」，據集解本、纂疏本正。

〔二〕「故旅即次」，原作「故曰旅即次懷其資也」，誤置在「初者卑賤」上，據集解本、纂疏本移正，餘字删。

〔三〕「正居」上原衍「故」字，據集解本、纂疏本删。

〔四〕「盡」，原作「盛」，形近致訛，據四部備要本、注疏本正。

「童僕貞」之象也。

九三：旅焚其次，喪其童僕，貞厲。

【解】虞翻曰：離爲火，艮爲童僕。三動艮壞，故「焚其次」。坤爲喪。三動艮滅入坤，故「喪其童僕」。動而失正，故「貞厲」矣。

【注】居下體之上，與二相得。以寄旅之身而爲施下之道，與萌侵權，主之所疑也，故次焚、僕喪而身危也。

象曰：「旅焚其次」，亦以傷矣。

【解】虞翻曰：三動體剥，故傷也。

以旅與下，其義「喪」也。

【解】虞翻曰：三變成坤，坤爲下、爲喪，故「其義喪也」。

九四：旅于處，得其資斧，我心不快。〔釋文〕資斧，子夏傳及衆家並作「齊斧」，虞喜志林云「齊」當作「齋」，齋戒入廟而受斧。

【解】虞翻曰：巽爲處，四焚棄惡人，失位遠應，故「旅于處」，言无所從。離爲資斧，故「得其資斧」。三〔一〕

〔一〕「三」，原作「二」，據集解本、纂疏本正。

動，四坎爲心，其位未至，故「我心不快」也。

【注】斧，所以斫除荆棘以安其舍者也。雖處上體之下，不先於物，然而不得其位，不獲平坦之地，客于所處，不得其次而得其資斧之地，故其心不快也。

【集解】張軌曰：齊斧，蓋黄鉞斧也。〔釋文〕張晏曰：齊，整齊也。應劭曰：齊，利也。〔並同〕

象曰：「旅于處」，未得位也。「得其資斧」，心未快也。

【解】案：九四失位而居艮上，艮爲山，山非平坦之地也。四體兑巽，巽爲木，兑爲金，木貫于金，即資斧斫除荆棘之象者也。

六五：射雉，一矢亡。

【解】虞翻曰：三變坎爲弓，離爲矢，故「射雉」。五變乾體，矢動雉飛，雉象不見，故「一矢亡」矣。

終以譽命。

【解】虞翻曰：譽謂二，巽爲命。五終變成乾，則二來應己，故「終以譽命」也。

【注】射雉以一矢，而復亡之，明雖有雉，終不可得矣。寄旅而進，雖處于文明之中，居于貴位，此位終不可有也。以其能知禍福之萌，不安其處，以乘其下，而上承於上，故終以譽而見命也。

象曰：「終以譽命」，上逮也。〔釋文〕逮，音代，一音大計反。

【解】虞翻曰：逮，及也。謂二上及也。干寶曰：離〔一〕爲雉、爲矢，巽爲木、爲進退，艮爲手，兑爲決。有木在手，進退其體，矢決于外，射之象也。一陰升乾，故曰「一矢」。履非其位，下又无應，雖復射雉，終亦失之，故曰「一矢亡」也。「一矢亡」者，喻有損而小也。此記禄父爲王者後，雖小叛擾，終逮安周室，故曰「終以譽命」矣。

上九：鳥焚其巢，旅人先笑後號咷。

【解】虞翻曰：離爲鳥、爲火，巽爲木、爲高。四失位，變震爲筐，巢之象也。今巢象不見，故「鳥焚其巢」。震爲笑，震在前，故「先笑」。應在巽，巽爲號咷，巽象在後，故「後號咷」。

喪牛于易，凶。〔釋文〕于易，以豉反，王肅音亦。

【解】虞翻曰：謂三動時，坤爲牛。五動成乾，乾爲易。上失三，五動應二，故「喪牛于易」。失位无應，故凶也。五動成遁，六二「執之用黄牛之革」，則旅家所喪牛也。

【注】居高危而以爲宅，巢之謂也。客旅得上位，故「先笑」也。以旅而處於上極，衆之所嫉也，以不親之身而當嫉害之地，必凶之道也，故曰「後號咷」。牛者稼穡之資，以旅處上，衆所同嫉，故「喪牛于易」。不在於難，物莫之與，危而不扶，喪牛于易，終莫之聞。莫之聞，則傷之者至矣！

〔一〕「離」上原衍「逮」字，據集解本、纂疏本删。

象曰：以「旅」在「上」，其義「焚」也。〔釋文〕其義焚也，一本作「宜其焚也」。

【解】虞翻曰：離火焚巢，故「其義焚也」。

【集解】馬融曰。義，宜也。〔釋文〕

「喪牛于易」，終莫之聞也。〔釋文〕喪牛之凶，本亦作「喪牛于易」。

【解】虞翻曰：坎耳入兑，故「終莫之聞」。侯果曰：離爲鳥、爲火，巽爲木、爲風。鳥居木上，巢之象也。旅而贍資，物之所惡也。喪牛甚易，求之也難。雖有智者，莫之吉也。

䷸ 巽下巽上

巽：小亨。〔按〕説文「易顨卦爲長女、爲風」，字作「顨」。

【注】全以巽爲德，是以小亨也。上下皆巽，不違其令，命乃行也。故申命行事之時，上下不可以不巽也。

利有攸往。

【注】巽悌以行，物无距也。

利見大人。

【解】虞翻曰：遁二之四。柔得位而順五剛，故「小亨」也。大人謂五，離目爲見。二失位利正，往應五，故「利有攸往，利見大人」矣。

【注】大人用之，道愈隆。

象曰：重巽以申命。

【解】陸績曰：巽爲命令。重命令者，欲丁寧也。

【注】命乃行也。未有不巽而命行也。

剛巽乎中正而志行。

【解】陸績曰：二得中，五得正，體兩巽，故曰「剛巽乎中正」也。皆據陰，故「志行」也。虞翻曰：剛中正，謂五也。二失位，動成坎，坎爲志。終變成震，震爲行也。

【注】以剛而能用巽，處乎中正，物所與也。

柔皆順乎剛，是以「小亨」，

【解】陸績曰：陰爲卦主，故「小亨」。

【注】明无違逆，故得「小亨」。

【集解】褚氏曰：夫獻可替否，其道乃弘。柔皆順剛，非大通之道，所以文王係「小亨」之辭，孔子致「皆順」之釋。〔疏〕

利有攸往，利見大人」。

【解】案：其義已見繇辭。

象曰：隨風，巽。君子以申命行事。

【解】虞翻曰：君子謂遁乾也。巽爲命，重象，故「申命」。變至三，坤爲事，震爲行，故「行事」也。荀爽曰：巽爲號令，兩巽相隨，故「申命」也。法教百端，令行爲上，貴其〔一〕必從，故曰「行事」也。

初六：進退，利武人之貞。

【解】虞翻曰：巽爲「進退」，乾爲「武人」。初失位，利之正爲乾，故「利武人之貞」矣。

【注】處令之初，未能服令者也，故進退也。成命齊邪，莫善武人，故「利武人之貞」以整之。

象曰：「進退」，志疑也。

【解】荀爽曰：風性動，進退欲承五，爲二所據，故志以疑也。

【注】巽順之志，進退疑懼。

「利武人之貞」，志治也。

【解】虞翻曰：動而成乾，乾爲大明，故「志治」。「乾元用九，天下治」，是其義也。

九二：巽在牀下。

〔一〕「其」字原脱，據集解本、纂疏本補。

【解】宋衷曰：巽爲木，二陽在上，初陰在下，牀之象也。二無應于上，退而據初，心在于下〔一〕，故曰「巽在牀下」也。　荀爽曰：牀下，以喻近也。二者軍師，三者號令，故言「牀下」，以明將之所專，不過軍中事也。

用史巫紛若，吉，无咎。

【解】荀爽曰：史以書勳，巫以告廟。紛，變。若，順也。謂二以陽應陽，君所不臣，軍帥之象。征伐既畢，書勳告廟，當變而順五則吉，故曰「用史巫紛若，吉，无咎」矣。

【注】處巽之中，既在下位，而復以陽居陰，卑巽之甚，故曰「巽在牀下」也。卑甚失正，則入于咎過矣。能以居中而施至卑於神祇，而不用之于威勢，則乃至于紛若之吉而亡其過矣。故曰「用史巫紛若，吉，无咎」也。

象曰：「紛若」之「吉」，得中也。

【解】荀爽曰：謂二以處中和，故能變。

九三：頻巽，吝。

〔一〕「牀之象也。二無應于上，退而據初，心在于下」十七字原脱，據集解本、纂疏本補。

【解】虞翻曰：頻，頞也。謂二已變，三體坎艮，坎爲憂，艮爲鼻，故「頻巽」。无〔一〕應在險，故「吝」也。

【注】頻，頻蹙不樂，而窮不得已之謂也。以其剛正而爲四所乘，志窮而巽，是以吝也。

象曰：「頻巽」之「吝」，志窮也。

【解】荀爽曰：乘陽无據，爲陰所乘，號令不行，故「志窮也」。

六四：悔亡，田獲三品。

【解】虞翻曰：田謂二也，地中稱田。失位无應，悔也，欲二之初，已得應之，故「悔亡」。二動得正，處中應五，五多功，故象曰「有功也」。二動，艮爲手，故稱「獲」，謂艮爲狼，坎爲豕，艮二之初，離爲雉，故「獲三品」矣。　翟玄〔二〕曰：「田獲三品」，下三爻也。謂初巽〔三〕爲雞，二兑爲羊，三離爲〔四〕雉也。

案：穀梁傳曰「春獵曰田，夏曰苗，秋曰蒐，冬曰狩」，田獲〔五〕三品，「一爲乾豆，二爲賓客，三爲充君之庖」，注云：「上殺中心，乾之爲豆實。次殺中髀骼，以供賓客。下〔六〕殺中腹，充君之庖廚。尊神

〔一〕「无」上原衍「爲」字，據集解本、纂疏本删。
〔二〕「翟玄」上原衍「巽」字，據集解本、纂疏本删。
〔三〕「巽」，原作「雉」，據集解本、纂疏本正。
〔四〕「爲」字原脱，集解本同，據纂疏本補。
〔五〕「田獲」二字原脱，據集解本、纂疏本補。
〔六〕「下」，原作「不」，據集解本、纂疏本正。

敬客之義也。」

【注】乘剛，悔也。然得位承五，卑得所奉，雖以柔御剛，而依尊履正，以斯行命，必能獲強暴，遠不仁者也。獲而有益，莫善三品，故曰「悔亡，田獲三品」。一曰乾豆，二曰賓客，三曰充君之庖。

象曰：「田獲三品」，有功也。

九五：貞吉，悔亡，无不利。无初有終。

【解】虞翻曰：得位處中，故「貞吉，悔亡，无不利」也。震巽相薄，雷風无形，當變之震矣。巽究〔一〕爲躁卦，故「无初有終」也。

先庚三日，後庚三日，吉。

【解】虞翻曰：震，庚也。謂變初至二成離，至三成震，震主庚，離爲日，震三爻在〔二〕前，故「先庚三日」，謂益時也。動四至五成離，終上成震，震爻在後，故「後庚三日」也。巽初失正，終變成震，得位，故「无初有終，吉」。震究爲蕃鮮白，謂巽白，巽究爲躁卦，躁卦謂震也。與蠱「先甲三日，後甲三日」同義。五動成蠱，乾成于甲，震成于庚。陰陽，天地之始終，故經舉「甲」、「庚」于蠱彖、巽五也。

〔一〕「究」，原作「兑」，據集解本、纂疏本正。

〔二〕「在」上原衍「往」字，據集解本、纂疏本删。

【注】以陽居陽，損於謙巽，然秉乎中正，以宣其令，物莫之違，故曰「貞吉，悔亡，无不利」也。化不以漸，卒以剛直用加於物，故初皆不説也。終於中正，邪道以消，故有終也。申命令謂之庚。夫以正齊物，不可卒也。民迷固久，直不可肆也。故先申〔一〕三日，令著之後，復申三日，然後誅，而无咎怨矣。甲、庚，皆申命之謂也。

象曰：「九五」之「吉」，位正中也。

【解】虞翻曰：居中得正，故「吉」也。

上九：巽在牀下，

【解】虞翻曰：牀下謂初也。窮上反下而成震，故「巽在牀下」。象曰「上窮也」，明當變窮上而復初者也。九家易曰：上爲宗〔二〕廟。禮，封賞出軍，皆先告廟，然後受行。三軍之命，將之所專，故曰「巽在牀下」。

喪其資斧，貞凶。

【解】虞翻曰：變至三時，離毁入坤，坤爲喪，離爲斧，故「喪其資斧」。三變失位，故「貞凶」。荀

〔一〕「申」，釋文：「申」或作「甲」字。

〔二〕「宗」，原作「祟」，據集解本、纂疏本正。

爽曰：軍罷師旋，亦告于廟。還斧于君，故「喪資斧」。正如其故，不知臣節，則凶，故曰「喪其資斧，貞凶」。

【注】處巽之極，極巽過甚，故曰「巽在牀下」也。斧，所以斷者也。過巽失正，喪所以斷，故曰「喪其資斧，貞凶」也。

象曰：「巽在牀下」，「上」窮也。

【解】虞翻曰：陽窮上反下，故曰「上窮也」。

「喪其資斧」，正乎「凶」也。

【解】虞翻曰：上應于三，三動失正，故曰「正乎凶也」。

䷹ 兑下兑上〔一〕

兑：亨，利貞。

【解】虞翻曰：大壯五之三也。剛中而柔外，二〔二〕失正動，應五承三，故「亨，利貞」也。

象曰：兑，説也。

〔一〕「兑下兑上」，原作「兑上兑下」，據文例正。

〔二〕「二」，原作「三」，據集解本、纂疏本正。

【解】虞翻曰：兑口〔一〕，故説也。

剛中而柔外，説以「利貞」，

【解】虞翻曰：「剛中」謂二五，「柔外」謂三上也。二三四利之正，故「説以利貞」也。

【注】説而違剛則諂，剛而違説則暴。剛中而柔外，所以説以利貞也。剛中，故利貞；柔外，故説亨。

是以順乎天而應乎人。

【解】虞翻曰：大壯乾爲天，謂五也。人謂三矣。二變順五承三，故「順乎天，應乎人」。坤爲順也。

【注】天，剛而不失説者也。

説以先民，民忘其勞。〔釋文〕先，西薦反，又如字。

【解】虞翻曰：謂二四已變成屯，坎〔二〕爲勞。震喜兑説，坤爲民。坎爲心，民心喜説，有順比象，故「忘其勞」也。

説以犯難，民忘其死。

【解】虞翻曰：體屯，故難也。三至上體大過死，變成屯，民悦无疆，故「民忘其死」。坎心爲忘，或〔三〕以

〔一〕「口」，原作「日」，據集解本、纂疏本正。

〔二〕「坎」，原作「故」，集解本同，並誤，據纂疏本正。

〔三〕「或」字原脱，據集解本、纂疏本補。

坤爲死也。

説之大，民勸矣哉！

【解】虞翻曰：體比順象，故勞而不怨。震爲喜笑，故人勸也。

象曰：麗澤，兑。君子以朋友講習。〔釋文〕麗，鄭作「離」。

【解】虞翻曰：君子，大壯乾也。陽息見兑，「學以聚之，問以辨之」。兑二陽同類爲朋，伏艮爲友，坎爲習，震爲講，兑兩口對，故「朋友講習」也。

【注】麗猶連也。施説之盛〔一〕，莫盛於此。

【集解】鄭衆曰：樂耽于酒，則有沈湎之凶；志累於樂，則有傷性之患。所以君子樂之美者，莫過于尚詩書，敦習道義，教之盛矣，樂在斯焉。〔口訣義〕　鄭康成曰：離猶併也。〔釋文〕　先儒云：同處師門曰「朋」，共執一志曰「友」。友猶黨也。〔口訣義〕

初九：和兑，吉。

【解】虞翻曰：得位，四變應己，故「和兑，吉」矣。

【注】居兑之初，應不在一，无所黨係，和兑之謂也。説不在諂，履斯而行，未見有疑之者，吉其宜矣。

〔一〕「盛」，原作「道」，據四部備要本、注疏本正。

象曰：「和兑」之「吉」，行未疑也。

【解】虞翻曰：四變應初，震爲行，坎爲疑，故「行未疑」也。

九二：孚兑，吉，悔亡。

【解】虞翻曰：孚謂五也。四已變，五在坎中稱孚。二動，得位應之，故「孚兑，吉，悔亡」也。

【注】説不失中，有孚者也。失位而説。孚吉，乃悔亡也。

象曰：「孚兑」之「吉」，信志也。

【解】虞翻曰：二變應五，謂已四變，坎爲志，故「信志也」。

【注】其志信也。

六三：來兑，凶。

【解】虞翻曰：從大壯來。失位，故「來兑，凶」矣。

【注】以陰柔之質，履非其位，來求説者也。非正而求説，邪佞者也。

象曰：「來兑」之「凶」，位不當也。

【解】案：以陰居陽，故「位〔一〕不當」。諂邪求悦，所以必凶。

〔一〕「故位」二字原誤倒，據集解本、纂疏本乙。

九四：商兑未寧，介疾有喜。

【解】虞翻曰：「巽爲近利市三倍」，故稱「商兑」。變之坎，水性流，震爲行。謂二已變，體比象，故「未寧」，與比「不寧方來」同義也。坎爲疾，故「介疾」。得位承五，故「有喜」。

【注】商，商量裁制之謂也。介，隔也。三爲佞説，將近至尊，故四以剛德裁而隔之，匡内制外，是以「未寧」也。處於幾近，閑邪「介疾」，宜其「有喜」也。

【集解】馬融曰：介，大也。鄭康成曰：商，隱度也。〔並釋文〕

象曰：「九四」之「喜」，有慶也。

【解】虞翻曰：陽爲慶，謂五也。

九五：孚于剥，有厲。

【解】虞翻曰：孚謂五也。二四變，體剥象，故「孚于剥」。在坎未光，「有厲」也。

【注】比於上六，而與相得，處尊正之位，不説信乎陽，而説信乎陰，「孚於剥」之義也。剥之爲義，小人道長之謂。

象曰：「孚于剥」，位正當也。

【解】案：以陽居尊位，應二比四，孚剥有厲，「位正當也」。

【注】以正當之位，信於小人而疏君子，故曰「位正當也」。

上六：引兑。

【解】虞翻曰：无應乘陽，動而之巽爲繩。艮爲手。應在三，三未之正，故「引兑」也。

【注】以夫陰質，最處説後，静退者也。故必見引，然後乃説也。

象曰：上六「引兑」，未光也。

【解】虞翻曰：二四已變而體屯，上三未爲離，故「未光也」。

䷺ 坎下巽上

涣：亨。

【解】虞翻曰：否四之二，成坎巽，天地交，故「亨」也。

王假有廟。〔釋文〕假，庚白反，梁武帝音賈。

【解】虞翻曰：乾爲王。假，至也。否體觀，艮爲宗廟。乾四之坤二，故「王假有廟，王乃在中也」。

利涉大川，利貞。

【解】虞翻曰：坎爲大川，涣，舟檝象，故「涉大川，乘木有功」。二失正，變應五，故「利貞」也。

彖曰：「涣，亨」，剛來而不窮，柔得位乎外而上同。〔釋文〕上如字，又時掌反。

【解】盧氏曰：此本否卦。乾之九四，來居坤中，剛來成坎，水流而不窮也。坤之六二，上升乾四，「柔得位乎外」，上承貴王，與上同也。

【注】二以剛來居内，而不窮於險；四以柔得位乎外，而與上同。内剛而无險困之難，外順而无違逆之乖，是以「亨，利涉大川，利貞」也。凡剛得暢而无忌回之累，柔履正而同志乎剛，則皆「亨，利涉大川，利貞」也。

【集解】先儒云：剛來不窮釋亨德，柔得位乎外釋利貞。〔疏〕

「王假有廟」，王乃在中也。

【解】荀爽曰：謂陽來居二，在坤之中爲立廟。假，大也。言受命之王，居五大位，上體之中，上享天帝，下立宗廟也。

【注】王乃在乎渙然之中，故至有廟也。

「利涉大川」，乘木有功也。

【解】虞翻曰：巽爲木，坎爲水，故「乘木有功也」。

【注】乘木，即涉難也。木者，專所以涉川也。涉難而常用渙道，必有功也。

【集解】先儒云：此卦坎下巽上，乘木水上，涉川之象，故言「乘木有功」。〔疏〕

象曰：風行水上，渙。先王以享于帝，立廟。

【解】虞翻〔一〕曰：謂受命之王，收集散民，上享天帝，下立宗廟也。陰〔二〕上至四承五爲「享帝」，陽下至二爲「立廟」也。離日上爲宗廟，而謂天帝。宗廟之神所配食者，王者所奉，故繼於上。至於宗廟，其實在地。地者，陰中之陽，有似廟中之神。九家易〔三〕曰：否乾爲先王。享，祭也。震爲帝，爲祭，艮爲廟，四之二殺坤大牲，故以「享帝立廟」，謂成既濟，有噬嗑食象故也。

初六：用拯馬壯，吉。〔釋文〕拯，「拯救」之「拯」。子夏作「抍」，抍，取也。〔按〕說文引亦作「抍」。

【解】虞翻曰：坎爲馬，初失正〔四〕動，體大壯得位，故「拯馬壯，吉」，悔亡之矣。

【注】渙，散也。處散之初，乖散未甚，故可以遊行，得其志而違於難也。不在危劇而後乃逃竄，故曰「用拯馬壯，吉」。

【集解】馬融曰：拯，舉也。〔釋文〕伏曼容曰：拯，濟也。王肅曰：拯，拔也。〔並同〕

象曰：「初六」之「吉」，順也。

【解】虞翻曰：承二，故「順也」。

〔一〕「虞翻」，集解本同，纂疏本作「荀爽」。
〔二〕「陰」，原作「離」，據集解本、纂疏本正。
〔三〕「九家易」，集解本、纂疏本皆作「虞翻」。
〔四〕「正」上原衍「位」字，據集解本、纂疏本删。

【注】觀難而行，不與險争，故曰「順也」。

九二：渙奔其机，悔亡。

【解】虞翻曰：震爲奔，坎爲棘，爲矯輮，震爲足，輮來有足，艮肱據之，憑机之象也。渙宗廟中，故設机，二失位變得正，故「渙奔其机，悔亡」也。

【注】机，承物者也，謂初也。二俱无應，與初相得，而初得散道，離散而奔，得其所安，故悔亡也。

象曰：「渙奔其机」，得願也。

【解】虞翻曰：動而得位，故「得願也」。

六三。渙其躬，无悔。

【解】荀爽曰：體中曰躬，謂渙三。使承上爲「志在外」，故「无悔」。

【注】渙之爲義，内險而外安者也。散躬志外，不固所守，與剛合志，故得「无悔」也。

象曰：「渙其躬」，志在外也。

六四：渙其羣，元吉。

【解】虞翻曰：謂二已變成坤，坤三爻稱羣。得位順五，故「元吉」也。

渙有丘，匪夷所思。〔釋文〕有丘，姚作「有近」。匪夷，荀作「匪弟」。

【解】虞翻曰：位半艮山，故稱丘。匪，非也。夷謂震，四應在初，三變，坎爲思，故「匪夷所思」也。

盧氏曰：自二居四，離其羣侶，「涣其羣」也。得位承尊，故「元吉」也。互體有艮，艮爲山丘。涣羣雖則光大，有丘則非乎易，故有匪夷之思也〔一〕。

【注】踰乎險難，得位體巽，與五合志，内掌機密、外宣化命者也，故能散羣之險，以光其道。然處於卑順，不可自專，而爲散之任，猶有丘虚匪夷之慮〔二〕，雖得元吉，所思不可忘也。

象曰：「涣其羣，元吉」，光大也。

【解】虞翻曰：謂三已變成離，故四〔三〕「光大也」。

九五：涣汗其大號，

【解】九家易曰：謂五建二爲諸侯，使下君國，故宣布號令，百姓被澤，若汗之出身，不還反也。此本否卦。體乾爲首，來下處二，成坎水，汗之象也。陽稱大，故曰「涣汗其大號」也。

【集解】鄭康成曰：號，令也。〔文選注〕 王肅曰：王者出令，不可復返，喻如身中汗出，不可反也。〔北堂書鈔〕

涣王居，无咎。

〔一〕「涣羣雖則光大」至此原脱，據集解本、纂疏本補。

〔二〕「慮」，原作「思」，據四部備要本、注疏本正。

〔三〕「四」，原作「曰」，據集解本、纂疏本正。

【解】荀爽曰：布其德教，王居其所，故「无咎」矣。

【注】處尊履正，居巽之中，散汗大號，以盪險阸者也。爲渙之主，唯王居之，乃得「无咎」也。

象曰：「王居，无咎」，正位也。

【解】虞翻曰：五爲王，艮爲居，正位居五，四陰順命，故「王居，无咎，正位也」。

【注】正位不可以假人。

上九：渙其血，去逖出，无咎。

【解】虞翻曰：應在三，坎爲血爲逖，逖，憂也。二變爲觀〔一〕，坎象不見，故「其血去逖出，无咎」。

【注】逖，遠也。最遠于害，不近侵克，散其憂傷，遠出者也。散患於遠害之地，誰將咎之哉？

象曰：「渙其血」，遠害也。

【解】虞翻曰：乾爲遠，坤爲害，體遁上，故「遠害也」。

䷻ 兑下坎上

節：亨。

〔一〕「二變爲觀」，原作「三變也觀」，據集解本、纂疏本正。

【解】虞翻曰：泰三之五，天地交也。五「當位以節，中正以通」，故「節亨」也。

苦節不可貞。

【解】虞翻曰：謂上也。應在三，三變，成離火，「炎上作苦」。位在火上，故「苦節」。雖得位乘陽，故「不可貞」。

彖曰：「節，亨」，剛柔分而剛得中。

【解】盧氏曰：此本泰卦。分乾九三上〔一〕升坤五，分坤六五下處乾三，是「剛柔分而剛得中」也。

【注】坎陽而兑陰也。陽上而陰下，剛柔分也。剛柔分而不亂，剛得中而爲制主，節之義也。節之大者，莫若剛柔分，男女别也。

「苦節不可貞」，其道窮也。

【解】虞翻曰：位極于上，乘陽，故「窮」也。

【注】爲節過苦，則物所不能堪也。物不能堪，則不可復正也。

説以行險，

【解】虞翻曰：兑説坎險，震爲行，故「説以行險」也。

〔一〕「上」，集解本、纂疏本並無此字。有「上」字亦通，今仍之。

當位以節，中正以通。

【解】虞翻曰：中正謂五，坎爲通也。

【注】然後及亨也。无説而行險，過中而爲節，則道窮也。

天地節而四時成，

【解】虞翻曰：泰乾天坤地。震春，兑秋，坎冬，三動，離爲夏，故「天地節而四時成」也。

節以制度，不傷財，不害民。

【解】虞翻曰：艮手稱「制」，坤數十爲「度」。坤又爲害爲民爲財，二動體剥，剥爲傷。三出〔一〕復位，成既濟定，坤剥不見，故「節以制度，不傷財，不害民」。

【集解】鄭康成曰：空府藏則傷財，力役繁則害民，二者奢泰之所致。〔後漢書注〕

象曰：澤上有水，節。〔釋文〕澤上有水，「上」或作「中」，今不用。

【解】侯果曰：澤上有水，以堤防爲節。

君子以制數度，議德行。

【解】虞翻曰：君子，泰乾也。艮止爲制，坤爲度，震爲議爲行，乾爲德，故「以制數度，議德行」。乾三

〔一〕「出」，原作「處」，據集解本、纂疏本正。

之五爲「制數度」，坤五之乾爲「議德行」也。

初九：不出户庭，无咎。

【注】爲節之初，將整離散而立制度者也。故明於通塞，慮於險僞，「不出户庭」，慎密不失，然後事濟而无咎也。

【解】虞翻曰：泰坤爲户，艮爲庭，震爲出，初得位應四，故「不出户庭，无咎」矣。

象曰：「不出户庭」，知通塞也。

【解】虞翻曰：坎爲通。二變，坤土壅初爲「塞」。崔憬曰：爲節之始，有應於四，四爲坎險，不通之象。以節崇塞，雖不通，可謂「知通塞」矣。户庭，室庭也。慎密守節，故不出焉而无咎也。案：初九應四，四互坎艮，艮爲門闕，四居艮中，是爲内户，户庭之象也。

九二：不出門庭，凶。

【注】初已造之，至二宜宣其制矣，而故匿之，失時之極，則遂廢矣，故「不出門庭」則「凶」也。

【解】虞翻曰：變而之坤，艮爲門庭。二失位，不變，出門應五則凶，故言「不出門庭，凶」矣。

象曰：「不出門庭，凶」，失時極也。

【解】虞翻曰：極，中也。未變之正，「失時極」〔一〕矣。

六三：不節若，則嗟若，无咎。

【解】虞翻曰：三，節家君子也，失位，故「節若」。嗟，哀號聲。震爲音聲、爲出。三動得正而體離坎，涕流出目，故「則嗟若」。得位乘二，故「无咎」也。

【注】若，辭也。以陰處陽，以柔乘剛，違節之道，以至哀嗟。自己所致，无所怨咎，故曰「无咎」也。

象曰：「不節」之「嗟」，又誰咎也。

六四：安節，亨。

【解】虞翻曰：二已變，艮止坤安，得〔二〕正承五，有應於初，故「安節，亨」。

【注】得位而順，不改其節而能亨者也。承上以斯，得其道也。

象曰：「安節」之「亨」，承上道也。

【解】九家易曰：言四得正奉五，上通于君，故曰「承上道也」。

九五：甘節，吉。往有尚。

〔一〕「失時極」上原衍「故」字，據集解本、纂疏本删。
〔二〕「得」，原作「行」，據集解本、纂疏本正。

【解】虞翻曰：得正居中，坎爲美，故「甘節，吉」。往謂二，二失正，變往應五，故「往有尚」也。

【注】當位居中，爲節之主，不失其中，不傷財、不害民之謂也。爲節之不苦，非甘而何？術斯以往，「往有尚」也。

象曰：「甘節」之「吉」，居位中也。

【解】虞翻曰：艮爲居，五爲中，故「居位中也」。

上六：苦節，貞凶，悔亡。

【解】虞翻曰：二三變在兩[一]離，火「炎上作苦」，故「苦節」。乘陽，故「貞凶」。得位，故「悔亡」。干寶曰：彖稱「苦節不可貞」，在此爻也。禀險伏之教，懷貪狠之志，以苦節之性而遇甘節之主，必受其誅，華士少正卯之爻也，故曰「貞凶」。苦節既凶，甘節志得，故曰「悔亡」。

【注】過節之中，以至亢極苦節者也。以斯施人，物所不堪，正之凶也。以斯修身，行在无妄，故得悔亡。

象曰：「苦節貞凶」，其道窮也。

【解】荀爽曰：乘陽于上，无應于下，故「其道窮也」。

〔一〕「兩」，原作「雨」，據集解本、纂疏本正。

䷼ 兌下巽上

中孚：

【解】虞翻曰：訟四之初也。坎孚象在中，謂二也，故稱「中孚」。此當從四陽二陰之例，遁陰未及三，而大壯陽已至四，故從訟來。二在訟時，體離〔一〕爲鶴，在坎陰中，故有「鳴鶴在陰」之義〔二〕也。

【集解】荀爽曰：兩巽對合，外實中虛。〔漢上叢説〕　鄭康成曰：中孚爲陽，貞於十一月子；小過爲陰，貞於六月未，法於乾坤。〔漢上傳〕

豚魚吉。〔釋文〕豚，黄作「遯」。

【解】案：坎爲豕〔三〕，訟四降初，折坎稱豚。初陰升四，體巽爲魚。中，二。孚，信也。謂二變應五，化坤成邦，故信及豚魚吉矣。虞氏以三至上體遁，便以豚魚爲遁魚。雖生曲象之異見，乃失化邦之中信也。

【集解】鄭康成曰：三辰在亥，亥爲豕，爻失正，故變而從小名言「豚」耳。四辰在丑，丑爲鼈蟹，鼈蟹，魚之微者。爻得正，故變而從大名言「魚」耳。三體兑，兑爲澤。四上值天淵，二五皆坎爻，坎爲水，二侵澤，則豚利；五亦以水灌淵，則魚利。豚魚以喻小民也，而爲明君賢臣恩意所供養，故「吉」。〔詩

〔一〕「離」字原脱，據集解本、纂疏本補。

〔二〕「義」，原作「象」，據集解本、纂疏本正。

〔三〕「豕」上原衍「孚」字，集解本、纂疏本無，又「坎爲豕」爲説卦文，今據删。

疏〕

利涉大川，

【解】虞翻曰：坎爲大川，謂二已化邦，三利出，涉坎得正〔一〕，體渙，渙，舟楫象，故「利涉大川，乘木舟虛也」。

利〔二〕貞。

【解】虞翻曰：謂二利之正而應五也。「中孚以利貞，乃應于天也」。

彖曰：中孚，柔在内而剛得中，説而巽，孚，

【解】王肅曰：三四在内，二五得中，兑説而巽順，故「孚」也。

【注】有上四德，然後乃孚。

乃化邦也。

【解】虞翻曰：二〔三〕化應五成坤，坤爲邦，故「化邦也」。

【注】信立而後邦乃化也。柔在内而剛得中，各當其所也。剛得中，則直而正；柔在内，則靜而順。説

〔一〕「正」，原作「位」，據集解本、纂疏本正。

〔二〕「利」，原作「刑」，據諸本正。

〔三〕「二」，原作「三」，據集解本、纂疏本正。

而以巽，則乘争不作。如此，則物无巧競，敦實之行著，而篤信發乎其中矣。

「豚魚吉」，信及豚魚也。

【解】虞翻曰：豚魚謂四三也。四〔一〕爲山陸，豚所處。三〔二〕爲兑澤，魚所在。豚者卑賤，魚者幽隱，中信之道，皆及之矣。

【注】魚者，蟲之隱者也。豚者，獸之微賤者也。争競之道不興，中信之德淳著，則雖微隱之物，信皆及之。

「利涉大川」，乘木舟虚也。

【解】王肅曰：中孚之象，外實内虚，有似可乘，虚木之舟也。

【注】乘木於用舟之虚，則終已无溺也。用中〔三〕孚以涉難，若乘木舟虚也。

【集解】鄭康成曰：舟謂集板，如今目空木大爲之曰虚。〔詩疏〕

中孚以「利貞」，乃應乎天也。

〔一〕「四」，原作「艮」，集解本同，纂疏云「四互艮爲山陸」，於義較晰，今據正。

〔二〕「三」，原作「二」，據集解本、纂疏本正。

〔三〕「中」，原作「終」，據四部備要本、注疏本正。

【解】虞翻曰：訟〔一〕乾爲天，二動應乾，故「乃應乎天也」。

【注】盛之至也。

象曰：澤上有風，中孚。

【解】崔憬曰：流風令于上，布澤惠于下，中孚之象也。

君子以議獄緩死。

【解】虞翻曰：君子謂乾也。訟坎爲獄，震爲議爲緩，坤爲死。乾四之初，則二出坎獄，兑説震喜，坎獄不見，故「議獄緩死」也。

【注】信發於中，雖過可亮。

初九：虞吉，有他不燕。

【解】荀爽曰：虞，安〔二〕也。初應于四，宜自安虞，无意于四則吉，故曰「虞吉」也。四者承五，有他意于四則不安，故曰「有它不〔三〕燕」也。

〔一〕「訟」，原作「説」，據集解本、纂疏本正。

〔二〕「安」，原作「宴」，集解本同。纂疏本作「安」，疏云：「士虞禮鄭目録云：『虞，安也。』初應於四，彼此皆正，故初宜安虞。」今據正。

〔三〕「它不」，原作「他」，據集解本、纂疏本正。

【注】虞猶專也。爲信之始而應在四，得乎專吉者也。志未能變，繫心於一，故「有它不燕」也。

【集解】陸希聲曰：燕，安也。有應於四，宜從之，而誠信未通，未能及物，故自守則吉而有他不燕。

〔會通〕

象曰：初九「虞吉」，志未變也。

【解】荀爽曰：初位潛藏，未得變而應四也。

九二：鳴鶴在陰，其子和之。我有好爵，吾與爾靡之。〔釋文〕好爵，如字，王肅呼報反。靡，本又作「縻」，同，亡池反，散也。徐又武寄反，又亡彼反。埤蒼作「縻」。陸作「䌕」。京作「劘」。

【解】虞翻曰：靡，共也。震爲鳴，訟離爲鶴，坎爲陰夜，「鶴知夜半」，故「鳴鶴在陰」。二動成坤體益，五艮爲子，震巽同聲者相應，故「其子和之」。坤爲身，故稱「我」。吾，謂五也。離爲爵，爵，位也。坤爲邦國。五在艮，閽寺闕庭之象，故稱「好爵」。五利二變之正應己〔一〕，故「吾與爾靡之」矣。

【注】處内而居重陰之下，而履不失中，不徇於外，任其真者也。立誠篤志，雖在闇昧，物亦應焉，故曰「鳴鶴在陰，其子和之」也。不私權利，唯德是與，誠之至也，故曰我有好爵，與物散之。

【集解】孟喜曰：好，小也。靡，共也。干寶曰：靡，散也。〔並釋文〕

〔一〕「己」，原作「坎」，集解本作「以」，皆誤。纂疏云「當作『己』，好爵與共，故曰『吾與爾靡之』」，今據正。

象曰：「其子和之」，中心願也。

【解】虞翻曰：坎爲心，動得正應五，故「中心願也」。

六三：得敵，或鼓或罷，或泣或歌。〔釋文〕或罷，如字，王肅音皮，徐扶彼反。

【解】荀爽曰：三四俱〔一〕陰，故敵得也。四得位有位，故鼓而歌；三失位无實，故罷而泣之也。

【注】三居少陰之上，四居長陰之下，對而不相比，敵之謂也。以陰居陽，欲進者也。欲進而閡敵，故「或鼓」也。四履正而承五，非己所克，故「或罷」也。不勝而退，懼見侵陵，故「或泣」也。四履乎順，不與物校，退而不見害，故「或歌」也。不量其力，進退无恒，憊可知也。

象曰：「或鼓或罷」，位不當也。

六四：月幾望，馬匹亡，无咎。〔釋文〕幾，音機，又音祈。京作「近」，荀作「既」。

【解】虞翻曰：訟坎爲月，離爲日。兑西震東，月在兑二，離在震三，日月象〔二〕對，故「月幾望」。乾坎兩馬匹。初四易位，震爲奔走，體遁山中，乾坎〔三〕不見，故「馬匹亡」。初四易位，故「无咎」矣。

【注】居中孚之時，處巽之始，應説之初，居正履順，以承於五，内毗元首，外宣德化者也。充乎陰德之

〔一〕「俱」，原作「居」，據集解本、纂疏本正。

〔二〕「象」，原作「相」，據集解本、纂疏本正。

〔三〕「坎」，原作「坤」，據集解本、纂疏本正。

盛，故曰「月幾望」。「馬匹亡」者，棄羣類也。若夫居盛德之位，而與物校其競争，則失其所盛矣，故曰絶類而上。履正承尊，不與三争，乃得「无咎」也。

象曰：「馬匹亡」，絶類上也。

【解】虞翻曰：訟初之四，體與上絶，故「絶類上也」。

【注】類，謂三。俱陰爻，故曰「類」也。

九五：有孚攣如，无咎。

【解】虞翻曰：孚，信也，謂二在坎爲孚。巽繩艮手，故攣二，使化爲邦，得正應己，故「无咎」也。

【注】攣如者，繫其信之辭也。處中誠以相交之時，居尊位以爲羣物之主，信何可舍？故「有孚攣如」，乃得「无咎」也。

象曰：「有孚攣如」，位正當也。

【解】案：以陽居五，有信攣二，使變己，是「位正當也」。

上九：翰音登于天，貞凶。

【解】虞翻曰：巽爲雞，應在震，震爲音。翰，高也。巽爲高，乾爲天，故「翰音登于天」。失位，故「貞凶」。禮薦牲，雞稱「翰音」也。

【注】翰，高飛也。飛音者，音飛而實不從之謂也。居卦之上，處信之終，信終則衰，忠篤内喪，華美外

揚，故曰「翰音登于天」也。翰音登天，正亦滅矣。

象曰：「翰音登于天」，何可長也？

【解】侯果曰：窮上失位，信不由中，以此申命，有聲无實，中實内喪，虚華外揚，是翰音登天也。巽爲雞，雞曰「翰音」。虚音登天，何〔一〕可久也。

䷽ 艮下震上

小過：亨，利貞。

【解】虞翻曰：晉上之三，當從四陰二陽臨觀之例，臨陽未至三，而觀四已消也。又有飛鳥之象，故知從晉來。「杵臼之利，蓋取諸此」。柔得中而應乾剛，故「亨」。五失正，故「利貞」。「過以利貞，與時行也」。

【集解】王肅曰：過音戈。〔釋文〕褚氏曰：謂小人之行，小有過差，君子爲過厚之行以矯之也，如晏子狐裘之比也。〔疏〕周氏等兼以罪過釋卦名。〔同〕

可小事，

【解】虞翻曰：小謂五，晉坤爲事，柔得中，故「可小事」也。

〔一〕「何」上原衍「正」字，據集解本、纂疏本删。

不可大事。

【解】虞翻曰：大謂〔一〕四，剛失位而不中，故「不可大事」也。

飛鳥遺之音，不宜上，宜下，大吉。〔釋文〕不宜上，時掌反，鄭如字。

【解】虞翻曰：離爲飛鳥，震爲音，艮爲止。晉上之三，離去震在，鳥飛而音止，故「飛鳥遺之音」。上陰乘陽，故「不宜上」。下陰順陽，故「宜下，大吉」。俗説或以卦象二陽在內，四陰在外，有似飛鳥之象，妄矣。

【注】飛鳥遺其音，聲哀以求處，上〔二〕愈无所適，下則得安。愈上則愈窮，莫若飛鳥也。

【集解】鄭康成曰：上謂君也。〔釋文〕

彖曰：小過，小者過而亨也。

【解】荀爽曰：陰稱小。謂四應初，過二而去；三應上，過五而去；五處中，見過不見應，故曰「小者，過而亨也」。

【注】小者，謂凡諸小事也。過於小事而通者也。

過以「利貞」，與時行也。

〔一〕「謂」，原作「事」，集解本同，纂疏本作「謂」，於義爲長，今據正。

〔二〕「上」，原作「下」，據注疏本及樓氏本正。

【注】過而得以利貞，應時宜也。施過於恭儉，利貞者也。

柔得中，是以「小事」吉也。

【解】虞翻曰：謂五也。陰稱小，故「小事吉也」。

剛失位而不中，是以「不可大事」也。

【注】成大事者必在剛也。柔而浸大，剥之道也。

有「飛鳥」之象焉。「飛鳥遺之音，

【解】宋衷曰：二陽在内，上下各陰，有似飛鳥舒翮之象，故曰「飛鳥」。震爲聲音，飛而且鳴，鳥去而音止，故曰「遺之音」也。

【注】不宜上，宜下，即飛鳥之象。

【集解】陸希聲曰：中孚柔在内而剛在外，有鳥孵實之象。今變爲小過，則剛在内而柔在外，有飛鳥之象。〔會通〕

不宜上，宜下，大吉」，上逆而下〔一〕順也。

【解】王肅曰：四五失位，故曰「上逆」。二三得正，故曰「下順也」。

〔一〕「下」，原作「不」，據諸本正。

【注】上則乘剛，逆也；下則承陽，順也。施過於不順，凶莫大焉；施過於順，過更變而爲吉也。

象曰：山上有雷，小過。

【解】侯果曰：山大而雷小，山上有雷，小過於大，故曰「小過」。

君子以行過乎恭，

【解】虞翻曰：君子謂三也。上貴三賤，晉上之三，震爲行，故「行過乎恭」。謂三「致恭以存〔一〕其位」，與謙三同義。

喪過乎哀，

【解】虞翻曰：晉坤爲喪，離爲目，艮爲鼻，坎爲涕洟，震爲出。涕洟出鼻目，體大過遭死，「喪過乎哀」也。

用過乎儉。

【解】虞翻曰：坤爲財用、爲吝嗇，艮爲止，兑爲小，小用止，「密雲不雨」，故「用過乎儉」也。

初六：飛鳥以凶。

〔一〕「存」上原衍「順」字，集解本同，今據繫辭上文及纂疏本删。

【解】虞翻曰：應四離爲飛鳥，上之〔一〕三，則四折入大過死，故「飛鳥以凶」。

【注】小過，上逆下順，而應在上卦。進而之逆，无所錯足，飛鳥之凶也。

象曰：「飛鳥以凶」，不可如何也。

【解】虞翻曰：四死大過，故「不可如何也」。

六二：過其祖，遇其妣。

【解】虞翻曰：祖謂祖母，初也。母死稱妣，謂三。坤爲喪爲母，折入大過死，故稱「祖妣」也〔二〕。二過初，故「過其祖」。五變，三體姤遇，故「遇妣」也。

不及其君，遇其臣，无咎。

【解】虞翻曰：五動爲君，晉坤〔三〕爲臣。二之五隔三，艮爲止，故「不及其君」。止如承三，得正，體姤遇象，故「遇其臣，无咎」也。

【注】過而得之謂之遇，在小過而當位，過而得之之謂也。祖，始也，謂初也。妣者，居内履中而正者

〔一〕「之」，原作「六」，據集解本、纂疏本正。

〔二〕「祖妣也」，原作「祖也妣」，集解本同，據纂疏本正。

〔三〕「坤」，原作「坎」，集解本同，纂疏云「晉内坤爲臣」，是也，今據正。

也。過初而履二位，故曰〔一〕「過其祖」而「遇其妣」。過而不至於僭，盡於臣位而已，故曰「不及其君，遇其臣，无咎」。

象曰：「不及其君」，臣不可過也。

【解】虞翻曰：體大過下〔二〕，止舍巽下，故「不可過」。與隨三同義。

九三：弗過防之，從或戕之，凶。〔釋文〕或戕，徐在良反。

【解】虞翻曰：防，防四也。失位，從或而欲折之初。戕，殺也。離爲戈兵。三從離上入坤，折四死大過中，故「從或戕之，凶」也。

【注】小過之時，大者不立，故令小者得過也。居下體之上，以陽當位，而不能先過防之，至令小者咸〔三〕過而復應而從焉。其從之也，則戕之，凶至矣，故曰「弗過防之，從或戕之，凶」也。

象曰：「從或戕之」，「凶」如何也？

【解】虞翻曰：三來戕四，故「凶如何也」。

九四：无咎，弗過遇之，

〔一〕「曰」，原作「日」，據集解本、纂疏本正。

〔二〕「下」，原作「不」，據集解本、纂疏本正。

〔三〕「咸」，原作「或」，據四部備要本、注疏本正。

【解】九家易曰：以陽居陰，「行過乎恭」。今雖失位，進則遇五〔一〕，故「无咎」也。四體震動，位既不正〔二〕，當動上居五。不復過五〔三〕，故曰「弗過遇之」矣。

往厲必戒，勿用永貞。

【解】荀爽曰：四往危五，戒備於三，故曰「往厲必戒」也。勿長居四，當動上五，故曰「勿用永貞」。

【注】雖體陽爻，而不居其位，不爲責主，故得「无咎」也。失位在下，不能過者也。以其不能過，故得合於免咎之宜，故曰「弗過遇之」。夫晏安酖毒，不可懷也。處於小過不寧之時，而以陽居陰，不能有所爲者也。以此自守，免咎可也；以斯攸往，危之道也。不交於物，物亦弗與，无援之助，故危則必戒而已，无所告救也。沈没怯弱，自守而已，以斯而處於羣小之中，未足任者也，故曰「勿用永貞」，言不足用之於永貞。

象曰：「弗過遇之」，位不當也。「往厲必戒」，終不可長也。

【解】虞翻曰：體否上傾，故「終不可長」矣。

六五：密雲不雨，自我西郊。

〔一〕「遇五」二字原誤倒，據集解本、纂疏本乙。
〔二〕「正」，原作「止」，據集解本、纂疏本正。
〔三〕「不復過五」四字原脱，據集解本、纂疏本補。

【解】虞翻曰：密，小也。晉坎在天爲雲，墜地成雨，上來之三，折坎入兑，小爲密，坤爲自我，兑爲西，五動乾爲郊，故「密雲不雨，自我西郊」也。

公弋取彼在穴。

【解】虞翻曰：「公」謂三也。弋，矰繳射也。坎爲弓彈，離爲鳥矢。弋，无矢也。巽繩連鳥〔一〕，弋人鳥之象。艮爲手〔二〕，二爲穴，手入穴中，故「公弋取彼在穴」也。

【注】小過，小者過於大也。六得五位，陰之盛也，故「密雲不雨，至于西郊」也。夫雨者，陰在于上，而陽薄之而不得通，則烝而爲雨。今艮止於下而不交焉，故不雨也。是故小畜尚往而亨，則不雨也；小過陽不上交，亦不雨也。雖陰盛於上，未能行其施也。公者，臣之極也，五極陰盛，故稱公也。弋，射也。在穴者，隱〔三〕伏之物也。小過者，過小而難未大作，猶在隱伏者也。以陰質治小過，能獲小過者也，故曰「公弋取彼在穴」也。除過之道，不在取之，是乃密雲未能雨也。

象曰：「密雲不雨」，已上也。〔釋文〕已上也，並如字。上又時掌反，鄭作「尚」。

【解】虞翻曰：謂三坎水已之上六，故「已上也」。

〔一〕「鳥」，原作「爲」，據集解本、纂疏本正。
〔二〕「手」，原作「宇」，據集解本、纂疏本正。
〔三〕「隱」，原作「陰」，據王注文義及注疏本正。

【注】陽已上，故止也。

【集解】鄭康成曰：尚，庶幾也。〔釋文〕

上六：弗遇過之，飛鳥離之，凶。是謂災眚。〔釋文〕弗遇，玉付反，本多誤，故詳之。

【解】虞翻曰：謂四已變之坤，上得之三，故「弗遇過之」。離爲飛鳥，公弋得之，鳥下入艮手而死，故「飛鳥離之，凶」。晉坎爲災眚，故「是謂災眚」矣。

【注】小人之過，遂至上極，過而不知限，至於亢也。過至於亢，將何所遇？飛而不已，將何所託？災自己致，復何言哉！

象曰：「弗遇過之」，已亢也。

【解】虞翻曰：飛下稱亢。晉上之三，故「已亢也」。

䷾ 離下坎上

既濟：亨小，利貞。〔釋文〕「亨小」絕句。以「小」連「利貞」者非。

【解】虞翻曰：泰五之二，小謂二也。柔得中，故「亨小」。六爻得位，「各正性命，保合大和」，故「利貞」矣。

【集解】鄭康成曰：既，已也，盡也。濟，度也。〔釋文〕

初吉，

【解】虞翻曰：初，始也，謂泰乾。「乾知太始」，故稱「初」。坤五之乾二，得正處中，故「初吉，柔得中也」。

終亂。

【解】虞翻曰：泰坤稱亂。二上之五，終止於泰，則反成否。子弑其父，臣弑其君，天下无邦，終窮成坤，故亂，其道窮。

彖曰：「既濟，亨」，小者亨也。

【解】荀爽曰：天地既交，陽升陰降，故「小者亨也」。

【注】既濟者，以皆濟爲義者也。小者不遺，乃爲皆濟，故舉小者以明既濟也。

「利貞」，剛柔正而位當也。

【解】侯果曰：此本泰卦。六五降二，九二〔一〕升五，是剛柔正當位也。

【注】剛柔正而位當，則邪不可以行矣，故唯正乃利貞也。

「初吉」，柔得中也。

〔一〕「二」，原作「三」，據集解本、纂疏本正。

【解】虞翻曰：中謂二。

「終」止則「亂」，其道窮也。

【解】虞翻曰：反否終坤，故「其道窮也」。侯果曰：剛得正，柔得中，故「初吉」也。正有終極，濟有息止，止則窮亂，故曰「終止則亂，其道窮也」。一曰殷亡周興之卦也。成湯應天，「初吉」也。商辛毒痡〔一〕，「終止」也。由止，故物亂而窮也。物不可窮，窮則復始，周受其未濟而興焉。乾鑿度曰「既濟未濟者，所以明戒慎，全王道」。

【注】柔得中，則小者亨也。柔不得中，則小者未亨。小者未亨，雖剛得正，則爲未既濟也。故既濟之要，在柔得中也。以既濟爲安者，道極无進，終唯有亂，故曰「初吉，終亂」。終亂不爲自亂，由止故亂，故曰「終止則亂」也。

象曰：水在火上，既濟。君子以思患而豫防之。

【解】荀爽曰：六爻既正，必當復亂，故君子象之，思患而預防之，治不忘亂也。

【注】存不忘亡，既濟不忘未濟也。

初九：曳其輪，濡其尾，无咎。

〔一〕「痡」，原作「痛」，據集解本、纂疏本正。

【解】宋衷曰：離者，兩陽一陰，陰方陽圓，輿輪之象也。其一在坎中，以火入水必敗，故曰「曳其輪」也。初在後稱「尾」，尾濡輪〔一〕曳，咎也。得正有應，於義可以危〔二〕而无咎矣。

【注】最處既濟之初，始濟者也。始濟未涉於燥，故輪曳而尾濡也。雖未造易，心无顧戀，志棄難者也。其於義也，无所咎也。

象曰：「曳其輪」，義「无咎」也。

六二：婦喪其茀，勿逐，七日得。〔釋文〕其茀，方拂反，首飾也。子夏作「髴」，荀作「紱」，董作「髢」。

【解】虞翻曰：離爲婦，泰坤爲喪。茀髮，謂鬒髮也，一名婦人之首飾。坎爲玄雲，故稱髮，詩曰「茀髮如雲」。乾爲首，坎爲美，五取乾二之坤爲坎，坎爲盜，故「婦喪其髴」。泰震爲七〔三〕，故「勿逐，七日得」，與睽「喪馬勿逐」同義。「髴」或作「茀」，俗説以髴〔四〕爲婦人蔽膝之茀，非也。

【注】居中履正，處文明之盛，而應乎五，陰之光盛者也。然居初、三之間，而近不相得，上不承三，下不比初。夫以光盛之陰處於二陽之間，近而不相得，能无見侵乎？故曰「喪其茀」也。稱「婦」者，以明

〔一〕「輪」字原脱，據纂疏本補。
〔二〕「危」，原作「尾」，據集解本、纂疏本正。
〔三〕「爲七」二字原脱，據集解本、纂疏本正。
〔四〕「髴」，原作「髮」，據集解本、纂疏本正。

自有夫而它人侵之也。茀，首飾也。夫以中道執乎貞正，而見侵者，衆之所助也。處既濟之時，不容邪道者也。時既明峻，衆又助之，竊之者逃竄而莫之歸矣。量斯勢也，不過七日，不須己逐，而自得也。

【集解】馬融曰：茀，首飾也。〔釋文〕　鄭康成曰：茀，車蔽也。　干寶曰：茀，馬髴也。〔並同〕

象曰：「七日得」，以中道也。

【解】王肅曰：體柔應五，履順乘剛，婦人之義也。髴，首飾。坎爲盜，離爲婦。「喪其茀」，鄰於盜也。勿逐自得，履中道也。二五相應，故「七日得」也。

九三：高宗伐鬼方，三年克之，小人勿用。

【解】虞翻曰：高宗，殷王武丁。鬼方，國名。乾爲高宗，坤爲鬼方，乾二〔一〕之坤五，故「高宗伐鬼方」。坤爲年，位在三，故「三年」。坤爲小人，二上克五，故「三年克之，小人勿用」，象曰「憊也」。　干寶曰：高宗，殷中興之君。鬼方〔二〕，北方國也。高宗嘗〔三〕伐鬼方，三年而後克之。離爲戈兵，故稱「伐」。坎當北方，故稱「鬼」。在既濟之家而述先代之功，以明周因於殷，有所弗革也。

〔一〕「二」，原作「三」，據集解本、纂疏本正。
〔二〕「方」字原脱，據集解本、纂疏本補。
〔三〕「嘗」，原作「當」，據集解本、纂疏本正。

【注】處既濟之時，居文明之終，履得其位，是居衰末而能濟者。高宗伐鬼方，三年乃克也。君子處之，故能興也；小人居之，遂喪邦也。

象曰：「三年克之」，憊也。〔釋文〕憊，陸作「備」。

【解】侯果曰：伐鬼方者，興衰除闇之征也。上六闇極，九三征之，三舉方及，故曰「三年克之」。興役動衆，聖猶疲憊，則非小人能爲，故曰「小人勿用」。虞翻曰：坎爲勞，故「憊也」。

【集解】鄭康成曰：憊，劣弱也。〔釋文〕陸績曰：「憊」當爲「備」〔一〕。備，劣弱也。〔同〕

六四：繻有衣袽，終日戒。〔釋文〕繻，而朱反，子夏作「襦」，王廙同。袽，女居反，王肅音如，説文作「絮」，子夏作「茹」，京作「絮」。〔按〕繻，説文一引作「需」，一引作「繻」。袽，説文引作「絮」。

【解】虞翻曰：乾爲衣，故稱「繻」。袽〔二〕，敗衣也。乾二之五，衣象裂壞，故「繻有衣袽」。離爲日，坎爲盜，在兩坎間，故「終日戒」。謂伐鬼方，三年乃克，旅人勩〔三〕勞，衣服皆敗〔四〕，鬼方之民，猶或寇竊，故「終日戒」也。

〔一〕「憊當爲備」，原作「備當爲憊」，據釋文正。
〔二〕「袽」，原作「茹」，依注文當作「袽」，集解本、纂疏本並同，今據正。
〔三〕「勩」，原作「勚」，據纂疏本正。
〔四〕「敗」，原作「散」，據集解本、纂疏本正。

【注】繻宜曰濡，衣袽，所以塞舟漏也。履得其正，而近不與三、五相得。夫有隙之棄舟而得濟者，「有衣袽」也。鄰於不親而得全者，「終日戒」也。

【集解】鄭康成曰：繻音須。王肅同。〔釋文〕　薛、虞曰：襦，古文作「繻」。〔同〕

【解】盧氏[一]曰：繻者，布帛端末之識也。袽者，殘弊帛，可拂拭器物也。繻有爲衣袽[二]之道也，四處明闇之際，貴賤无恒，猶或爲衣，或爲袽也。履多懼之地，上承帝主，故終日戒慎，有所疑懼也。

象曰：「終日戒」，有所疑也。

九五：東鄰殺牛，不如西鄰之禴祭，實受其福。

【解】虞翻曰：泰震爲東，兑爲西，坤爲牛，震動五殺坤，故「東鄰殺牛」。在坎多眚，爲陰所乘，故「不如西鄰之禴祭」。禴，夏祭也。離爲夏。兑動，二體離明，得正承五順三，故「實受其福，吉大來也」。

【注】牛，祭之盛者也。禴，祭之薄者也。居既濟之時而處尊位，物皆濟矣。將何爲焉？其所務者，祭祀而已。祭祀之盛，莫盛脩德，故沼沚之毛，蘋蘩之菜，可羞於鬼神。故「黍稷非馨，明德惟馨」。是以「東鄰殺牛，不如西鄰之禴祭，實受其福」也。

【集解】鄭康成曰：互體爲坎，又互體爲離，離爲日，坎爲月。日出東方，東鄰象；月出西方，西鄰象。

[一]「盧氏」，原作「虞翻」，據集解本、纂疏本正。
[二]「袽」，原作「繻」，據集解本、纂疏本正。

〔禮記疏〕又曰：禴，夏祭之名。〔王氏〕

象曰：「東鄰殺牛」，「不如西鄰」之時也。

【解】崔憬曰：居中當位於既濟之時，則當是周受命之日也。五坎爲月，月出西方，西鄰之謂也。二應在離，離爲日，日出東方，東鄰之謂也。離又爲牛，坎水克離火，「東鄰殺牛」之象。禴，殷春祭之名〔一〕。案尚書克殷之歲，「厥四月，哉生明，王來自商，至于豐。丁未，祀于周廟」，四月，殷之三月，春也，則明西鄰之禴祭，得其時而受祉福也。

【注】在於合時，不在於豐也。

「實受其福」，吉大來也。

【解】盧氏曰：明鬼享德不享味也。故德厚者，「吉大來也」。

上六：濡其首，厲。

【解】虞翻曰：乾爲首，五〔二〕從二上，在坎中，故「濡其首，厲」。位極乘陽，故「何可久」。

【注】處既濟之極，既濟道窮，則之於未濟；之於未濟〔三〕，則首先犯焉。過而不已，則遇於難，故「濡其

〔一〕「殷春祭之名」，原作「殷之祭名」，據集解本、纂疏本正。

〔二〕「五」，原作「王」，據集解本、纂疏本正。

〔三〕「之於未濟」四字當重，原脱，據四部備要本、注疏本補。

首」也。將没不久，危莫先焉。

象曰：「濡其首，厲」，何可久也？

【解】荀爽曰：居上濡五，處高居盛，必當復危，故「何可久也」。

䷿ 坎下離上

未濟：亨。

【解】虞翻曰：否二之五也。柔得中，天地交，故「亨」。濟，成也。六爻皆錯，故稱未濟也。

小狐汔濟，〔釋文〕狐，徐音胡。

【解】虞翻曰：否艮爲小狐。汔，幾也。濟，濟渡。狐濟幾度而「濡其尾」，「未出中也」。

【集解】鄭康成曰：汔，幾也。〔釋文〕

濡其尾，无攸利。

【解】虞翻曰：艮爲尾。狐，獸之長尾者也。尾謂二，在坎水中，故「濡其尾」。失位，故「无攸利，不續終也」。干寶曰：坎爲狐。説文曰：「汔，涸也。」案：剛柔失正，故未濟也。五居中應剛，故亨也。小狐力弱，汔乃可濟，水既未涸而乃濟之，故尾濡而无所利也。

象曰：「未濟，亨」，柔得中也。

【解】荀爽曰：柔上居五，與陽合同，故亨也。

【注】以柔處中，不違剛也；能納剛健，故得亨也。

「小狐汔濟」，未出中也。

【解】虞翻曰：謂二未變，在坎中也。干寶曰：狐，野獸之妖者，以喻禄父。中謂二也，困而猶處中故也。此以記紂雖亡國，禄父猶得封矣。

【注】小狐不能涉大川，須汔然後乃能濟。處未濟之時，必剛健拔難，然後乃能濟。汔乃能濟，未能出險之中。

「濡其尾，无攸利」，不續終也。

【解】虞翻曰：否陰消陽，至剥終坤，「終止則亂，其道窮也」。乾五之二，坤殺不行，故「不續終也」。干寶曰：言禄父不能敬奉天命，以續既終之禮，謂叛而被誅也。

【注】小狐雖能渡而无餘力，將濟而濡其尾，力竭於斯，不能續終，險難猶未足以濟也。濟未濟者，必有餘力也。

雖不當位，剛柔應也。

【解】荀爽曰：雖剛柔相應而不以正，由未能濟也。干寶曰：六爻皆相應，故微子更得爲客也。

【注】位不當，故未濟。剛柔應，故可濟。

象曰：火在水上，未濟。

【解】侯果曰：火性炎上，水[一]性潤下，雖復同體，功不相成，所以未濟也。故君子慎辨物宜，居之以道，令其功用相得，則物咸濟矣。

君子以慎辨物居方。

【解】虞翻曰：君子，否乾也。艮爲慎。辨[二]，辨別也。物謂「乾，陽物也；坤[三]，陰也[四]」。艮爲居，坤爲方，乾別五以居坤二，故「以慎辨物居方」也。

【注】辨物居方，令物各得其所也。

初六：濡其尾，吝。

【解】虞翻曰：應在四，故「濡其尾」。失位，故「吝」。

【注】處未濟之初，最居險下，不可以濟者也。而欲之其應，進則溺身。未濟之始，始於既濟之上六也。濡其首猶不反，至於濡其尾，不知紀極者也。然以陰處下，非爲進亢，遂其志者也。困而能反，故不曰

[一]「水」，原作「木」，據集解本、纂疏本正。

[二]「辨」，原與上「慎」字誤倒，據集解本、纂疏本正。

[三]「坤」，原作「地」，據集解本、纂疏本正。

[四]「乾，陽物也；坤，陰物也」，繫下文。「陰」下當脱「物」字。

凶。事在已量，而必困乃反，頑亦甚矣，故曰「吝」也。

象曰：「濡其尾」，亦不知極也。

【解】案：四在五後，故稱「尾」。極，中也。謂四居坎中，以「濡其尾」，是「不知極也」。

九二：曳其輪，貞吉。

【解】姚信曰：坎爲曳爲輪，兩陰夾陽，輪之象也。二應于五而隔于四，止而據初，故「曳其輪」。處中而行，故曰「貞吉」。干寶曰：坎〔一〕爲輪，離爲牛，牛曳輪，上以承五命，猶東蕃之諸侯共攻〔二〕三監，以康周道，故曰「貞吉」也。

【注】體剛履中，而應於五，五體陰柔，應與而不自任者也。居未濟之時，處險難之中，體剛中之質，而見任與，拯救危難，經綸屯蹇者也。用健拯難，靖難在正，而不違中，故「曳其輪，貞〔三〕吉」也。

象曰：九二「貞吉」，中以行正也。

【解】虞翻曰：謂初已正，二動成震，故「行正」。

〔一〕「坎」，原作「坤」，據集解本、纂疏本正。
〔二〕「攻」字原脱，據集解本、纂疏本補。
〔三〕「貞」，原作「征」，據經文九二爻辭正。

【注】位雖不正，中以行正也。

六三：未濟，征凶。利涉大川。

【解】荀爽曰：未濟者，未成也。女在外，男在内，婚姻未成，征上從四則凶。利下從坎，故「利涉大川」矣。

【注】以陰之質，失位居險，不能自濟者也。以不正之身，力不能自濟，而求進焉，喪其身也，故曰「征凶」也。二能拯難，而己比之，棄己委二，載二而行，溺可得乎？何憂未濟？故曰「利涉大川」。

象曰：「未濟，征凶」，位不當也。

【解】干寶曰：「吉凶者，言乎其失得也」。禄父反叛，管蔡與亂，兵連三年，誅及骨肉，故曰「未濟征凶」。平克四國，以濟大難〔一〕，故曰「利涉大川」。坎也以六居三，不當其位，猶周公以臣而君，故流言作矣。

九四：貞吉，悔亡。

【解】虞翻曰：動正得位，故吉而悔亡矣。

震用伐鬼方，三年有賞于大國。

〔一〕「難」，原作「事」，據集解本、纂疏本正。

【解】虞翻曰：變之震體師，坤爲鬼方，故「震用伐鬼方」。坤爲年爲大邦，陽稱賞，四在坤中，體既濟離三，故「三年有賞于大國」。

【注】處未濟之時，而出險難之上，居文明之初，體乎剛質，以近至尊，雖履非其位，志在乎正，則吉而悔亡矣。其志得行，靡禁其威，故曰「震用伐鬼方」也。伐鬼方者，興衰之征也，故每至興衰而取義焉。處文明之初，始出於難，其德未盛，故曰「三年」也。五居尊以柔，體乎文明之盛，不奪物功者也，故以大國賞之也。

象曰：「貞吉悔亡」，志行也。

【解】案：坎爲志，震爲行，四坎變震，故「志行也」。

六五：貞吉，无悔。

【解】虞翻曰：之〔一〕正則吉，故「貞吉，无悔」。

君子之光，有孚，吉。

【解】虞翻曰：動之乾，離爲光，故「君子之光」也。孚謂二，二〔二〕變應，已得有之，故「有孚，吉」。坎稱

〔一〕「之」上原衍「曰」字，據集解本、纂疏本删。
〔二〕「二」，原作「三」，據集解本、纂疏本正。

孚也。　干寶曰：以六居五，周公攝政之象也，故曰「貞吉，无悔」。制禮作樂，復子明辟，天下乃明其道，乃信其誠，故「君子之光，有孚吉」矣。

【注】以柔居尊，處文明之盛，爲未濟之主，故必正然後乃吉，吉乃得无悔也。夫以柔順文明之質，居於尊位，付與於能，而不自役，使武以文，御剛以柔，斯誠君子之光也。付物以能，而不疑也，物則竭力，功斯克矣，故曰「有孚，吉」。

象曰：「君子之光」，其暉吉也。〔釋文〕暉字又作「輝」。

【解】虞翻曰：動之正，乾爲大明，故「其暉吉也」。

上九：有孚于飲酒，无咎。濡其首，有孚失是。

【解】虞翻曰：坎爲孚，謂四也。上之三介四，故「有孚」。飲酒流頤中，故「有孚于飲酒」。終變之正，故「无咎」。乾爲首，五動，首在酒中，失位，故「濡其首」矣。孚，信。是，正也。六位失正〔一〕，故「有孚失是」。謂若殷紂沉湎于酒，以〔二〕失天下也。

【注】未濟之極，則反於既濟。既濟之道，所任者當也。所任者當，則可信之无疑而已逸焉。故曰「有孚于飲酒，无咎」也。以其能信於物，故得逸豫而不憂於事之廢。苟不憂於事之廢，而耽於樂之甚，則

〔一〕「正」，原作「政」，集解本同，據纂疏本正。

〔二〕「以」字原脱，據集解本、纂疏本補。

至於失節矣。由於有孚，失於是矣，故曰「濡其首，有孚失是」也。

象曰：「飲酒濡首」，亦不知節也。

【解】虞翻曰：節，止也。艮爲節。「飲酒濡首」，故「不知節」矣。

周易集解卷八

繫辭上第八

〔釋文〕繫，徐胡詣反，本「系」也，又音係，續也，字從「毄」。若直作「毄」下「系」者，音口奚反，非。辭，本作「辭」，依字應作「詞」，説也。本亦作「繫辭上」，王肅本皆作「繫辭上傳」，訖於雜卦皆有「傳」字，本亦有無「上」字者。

【集解】馬融、荀爽、姚信等分「白茅」章後，取「負且乘」更爲别章，成十三章。〔疏〕虞翻分爲十一章，合「大衍之數」並「知變化之道」共爲一章。周氏云：「天尊地卑」爲第一章，「聖人設卦觀象」爲第二章，「彖者言乎象者」爲第三章，「精氣爲物」爲第四章，「顯諸仁藏諸用」爲第五章，「聖人有以見天下之賾」爲第六章，「初六藉用白茅」爲第七章，「大衍之數」爲第八章，「子曰知變化之道」爲第九章，「天一地二」爲第十章，「是故易有太極」爲第十一章，「子曰書不盡言」爲第十二章。何氏云：上篇明无，故曰「易有太極」，太極即无也。又云：「聖人以此洗心，退藏於密」，是其无也。下篇明幾，從无入有，故云「知幾其神乎」。先儒或以上篇論易之大理，下篇論易之小理。〔並同〕

天尊地卑，乾坤定矣。〔釋文〕卑，如字，又音婢。本又作「埤」，同。

【解】虞翻曰：天貴故「尊」，地賤故「卑」，定謂成列。荀爽曰：謂否卦也。否七月，萬物已成，乾坤各得其位，定矣。

【注】乾坤，其易之門户，先明天尊地卑，以定乾坤之體。

卑高以〔一〕陳，貴賤位矣。

【解】虞翻曰：乾高貴五，坤卑賤二，「列貴賤者存乎位」也。侯果曰：天地卑高，義既陳矣。萬物貴賤，位宜差矣。

【注】天尊地卑之義既列，則涉乎萬物，貴賤之位明矣。

【集解】鄭康成曰：君臣尊卑之貴賤，如山澤之有高卑也。〔禮記疏〕

動静有常，剛柔斷矣。

【解】虞翻曰：斷，分也。乾剛常動，坤柔常静。分陰分陽，迭用柔剛。

【注】剛動而柔止也。動止得其常體，則剛柔之分著矣。

【集解】鄭康成曰：雷風也，陽動陰静，剛柔之斷也。〔穀梁疏〕

方以類聚，

〔一〕「以」，原作「已」，諸本作「以」，今據正。

【解】九家易曰：謂姤卦。陽爻聚〔一〕於午也。方，道也。謂陽道施生，萬物各聚其所也。

物以羣分，

【解】九家易曰：謂復卦。陰爻羣於子也。陰主成物，故曰物也。至於萬物一成，分散天下也，以周人用，故曰「物以羣分」也。

【集解】鄭康成曰：謂水火也。〔禮記疏〕

吉凶生矣。

【解】虞翻曰：物三稱羣。坤方道静，故「以類聚」。乾物動行，故「以羣分」。乾生故吉，坤殺故凶，則「吉凶生矣」。

【注】方有類，物有羣，則有同有異，有聚有分也。順其所同則吉，乖其所趣則凶，故「吉凶生矣」。

在天成象，

【集解】鄭康成曰：日月星辰也。〔禮記疏〕

在地成形，

【集解】馬融曰：植物、動物也。〔禮記疏〕　鄭康成曰：謂草木鳥獸也。〔御覽〕　王肅曰：山川羣

〔一〕「聚」，原作「象」，據集解本、纂疏本正。

物。〔禮記疏〕王廙曰：謂山川等。〔御覽〕

變化見矣。

【解】虞翻曰：謂日月在天成八卦，震象出庚，兑象見丁，乾象盈甲，巽象伏辛，艮象消丙，坤象喪乙，坎象流戊，離象就己，故「在天成象」也。「在地成形」，謂震〔一〕竹巽木，坎水離火，艮山兑澤，乾金坤土。在天爲變，在地爲化，「剛柔相推而生變化」矣。

【注】「象」況日月星辰，「形」況山川草木也。懸象運轉，以成昏明；山澤通氣，而雲行雨施，故「變化見」也。

是故剛柔相摩，八卦相盪。〔釋文〕摩，本又作「磨」。盪，衆家作「蕩」，王肅音唐黨反。

【解】虞翻曰：旋轉稱「摩」，薄也。乾以二五摩坤，成震坎艮；坤以二五摩乾，成巽離兑，故「剛柔相摩」，則「八卦相盪」者也。

【注】相切摩也，言陰陽之交感也。相推盪也，言運化之推移。

【集解】京房曰：相摩，相磑切也。〔釋文〕馬融曰：摩，切也。蕩，除也。桓玄曰：盪，動也。〔並同〕

〔一〕「震」下原衍「爲」字，據纂疏本删。

鼓之以雷霆，潤之以風雨。〔釋文〕霆，王肅、呂忱音庭，徐又徒鼎反，又音定。

【解】虞翻曰：鼓，動。潤，澤也。雷，震；霆，艮；風，巽；雨，兑也。

【集解】京房曰：霆者，雷之餘氣，挺生萬物也。〔釋文〕陸績、董遇曰：鼓，鼓動也。蜀才曰：凝爲電。〔並同〕

日月運行，一寒一暑。〔釋文〕運行，姚作「違行」。

【解】虞翻曰：日，離；月，坎；寒，乾；暑，坤也。運行往來，「日月相推而明生焉，寒暑相推而歲成焉」，故「一寒一暑」也。

乾道成男，坤道成女。

【解】荀爽曰：男謂乾初適坤爲震，二適坤爲坎，三適坤爲艮，以成三男也。女謂坤初適乾爲巽，二適乾爲離，三適乾爲兑，以成三女也。

乾知大始，〔釋文〕大，王肅作「泰」。

【解】九家易曰：始謂乾稟元氣，「萬物資始」也。

坤作成物。〔釋文〕坤作，虞、姚作「坤化」。

【解】荀爽曰：物謂坤任育體，「萬物資生」。

【集解】姚信云：「化」當爲「作」。〔釋文〕

乾以易知，坤以簡能。〔釋文〕易知，以豉反。鄭、荀、董並音亦。

【解】虞翻曰：陽見稱易，陰藏爲簡。簡，閱也。乾息昭物，天下文明，故「以易知」。坤閱藏物，故「以簡能」矣。

【注】天地之道，不爲而善始，不勞而善成，故曰易簡。

【集解】姚信云：「能」當爲「從」。〔釋文〕

易則易知，簡則易從。

【解】虞翻曰：乾〔一〕懸象著明，故「易知」；坤陰陽動闢，故「易從」。「不習无不利，地道光也」。

易知則有親，易從則有功。

【解】虞翻曰：陽道成乾爲父，震坎艮爲子，本乎天者親上，故「易知則有親」。以陽從陰，至五多功，故「易從則有功」矣。　蜀才曰：以其易知，故物親而附之。以其易從，故物法而有功也。

【注】順萬物之情，故曰「有親」；通天下之志，故曰「有功」。

有親則可久，有功則可大。

【解】荀爽曰：陰陽相親，雜而不厭，故「可久」也；萬物生息，種類繁滋，故「可大」也。

〔一〕「乾」字原脱，據集解本、纂疏本補。

【注】有易簡之德，則能成可久、可大之功。

可久則賢人之德，可大則賢人之業。

【解】姚信曰：賢人，乾坤也。言乾以日新爲德，坤以富有爲業也。

【注】天地易簡，萬物各載其形；聖人不爲，羣方各遂其業。德業既成，則入於形器，故以賢人目其德業。

易簡而天下之理得矣。

【解】虞翻曰：易爲乾息，簡爲坤消。乾坤變通，窮理以盡性，故「天下之理得矣」。

【注】天下之理，莫不由於易簡，而各得順其分位也。

天下之理得，而成位乎其中矣。〔釋文〕馬、王肅作「而易成位乎其中」。

【解】荀爽曰：陽位成於五，陰位成於二，五爲上中，二爲下中，故曰「成位乎其中」也。

【注】成位至立象也。極易簡則能通天下之理；通天下之理，故能成象，並乎天地。言「其中」，則並明天地也。

聖人設卦觀象，

【解】案：聖人謂伏羲也。始作八卦，重爲六十四卦矣。

【注】此總言也。

繫辭焉而明吉凶，〔釋文〕虞本更有「悔吝」二字。〔按〕李鼎祚以「聖人設卦」絶句，「觀象繫辭焉」絶句。

【解】荀爽曰：因得明吉，因失明凶也。案：文王觀六十四卦三百八十四爻之象，而系屬其辭。

剛柔相推而生變化。

【解】虞翻曰：剛推柔生「變」，柔推剛生「化」也。

【注】繫辭所以明吉凶，剛柔相推所以明變化也。吉凶者存乎人事也。變化者存乎運行也。

是故吉凶者，失得之象也；

【解】虞翻曰：吉則象得，凶則象失也。

【注】由有失得，故吉凶生。

悔吝者，憂虞之象也；

【解】荀爽曰：憂虞小疵，故「悔吝」也。虞翻曰：悔則象憂，吝則象虞也。干寶曰：悔亡則虞，有小吝則憂。憂虞未至於失得，悔吝不入於吉凶。事有小大，故辭有急緩，各象其意也。

【注】失得之微者，足以致憂虞而已，故曰「悔吝」。

變化者，進退之象也；

【解】荀爽曰：春夏爲變，秋冬爲化，息卦爲進，消卦爲退也。

【注】往復相推，迭進退也。

剛柔者，晝夜之象也。〔釋文〕虞作「晝夜者，剛柔之象」。

【解】荀爽曰：剛謂乾，柔謂坤。乾爲晝，坤爲夜，晝以喻君，夜以喻臣也。

【注】晝則陽剛，夜則陰柔。始總言吉凶變化，而下別明悔吝、晝夜者，悔吝則吉凶之類，晝夜亦變化之道。吉凶之類，則同因繫辭而明；變化之道，俱由剛柔而著，故始總言之。下則明失得之輕重，辨變化之小大，故別序其義也。

六爻之動，

【解】陸績曰：天有陰陽二氣，地有剛柔二性，人有仁義二行。六爻之動，法乎此也。

【集解】虞翻曰：陰陽失位則變，得位則否，故以陰居陽位、陽居陰位則動。〔林至德裨傳外篇〕

三極之道也。

【解】陸績曰：此三才極至之道也。初、四，下極；二、五，中極；三、上，上極也。

【注】三極，三才也。兼三才之道，故能見吉凶，成變化也。

【集解】馬融曰：三極，三統也。〔釋文〕鄭康成曰：三才也。陸績曰：極，至也。王肅曰：陰陽、剛柔、仁義爲三極。〔並同〕

是故君子所居而安者，易之序也。〔釋文〕易之序也，虞本作「象」。

【解】虞翻曰：君子謂文王。象謂〔一〕乾二〔二〕之坤，成坎月離日，日月爲象。「君子黄中通理，正位居體」，故「居而安者，易之象也」。舊讀「象」誤作「厚」，或作「序」，非也。

【注】序，易象之次序。

【集解】京房曰：序，次也。〔釋文〕陸績曰：序，象也。〔同〕

所樂而玩者，爻之辭也。〔釋文〕所樂，虞本作「所變」。玩，鄭作「翫」。

【解】虞翻曰：「爻者，言乎變者也」。謂乾五之坤，坤五動則觀其變。舊作「樂」，字之誤。

【集解】馬融曰：玩，貪也。〔釋文〕

是故君子居則觀其象而玩其辭，

【解】虞翻曰：玩，弄也。謂乾五動成大有，以離之目〔三〕觀天之象。兑口玩習所繫之辭，故「玩其辭」。

動則觀其變而玩其占，

【解】虞翻曰：謂觀爻動也。以動者尚其變。「占事知來」，故「玩其占」。

是以「自天祐之，吉无不利」。

〔一〕「謂」，原作「爲」，據集解本、纂疏本正。

〔二〕「二」下原衍「五」字，據集解本、纂疏本删。

〔三〕「目」，原作「日」，據集解本、纂疏本正。

【解】虞翻曰：謂乾五變之坤成大有，有天地日月之象。文王則庖犧，亦與天地合德，日月合明。「天道助順，人道助信，履信思順」，故「自天祐之，吉无不利」也。

彖者，言乎象者也。

【解】虞翻曰：「在天成象」，「八卦以象告」。彖說三才，故「言乎象也」。

【注】彖，總一卦之義也。

爻者，言乎變者也。

【解】虞翻曰：爻有六畫，所變而玩者，爻之〔一〕辭也，謂九六變化，故「言乎變者也」。

【注】爻，各言其變也。

吉凶者，言乎其失得也。

【解】虞翻曰：得正言吉，失位言凶也。

悔吝者，言乎其小疵也。〔釋文〕疵，徐才斯反。

【解】崔憬曰：繫辭著悔吝之言，則異凶咎。有其小病，比於凶咎，若疾病之與小疵。

【集解】馬融曰：疵，瑕也。〔釋文〕

〔一〕「之」字原重，誤衍，據集解本、纂疏本刪。

无咎者，善補過也。

【解】虞翻曰：失位爲咎。悔，變而之正，故「善補過」，孔子曰「退思補過」者也。

是故列貴賤者存乎位，

【解】侯果曰：二五爲功譽位，三四爲凶懼位。凡爻得位則貴，失位則賤，故曰「列貴賤者存乎位」。

【注】爻之所處曰「位」，六位有貴賤也。

齊小大者存乎卦，

【解】王肅曰：齊猶正也。陽卦大，陰卦小，卦列則小大分，故曰「齊小大者存乎卦」也。

【注】卦有小大〔一〕也。齊猶言辯也，即彖者言乎象也。

辯吉凶者存乎辭，

【注】辭，爻辭也，即「爻者，言乎變也」。言象，所以明小大。言變，所以明吉凶。故小大之義存乎卦，吉凶之狀見〔二〕乎爻。至於悔吝无咎，其例一也。吉凶悔吝，小疵无咎，皆生乎變。事有小大，故下歷言五者之差也。

〔一〕「小大」二字原誤倒，據四部備要本、注疏本乙。

〔二〕「見」，原作「存」，據注疏本、纂疏本正。

【集解】京房曰：辯，明也。〔釋文〕 虞翻、董遇、姚信、顧懽、蜀才並云：辯，别也。〔同〕

憂悔吝者存乎介，

【解】虞翻曰：介，纖也。「介如石〔一〕焉，斷可識也」，故「存乎介」，謂識小疵。

【注】介，纖介也。 王弼曰：憂悔吝之時，其介不可慢也。 即悔吝者，言乎小疵也。

【集解】王肅〔二〕、干寶云：介，纖介也。〔釋文〕

震无咎者存乎悔。

【解】虞翻曰：震，動也。「有不善，未嘗不知之；知之，未嘗復行」，「无咎者，善補過」，故「存乎悔」也。

【注】无咎者，善補過也。震，動也。故動而无咎，存乎悔過也。

【集解】馬融曰：震，驚也。〔釋文〕 鄭康成曰：震，懼也。 王肅曰：震，動也。 周氏曰：震，救也。〔並同〕 諸儒以爲五者皆數。「列貴賤者存乎位」，是其一也；「齊小大者存乎卦」，是其二也；「辯吉凶者存乎辭」，是其三也；「憂悔吝〔三〕者存乎介」，是其四也；「震无咎者存乎悔」，是其五也。〔疏〕

〔一〕「石」，原作「有」，繫辭下傳曰「介如石焉，寧用終日，斷可識也」，今據正。

〔二〕「王肅」，原作「王肅曰」，據釋文删「曰」字。

〔三〕「吝」，原作「各」，據上傳文孔穎達疏正。

是故卦有小大，辭有險易。辭也者，各指其所之。

【解】虞翻曰：陽易指天，陰險指地。「聖人之情見乎辭」，故「指所之」。

【注】其道光明曰「大」，君子道消曰「小」；之泰則其辭「易」，之否則其辭「險」。

易與天地準，故能彌綸天地之道。〔釋文〕彌，本又作「弥」。天下之道，一本作「天地」。

【解】虞翻曰：準，同也。彌，大。綸，絡。謂易在天下，包絡萬物，「以言乎天地之間則備矣」，故「與天地準」也。

【注】作易以準天地。

【集解】京房曰：準，等也。彌，遍。綸，知也。〔釋文〕荀爽曰：彌，終也。綸，迹也。鄭康成曰：準，中也、平也。王肅曰：綸，纏裹也。〔並同〕

仰以觀於天文，俯以察於地理，〔釋文〕察於，一本作「觀於」。

【解】荀爽曰：謂陰升之陽，則成天之文也。陽降之陰，則成地之理也。

是故知幽明之故。

【解】荀爽曰：幽謂天上地下，不可得覩者也，謂否卦變成未濟也。明謂天地之間，萬物陳列，著於耳目者，謂泰卦變成既濟也。

原始反終，故知死生之說。〔釋文〕反終，鄭、虞作「及終」。之說，如字，宋衷始鋭反。

【解】九家易曰：陰陽交合，物之始也；陰陽分離，物之終也。合則生，離則死，故「原始反終，故知死生之説」矣。交合，泰時春也；分離，否時秋也。

【注】幽明者，有形无形之象。死生者，始終之數也。

【集解】宋衷曰：説，舍也。〔釋文〕

精氣爲物，遊魂爲變。

【解】虞翻曰：魂，陽物，謂乾神也。變謂坤鬼。乾純粹精，故主爲物。乾流坤體，變成萬物，故「遊魂爲變」也。

【注】精氣絪緼，聚而成物。聚極則散，而遊魂爲變也。遊魂，言其遊散也。

是故知鬼神之情狀，與天地相似，故不違。

【解】虞翻曰：乾神似天，坤鬼似地。聖人與天地合德，鬼神合吉凶，故「不違」。鄭康成曰：「精氣」謂七八也，「遊魂」謂九六〔一〕也。七八，木火之數也；九六，金水之數。木火用事而物生，故曰「精氣爲物」；金水用事而物變，故曰「遊魂爲變」。精氣謂之神，遊魂謂之鬼。木火生物，金水終物，二物變化，其情與天地相似，故无所差違之也。

〔一〕「九六」二字原誤倒，據集解本、纂疏本乙。

【注】盡聚散之理，則能知變化之道，无幽而不通也。德合天地，故曰「相似」。

【集解】鄭康成曰：遊魂謂之鬼，物終所歸；精氣謂之神，物生所信也。言木火之神，生物東南；金水之鬼，終物西北。二者之情，其狀與春夏生物、秋冬終物相似。〔禮記疏〕

知周乎萬物，

【解】荀爽曰：二篇之策，萬有一千五百二十，當萬物之數，故曰「知周乎萬物」也。

而道濟天下，故不過。

【解】九家易曰：言乾坤道，濟成天下而不過也。王凱沖曰：知周道濟，洪纖不遺，亦不過差也。

【注】知周萬物，故〔一〕能以道濟天下也。

【集解】鄭康成曰：「道」當爲「導」。〔釋文〕

旁行而不流，〔釋文〕流，京作「留」。

【解】九家易曰：旁行，周合。六十四卦，月主五卦，爻主一日，歲既周而復始也。侯果曰：應變旁行，周被萬物而〔二〕不流淫也。

〔一〕「故」，注疏本作「則」，並通，今不改。

〔二〕「而」字原脱，據集解本、纂疏本正。

【注】應變旁通而不流淫也。

樂天知命，故不憂。〔釋文〕樂天，虞作「變天」。

【解】荀爽曰：坤建於亥，乾立於巳。陰陽孤絶，其法宜憂。坤下有伏乾爲「樂天」，乾下有伏巽爲「知命」。陰陽合居，故「不憂」。

【注】順天之化，故曰「樂」也。

安土敦乎仁，故能愛。

【解】荀爽曰：安土謂否卦。乾坤相據，故「安土」。敦仁謂泰卦。天氣下降，以生萬物，故「敦仁」。生息萬物，故謂之「愛」也。

【注】安土敦仁者，萬物之情也。物順其情，則仁功贍矣。

範圍天地之化而不過，〔釋文〕範圍，馬、王肅、張作「犯違」。

【解】九家易曰：範者，法也。圍者，周也。言乾坤消息，法周天地，而不過於十二辰也。辰，日月所會之宿，謂諏〔一〕訾、降婁、大梁、實沈、鶉首、鶉火、鶉尾、壽星、大火、析木、星紀、玄枵之屬是也。

〔一〕「諏」，原作「娵」，後「集解」目下正作「諏」，又集解本、纂疏本皆作「諏」，今據正。

【注】範圍者，擬範〔一〕天地而周備其理也。

【集解】費直曰：壽星起軫七度，大火起氐十一度，析木起尾九度，星紀起斗十度，玄枵起女六度，諏訾起危十四度，降婁起奎二度，大梁起婁十度，實沈起畢九度，鶉首起井十二度，鶉火起柳五度，鶉尾起張十三度。〔晉書天文志〕　鄭康成曰：範，法也。〔釋文〕　張氏云：「犯違」猶裁成也。〔同〕

曲成萬物而不遺，

【解】荀爽曰：謂二篇之策，曲成萬物，無遺失也〔二〕。　侯果曰：言陰陽二氣，委曲成物，不遺微細也。

【注】曲成者，乘變以應物，不係一方者也，則物宜得矣。

通乎晝夜之道而知。〔釋文〕而知，如字，荀爽、荀柔之、明僧紹音智。

【解】荀爽曰：晝者謂乾，夜者坤也，通於乾坤之道，无所不知矣。

【注】通幽明之故，則无不知也。

故神无方而易无體。

〔一〕「範」字原在「天地」下，據注疏本移正。

〔二〕「無遺失也」，原作「不遺微細也」，蓋涉下文而誤，據集解本、纂疏本正。

【解】干寶曰：否泰盈虚者，神也。變而周流者，易也。言神之鼓萬物无常方，易之應變化无定體也。

【注】自此以上，皆言神之所爲也。方、體者，皆係於形器者也。神則陰陽不測，易則唯變所適，不可以一方、一體明。

一陰一陽之謂道。

【注】道者何？无之稱也。无不通也，无不由也，況之曰「道」。寂然无體，不可爲象，必有之用極而无之功顯，故至乎「神无方而易无體」，而道可見矣。故窮變〔一〕以盡神，因神以明道。陰陽雖殊，无一以待之。在陰爲无陰，陰以之生；在陽爲无陽，陽以之成，故曰「一陰一陽」也。

繼之者善也，成之者性也。

【解】虞翻曰：繼，統也。謂乾能統天生物，坤合乾性，養化成之，故「繼之者善，成之者性」也。

仁者見之謂之仁，知者見之謂之知。

【解】侯果曰：仁者見道，謂道有仁。知者見道，謂道有知也。

【注】仁者資道以見其仁，知者資道以見其知，各盡其分。

百姓日用而不知，

〔一〕「變」字原脱，集解本同，今據纂疏本、四部備要本及注疏本補。

【解】侯果曰：用道以濟，然不知其力。

故君子之道鮮矣。〔釋文〕鮮，鄭作「尟」。

【注】君子體道以爲用。仁知則滯於所見，百姓日用而不知，體斯道者，不亦鮮矣乎。故「常无欲以觀妙」，可以語至而言極矣。

【集解】馬融、王肅云：鮮，少也。〔釋文〕鄭康成曰：尟，少也。師説云：鮮，盡也。〔同〕

顯諸仁，藏諸用，〔釋文〕藏，鄭作「臧」。

【解】王凱沖曰：萬物皆成，仁功著也。不見所爲，「藏諸用」也。

【注】衣被萬物，故曰「顯諸仁」；日用而不知，故曰「藏諸用」。

【集解】鄭康成曰：臧，善也。〔釋文〕

鼓萬物而不與聖人同憂，

【解】侯果曰：聖人成務，不能无心，故有憂。神道鼓物，寂然无情，故无憂也。

【注】萬物由之以化，故曰「鼓萬物」也。聖人雖體道以爲用，不能全无以爲體，故順通天下，則有經營之跡也。

盛德大業，至矣哉！

【解】荀爽曰：盛德者天，大業者地也。

【注】夫物之所以通，事之所以理，莫不由乎道也。聖人，功用之母，體同乎道，盛德大業，所以能至。

富有之謂大業，日新之謂盛德。

【解】王凱沖曰：物无不備，故曰「富有」。變化不息，故曰「日新」。

【注】廣大悉備，故曰「富有」。體化合變，故曰「日新」。

生生之謂易。

【解】荀爽曰：陰陽相易，轉相生也。

【注】陰陽轉易，以成化生。

成象之謂乾，〔釋文〕成象，蜀才作「盛象」。

【解】案：道生一，一生二，二生三，三才既備，以成乾象也。

【注】擬乾之象。

效法之謂坤。〔釋文〕爻法，胡孝反，馬、韓如字，蜀才作「效」。

【解】案：爻猶效也。效乾三天之法，而兩地成坤之象卦也。

【注】效坤之法。

【集解】馬融曰：爻，放也。〔釋文〕

極數知來之謂占，通變之謂事，

【解】虞翻曰：事，謂變通趨時，以盡利天下之民，謂之事業也。

【注】物窮則變，變而通之，事之所由生也。

陰陽不測之謂神。

【注】神也者，變化之極，妙萬物而爲言，不可以形詰者也，故「陰陽不測」。嘗試論之，曰：原夫兩儀之運，萬物之動，豈有使之然哉？莫不獨化於太虛，欻爾而自造矣。造之非我，理自玄應。化之无主，數自冥運。故不知所以然，而況之神矣。是以明兩儀以太極爲始，言變化而稱〔一〕乎神也。夫唯知〔二〕天之所爲者，窮理體化，坐忘遺照。至虚而善應，則以道爲稱；不思而〔三〕玄覽，則以神爲名。蓋資道而同乎道，由神而冥於神者也。

夫易，廣矣，大矣。

【解】虞翻曰：乾象動直，故「大」。坤形動闢，故「廣」也。

以言乎遠，則不禦；

【解】虞翻曰：禦，止也。遠謂乾。天高不禦也。

〔一〕纂疏本「而稱」下有「極」字。
〔二〕「知」字原脱，據四部備要本、注疏本補。
〔三〕「而」字原脱，據四部備要本、注疏本補。

【注】窮幽極深，无所止也。

以言乎邇，則静而正；〔釋文〕迩〔一〕，本又作「邇」，音尒。

【解】虞翻曰：邇〔二〕謂坤。坤「至〔三〕静而德方」，故「正」也。

【注】則近而當。

以言乎天地之間，則備矣。

【解】虞翻曰：謂易廣大悉備，有天地人道焉，故稱「備」也。

夫乾，其静也專，其動也直，是以大生焉。〔釋文〕專，陸作「摶」，音同。

【解】宋衷曰：乾静不用事，則清静專一，含養萬物矣。動而〔四〕用事，則直道而行，導出萬物矣。一專一直，動静有時，而物无夭瘁，「是以大生」也。

【注】專，專一也。直，剛正也。

〔一〕「迩」，原作「邇」，據釋文正。

〔二〕「邇」，原作「地」，集解本同。纂疏云：「説文：『邇，近也。』揚子法言『聖人之言遠如天，賢人之言邇如地』，故『邇謂坤』也。」今據改。

〔三〕「至」，原作「正」，「至静而德方」，坤文言文，今據正。

〔四〕「動而」二字原誤倒，據集解本、纂疏本乙。

夫坤，其静也翕，其動也闢，是以廣生焉。

【解】宋衷曰：翕猶閉也。坤静不用事，閉藏微伏，應育萬物矣。動而用事，則開闢羣蟄，敬導沉滯矣。一翕一闢，動静不失時，而物无災害，「是以廣生」也。

【注】翕，斂也。止則翕斂其氣，動則闢開以生物也。乾統天首物，爲變化之元，通乎形外者也。坤則順以承陽，功盡於己，用止乎形者也。故乾以專直，言乎其材；坤以翕闢，言乎其形。

廣大配天地，

【解】荀爽曰：陰廣陽大配天地。

變通配四時，

【解】虞翻曰：變通趨時，謂十二月消息也。泰、大壯、夬，配春；乾、姤、遯，配夏；否、觀、剥，配秋；坤、復、臨，配冬。謂十二月消息，相變通而周於四時也。

陰陽之義配日月，

【解】荀爽曰：謂乾舍於離，配日而居；坤舍於坎，配月而居之義是也。

易簡之善配至德。

【解】荀爽曰：乾德至健，坤德至順。乾坤易簡，相配於天地，故「易簡之善配至德」。

【注】易之所載，配此四義〔一〕。

子曰：易其至矣乎！

【解】崔憬曰：夫言「子曰」，皆是語之別端，此更美易之至極也。

夫易，聖人之所以崇德而廣業也。

【解】虞翻曰：崇德效乾，廣業法坤也。

【注】窮理入神，其德崇也；兼濟萬物，其業廣也。

知崇禮卑，崇效天，卑法地。〔釋文〕禮，蜀才作「體」。卑，必彌反，本亦作「埤」，徐音婢，下同。

【解】虞翻曰：知謂乾，效天崇；禮謂坤，法地卑也。

【注】知以崇爲貴，禮以卑爲用。極知之崇，象天高而統物；備禮之用，象地廣而載物也。

天地設位，而易行乎其中矣。

【解】虞翻曰：位謂六畫之位。乾坤各三爻，故「天地設位」。易出乾入坤，上下无常，周流六虛，故「易行乎其中」也。

【注】天地者，易之門户，而易之爲義，兼周萬物，故曰「行乎其中矣」。

〔一〕「義」，原作「德」，據四部備要本、注疏本正。

成性存存，道義之門。

【解】虞翻曰：「知終終之，可與存義也」。乾爲道門，坤爲義門。成性，謂「成之者性也」。陽在道門，陰在義門，「其易之門邪〔一〕」。

【注】物之存成，由乎道義也。

聖人有以見天下之賾，而擬諸其形容，〔釋文〕賾，九家作「册」，京作「嘖」。〔按〕説文與京同。

【解】虞翻曰：乾稱聖人，謂庖犧也。賾謂初。自上議下稱擬。形容謂陰，「在地成形」者也。

【注】乾剛坤柔，各有其體，故曰「擬諸形容」。

【集解】京房曰：嘖，情〔二〕也。〔釋文〕

象其物宜，是故謂之象。

【解】虞翻曰：物宜謂陽，遠取諸物，在天成象，故「象其物宜」。象謂三才，八卦在天也。庖犧重爲六畫也。

聖人有以見天下之動，

〔一〕「邪」上原衍「也」字，據下傳文及集解本、纂疏本删。

〔二〕「情」，原作「精」，據釋文正。

【解】虞翻曰：重言聖人，謂文王也。動謂六爻矣。

而觀其會通，

【解】荀爽曰：謂三百八十四爻，陰陽動移，各有所會，各有所通。　張璠曰：會者，陰陽合會，若蒙九二也。通者，乾坤交通，既濟是也。

以行其典禮，繫辭焉以斷其吉凶，是故謂之爻。〔釋文〕典禮，京作「等禮」，姚作「典體」。

【注】典禮，適時之所用。

言天下之至賾而不可惡也，〔釋文〕惡，於嫁反，荀作「亞」。亞，次也。又烏路反，馬、鄭烏洛反，並通。

【解】虞翻曰：至賾无情，陰陽會通，品物流宕，以乾開〔一〕坤，易之至也。元善之長，故「不可惡」矣。

言天下之至動而不可亂也。〔釋文〕言天下之至動而不可亂也，衆家本並然。鄭本作「至賾」，九家亦作「册」。

〔按〕説文叙云「知天下之至嘖而不可亂也」，與九家、鄭本同。

【解】虞翻曰：以陽動陰，萬物以生，故「不可亂」。「六二之動，直以方」。動，舊誤作「賾」也。

【注】易之爲書，不可遠也。惡之則逆於順，錯之則乖於理。

【集解】鄭康成曰：「賾」當爲「動」。〔釋文〕

〔一〕「開」，原作「閒」，據纂疏本正。

擬之而後言，議之而後動，〔釋文〕議之，陸、姚、桓玄、荀柔之作「儀之」。

【解】虞翻曰：以陽擬坤而成震，震爲言、議，爲後、動，故「擬之而後言，議之而後動」。「安其身而後動」，謂當時也矣。

擬議以成其變化。

【解】虞翻曰：議天成變，擬地成化。「天施地生，其益无方」也。

【注】擬議以動，則盡變化之道。

「鳴鶴在陰，其子和之。我有好爵，吾與爾靡之。」〔釋文〕靡之，本又作「縻」，亡池反，徐又亡彼反，京作「劘」。

【注】鶴鳴則子和，修誠則物應。我有好爵，與物散之，物亦以善應也。明擬議之道，繼以斯義者，誠以吉凶失得存乎所動。同乎道者，道亦得之；同乎失者，失亦違之。莫不以同相順，以類相應。動之斯來，綏之斯至。鶴鳴于陰，氣同則和。出言户庭，千里或應。出言猶然，況其大者乎？千里或應，況其邇者乎？故夫憂悔吝者，存乎纖介；定失得者，慎於樞機。是以君子擬議以動，慎其微也。

子曰：「君子居其室，出其言善，

【解】虞翻曰：君子，謂初也。二變，五來應之，艮爲居，初在艮内，故「居其室」。震爲出言，訟乾爲善，故「出言善」。此亦成益卦也。

則千里之外應之，況其邇者乎？

【解】虞翻曰：謂二變，則五來應之，體益卦，坤數十。震爲百里，十之，千里也。外謂巽[一]。震巽同聲，同聲者相應，故「千里之外應之」。邇謂坤，坤爲順，二變順初，故「況其邇者乎」。此信及豚魚者也。

居其室，出其言不善，

【解】虞翻曰：謂初陽動，入陰成坤，坤爲不善也。

則千里之外違之，況其邇者乎？

【解】虞翻曰：謂初變體剥，弑父弑君。二陽肥遁，則坤違之而承於五，故「千里之外違之，況其邇者乎」。

言出乎身，加乎民；

【解】虞翻曰：震爲出，爲言，坤爲身，爲民也。

行發乎邇，見乎遠。

【解】虞翻曰：震爲行，坤爲邇，乾爲遠，兑爲見。謂二發應五，則千里之外，故「行發邇見遠」也。

〔一〕「巽」字原無，集解本同，纂疏本云：「外者，在坤震之外，謂五也，其體巽。」今據補「巽」字。

言行，君子之樞機。樞機之發，榮辱之主也。

【解】荀爽曰：艮爲門，故曰樞。震爲動，故曰機也。翟玄曰：樞主開閉，機主發動。開閉有明暗，發動有中否，主爲榮辱也。

【注】樞機，制動之主。

【集解】鄭康成曰：樞，户樞也。機，弩牙也。户樞之發，或明或闇；弩牙之發，或中或否。以譬言語之發，有榮有辱。〔春秋疏〕王廙曰：樞，户樞也。機，弩牙也。〔釋文〕

言行，君子之所以動天地也，可不愼乎！」

【解】虞翻曰：二已變成益，巽四以風動天，震初以雷動地。中孚十一月，雷動地中。艮爲愼，故「可不愼乎」。

「同人先號咷而後笑」。

【解】侯果曰：同人九五爻辭也。言九五與六二初未好合，故「先號咷」；而後得同心，故「笑」也。引者喻擬議於事，未有不應也。

子曰：「君子之道，或出或處，或默或語。〔釋文〕默字或作「嘿」。

【解】虞翻曰：乾爲道，故稱君子也。同人反師，震爲出、爲語，坤爲默，巽爲處，故「或出或處，或默或語」也。

【注】同人終獲後笑者，以有同心之應也。夫所況同者，豈係乎一方哉？君子出處默語，不違其中，則其跡雖異，道同則應。

二人同心，其利斷金。〔釋文〕斷，丁亂反，王肅丁管反。

【解】虞翻曰：二人謂夫婦。師震爲夫，巽爲婦。坎爲心，巽爲同。六二震巽，俱體師坎，故「二人同心」。巽爲利，乾爲金，以離斷金，故「其利斷金」。謂夫出婦處，婦默夫語，故同心也。

同心之言，其臭如蘭。」

【解】虞翻曰：臭，氣也。蘭，香草。震爲言，巽爲蘭，離日燥之，故「其臭如蘭」也。案：六三互巽，巽爲臭也。斷金之言，良藥苦口，故香若蘭矣。

「初六，藉用白茅，无咎。」〔釋文〕或以此爲别章，今不用。

子曰：「苟錯諸地而可矣。〔釋文〕錯，本亦作「措」。

【解】虞翻曰：苟，或。錯，置也。頤坤爲地，故「苟錯諸地」。其初難知，陰又失正，故獨舉初六。

藉之用茅，何咎之有？慎之至也。

【解】虞翻曰：今〔一〕藉以茅，故无咎也。

〔一〕「今」上原有「頤爲坤爲震，故錯諸地」九字，集解本同，誤衍，今據纂疏本删。

夫茅之爲物薄，

【解】虞翻曰：陰道柔賤，故「薄」也。

而用可重也。

【解】虞翻曰：香潔可貴，故「可重」也。

慎斯術也以往，其无所失矣。」〔釋文〕慎，時震反，鄭、干同。一本作「順」，師明〔一〕義。

【解】侯果曰：言初六柔而在下，苟能恭慎誠潔，雖置羞於地，神亦享矣。此章明但能重慎卑退，則悔吝无從而生。術，道也。

【集解】鄭康成曰：術，道。〔釋文〕

「勞謙君子有終吉。」

子曰：「勞而不伐，有功而不德，厚之至也。〔釋文〕不德，鄭、陸、蜀才作「置」。

【解】虞翻曰：坎爲勞，五多功。乾爲德，德言至。以上之貴下居三賤，故「勞而不伐，有功而不德」。艮爲厚，坤爲至，故「厚之至也」。

【集解】鄭康成曰：「置」當爲「德」。〔釋文〕

〔一〕「明」，原作「用」，據釋文正。

語以其功下人者也。

【解】虞翻曰：震爲語，五多功，下居三，故「以其功下人者也」。

德言盛，禮言恭。

【解】虞翻曰：謙旁通履，乾爲盛德，坤爲禮。「天道虧盈而益謙」，三從上來，同之盛德，故恭。震爲言，故「德言盛，禮言恭」也。

謙也者，致恭以存其位者也。」

【解】虞翻曰：坎爲勞，故能恭。三得位，故「以存其位者也」。

「亢龍有悔。」

子曰：「貴而无位，

【解】虞翻曰：天尊，故「貴」。以陽居陰，故「无位」。

高而无民，

【解】虞翻曰：在上，故「高」。無陰，故「无民」也。

賢人在下位，

【解】虞翻曰：乾稱賢人，下位謂初也。「遁世无悶」，故「賢人在下位」而不憂也。

而无輔，是以動而有悔也。」

【解】虞翻曰：謂上无民，故「无輔」。乾盈動傾，故「有悔」。文王居三，紂亢極上，故以爲誡也。

「不出户庭，无咎。」

子曰：「亂之所生也，則言語以爲階。〔釋文〕階，姚作「機」。

【解】虞翻曰：節本泰卦，坤爲亂，震爲生，爲言語，坤稱階，故「亂之所生，則言語以爲〔一〕階」也。

君不密則失臣，臣不密則失身，

【解】虞翻曰：泰乾爲君，坤爲臣，爲閉，故稱密。乾三之坤五，君臣毀賊，故「君不密則失臣」。坤五之乾三，坤體毀壞，故「臣不密則失身」。坤爲身也。

幾事不密則害成，

【解】虞翻曰：幾，初也。謂二已變成坤，坤爲事，故「幾事不密」。初利居貞，不密初動，則體剥。子弑其父，臣弑其君，故「害成」。

【集解】鄭康成曰：幾，微也。密，静也。言不慎於微而以動作，則禍變必成。〔公羊疏〕

是以君子慎密而不出也。」

【解】虞翻曰：君子謂初，二動坤爲密，故「君子慎密」。體屯，「盤桓，利居貞」，故「不出也」。

〔一〕「以爲」，原作「爲之」，集解本同，今據繫辭及纂疏本正。

子曰：「作易者，其知盜乎？〔釋文〕爲易者，本又云「作易者」。

【解】虞翻曰：爲易者，謂文王。否上之二成困，三暴慢，以陰乘陽。二變，入宫爲萃。五之二，奪之成解，坎爲盜，故「爲易者，其知盜乎」。

【注】言盜亦乘釁而至也。

易曰：『負且乘，致寇至。』〔釋文〕寇，徐或作「戎」。

【集解】宋衷曰：「戎」誤。〔釋文〕

負也者，小人之事也。

【解】虞翻曰：陰稱小人，坤爲事。以賤倍貴，違禮悖義，故「小人之事也」。

乘也者，君子之器也。〔釋文〕乘，如字，一讀繩證反。

【解】虞翻曰：君子謂五。器，坤也。坤爲大車〔一〕，故「乘君子之器」。

小人而乘君子之器，盜思奪之矣。

【解】虞翻曰：小人謂三，既違禮倍五，復乘其車。五來之二成坎，坎爲盜，思奪之矣。「爲易者，知盜乎」，此之謂也。

〔一〕「車」，原作「事」，據集解本、纂疏本正。

上慢下暴，盜思伐之矣。

【解】虞翻曰：三倍五，上慢乾君而乘其器，下暴於二，二藏於坤，五來寇三，以離戈兵，故稱「伐之」。坎爲暴也。

慢藏誨盜，冶容誨淫。〔釋文〕誨，虞作「悔」。冶，鄭、虞、陸、姚、王肅作「野」。

【解】虞翻曰：坎心爲誨，坤爲藏，兑爲見，藏而見，故「慢藏」。三動成乾爲冶，坎水爲淫，三變藏坤，則五來奪之，故「慢藏誨盜，冶容誨淫」。

【集解】鄭康成曰：飾其容而見於外曰「野」。〔後漢書注〕　王肅云：作野，音也。〔釋文〕　劉瓛曰：冶，妖冶也，謂傲雅自得，莊飾鮮明之皃也。〔一切經音義〕

易曰：『負且乘，致寇至。』盜之招也。」

【解】虞翻曰：五來奪三，以離兵伐之，故變寇言戎，以成三〔一〕惡。二藏坤時，艮手招盜，故「盜之招」。

大衍之數五十，其用四十有九。

【解】干寶曰：衍，合也。　崔憬曰：案説卦云「昔者聖人之作易也，幽贊於神明而生蓍，參天兩地而倚數」，既言「蓍數」，則是説「大衍之數」也。明倚數之法，當參天兩地。參天者，謂從三始，順數而至

〔一〕「三」，原作「二」，集解本同。纂疏云「三陰爲惡，故曰『以成三惡』」，今據正。

五七九，不取於一也；兩地者，謂從二起，逆數而至十八六，不取於四也。此因天地致上以配八卦而取其數也。艮爲少陽，其數三。坎爲中陽，其數五。震爲長陽，其數七。乾爲老陽，其數九。兑爲少陰，其數二。離爲中陰，其數十。巽爲長陰，其數八。坤爲老陰，其數六。八卦之數，總有五十，故云「大衍之數五十」也。不取天數一、地數四者，此數〔一〕八卦之外，大衍所不管也。「其用四十有九」者，法長陽七七之數也。六十四卦既法長陰八八之數，故四十九蓍則法長陽七七之數焉。蓍圓而神象天，卦方而智象地，陰陽之别也。捨一不用者，以象太極，虚而不用也。且天地各得其數，以守其位，故太一亦爲一數而守其位也。王輔嗣云：「演天地之數，所賴者五十，其用四十有九，其一不用也。不用而用以之通，非數而數以之成，即易之太極也。四十有九，數之極者。」但言所賴五十，不釋其所從來，則是億度而言，非有實據。其一不用，將爲法，象太極，理縱可通，以爲非數而成，義則未允。何則？不可以有對无，五稱五十也。孔疏釋「賴五十」，以爲「萬物之策，凡有萬一千五百二十，其用此策，大〔二〕推演天地之數，唯用五十策也」。又釋「其用四十九，則有其一不用」，以爲「策中其所揲蓍者，唯四十有九。其一不用，以其虚無，非所用也，故不數矣」。又引顧歡同王弼所説，而顧歡云「立此五十數以數神，神雖非數，因數而著，故虚其一數，以明不可言之義」也。案：崔氏探玄病諸先達，

〔一〕「數」字原脱，據集解本、纂疏本補。
〔二〕「大」字原脱，據集解本、纂疏本補。

及乎自料，未免小疵。既將八卦陰陽以配五十之數，餘其天一地四，無所禀承，而云「八卦之外，在衍之所不管」者，斯乃談何容易哉。且聖人之言，連環可解，約文申義，須窮指歸。即此章云「天數五，地數五，五位相得而各有合。天數二十有五，地之數三十，凡天地之數五十有五。此所以成變化而行鬼神」，是結大衍之前義也。既云「五位相得而各有合」，即將五合之數配屬五行，故云「大衍之數五十」也。「其用四十有九」者，更減一以并五，備設六爻之位，蓍卦兩兼終極天地五十五之數也。自然窮理盡性，神妙无方，藏往知來，以前民用，斯之謂矣。

【注】王弼曰：演天地之數，所賴者五十也。其用四十有九，則其一不用也。不用而用以之通，非數而數以之成，斯易之太極也。四十有九，數之極也。夫无不可以无明，必因於有，故常於有物之極，而必明其所由之宗也。

【集解】京房曰：五十者，謂十日、十二辰、二十八宿也，凡五十。其一不用者，天之生氣，將欲以虚來實，故用四十九焉。〔疏〕馬融曰：易有太極，北辰是也。太極生兩儀，兩儀生日月，日月生四時，四時生五行，五行生十二月，十二月生二十四氣。北辰居中不動，其餘四十九轉運而用也。荀爽曰：卦各有六爻，六八四十八，加乾、坤二用，凡有五十。乾初九「潛龍勿用」，故用四十九也。鄭康成曰：天地之數五十有五，以五行氣通，凡五行減五，大衍又減一，故四十九也。〔並同〕又曰：衍，演也。〔釋文〕又曰：天一生水於北，地二生火於南，天三生木於東，地四生金於西，天五生土於中。陽无耦，陰无配，未得相成。地六成水於北，與天一并；天七成火於南，與地二并；地八成木於東，與天三并；天九成金於西，與地四并；地十成土於中，與天五并。大衍之數五十有五，五行各氣并，氣并而減五，惟有五十。以五十之數，不可以爲七八九六。卜筮之占以用之，更減其一，故四十有九也。〔禮記疏〕姚信、董遇曰：天地之數五十有五者，其六以象六畫之數，故減之而用四十九。〔疏〕王廙、蜀才曰：演，廣也。〔釋文〕

分而爲二以象兩，

【解】崔憬曰：四十九數，合而未分，是象太極也。今分而爲二，以象兩儀矣。

掛一以象三，〔釋文〕掛，卦買反，王肅音卦。

【集解】張轅曰：初揲掛一，次兩揲不掛。〔趙汝楳筮宗〕

揲之以四以象四時，〔釋文〕揲，時設反，一音思頰反，徐音息列反。〔按〕唐石經「揲」作「揲」。

【解】崔憬曰：分揲其蓍，皆以四爲數。一策一時，故四策以象四時也。

【集解】鄭康成曰：揲，取也。〔釋文〕

歸奇於扐以象閏，

【解】虞翻曰：奇，所掛一策。扐，所揲之餘。不一則二，不三則四也。取奇以歸扐，扐並合掛左手之小指爲一扐，則「以閏月定四時成歲」，故「歸奇於扐以象閏」者也。

【注】奇，況〔一〕四揲之餘，不足復揲者也。

【集解】馬融曰：扐，指間也。〔釋文〕 荀柔之曰：扐，別也。〔同〕 張輐曰：初揲先扐右手一蓍於左小指間以倣人，第二揲復於左手取一蓍扐於左手無名指間以象閏。〔趙汝楳筮宗〕 又曰：揲左手，不揲右手，但以右手之蓍足滿左手之餘，初揲餘一餘二足滿五，餘三餘四足滿九；次兩揲餘一餘二足滿四，餘三餘四足滿八。爲九爲六者各八，爲七爲八者各二十四。〔同〕

五歲再閏，故再扐而後掛。〔釋文〕後掛，京作「卦」。〔按〕説文同京氏。

【解】虞翻曰：謂已一扐，復分掛，如初揲之歸奇於初扐。並掛左手次小指間爲再扐，則再閏也。又分掛〔二〕揲之如初，而掛左手第三指間成一變，則布卦之一爻，謂已二扐，又加一爲三，並重合前二扐爲五歲，故「五歲再閏，再扐而後掛」，此「參伍以變」。據此爲三扐，不言三閏者，閏歲餘十日，五歲閏六十日盡矣。後扐閏餘分，不得言三扐二閏，故從言「再扐而後掛」者也。

【注】分而爲二，既揲之餘，合掛於一，故曰「再扐而後掛」。凡閏，十九年七閏爲一章，五歲再閏者二，故略舉其凡也。

【集解】京房曰：再扐而後布卦也。〔釋文〕

〔一〕「況」，原作「比」，據四部備要本、注疏本及樓氏本正。
〔二〕「掛」，原作「扐」，集解本同，據纂疏本改。

天數五，地數五，

【解】虞翻曰：天數五，謂一三五七九。地數五，謂二四六八十也。

【注】五奇五耦也。

五位相得而各有合，

【解】虞翻曰：五位，謂五行之位。甲乾乙坤，相得合木，謂「天地定位」也。丙艮丁兑，相得合火，「山澤通氣」也。戊坎己離，相得合土，「水火相逮」也。庚震辛巽，相得合金，「雷風相薄」也。天壬地癸，相得合水，言陰陽相薄而戰於乾，故「五位相得而各有合」。或以一六合水，二七合火，三八合木，四九合金，五十合土也。

【注】天地之數各五，五數相配，以合成金木水火土。

【集解】鄭康成曰：天地之氣各有五，五行之次，一曰水，天數也；二曰火，地數也；三曰木，天數也；四曰金，地數也；五曰土，火數也。此五者，陰无匹，陽无耦，故又合之。地六爲天一匹也，天七爲地二耦也，地八爲天三匹也，天九爲地四耦也，地十爲天五匹也。二五陰陽各有合，然後氣相得，施化行也。〔春秋疏〕

天數二十有五，〔按〕唐石經「二十」作「廿」。

【解】虞翻曰：一三五七九，故二十五也。

【注】五奇合爲二十五。

地數三十。〔按〕唐石經「三十」作「卅」。

【解】虞翻曰：二四六八十，故三十也。

【注】五耦合爲三十。

凡天地之數五十有五，

【解】虞翻曰：天二十五，地三十，故「五十有五」。天地數見於此，故大衍之數略其奇五而言五十也。

此所以成變化而行鬼神也。

【解】荀爽曰：在天爲變，在地爲化。在地爲鬼，在天爲神。姚信曰：此天地之數五十有五，分爲爻者，故能成就乾坤之變化，能知鬼神之所爲也。侯果曰：夫通變化，行鬼神，莫近於數，故老聃謂子曰：「汝何求道？」對曰：「吾求諸數。」明數之妙通於鬼神矣。

【注】變化以此成，鬼神以此行。

【集解】張轅曰：老陽變成少陰，老陰變成少陽。〔程迥古占法〕

乾之策，二百一十有六；〔釋文〕「策」字亦作「筴」。

【解】荀爽曰：陽爻之策三十有六，乾六爻皆陽，三六一百八十，六六三十六，合二百一十有六也。陽爻九，合四時，四九三十六，是其義也。

【注】陽爻六，一爻三十六策，六爻二百一十六策。

坤之策，百[一]四十有四，

【解】荀爽曰：陰爻之策二十有四，坤六爻皆陰，二六一百二十，四六二十四，合一百四十有四也。陰爻六，合二十四氣，四六二百四十也。

【注】陰爻六，一爻二十四策，六爻百四十四策。

凡三百有六十，當期之日。〔釋文〕期，本又作「朞」，音基，同。

【解】陸績曰：日月十二交會，積三百五十四日有奇爲一會。今云「三百六十當期」，則入十三月[二]六日也。十二月爲一期，故云「當期之日」也。

【集解】虞翻曰：陽爻三十六，陰爻二十四，三爻一百二十日，三百者，舉大概也。〔漢上叢説〕

二篇之策，萬有一千五百二十，當萬物之數也。〔按〕唐石經此「二十」亦作「廿」。

【解】侯果曰：二篇，謂上下經也。共六十四卦，合三百八十四爻。陰陽各半，則陽爻一百九十二，每爻三十六策，合六千九百一[三]十二策。陰爻亦一百九十二，每爻二十四策，合四千六百八策。則二

〔一〕「百」字上原衍「一」字，諸本無，今删之。

〔二〕「入十三月」，原作「實十二月」，纂疏本「入」作「八」，並誤。今據集解本正。

〔三〕「一」，原作「三」，據集解本、纂疏本正。

篇之策，合萬一千五百二十，當萬物之數也。

【注】二篇三百八十四爻，陰陽各半，合萬一千五百二十策。

是故四營而成易，

【解】荀爽曰：營者，謂七八九六也。　陸績曰：「分而爲二以象兩」，一營也。「掛一以象三」，二營也。「揲之以四以象四時」，三營也。「歸奇於扐以象閏」，四營也。謂四度營爲，方成易之一爻者也。

【注】「分而爲二以象兩」，一營也。「掛一以象三」，二營也。「揲之以四以象四時」，三營也。「歸奇於扐」，四營也。

十有八變而成卦。

【解】荀爽曰：二揲策，掛左手一指間，三指間滿，而成一爻。又六爻，三六十八，故「十有八變而成卦」也。

【集解】先儒云：用蓍三扐而布一爻，則十有八變，爲六爻也。〔疏〕

八卦而小成，

【解】侯果曰：謂三畫成天地、雷風、日月、山澤之象。此八卦未盡萬物情理，故曰「小成」也。

引而伸之，觸類而長之，〔釋文〕伸，本又作「信」，音身。

【解】虞翻曰：引，謂庖犧引信三才，兼而兩之爲〔一〕六畫。觸，動也。謂六畫以成六十四卦也。故「引而信之，觸類而長之」。「其取類也大」，則「發揮剛柔而生爻」也。

【注】伸之六十四卦。

天下之能事畢矣。

【解】虞翻曰：謂「乾以簡能」，「能説諸心，能研諸侯之慮」，故「能事畢」。

顯道神德行，

【解】虞翻曰：顯道神德行，乾二五之坤，成離日坎月，日月在天，運行照物，故「顯道神德行」。「默而成之，不言而信，存於德行」者也。

【注】顯，明也。由神以成其用。

是故可與酬酢，可與祐神矣。〔釋文〕酬，市由反，徐又音疇。酢，京作「醋」。祐，荀作「侑」。

【解】九家易曰：陽往爲酬，陰來爲酢，陰陽相配，謂之祐神也。孔子言「大衍」以下，至乎〔二〕「能事畢矣」，此足以顯明易道，又神易〔三〕德行。可與經義相斟酌也，故喻以賓主酢酬之禮。所以助前聖發

〔一〕「爲」，集解本、纂疏本作「以」，並通。
〔二〕「乎」，集解本、纂疏本作「於」，並通。
〔三〕「易」字原脱，據集解本、纂疏本補。

見其神祕矣：禮飲酒：主人酌賓爲獻；賓酌主人爲酢；主人飲之，又酌賓爲酬也。先舉爲酢，答報爲酬，酬取其報。以象陽唱陰和，變化相配。是助天地，明其鬼神者也。

【注】可以應對萬物之求，助成神化之功也。酬酢猶應對也。

【集解】馬融曰：祐，配也。〔釋文〕

子曰：「知變化之道者，其知神之所爲乎？」

【解】虞翻曰：在〔一〕陽稱變，乾五之坤。在陰稱化，坤二之乾。「陰陽不測之謂神」，「知變化之道者」，故「知神之所爲」。諸儒皆上「子曰」爲章首，而荀、馬又從之，甚非者矣。

【注】夫變化之道，不爲而自然，故知變化者，則知神之所爲。

易有聖人之道四焉：〔釋文〕聖人之道，明僧紹作「君子之道」。

【解】崔憬曰：聖人德合天地，智周萬物，故能用此易道。大略有四，謂尚辭、尚變、尚象、尚占也。

以言者尚其辭，〔釋文〕「以言者」下三句無「以」字，一本四句皆有。

【解】虞翻曰：「聖人之情見於辭」，繫辭焉以盡辭也。

以動者尚其變，

〔一〕「在」字原脱，據集解本、纂疏本補。

【解】陸績曰：變謂〔一〕爻之變化，當「議之而後動」矣。

以制器者尚其象，

【解】荀爽曰：「結繩爲網罟，蓋取諸離」，此類是也。

【集解】鄭康成曰：此皆存乎器象，可得而用，一切器物及造立皆是。〔周禮疏〕

以卜筮者尚其占。

【解】虞翻曰：乾蓍稱筮，動離爲龜，龜稱卜。動則玩其占，故「尚其占」者也。

【注】此四者存乎器象，可得而用也。

是故君子將有爲也，將有行也，問焉而以言。

【解】虞翻曰：「有爲」謂「建侯」，「有行」謂「行師」也。乾二五之坤成震，有師象，震爲行、爲言問，故有爲、有行，凡應九筮之法則筮之。謂問於蓍龜，以言其吉凶。爻象動内，吉凶見外，蓍德圓神，卦德方智，故史擬神智以斷吉凶也。

其受命也如嚮，〔釋文〕嚮，又作「響」。〔按〕唐石經作「響」，李氏本同。

【解】虞翻曰：言神不疾而速，不行而至，不言善應。乾二五之坤成震巽，巽爲命，震爲響，故「受命」。

〔一〕「謂」，原作「爲」，據集解本、纂疏本正。

同聲相應，故「如響」也。

无有遠近幽深，遂知來物。

【解】虞翻曰：遠謂天，近謂地。幽謂陰，深謂陽[一]。「來物」謂乾坤。「神以知來」，「感而遂通」，謂「幽贊神明而生蓍」也。

非天下之至精，其孰能與於此？

【解】虞翻曰：至精，謂「乾純粹精」也。

參伍以變，錯綜其數。

【解】虞翻曰：逆上稱錯。綜，理也。謂五歲再閏，再扐而後掛，以成一爻之變，而倚六畫之數。卦從下升，故「錯綜其數」，則「三天兩地而倚數」者也。

【集解】王肅曰：錯，交也。綜，理事也。〔文選注〕

通其變，遂成天地之文；〔釋文〕天地之文，一本作「天下」。虞、陸本作「之爻」。

【解】虞翻曰：變而通之，觀變陰陽始立卦。乾坤相親，故「成天地之文」。「物相雜，故曰文」。

極其數，遂定天下之象。

〔一〕「幽謂陰，深謂陽」，原作「深謂陰，陰謂幽」，集解本作「陰謂幽，深謂陽」。今從纂疏本，經注相協，爲勝。

【解】虞翻曰：數，六畫之數。「六爻之動，三極之道」，故定天下吉凶之象也。

非天下之至變，其孰能與於此？

【解】虞翻曰：謂「參五以變」，故能成六爻之義。「六爻之義易以貢」也。

易无思也，无爲也，

【解】虞翻曰：「天下何思何慮，同歸而殊塗，一致而百慮」，故无所爲，謂「其静也專」。

寂然不動，

【解】虞翻曰：謂隱藏坤初，幾息矣。專，故「不〔一〕動」者也。

感而遂通天下之故。

【解】虞翻曰：感，動也。以陽變陰，通天下之故，謂「發揮剛柔而生爻」者也。

非天下之至神，其孰能與於此？

【解】虞翻曰：至神謂易隱初入微，「知幾其神乎」。

【注】非忘象者，則无以制象；非遺數者，則无以極數。至精者，无籌策而不可亂；至變者，體一而无不周；至神者，寂然而无不應。斯蓋功用之母，象數所由立，故曰非至精、至變、至神，則不能與於此

〔一〕「不」下原衍「敢」字，據集解本、纂疏本删。

也〔一〕。

夫易，聖人之所以極深而研幾也。〔釋文〕研，蜀才作「揅」。幾，本或作「機」。

【解】荀爽曰：謂伏羲畫卦，窮極易幽深。文王繫辭，研盡易幾微者也。

【注】極未形之理則曰「深」，適動微之會則曰「幾」。

【集解】鄭康成曰：研喻思慮。〔文選注〕又曰：「機」當作「幾」。幾，微也。〔釋文〕

唯深也，故能通天下之志；

【解】虞翻曰：深謂「幽贊神明」。「无有遠近幽深，遂知來物」，故「通天下之志」，謂蓍也。

唯幾也，故能成天下之務；

【解】虞翻曰：務，事也。謂易研幾開物，故「成天下之務」，謂卦者也。

唯神也，故不疾而速，不行而至。

【解】虞翻曰：神謂易也。謂日月斗在天，日行一度，月行十三度，從天西轉，故「不疾而速」。星「寂然不動」，隨天右周，「感而遂通」，故「不行而至」者也。

子曰「易有聖人之道四焉」者，此之謂也。

〔一〕此句注疏本「能」作「得」，「此」作「斯」，並通。

【解】侯果曰：言易唯深、唯神，蘊此四道，因聖人以章，故曰「聖人之道」矣。

【注】四者由聖道以成，故曰「聖人之道」。

天一，

【解】水甲。

地二；

【解】火乙。

天三，

【解】木丙。

地四；

【解】金丁。

天五，

【解】土戊。

地六；

【解】水己。

天七，

【解】火庚。

地八，

【解】木辛。

天九，

【解】金壬。

地十。

【解】土癸。此則大衍之數五十有五，蓍龜所從生。聖人「以通神明之德，以類萬物之情」。此上虞翻義也。

【注】易以極數，通神明之德。故明易之道，先舉天地之數也。

子曰：「夫易，何爲者也？〔按〕李氏本作「夫易何爲而作也」。

【解】虞翻曰：問易何爲取天地之數也。

夫易，開物成務，〔釋文〕開，王肅作「闓」，音同。一本無「夫易」二字。

【解】陸績曰：開物，謂庖犧引伸八卦，重以爲六十四，觸長爻策，至於萬一千五百二十，「以當萬物之數」，故曰「開物」。聖人觀象而制網罟、耒耜之屬，「以成天下之務」，故曰「成務」也。

冒天下之道，如斯而已者也。」

【解】虞翻曰：以陽闢坤，謂之「開物」。以陰翕乾，謂之「成務」。冒，觸也。「觸類而長之」，如此也。

【注】冒，覆也。言易通萬物之志，成天下之務，其道可以覆冒天下也。

是故聖人以通天下之志，

【解】九家易曰：凡言「是故」者，承上之辭也。謂「以動者尚其變」，變而通之，「以通天下之志」也。

以定天下之業，

【解】九家易曰：謂「以制器者尚其象」也。凡事業之未立，以易道決之，故言「以定天下之業」。

以斷天下之疑。

【解】九家易曰：謂「卜筮者尚其占」也。「占事知來」，故「斷〔一〕天下之疑」。

是故蓍之德圓而神，卦之德方以知，〔釋文〕「圓」，本又作「員」，音同。

【解】崔憬曰：蓍之數，七七四十九，象陽圓。其爲用也，變通不定，因之以知來物，是「蓍之德圓而神」也。卦之數，八八六十四，象陰方。其爲用也，爻位有〔二〕分，因之以藏往知事，是「卦之德方以知」也。

【注】圓者運而不窮，方者止而有分。言蓍以圓象神，卦以方象知也。唯變所適，无數不周，故曰「圓」。

〔一〕「斷」，原作「定」，集解本同，纂疏本作「斷」，正與傳文合，今據正。

〔二〕「有」，原作「以」，據集解本、纂疏本正。

卦列爻分，各有其體，故曰「方」也。

【集解】鄭康成曰：蓍形圓而可以立變化之數，故謂之神。〔儀禮疏〕

六爻之義易以貢。〔釋文〕易，以豉反，韓音亦。貢，京、陸、虞作「工」，荀作「功」。

【注】貢，告也。六爻變易，以告吉凶。

聖人以此洗心，〔釋文〕洗，劉瓛悉殄反，盡也。王肅、韓悉禮反。京、荀、虞、董、張、蜀才作「先」，石經同。

【注】洗濯萬物之心。

退藏於密，

【解】陸績曰：受蓍龜之報應，決而藏之於心也。

【注】言其道深微，萬物日用而不能知其原，故曰「退藏於密」，猶藏諸用也。

吉凶與民同患。

【解】虞翻曰：聖人謂庖犧。以蓍神知來，故以「洗心」。陽動入巽，巽爲退伏，坤爲閉户，故「藏密」。謂齊於巽以神明其德。陽吉陰凶，坤爲民，故「吉凶與民同患」，謂「作易者，其有憂患」也。

【注】表吉凶之象，以同民所憂患之事，故曰「吉凶與民同患」也。

神以知來，知以藏往。〔釋文〕藏，劉作「臧」，善也。

【解】虞翻曰：乾神〔一〕知來，坤知藏往，來謂出見，往謂藏密也。

【注】明蓍、卦之用，同神知也。蓍定數於始，於卦爲來；卦成象於終，於蓍爲往。往來之用相成，猶神知也。

其孰能與於此哉！

【解】虞翻曰：誰乎能爲此哉？謂古之聰明睿知之君。

古之聰明睿知，神武而不殺者夫！〔釋文〕殺，馬、鄭、王肅所戒反，師同。徐所例反，陸、韓如字。〔按〕唐石經「睿」作「叡」。

【解】虞翻曰：謂大人也。庖犧在乾五，動而之坤，與天地合聰明。在坎則聰，在離則明。神武謂乾，睿知謂坤。乾坤坎離，反復不衰，故「而不殺者夫」也。

【注】服萬物而不以威刑也。

是以明於天之道而察於民之故，

【解】虞翻曰：乾五之坤，以離日照天，故「明天之道」；以坎月照坤，故「察民之故」。坤爲民。

是興神物，以前民用。

【解】陸績曰：神物，蓍也。聖人興蓍，以別吉凶，先民而用之，民皆從焉，故曰「以前民用」也。

〔一〕「乾神」，原作「乾坤」，集解本、纂疏本並作「乾神」，正與下文「坤知」對言，且經、注相協，今正。

【注】定吉凶於始也。

聖人以此齊戒，

【注】洗心曰齊，防患曰戒。

以神明其德夫。〔釋文〕荀、虞、顧絶句。衆皆以「夫」字爲下句。一本無「夫」字。

【解】陸績曰：聖人以蓍能逆知吉凶，除害就利，清潔其身，故曰「以此齊戒」也。吉而後行，舉不違失，其德富盛，見稱神明，故曰「神明其德」也。

是故闔户謂之坤，

【解】虞翻曰：闔，閉翕也。謂從巽之坤〔一〕。坤柔象夜，故以閉户者也。

【注】坤道包物。

闢户謂之乾。〔釋文〕闢，婢亦反，王肅甫亦反。

【解】虞翻曰：闢，開也。謂從震之乾。乾剛象晝，故以開户。

【注】乾道施生。

一闔一闢謂之變，

〔一〕「坤」，原作「地」，據集解本、纂疏本正。

【解】虞翻曰：陽變闔陰，陰變闢陽，剛柔相推而生變化也。

往來不窮謂之通。

【解】荀爽曰：謂一冬一夏，陰陽相變易也。十二消息，陰陽往來無窮已，故通也。

見乃謂之象，形乃謂之器，

【解】荀爽曰：謂日月星辰，光見在天而成象也。萬物生長，在地成形，可以爲器用者也。

【注】兆見曰「象」，成形曰「器」。

制而用之謂之法，

【解】荀爽曰：謂觀象於天，觀形於地。制而用之，可以爲法。

利用出入，民咸用之謂之神。

【解】陸績曰：聖人制器，以周民用，用之不遺，故曰「利用出入」也。民皆用之而不知所由來，故「謂之神」也。

是故易有太極，是生兩儀，

【解】虞翻曰：太極，太一〔一〕也。分爲天地，故「生兩儀」也。干寶曰：發初言「是故」，總衆篇之義也。

〔一〕「一」，原作「乙」，據集解本、纂疏本正。

【注】夫有必始於无，故太極生兩儀也。太極者，无稱之稱，不可得而名，取有之所極，況之太極者也。

【集解】馬融曰：太極，北辰也。〔釋文〕鄭康成曰：極中之道，淳和未分之道也。〔文選注〕王肅曰：此章首獨言「是故」者，總衆章之意。〔釋文〕又曰：兩儀，天地也。〔文選注〕

兩儀生四象，

【解】虞翻曰：四象，四時也。兩儀，謂乾坤也。乾二五之坤，成坎離震兑。震春兑秋，坎冬離夏，故「兩儀生四象」。歸妹卦備，故彖獨稱「天地之大義也」。

四象生八卦，

【解】虞翻曰：乾二五之坤，則生震坎艮。坤二五之乾，則生巽離兑。故「四象生八卦」，乾坤生春，艮兑生夏，震巽生秋，坎離生冬者也。

【注】卦以象之。

八卦定吉凶，

【解】虞翻曰：陽生則吉，陰生則凶，謂「方以類聚，物以羣分，吉凶生矣」。已言於上，故不言「生」而獨言「定吉凶」也。

【注】八卦既立，則吉凶可定。

吉凶生大業。

【解】荀爽曰：一消一息，萬物豐殖，「富有之謂大業」。

【注】既定吉凶，則廣大悉備。

是故法象莫大乎天地，

【解】翟玄曰：見象立法莫過天地也。

變通莫大乎四時，

【解】荀爽曰：四時相變，終而復始也。

縣象著明莫大乎日月，

【解】虞翻曰：謂日月縣天，成八卦象。三日暮，震象出庚；八日，兑象見丁；十五日，乾象盈甲；十七日旦，巽象退辛；二十三日，艮象消丙；三十日，坤象滅乙；晦夕朔旦，坎象流戊；日中則離，離象就己，戊己土位，象見於中。「日月〔一〕相推而明生焉」，故「縣象著明，莫大乎〔二〕日月」者也。

崇高莫大乎富貴。

【解】虞翻曰：謂乾正位於五，五貴坤富，以乾通坤，故高大富貴〔三〕也。

〔一〕「月」，原作「中」，據繫辭及集解本、纂疏本正。

〔二〕「乎」字原脱，據集解本、纂疏本補。

〔三〕「高大富貴」，集解本同，纂疏本作「崇高莫大乎富貴」，依虞注文例，似是。

【注】位所〔一〕以一天下之動而濟萬物。

備物致用，立成器以爲天下利，莫大乎聖人。

【解】虞翻曰：神農、黄帝、堯、舜也。民多否閉。取乾之坤，謂之「備物」；以坤之乾，謂之「致用」。乾爲物，坤爲器用。否四之初，耕稼之利。否五之初，市井之利。否四之二〔二〕，舟檝之利。否上之初，牛馬之利。謂十二〔三〕「蓋取」，以利天下。通其變，使民不倦。神而化之，使民宜之。聖人作而萬物覩，故「莫大乎聖人」者也。

探賾索隱，鉤深致遠，以定天下之吉凶，成天下之亹亹者，莫大乎蓍龜。〔釋文〕賾，九家作「册」。莫善乎蓍龜，本亦作「莫大」。〔按〕説文叙作「探嘖」，與京氏同。

【解】虞翻曰：探，取。賾，初也。初隱未見，故「探賾索隱」，則「幽贊神明而生蓍」。初深，故曰鉤深。致遠謂乾。乾爲蓍。乾五之坤，大有離爲龜。乾生知吉，坤殺知凶，故「定天下之吉凶，莫大於蓍龜」也。　侯果曰：亹，勉也。夫幽隱深遠之情，吉凶未兆之事，物皆勉勉然願知之，然不能也。及蓍成卦，龜成兆也，雖神道之幽密，未然之吉凶，坐可觀也。是蓍龜成天下勉勉之聖也。

〔一〕「所」字原脱，據四部備要本、注疏本及樓氏本補。
〔二〕「否四之二」，原作「否二之四」，據集解本、纂疏本正。
〔三〕「十二」，原作「三」，據纂疏本正。

【集解】劉向曰：蓍之言耆，龜之言久。龜千歲而靈，蓍百年而神，以其長久，故能辨吉凶也。〔禮記疏〕　鄭康成曰：凡天下之善惡，沒沒之衆事，皆成定之，言其廣大無不包也。〔公羊疏〕

是故天生神物，聖人則之；

【解】孔穎達曰：謂生蓍龜，聖人法則之，以爲卜筮者也。

天地變化，聖人效之；

【解】陸績曰：天有晝夜四時變化之道，聖人設三百八十四爻以效之矣。

天垂象，見吉凶，聖人象之；

【解】荀爽曰：謂「在旋璣玉衡，以齊七政」也。　宋衷曰：天垂陰陽之象，以見吉凶，謂日月薄蝕，五星亂行。聖人象之，亦著九六爻位，得失示人，所以有吉凶之占也。

河出圖，洛出書，聖人則之。〔釋文〕出，如字，又尺遂反，下同。洛，王肅作「雒」，漢家以火德王，故從各、隹。

【解】鄭康成曰：春秋緯云「河以通乾出天苞，洛以流坤吐地符」。河龍圖發，洛龜書成。河圖有九篇，洛書有六篇也。　侯果曰：聖人法河圖、洛書，制曆象以示天下也。

易有四象，所以示也。

【解】侯果曰：四象，謂上文[一]「神物」也、「變化」也、「垂象」也、「圖書」也。四者治人之洪範，易有此象，所[二]以示人也。

【集解】鄭康成曰：布六於北方以象水，布八於東方以象木，布九於西方以象金，布七於南方以象火。〔漢上叢説〕諸儒有以四象爲七八九六。〔疏〕莊氏曰：四象，謂六十四卦之中，有實象、有假象、有義象、有用象，爲四象也。何氏云：四象，謂「天生神物，聖人則之」，一也；「天地變化，聖人效之」，二也；「天垂象，見吉凶，聖人象之」，三也；「河出圖，洛出書，聖人則之」，四也。〔並同〕

繫辭焉，所以告也。

【解】虞翻曰：謂繫彖象之辭，「八卦以象告」也。

定之以吉凶，所以斷也。

【解】虞翻曰[三]：「繫辭焉以斷其吉凶」。「八卦定吉凶」，「以斷天下之疑」也。

易曰：「自天祐之，吉无不利。」

【解】侯果曰：此引大有上九辭以證之義也。大有上九，「履信思順」，「自天祐之」。言人能依四象所

〔一〕「文」，集解本作「下」，非。纂疏本此句作「謂上神物也」。有「文」字者，雖未見可據，然於文義較晰，今仍之。

〔二〕「所」字原脱，據集解本、纂疏本補。

〔三〕「虞翻曰」，原無此三字，集解本同，據纂疏本補。

示，繫辭所告，又能思順，則天及人皆共祐之，「吉无不利」者也。

子曰：「祐者，助也。

【解】虞翻曰：大有兑爲口，口助稱祐。

天之所助者，順也；

【解】虞翻曰：大有五以陰順上，故爲「天所助者，順也」。

人之所助者，信也；

【解】虞翻曰：信謂〔一〕二也。乾爲人、爲信，「庸言之信」也。

履信思乎順，又以尚賢也。〔釋文〕又以尚賢也，鄭本作「有以」。

【解】虞翻曰：大有五應二而順上，故「履信思順」。比坤爲順，坎爲思。乾爲賢人，坤伏乾下，故「有以尚賢」者也。

是以『自天祐之，吉无不利』也。」

【解】崔憬曰：言上九履五「厥孚」，履人事以信也。比五而不應三，思天道之順也。崇四「匪彭」，明辨於五，「又以尚賢也」。以「自天祐之，吉无不利」，重引易文以證成其義。

〔一〕「謂」，原作「爲」，據集解本、纂疏本改。

子曰：「書不盡言，言不盡意。[一]」〔釋文〕盡，如字，又津忍反。

【解】虞翻曰：謂書易之動，九六之變，不足以盡易之所言。言之，則不足以盡庖犧之意也。

然則聖人之意，其不可見乎？

【解】侯果曰：設疑而問也。欲明立象可以盡聖人言意也。

子曰：「聖人立象以盡意，

【解】崔憬曰：言伏羲仰觀俯察，而立八卦之象，以盡其意。

設卦以盡情僞，

【解】崔憬曰：設卦謂「因而重之」爲六十四。卦之情僞，盡在其中矣。

繫辭焉以盡其言，

【解】崔憬曰：文王作卦爻之辭，以繫伏羲立卦之象。象既盡意，故辭亦盡言也。

變而通之以盡利，

【解】陸績曰：變三百八十四爻，使相交通，以盡天下之利。

【注】極變通之數，則盡利也，故曰[二]「易窮則變，變則通，通則久」。

〔一〕「曰」字原脱，據四部備要本、注疏本補。

鼓之舞之以盡神。」

【解】虞翻曰：神，易也。陽息震爲鼓，陰消巽爲舞，故「鼓之舞之以盡神」。　荀爽曰：鼓者，動也。舞者，行也。謂三百八十四爻，動行相反，其卦所以盡易之神也。

乾坤，其易之緼邪？〔釋文〕緼，紆粉反，徐於墳反，王肅又於問反。

【解】虞翻曰：緼〔一〕，藏也。易麗乾藏坤，故爲「易之緼」也。

【注】緼，淵奧也。

乾坤成列，而易立乎其中矣。

【解】侯果曰：緼，淵隩也。六子因之而生，故云「立乎其中矣」。

乾坤毁，則无以見易。

【解】荀爽曰：毁乾坤之體，則无以見陰陽之交易也。

易不可見，則乾坤或幾乎息矣。

【解】侯果曰：乾坤者，動用之物也。物既動用，則不能无毁息矣。夫動極復静，静極復動，雖天地至此，不違變化也。

〔一〕「緼」，原作「韞」，集解本、纂疏本並作「緼」，又下即作「易之緼」，今改。

是故形而上者謂之道，形而下者謂之器，

【解】崔憬曰：此結上文，兼明易之形器，變通之事業也。凡天地萬物，皆有形質。就形質之中，有體有用。體者，即形質也。用者，即形質上之妙用也。言有妙理之用以扶其體，則是道也。其體比用，若器之於物。則是體爲形之下，謂之爲器也。假令天地圓蓋方軫，爲體爲器，以萬物資始資生，爲用爲道。動物以形軀爲體爲器，以靈識爲用爲道。植物以枝榦爲器爲體，以生性爲道爲用。

化而裁之謂之變，

【解】翟玄曰：化變剛柔而財〔一〕之，故謂之變也。

【注】因而制其會通適變之道也。

推而行之謂之通，

【解】翟玄曰：推行陰陽，故謂之通也。

【注】乘變而往者，无不通也。

舉而錯之天下之民謂之事業。〔釋文〕錯，本又作「措」。

【解】九家易曰：謂聖人畫卦爲萬民事業之象，故天下之民尊之，得爲事業矣。陸績曰：變通盡

〔一〕「財」，原作「則」，集解本同。纂疏本作「財」，與「裁」通，今據正。

利，觀象制器，舉而錯之於天下，民咸用之，以爲事業。

【注】事業所以濟物，故舉而錯之於民。

是故夫象，聖人有以見天下之賾，〔釋文〕之賾，本亦作「之至賾」。

【解】崔憬曰：此重明易之緼，更引易象及辭以釋之。言伏羲見天下之深賾，即易之緼者也。

而擬諸其形容，象其物宜，是故謂之象。

【解】陸績曰：此明説立象盡意、設卦盡情僞之意也。

聖人有以見天下之動，而觀其會通，以行其典禮，

【解】侯果曰：典禮有時而用，有時而去，故云「觀其會通」也。

繫辭焉以斷其吉凶，是故謂之爻。

【解】崔憬曰：言文王見天下之動，所以繫象而爲其辭，謂之爲爻。

極天下之賾者存乎卦，

【解】陸績曰：言卦象極盡天下之深情也。

鼓天下之動者存乎辭，

【解】宋衷曰：欲知天下之動者，在於六爻之辭也。

【注】辭，爻辭也。爻以鼓動，效天下之動也。

化而裁之存乎變，推而行之存乎通，〔釋文〕裁，本又作「財」。

【解】崔憬曰：言易道陳陰陽變化之事而裁成之，存乎其變；推理達本而行之，在乎其通。

神而明之存乎其人，

【解】荀爽曰：苟非其人，道不虛行也。崔憬曰：言易神无不通，明无不照。能達此理者，「存乎其人」，謂文王述易之聖人。

【注】體神而明之，不假於象，故存乎其人。

默而成之，不言而信，存乎德行。〔釋文〕默而成，本或作「默而成之」。

【解】九家易曰：「默而成」，謂陰陽相處也。「不言而信」，謂陰陽相應也。德者有實。行者相應也。崔憬曰：言伏羲成六十四卦，不有言述，而以卦象明之。而人信之，在乎合天地之德、聖人之行也。

【注】德行，賢人之德行也。順足於内，故「默而成之」也。體與理會，故「不言而信」也。

周易集解卷九

繫辭下第九

【集解】劉瓛爲十二章。周氏、莊氏並爲九章（並疏）

八卦成列，象在其中矣。

【解】虞翻曰：象謂三才成八卦之象。乾坤列東，艮兑列南，震巽列西，坎離在中，故「八卦成列」，則「象在其中」。「天垂象，見吉凶，聖人象之」是也。

【注】備天下之象也。

因而重之，爻在其中矣。

【解】虞翻曰：謂參重三才爲六爻。發揮剛柔，則「爻在其中」。六畫稱爻，「六爻之動，三極之道」也。

【注】夫八卦，備天下之理而未極其變，故因而重之，以象其動用；擬諸形容，以明治亂之宜；觀其所應，以著適時之功，則爻卦之義，所存各異，故「爻在其中矣」。

剛柔相推，變在其中矣。

【解】虞翻曰：謂十二消息，九六相變。「剛柔相推，而生變化」，故「變在其中矣」。

繫辭焉而命之，動在其中矣。〔釋文〕繫音係。命，孟作「明」。

【解】虞翻曰：謂繫彖象九六之辭，故「動在其中」。「鼓天下之動者，存乎辭」者也。

【注】剛柔相推，況八卦相盪，或否或泰。繫辭焉而斷其吉凶，況之六爻，動以適時者也。立卦之義，則見於彖象；適時之功，見存之爻辭，王氏之例詳矣。

吉凶悔吝者，生乎動者也。

【解】虞翻曰：動謂爻也。「爻者，效天下之動者也」。爻象動内，吉凶見外，「吉凶生而悔吝著」，故「生乎動」也。

【注】有變動而後有吉凶。

剛柔者，立本者也。

【解】虞翻曰：「乾剛坤柔」，爲六子父母。乾天稱父，坤地稱母。本天親上，本地親下，故「立本者也」。

變通者，趣時者也。

【解】虞翻曰：「變通配四時」，故「趣時者也」。

【注】立本況卦，趣時況爻。

吉凶者，貞勝者也。〔釋文〕貞勝，姚本作「貞稱」。

【解】虞翻曰：貞，正也。勝，滅也。陽生則吉，陰消則凶者也。

【注】貞者，正也，一也。夫有動則未免乎累，殉吉則未離乎凶。盡會通之變，而不累於吉凶者，其唯貞者乎？老子曰：「王侯得一，以爲天下貞。」萬變雖殊，可以執一御也。

天地之道，貞觀者也。〔釋文〕觀，官喚反，又音官。

【解】陸績曰：言天地正，可以觀瞻爲道也。

【注】明夫天地萬物，莫不保其貞以全其用也。

日月之道，貞明者也。

【解】荀爽曰：離爲日。日中之時，正當離位，然後明也。月者，坎也。坎正位衝離，衝爲十五日，月當日衝，正值坎位，亦大圓明，故曰「日月之道，貞明者也」。言日月正當其位，乃大明也。陸績曰：言日月正以明照爲道矣。

天下之動，貞夫一者也。

【解】虞翻曰：一謂乾元。萬物之動，各資天一陽氣以生，故「天下之動，貞夫一者也」。

夫乾，確然示人易矣。〔按〕説文作「寉然」。

【解】虞翻曰：陽在初弗用，確然无爲，潛龍時也。不易世，不成名，故「示人易」者也。

夫坤，隤然示人簡矣。〔釋文〕隤，孟作「退」，陸、董、姚作「妥」。

【解】虞翻曰：隤，安。簡，閱也。「坤以簡能」，閱内萬物，故「示人簡」者也。

【注】確，剛貌也。隤，柔貌也。乾坤皆恒一其德，物由以成，故簡易也。

【集解】馬融曰：確，剛貌。隤，柔貌。〔釋文〕

爻也者，效此者也。

【解】虞翻曰：「效法之謂坤」，謂效三才以爲六畫。

象也者，像此者也。

【解】虞翻曰：「成象之謂乾」，謂聖人則天之象，分爲三材也。

爻象動乎内，吉凶見乎外，

【解】虞翻曰：内，初。外，上也。陽象動内，則吉見外；陰爻動内，則凶見外也。

【注】兆數見於卦，失得驗於事也。

功業見乎變，

【解】荀爽曰：陰陽相變，功業乃成者也。

【注】功業由變以興，故見乎變也。

聖人之情見乎辭。

【解】崔憬曰：言文王作卦爻之辭，所以明聖人之情，陳於易象。

【注】辭也者，各指其所之，故曰「情」也。

天地之大德曰生，

【注】施生而不爲，故能常生，故曰「大德」也。

聖人之大寶曰位。〔釋文〕寶，孟作「保」。

【解】崔憬曰：言聖人行易之道，當須法天地之大德，寶萬乘之天位。謂以道濟天下爲寶，而不有位，是其大寶也。

【注】夫无用則无所寶，有用則有所寶也。无用而常足者，莫妙乎道；有用而弘道者，莫大乎位，故曰「聖人之大寶曰位」。

何以守位？曰仁。〔釋文〕曰人，王肅、卜伯玉、桓玄，明僧紹作「仁」。

【解】宋衷曰：守位當得士、大夫、公、侯，有其仁〔一〕賢，兼濟天下。

【集解】鄭康成曰：持一不惑曰守。〔詩疏〕

何以聚人？曰財。

〔一〕「仁」，原作「人」，據集解本、纂疏本正。

【解】陸績曰：人非財不聚，故聖人觀象制器，備物盡利，以業萬民而聚之也。蓋取聚人之本矣。

【注】財所以資物生也。

理財正辭，禁民爲非，曰義。〔釋文〕禁音金，又金鴆反。

【解】荀爽曰：尊卑貴賤，衣食有差，謂之「理財」。名實相應，萬事得正，謂之「正辭」。咸得其宜，故謂之義也。崔憬曰：夫財貨，人所貪愛，不以義理之，則必有敗也。言辭，人之樞要，不以義正之，則必有辱也。百姓有非，不以義禁之，則必不改也。此三者皆資於義。以此行之，得其宜也。故知仁、義與財，聖人寶位之所要也。

古者庖犧氏之王天下也，〔釋文〕包，本又作「庖」，孟、京作「伏犧」，字又作「羲」，孟、京作「戲」。〔按〕説文兩引作虙羲氏，其説文叙又引作庖犧者，後人改之。

【解】虞翻曰：庖犧太昊氏以木德〔一〕王天下，位乎乾五，五動見離，離生木，故知火化，炮啖犧牲，號庖犧氏也。

【集解】孟喜、京房曰：伏，服也。戲，化也。鄭康成曰：包，取也。鳥獸全具曰犧。〔並釋文〕

仰則觀象於天，

〔一〕「德」，原作「得」，據集解本、纂疏本正。

【解】荀爽曰：震巽爲雷風，離坎爲日月也。

俯則觀法於地。

【解】九家易曰：艮兑爲山澤也。地有〔一〕水火五行，八卦之形者也。

觀鳥獸之文，

【解】荀爽曰：「乾爲馬，坤爲牛，震爲龍，巽爲雞」之屬是也。陸績曰：謂朱鳥、白虎、蒼龍、玄武四方二十八宿經緯之文。

與地之宜。

【解】九家易曰：謂四方四維，八卦之位，山澤高卑，五土之宜也。

【注】聖人之作易，无大不極，无微不究，大則取象天地，細則觀鳥獸之文與地之宜也。

近取諸身，

【解】荀爽曰：乾爲首，坤爲腹，震爲足，巽爲股也。

遠取諸物。

【解】荀爽曰：乾爲金玉、坤爲布釜之類是也。

〔一〕「有」，原作「五」，據集解本、纂疏本正。

於是始作八卦，

【解】虞翻曰：謂庖犧觀鳥獸之文，則天八卦效之。「易有太極，是生兩儀，兩儀生四象，四象生八卦」，八卦乃四象之所生，非庖犧所造也。故曰「象者，像此者也」。則大人造爻象以象天，卦可知也。而讀易者咸以爲庖犧之時，天未有八卦，恐失之矣。「天垂象，示吉凶，聖人象之」，則天已有八卦之象。

【集解】鄭康成曰：慮羲作十言之教曰「乾坤震巽坎離艮兑消息」，無文字謂之易。〔漢上叢説〕又曰：作十言之教，以厚君民之别。〔路史注〕

以通神明之德，

【解】荀爽曰：乾坤爲天地，離坎爲日月，巽震爲雷風，艮兑爲山澤，此皆神明之德也。

以類萬物之情。

【解】九家易曰：「六十四卦，凡有萬一千五百二十策」。策，類，一物，故曰「類萬物之情」。以此庖犧〔一〕重爲六十四卦明矣。

作結繩而爲網罟，以佃以漁，蓋取諸離。〔釋文〕爲罟，黄本作「爲网罟」。「佃」，本亦作「田」。漁音魚，本亦作魚，又言庶反。

〔一〕「庖犧」上原衍「知」字，據集解本、纂疏本删。

【解】虞翻曰：離爲目，巽爲繩，目之重者唯罟，故「結繩爲罟」。坤二五之乾成離，巽爲魚，坤二稱田，以罟取獸曰田〔一〕，故「取諸離」也。

【注】離，麗也。罔罟之用，必審物之所麗也，魚麗於水，獸麗於山也。

【集解】馬融曰：罟猶罔也。取獸曰佃，取魚曰漁。〔釋文〕　姚信曰：罟猶罔也。　黄穎曰：取獸曰罔，取魚曰罟。〔並同〕　諸儒以爲象卦制器，皆取卦之爻象之體。〔疏〕

包犧氏没，神農氏作。

【解】虞翻曰：没，終。作，起也。神農以火德，繼庖犧王〔二〕。火生土，故知土則利民播種，號神農氏也。

斲木爲耜，揉木爲耒。耒耨之利，以教天下，蓋取諸益。〔釋文〕爲耒，力對反。字林力佳反，徐力猥反。本或作「揉木爲之耒耨」，非。

【解】虞翻曰：否四之初也。巽爲木、爲入，艮爲手，乾爲金，手持金以入木，故「斲木爲耜」。耜止所蹹，因名曰耜。艮爲小木，手以撓之，故「揉木爲耒」。耒耜，耔器也。巽爲號令，乾爲天，故「以教天

〔一〕「田」，原作「畋」，集解本同，蓋因「讀爲畋」而誤，據纂疏本正。又後有「取魚曰漁」四字，蓋因釋文「馬融云『取獸曰佃，取魚曰漁』」而衍，集解本、纂疏本並無，今删之。

〔二〕「王」字原脱，據集解本、纂疏本補。

下」。坤爲田，巽爲股、進退。震足動耜，艮手持耒，進退田中，耕之象也。益萬物者莫若雷風，故法風雷而作耒耜。

【注】制器致豐，以益萬物。

【集解】孟喜曰：耨，耘除草也。〔釋文〕　京房曰：耜，耒下耓〔一〕也。耒，耜上句木也。　馬融曰：耨，鉏也。　陸績曰：耜，廣五寸。〔並同上〕

日中爲市，致天下之民，聚天下之貨，交易而退，各得其所，蓋取諸噬嗑。

【解】虞翻〔二〕曰：否五之初也。離象正上，故稱「日中」。艮爲徑路，震爲足，又爲大塗，否乾爲天，故「致天下之民」象也。坎水艮山，羣珍所出，「聚天下貨」之象也。震升坎降，「交易而退，各得其所」。噬嗑，食也。市井交易，飲食之道，故取諸此。

【注】噬嗑，合也。市人之所聚，異方之所合，設法以合物，噬嗑之義也。

【集解】宋衷曰：祝融爲市，顓頊臣也。〔釋文〕

神農氏没，黄帝、堯、舜氏作。通其變，使民不倦；

【解】虞翻曰：「變而通之以盡利」，謂作舟檝、服牛乘馬之類，故「使民不倦」也。

〔一〕「耓」，原作「耜」，據釋文正。

〔二〕「虞翻」，原作「翟玄」，據集解本、纂疏本正。

【注】通物之變，故樂其器用，不解倦也。

神而化之，使民宜之。

【解】虞翻曰：神爲乾。乾動之坤，化成萬物，以利天下。坤爲民也。「象其物宜」，故「使民宜之」也。

易窮則變，變則通，通則久。是以「自天祐之，吉无不利」。〔釋文〕一本作「易窮則變，通則久」。祐，本亦作「佑」。

【解】陸績曰：陰窮則變爲陽，陽窮則變爲陰，天之道也。庖犧作罔罟，教民取禽獸，以充民食。民衆獸少，其道窮，則神農教播殖以變〔一〕之，此窮變之大要也。「窮則變，變則〔二〕通」，與天終始，故可久。民得其用，故无所不利也。

【注】通變則无窮，故可久也。

【集解】衛元嵩曰：夫尚質則人淳，人淳則俗樸，樸之失，其弊也惷；尚文則人和，人和則俗順，順之失，其弊也諂。諂則變之以質，惷則變之以文，亦猶寬以濟猛，猛以濟寬，此聖人之用心也。豈徒苟相反背而妄有述作焉？斯文質相化之理也。〔李江元包經傳注〕

黄帝、堯、舜，垂衣裳而天下治，蓋取諸乾坤。

〔一〕「變」，原作「便」，據集解本、纂疏本正。

〔二〕「則」，原作「乃」，據傳文當作「則」，今正。

【解】九家易曰：黄帝以上，羽皮革木，以禦寒暑。至乎黄帝，始制衣裳，垂示天下。衣取象乾，居上覆物。裳取象坤，在下含物也。虞翻曰：乾爲治，在上爲衣。坤下爲裳。乾坤，萬物之緼〔一〕，故以象衣裳。乾爲明君，坤爲順臣，百官以治，萬民以察，故「天下治」，蓋取諸此也。

【注】垂衣裳以辨貴賤，乾尊坤卑之義也。

【集解】鄭康成曰：金天、高陽、高辛遵黄帝之道，無所改作，故不述。〔周禮疏〕　又曰：始去羽毛。〔公羊疏〕　又曰：其服皆玄上纁下，上托位南方，南方色赤，黄而兼赤，故爲纁也。〔禮記疏〕　又曰：乾爲天，其色玄；坤爲地，其色黄。〔同〕　故玄以爲衣，黄以爲裳，象天在上，地在下。〔詩疏〕

刳木爲舟，剡木爲檝。舟檝之利，以濟不通，致遠以利天下，蓋取諸涣。〔釋文〕挎，本又作「刳」，口孤反，徐又口溝反。掞，本亦作「剡」。楫〔二〕，本又作檝，將輒反，徐音集，又子入反。致遠以利天下，一本無此句。　〔按〕説文亦作「舟檝」。

【解】九家易曰：木在水上，流行若風，舟檝之象也。此本否卦，九四之二〔三〕。刳，除也。巽爲長、爲木，艮爲手，乾爲金，艮手持金，故「刳木爲舟，剡木爲檝」也。乾爲遠、天，故「濟不通，致遠以利天下」

〔一〕「緼」，原作「轀」，據集解本、纂疏本正。
〔二〕「楫」，原作「揖」，據釋文正。
〔三〕「二」，原作「一」，據集解本、纂疏本正。

矣。法涣而作舟楫，蓋取斯義也。

【注】涣者，乘理以散通也。

服牛乘馬，引重致遠，以利天下，蓋取諸隨。〔釋文〕一本無「以利天下」一句。〔按〕説文引作「備牛乘馬」。

【解】虞翻曰：否上之初也。否乾爲馬、爲遠，坤爲牛、爲重。坤初之上爲「引重」，乾上之初爲「致遠」。艮爲背，巽爲股，在馬上，故「乘馬」。巽爲繩，繩束縛物，在牛背上，故「服牛」。出否之隨，「引重致遠，以利天下」，故「取諸隨」。

【注】隨，隨宜也。服牛乘馬，隨物所之，各得其宜也。

重門擊柝，以待暴客，〔釋文〕柝，他洛反，説文作「㯷」。字林他各反，同。暴，鄭作「虣」。〔按〕説文一引作「㯷」，是。又引作「梛」，後人附益也。

【解】干寶曰：卒暴之客，爲奸寇也。

【集解】馬融曰：柝，兩木相繫以行夜。〔釋文〕

蓋取諸豫。

【解】九家易曰：下有艮象。從外示之，震復爲艮。兩艮對合，重門之象也。柝者，兩木相擊以行夜也。艮爲手、爲小木，爲上[一]持，震爲足，又爲木、爲行，坤爲夜，即手持柝木夜行，擊門之象也。坎爲盜、暴，水暴長无常，故「以待暴客」。既有不虞之備，故「蓋取諸豫」也。

【注】取其豫備。

【集解】鄭康成曰：豫，坤下震上，九四體震，又互體有艮。艮爲門，震日所出，亦爲門，「重門」象。艮又爲手，巽爻也，應在四，皆木也，手持二木也。手持二木以相敲，是爲「擊柝」，擊柝爲守備警戒也。四又互體爲坎，坎爲盜，五離爻爲甲胄戈兵，盜爲持兵，是「虣客」也。又以其卦爲豫，有守備則不可自佚。〔周禮疏〕

斷木爲杵，掘地爲臼。臼杵之利，萬民以濟，蓋取諸小過。〔釋文〕斷，丁緩反，又徒緩反。掘，其月反，又其勿反。

【解】虞翻曰：晉上之三也。艮爲小木；上來之三斷艮，故「斷木爲杵」。坤爲地，艮手持木，以掘坤三，故「掘地爲臼」。艮止於下，臼之象也。震動而上，杵之象也。震出巽入。艮手持杵，出入臼[二]中，舂之象也，故「取諸小過」。本无乾象，故不言「以利天下」也。

【注】以小用而濟物也。

〔一〕「上」，原作「手」，集解本、纂疏本並作「上」。纂疏本云「艮陽在上爲上持」，當以作「上」爲是，今據正。

〔二〕「臼」，原作「舂」，蓋涉下「舂」字而誤，據集解本、纂疏本正。

弦木爲弧，剡木爲矢。弧矢之利，以威天下，蓋取諸睽。〔釋文〕剡，以冉反，字林因冉反。睽，苦圭反，又音圭。

【解】虞翻曰：无妄五之二也。巽爲繩，爲木，坎爲弧，離爲矢，故「弦木爲弧」。乾爲金〔一〕，艮爲小木，五之二，以金剡艮，故「剡木爲矢」。乾爲威，五之二，故「以威天下」。弓發矢應而坎雨集，故「取諸睽」也。

【注】睽，乖也。物乖則争興，弧矢之用，所以威乖争也。

上古穴居而野處，後世聖人易之以宫室，上棟下宇，以待風雨，蓋取諸大壯。

【解】虞翻曰：无妄兩象易也。无妄乾在上，故稱「上古」。艮爲穴居，乾爲野，巽爲處，无妄乾人在路，故「穴居野處」。震爲後世，乾爲聖人。「後世聖人」，謂黄帝也。艮爲宫室，變成大壯，乾人入宫，故「易以宫室」。艮爲待〔二〕，巽爲風，兑爲雨。乾爲高，巽爲長木，反在上爲棟。震陽動起爲「上棟」〔三〕。「宇謂屋邊也」〔四〕。兑澤動下爲「下宇」。无妄之大壯，巽風不見，兑雨隔震，與乾絶體，故「上棟下宇，以

〔一〕「乾爲金」三字原無，集解本同。纂疏本云「乾五之艮二，以乾金剡艮木，故『剡木爲矢』」，今據補。

〔二〕「待」，原作「行」，據集解本、纂疏本正。

〔三〕「震陽動起爲上棟」，原作「動起故上棟」，集解本同。纂疏本謂「震，起也。无妄震陽在下，動起成大壯，故爲『上棟』」。又以虞注下文「兑澤動下爲下宇」例之，纂疏本當是，今從。

〔四〕「宇謂屋邊也」，説文文。此句上原衍「下」字，蓋涉下文而誤增，今删。

待風雨，蓋取諸大壯」者也。

【注】宫室壯大於穴居，故制爲宫室，取諸大壯也。

古之葬者，厚衣之以薪，葬之中野，不封不樹，喪期无數。後世聖人易之以棺槨，蓋取諸大過。〔按〕唐石經「槨」作「椁」。

【解】虞翻曰：中孚上下易象也。本无乾象，故不言「上古」。大過乾在中，故但言古者。巽爲薪，艮爲厚，乾爲衣、爲野，乾象在中，故「厚衣之以薪，葬之中野」。穿土稱封。封，古「窆」字也。聚土〔一〕爲樹。中孚无坤坎象，故「不封不樹」。坤爲喪。期，謂從斬縗至緦麻日月之期數。无坎離日月坤象，故「喪期无數」。巽爲木、爲入處，兑爲口，乾爲人。木而有口，乾人入處，棺斂之象。中孚艮爲山丘，巽木在裏，棺藏山陵，槨之象也。故「取諸大過」也。

【注】取其過厚。

【集解】鄭康成曰：大過者，巽下兑上之卦。初六在巽體，巽爲木。上六位在巳，巳當巽位，巽又爲木，二木在外，以夾四陽，四陽互體爲二乾，乾爲君、爲父，二木夾君父，棺槨之象。〔禮記疏〕甘容曰：「諸侯在千里内皆奔喪，千里外不奔喪，若同姓，千里外猶奔喪」，親親也。〔同〕

〔一〕「土」，原作「上」，集解本、纂疏本並作「土」。又檀弓曰「衣足以飾身，棺周於衣，槨周於棺，反壤樹之哉」，故云「聚土爲樹」。今據正。

上古結繩而治，後世聖人易之以書契，百官以治，萬民以察，蓋取諸夬。

【解】九家易曰：古者无文字，其有約誓之事，事大大其繩，事小小其繩。結之多少，隨物衆寡，各執以相考，亦足以相治也。夬本坤世，下有伏坤，書之象也。上又見乾，契之象也。以乾照坤，察之象也。夬者〔一〕，決也。取百官以書治職，萬民以契明其事。契，刻也。大壯進而成夬，金決竹木爲書契象，故法夬而作書契矣。　虞翻曰：履上下象易也。乾象在上，故復言「上古」。巽爲繩，離爲罔罟，乾爲治，故「結繩以治」。「後世聖人」，謂黄帝、堯、舜也。夬旁通剥，剥坤爲書，兑爲契，故「易之以書契」。乾爲百，剥艮爲官。坤爲衆臣、爲萬民、爲迷暗。乾爲治。夬反剥，以乾照坤，故「百官以治，萬民以察」。故取諸夬。大壯、大過、夬，此三「蓋取」，直兩象上下相易，故俱言「易之」。大壯本无妄，夬本履卦，乾象俱在上，故言「上古」。中孚本无乾象，大過乾不在上，故但言「古者」。大過亦言「後世聖人易之」，明上古時也。

【注】夬，決也。書契所以決斷萬事也。

【集解】鄭康成曰：結繩者，事大大結其繩，事小小結其繩。〔疏〕　又曰：以書，書木邊，言其事，刻其木，謂之書契。〔書釋文〕　書之於木，刻其側爲契，各持其一，後以相考合。〔書疏〕

〔一〕「者」字原脱，據集解本、纂疏本補。

是故易者，象也。

【解】干寶曰：言「是故」，又〔一〕總結上義也。虞翻曰：易謂日月在天，成八卦象，「懸象著明，莫大日月」是也。

象也者，像也。〔釋文〕「象也者，像也」，衆本並云：「像，擬也。」孟、京、虞、董、姚還作「象」。

【解】崔憬曰：上明取象以制器之義，故以此重釋於象。言易者，象於萬物。象者，形像之象也。

彖者，材也。

【解】虞翻曰：彖説三才，則三分天象以爲三才，謂天、地、人之道也。

【注】材，才德也。彖言成卦之材以統卦義也。

爻也者，效天下之動者也。

【解】虞翻曰：動，發也。謂兩三材爲六畫，則「發揮剛柔而生爻」也。

是故吉凶生而悔吝著也。

【解】虞翻曰：爻象動内，則吉凶見外。吉凶悔吝者，生乎動者也，故曰「著」。

陽卦多陰，陰卦多陽，其故何也？

〔一〕「又」下原衍「因」字，據集解本、纂疏本删。

【解】崔憬曰：此明卦象陰陽與德行也。「陽卦多陰」，謂震坎艮，一陽而二陰。「陰卦多陽」，謂巽離兑，一陰而二陽者〔一〕也。

陽卦奇，陰卦耦。

【注】夫少者多之所宗，一者衆之所歸。陽卦二陰，故奇爲之君；陰卦二陽，故耦爲之主。

其德行何也？

【解】虞翻曰：陽卦一陽，故奇；陰卦二〔二〕陰，故耦。謂德行何者可也〔三〕。

【注】辨陰陽二卦之德行也。

陽一君而二民，君子之道也。陰二君而一民，小人之道也。

【注】陽，君道也。陰，臣道也。君以无爲統衆，无爲則一也。臣以有事代終，有事則二也。故陽爻畫一〔四〕，以明君道必一。陰爻畫兩，以明臣體必二。斯陰陽之數，君臣之辨也。以一爲君，君之德也。二居君位，非其道也。故陽卦曰「君子之道也」，陰卦曰「小人之道也」。

〔一〕「者」，集解本、纂疏本並無此字，亦通。

〔二〕「二」，原作「一」，據集解本、纂疏本正。

〔三〕「何者可也」，原作「何可者也」，集解本同。纂疏本謂「何者爲可也」之義，今正。

〔四〕「一」，集解本、纂疏本並同，注疏本作「奇」。

【集解】鄭康成曰：一君二民，謂黃帝、堯、舜，地方萬里，爲方千里者百。中國之民居七千里，七七四十九，方千里者四十九。四裔之民居千里者五十一。是中國四裔二民，共事一君。二君一民，謂三代之末，以地方五千里，一君有五千里之土，五五二十五，更足以一君，二十五始滿千里之方五十，乃當堯、舜一民之地，故云二君一民。〔禮記疏〕

易曰：「憧憧往來，朋從爾思。」〔釋文〕憧憧，本又作「⿰忄重」，昌容反。

【解】翟玄曰：此咸之九四辭也。咸之爲卦，三君三民，四獨遠陰，思慮之爻也。

【注】天下之動，必歸於一。思以求朋，未能一也。一以感物〔一〕，不思而至也。

子曰：「天下何思何慮？天下同歸而殊塗，一致而百慮，

【注】夫「少則得，多則惑」。塗雖殊，其歸則同；慮雖百，其致不二。苟識其要，不在博求，一以貫之，百〔二〕慮而盡矣。

天下何思何慮？

【解】虞翻曰：易无思也。既濟定，六位得正，故「何思何慮」。

〔一〕「未能一也」、「一以感物」，兩「一」字，集解本、纂疏本皆作「寂」，注疏本及樓氏本皆作「一」。

〔二〕「百」，原作「不」，注疏本同，據集解本、纂疏本正。

日往則月來，

【解】虞翻曰：謂咸初往之四，與五成離，故「日往」；與二成坎，故「月來」。之〔一〕外日往，在内月來，此就爻之正者也。

月往則日來，

【解】虞翻曰：初變之四，與上成坎，故「月往」。四變之初，與三成離，故「日來」者也。

日月相推而明生焉。

【解】虞翻曰：既濟體兩離坎象，故「明生」焉。

寒往則暑來，

【解】虞翻曰：乾爲寒，坤爲暑。謂陰息陽消，從姤至否，故「寒往暑來」也。

暑往則寒來，

【解】虞翻曰：陰詘陽信，從復至泰，故「暑往寒來」也。

寒暑相推而歲成焉。

【解】崔憬曰：言日月寒暑往來雖多，而明生歲成。相推則一，何思何慮於其間哉！

〔一〕「之」，原作「在」，蓋涉下文而誤，據集解本、纂疏本正。

往者屈也，

【解】荀爽曰：陰氣往，則萬物屈者也。

來者信也，〔釋文〕信，本又作「伸」，同音申。韋昭漢書音義云：古「伸」字。

【解】荀爽曰：陽氣來，則萬物信者也。

屈信相感而利生焉。

【解】虞翻曰：感，咸象，故「相感」。天地感而萬物化生，聖人感人心而天下和平，故「利生」。利生〔一〕，謂陽出震，陰伏藏。

尺蠖之屈，以求信也。〔釋文〕蠖，紆縛反，又烏郭反。

【解】荀爽曰：以喻陰陽氣屈以求信也。

龍蛇之蟄，以存身也。〔釋文〕虵，本又作「蛇」，同。全身，本亦作「存身」。

【解】虞翻曰：蟄〔二〕，潛藏也。龍潛而虵藏。陰息初，巽爲虵；陽息初，震爲龍。十月坤成，十一月復生。姤巽在下，龍虵俱蟄，初坤爲身，故「龍虵之蟄，以存身」。侯果曰：不屈則不信，不蟄則无存，

〔一〕兩「利生」，原皆作「利害生」，據集解本、纂疏本正。

〔二〕「蟄」字原脱，據集解本、纂疏本補。

則屈蟄相感而後利生矣。以況无思得一，則萬物歸思之矣。莊子曰「古之畜天下者，其治一也。記曰『通於一，萬事畢。无心得，鬼神服』」，此之謂矣。蠖，屈行蟲，郭璞云「蝍蠘」也。

精義入神，以致用也。

【解】姚信曰：陽稱精，陰爲義，入在初也。陰陽在初，深不可測，故謂之「神」。變爲姤復，故曰「致用也」。干寶曰：能精義理之微，以得未然之事，是以涉於神道而逆禍福也。

【注】精義，物理之微者也。神，寂然不動，感而遂通者也。理入寂一，則精義斯得，乃用无極也〔一〕。

利用安身，以崇德也。

【解】九家易曰：利用，陰道用也，謂姤時也。陰升上究，則乾伏坤中，屈以求信。陽當復升，安身嘿處也。時既潛藏，故利用〔二〕安身，以崇其德。崇德，體卑而德高。

【注】利用之道，皆「安其身而後動」也。精義由於入神以致其用，利用由於安身以崇其德。理必由乎其宗，事各本乎其根。歸根則寧，天下之理得也。若役其思慮以求動用，忘其安身以殉功美，則僞〔三〕彌多

〔一〕此韓康伯注文，集解本、纂疏本並同，而注疏本自「者也理入寂一」至句末凡十六字，作「故能乘天下之微，會而通其用也」。今録之兩存。

〔二〕「用」字原脱，據集解本、纂疏本補。

〔三〕「僞」，原作「爲」，據集解本、纂疏本、注疏本正。

而理愈失〔一〕，名彌美而累愈彰矣。

過此以往，未之或知也。

【解】荀爽曰：出乾之外，无有知之。

窮神知化，德之盛也。」

【解】虞翻曰：以坤變乾，謂之「窮神」。以乾通坤，謂之「知化」。乾爲盛德，故「德之盛」。侯果曰：夫精義入神，利用崇德，亦一致之道極矣。過斯以往，則未之能知也。若窮於神理，通於變化，則「德之盛」者能矣。

易曰：「困于石，據于蒺藜，入于其宮，不見其妻，凶。」

【解】孔穎達曰：上章先言利用安身，可以崇德。若身自危辱，何崇德〔二〕之有？此章引困之六三，履非其位。欲上于四，四自應初，不納於己，是困於九四之石也。三又乘二，二是剛物，非己所乘，是據于〔三〕九二之蒺藜也。又有「入于其宮，不見其妻，凶」之象。

〔一〕「失」下原衍「矣」字，今據集解本、纂疏本、注疏本删。

〔二〕「德」，集解本、纂疏本並無，注疏本有此字，意承上「可以崇德」言。當有，今據補。

〔三〕「九四之石也。三又乘二，二是剛物，非己所乘，是據于」，此二十字原脱，集解本同。注疏本及纂疏本並有，然文稍異。今據纂疏本補。

子曰：「非所困而困焉，名必辱；

【解】虞翻曰：困本咸，咸三入宮，以陽之陰，則二制坤，故以次〔一〕咸。爲四所困，四失位惡人，故「非所困而困〔二〕焉」。陽稱名，陰爲辱，以陽之陰下，故「名必辱」也。

非所據而據焉，身必危。

【解】虞翻曰：謂據二。二失位，故「非所據而據焉」。二變時，坤爲身，二折坤體，故「身必危」。

既辱且危，死期將至，妻其可得見邪？」〔釋文〕死其，亦作「期」。

【解】陸績曰：六三從困辱之家〔三〕，變之大過，爲棺椁死喪之象，故曰「死期將至」，妻不可得見也。

易曰：「公用射隼于高墉之上，獲之，无不利。」

【解】孔穎達曰：前章先須安身，可以崇德，故此「明藏器於身，待時而動」，是有利也。故引解之上六以證之矣。

子曰：「隼者，禽也。

〔一〕「次」，原作「決」，集解本同，纂疏本曰「咸艮變坎成困，故以次咸」，當是，今據正。
〔二〕「而困」二字原脱，據集解本、纂疏本補。
〔三〕「家」，原作「象」，據集解本、纂疏本正。

【解】虞翻曰：離爲隼，故稱「禽」。言其行野容如禽獸焉。

弓矢者，器也。

【解】虞翻曰：離爲矢，坎爲弓，坤爲器。

射之者，人也。

【解】虞翻曰：人，賢人也。謂乾三伏陽，出而成乾，故曰「射之者人」。人則公。三應上，故上令三出而射隼焉。

君子藏器於身，待時而動，何不利之有？

【解】虞翻曰：三伏陽爲君子。二變時，坤爲身，爲藏器，謂藏弓矢以待射隼。艮爲待、爲時，三待五來之二，弓張矢發，動出成乾，貫隼，入大過死，兩坎象壞，故「何不利之有」。象曰「以解悖」。三陰小人乘君子器，故上觀三出，射去隼也。

動而不括，是以出而有獲，語成器而動者也。」

【解】虞翻曰：括，作也。震爲語。乾五之坤二，成坎弓離矢，動以貫隼，故「語成器而動者也」。

【注】括，結也。君子待時而動，則无結閡之患也。

子曰：「小人不恥不仁，不畏不義；

【解】虞翻曰：謂否也。以坤滅乾，爲不仁不義。坤爲恥、爲義，乾爲仁、爲畏者也。

不見利不勸，不威不懲。

【解】虞翻曰：否乾爲威、爲利，巽爲近利。謂否五之初成噬嗑市。離日見乾爲見利，震〔一〕爲動，故「不見利不動」。五之初，以乾威坤，故「不威不懲」。震爲懲也。

小懲而大誡，此小人之福也。

【解】虞翻曰：艮爲小，乾爲大。五下威初，坤殺不行。震懼虩虩，故「小懲大誡」。坤爲小人，乾爲福，以陽下陰，「民説无疆」，故「小人之福也」。

易曰：『屨校滅趾，无咎。』此之謂也。」〔釋文〕止，本亦作「趾」。

【解】九家易曰：噬嗑六五，本先在初，處非其位，小人者也。故歷説小人所以爲罪，終以致害，雖欲爲惡，能止不行，則「无咎」。侯果曰：噬嗑初九爻辭也。校者，以木夾足止行也。此明小人因小行而大誡，乃福也。

「善不積，不足以成名；

【解】虞翻曰：乾爲積善，陽稱名。

惡不積，不足以滅身。

〔一〕「震」，原作「坎」，據集解本、纂疏本正。

【解】虞翻曰：坤爲積惡，爲身。以乾滅坤，故「滅身」者也。

小人以小善爲无益而弗爲也，

【解】虞翻曰：小善謂復初。

以小惡爲无傷而弗去也，

【解】虞翻曰：小惡謂姤初。

故惡積而不可掩，〔按〕唐石經「掩」作「揜」。

【解】虞翻曰：謂陰息姤至遁，子弑其父，故「惡積而不可掩」也。

罪大而不可解。

【解】虞翻曰：陰息遁成否，以臣弑君，故「罪大而不可解」也。

易曰：『何校滅耳，凶。』」〔釋文〕何，河可反，又音河。

【解】九家易曰：噬嗑上九爻辭也。陰自初升〔一〕五，所在失正，積惡而罪大，故爲上所滅。「善不積」，斥五陰爻也。「聰不明」者，聞善不聽，聞戒不改，故「凶」。

子曰：「危者，安其位者也。

〔一〕「升」，原作「生」，據集解本、纂疏本正。

【解】崔憬曰：言有危之慮，則能安其位不失也。

亡者，保其存者也。

【解】崔憬曰：言有亡之慮，則能「保其存者〔一〕也」。

亂者，有其治者也。

【解】崔憬曰：言有防亂之慮，則能「有其治者〔二〕也」。

是故君子安而不忘危，

【解】虞翻曰：君子，大人，謂否五也。否坤爲安，危謂上也。　翟玄曰：在安而慮危。

存而不忘亡，

【解】荀爽曰：謂「除戎器，戒不虞」也。　翟玄曰：在存而慮亡。

治而不忘亂，

【解】荀爽曰：謂思患而逆防之。　翟玄曰：在治而慮亂。

是以身安而國家可保也。

〔一〕「存者」，原作「長存」，據集解本、纂疏本正。

〔二〕「者」字原脱，據集解本、纂疏本補。

【解】虞翻曰：坤爲身。謂否反成泰，君位定於內，而臣忠於外，故「身安而國家可保也」。

易曰：『其亡其亡，

【解】荀爽曰：存不忘亡[一]也。

繫于包桑。』

【解】荀爽曰：桑者，上玄下黄。乾坤相包以正，故不可忘也。陸績曰：自此以上，皆謂否陰滅陽之卦。五在否家，雖得中正，常自懼以危亡之事者也。

子曰：「德薄而位尊，

【解】虞翻曰：鼎四也。則離九四凶惡小人，故「德薄」。四在乾位，故「位尊」。

知小而謀大，

【解】虞翻曰：兑爲小知，乾爲大謀，四在乾體，故「謀大」。

力小而任重，

【解】虞翻曰：五至初體大過，本末[二]弱，故「力少」也。乾爲仁，故「任重」。「以爲己任，不亦重乎」。

[一]「亡」，原作「仁」，據集解本、纂疏本正。

[二]「末」，原作「不」，據集解本、纂疏本正。

鮮不及矣。〔釋文〕尟，本亦作「鮮」。

【解】虞翻曰：鮮，少也。及，及於刑矣[一]。

易曰：『鼎折足，覆公餗，其形渥，凶。』言不勝其任也。」〔釋文〕餗，馬作「粥」。

【解】孔穎達曰：言不能安身，智小謀大，而遇禍也，故引鼎九四以證之矣。

子曰：「知幾，其神乎！

【解】虞翻曰：幾，謂陽也，陽在復初稱幾。此謂豫四也。惡鼎四折足，故以此次。言豫四知幾而反復初也。

君子上交不諂，下交不瀆，

【解】虞翻曰：豫二[二]謂四也，四失位諂瀆。上謂交五，五貴，震爲笑言，笑且言[三]，諂也，故「上交不諂」。下謂交三，坎爲瀆，故「下交不瀆」。欲其復初得正元吉，故「其知幾乎」。

其知幾乎？

【解】侯果曰：上謂王侯，下謂凡庶。君子上交不至諂媚，下交不至瀆慢，悔吝无從而生，豈非知微者乎？

〔一〕「及，及於刑矣」，原脱一「及」字，據纂疏本補。

〔二〕「二」，原作「上」，集解本同。纂疏本曰：「虞豫六二注云『欲四急復初，己得休之』，故『豫二謂四也』。」今據正。

〔三〕「且言」，原誤倒，集解本同，纂疏本此句作「笑且言，諂也」，「笑而且言，是爲諂也」於義爲暢，今據正。

【注】形而上者況之道，形而下者況之器。於道不冥而有求焉，未離乎諂也；於器不絶而有交焉，未免乎瀆也。能无諂、瀆，窮理者乎？

幾者動之微，吉之先見者也。〔按〕孔疏云：諸本「吉」下或有「凶」字，定本无。

【解】虞翻曰：陽〔一〕見初成震，故「動之微」。復初元吉，「吉之先見者也」。

【注】幾者，去无入有。理而未形，不可以名尋、不可以形覩者也。唯神也不疾而速，感而遂通，故能朗然玄照，鑒於未形也。合抱之木起於毫末，吉凶之彰始乎微兆，故言「吉之先見」。

君子見幾而作，不俟終日。易曰：『介于石，不終日，貞吉。』介如石焉，寧用終日，斷可識矣。〔釋文〕介，徐音戒，衆家作「介」。徐云：王廙古黠反。

【解】孔穎達曰：前章言「精義入神」，此明「知幾入神」之事，故引豫之六二以證之。崔憬曰：此爻得位居中，於豫之時，能順以動而防於豫。如石之耿介，守志不移，雖暫豫樂，以其見微，而不終日，則能貞吉，斷可知矣。

【注】定之於始，故不待終日也。

君子知微知彰，知柔知剛，

〔一〕「陽」下原衍「吉」字，據集解本、纂疏本删。

【解】姚信曰：此謂豫卦也。二下交初，故曰「知微」。上交於三，故曰「知彰」。體〔一〕坤處和，故曰「知柔」。與四同功，故曰「知剛」。

【集解】鄭康成曰：知微，謂幽昧。知章，謂明顯也。〔文選注〕

萬夫之望。」

【解】荀爽曰：聖人作而萬物覩。干寶曰：言君子苟達於此，則「萬夫之望」矣。周公聞齊魯之政，知後世彊弱之勢。辛有見披髮而祭，則知爲戎狄之居。凡若此類，可謂「知幾」也，皆稱「君子」。君子則以得幾，不必聖者也。

【注】此知幾其神乎！

子曰：「顏氏之子，其殆庶幾乎！

【解】虞翻曰：幾者，神妙也。顏子知微，故「殆庶幾」。孔子曰：「回也，其庶幾乎！」

有不善未嘗不知，

【解】虞翻曰：復以自知，老子曰「自知者明」。

知之未嘗復行也。

〔一〕「體」，原作「禮」，據集解本、纂疏本正。

【解】虞翻曰：謂「顔回不遷怒，不貳過」，「克己復禮，天下歸仁」。

【注】在理則昧，造形而悟。顔子之分也，失之於幾，故有不善。得之於二，不遠而復，故知之未嘗復行也。

易曰：『不遠復，无祇悔，元吉。』〔一〕〔釋文〕祇，韓音祁支反，王肅、輔嗣音支。

【解】侯果曰：復初九爻辭。殆，近也。庶，冀也。此明知微之難，則知微者唯聖人耳。顔子亞聖，但冀近於知微而未得也。在微則昧，理彰而悟，失在未形，故有不善，知則速改，故无大過。

【注】吉凶者，失得之象也。得一者，於理不盡，未至成形，故得不遠而復。舍凶之吉，免夫祇悔，而終獲元吉。祇，大也。

「天地絪緼，萬物化醇；〔釋文〕絪，本又作「氤」。緼，本又作「氲」。〔按〕説文作「壹壺」。

【解】虞翻曰：謂泰上也。先説否，否反成泰，故不説泰。天地交，萬物通，故「化醇」。孔穎達曰：以前章「利用安身以崇德也」。安身之道，在於得一。若己能得一，則可以安身。故此章明得一之事也。氤氲，氣附著之義。言天地无心，自然得一。唯二氣氤氲，共相和會，感應變化，而有精醇之生，萬物自化。若天地有心爲一〔二〕，則不能使萬物〔三〕化醇者也。

〔一〕「二」，集解本、纂疏本並同，注疏本作「二二」，似誤。

〔三〕「物」下原衍「一」字，據集解本、纂疏本、注疏本删。

男女搆精，萬物化生。

【解】虞翻曰：謂泰初之上成損。艮爲男，兑爲女，故「男女搆精」。乾爲精。損反成益，萬物出震，故「萬物化生」也。　干寶曰：男女猶陰陽也，故「萬物化生」。不言陰陽而言男女者，以指釋損卦六三之辭，主於人事也。

【集解】鄭康成曰：覯，合也。男女以陰陽合其精氣。〔詩疏〕

易曰：『三人行，則損一人；一人行，則得其友。』言致一也。」

【解】侯果曰：損六三爻辭也。象云「一人行，三則疑」，是衆不如寡，三不及一。此明物情相感，當上法絪緼化醇致一之道，則无患累者也。

【注】致一而後化成也。

子曰：「君子安其身而後動，

【解】虞翻曰：謂反損成益。君子益初也。坤爲安身，震爲後動。　崔憬曰：君子將動有所爲，必自揣安危之理在於己身，然後動也。

易其心而後語，

【解】虞翻曰：乾爲易，益初體復心，震爲後語。　崔憬曰：君子恕己及物。若於事，心雖不可出語，必和易其心而後言。

定其交而後求。

【解】虞翻曰：震專爲定、爲後，交謂剛柔始交，艮爲求也。崔憬曰：先定其交，知其才行，若好施與吝，然後可以事求之。

君子脩此三者，故全也。

【解】虞翻曰：謂否上之初。「損上益下，其道大光。自上下下，民説无疆」，故全也。

危以動，則民不與也。

【解】虞翻曰：謂否上九。「高而无位」，故「危」。坤民否閉，故弗與也。

懼以語，則民不應也。

【解】虞翻曰：否上窮災，故「懼」。來下之初成益，故「民不應」。坤爲民，震爲應也。

无交而求，則民不與也。

【解】虞翻曰：上來之初，故「交」。坤民否閉，故「不與」。震爲交。

莫之與，則傷之者至矣。

【解】虞翻曰：上不之初，否消滅乾，則體剥傷，臣弑君，子弑父，故「傷之者至矣」。

易曰：『莫益之，或擊之，立心勿恒，凶。』」

【解】侯果曰：益上九爻辭也。此明先安身易心，則羣善自應。若危〔一〕動懼語，則物所不與，故凶也。

【注】夫虚己存誠，則衆之所不迕也。躁以相求，則物之所不欲也。

子曰：「乾坤，其易之門邪？」〔釋文〕其易之門邪，本又作「門户邪」。

【解】荀爽曰：陰陽相易，出於乾坤，故曰門。

乾，陽物也；坤，陰物也。

【解】荀爽曰：陽物，天；陰物，地也。

陰陽合德，而剛柔有體，

【解】虞翻曰：合德，謂天地雜，保太和，日月戰。乾剛以體天，坤柔以體地也。

以體天地之撰，〔釋文〕撰，仕勉反，王肅士眷反。

【解】九家易曰：撰，數也。萬物形體，皆受天地之數也。謂九天數，六地數也。剛柔得以爲體矣。

【注】撰，數也。

以通神明之德。

【解】九家易曰：隱藏謂之神，著見謂之明。陰陽交通，乃謂之德。

〔一〕「危」，原作「九」，據集解本、纂疏本正。

其稱名也，雜而不越。〔按〕說文作「雜而不越」。

【解】九家易曰：陰陽，雜也。名，謂卦名。陰陽雖錯，而卦象各有次序，不相踰越。

【注】備物極變，故其名雜也。各得其序，不相踰越，況爻繇〔一〕之辭也。

於稽其類，其衰世之意邪？

【解】虞翻曰：稽，考也。三稱盛德，上稱末世。乾終上九，動則入坤。坤弒其君父，故爲亂世。陽出復震，入坤出坤，故「衰世之意邪」。侯果曰：於，嗟也。稽，考也。易象考其事類，但以吉凶得失爲主，則非淳古之時也，故云「衰世之意邪〔二〕」。言「邪」示疑，不欲切指也。

【注】有憂患而後作易，世衰則失得〔三〕彌彰，爻繇之辭，所以明失得，故知衰世之意邪。稽猶考也。

夫易，彰往而察來，而微顯闡幽。

【解】虞翻曰：「神以知來，智以藏往」。微者顯之，謂從復成乾，是「察來」也。闡者幽之，謂從姤之坤，是「彰往」也。陽息出初，故「開而當名」。

【注】易无往不彰，无來不察，而微以之顯，幽以之闡。闡，明也。

〔一〕「繇」，原依毛本作「卦」。校勘記謂諸本及釋文皆作「繇」，今據正。

〔二〕集解本、纂疏本並作「耳」，似誤。

〔三〕「失得」二字原誤倒，據四部備要本、注疏本乙。

開而當名，辯物，正言，斷辭，則備矣。〔釋文〕辯，如字，徐扶勉反。

【解】干寶曰：辯物，辯物〔一〕類也。正言，言正義也。斷辭，斷吉凶也。如此，則備於經矣。

【注】開釋爻卦，使各當其名也。理類辨明，故曰「斷辭」也。

其稱名也小，

【解】虞翻曰：謂乾坤與六子，俱名八卦而小成，故小。「復小而辯於物」者矣。

其取類也大。

【解】虞翻曰：謂乾陽也。爲天爲父，「觸類而長之」，故大也。

其旨遠，其辭文，〔釋文〕文，如字，一音問。

【注】託象以明義，因小以喻大。

【解】虞翻曰：遠謂乾，文謂坤也。

其言曲而中，

【注】變化无恒，不可爲典要，故「其言曲而中」也。

其事肆而隱。

〔一〕「辯物」二字原脱，集解本同，據纂疏本補。

【解】虞翻曰：曲，屈。肆，直也。陽屈初，震爲言，故「其言曲而中」。坤爲事，隱未見，故「肆而隱」也。

【注】事顯而理微也。

因貳以濟民行，以明失得之報。

【解】虞翻曰：二，謂乾與坤也。坤爲民，乾爲行。行得則乾報以吉，行失則坤報以凶也。

【注】貳則失得也，因失得以通濟民行，故「明失得之報」也。失得之報者，得其會則吉，乖其理則凶。

【集解】鄭康成曰：「貳」當爲「弍」。〔釋文〕

易之興也，其於中古乎？

【解】虞翻曰：興易者，謂庖犧也。文王書經，系庖犧於乾五。乾爲古，五在乾中，故「興於中古」。繫以黄帝、堯、舜爲後世聖人，庖犧爲中古，則庖犧以前爲上古。

作易者，其有憂患乎？

【解】虞翻曰：謂患憂百姓，未知興利遠害，不行禮義，茹毛飲血，衣食不足。庖犧則天八卦，通爲六十四，以德化之。「吉凶與民同患」，故「有憂患」。

【注】无憂患，則不爲而足也。

是故履，德之基也。

【解】虞翻曰：乾爲德。履與謙旁通，坤柔履剛，故「德之基」。坤爲基。　侯果曰：履禮，蹈禮不倦，

「德之基也」。自下九卦，是復道之最，故特言矣。

【注】基，所蹈也。

謙，德之柄也。

【解】虞翻曰：坤爲柄。柄，本也。凡言德，皆陽爻也。干寶曰：柄所以持物，謙所以持禮者也。

復，德之本也。

【解】虞翻曰：復初，乾之元，故「德之本也」。

【注】夫動本於静，語始於默。復者，各反其所始，故爲德之本也。

恒，德之固也。

【解】虞翻曰：「立不易方」，守德之堅固。

【注】固，不傾移也。

損，德之脩也。〔釋文〕脩，馬作「循」。

【解】荀爽曰：「懲忿窒慾」，所以脩德。

【集解】鄭康成曰：脩，治也。〔釋文〕

益，德之裕也。

【解】荀爽曰：「見善則遷，有過則改」，德之優裕也。

【注】能益物者，其德寬大也。

困，德之辯也。〔釋文〕辯，如字，王肅卜免反。

【解】鄭康成曰：辯，别也。遭困之時，「君子固窮，小人窮則濫」，德于是别也。

【注】因而益明。

井，德之地也。

【解】姚信曰：「井養而不窮」，德居地也。

【注】所處不移，象居得其所也。

巽，德之制也。

【解】虞翻曰：巽風爲號令，所以制下，故曰「德之制也」。孔穎達曰：此上九卦，各以德爲用也。

【注】巽所以申命明制也。

履，和而至。

【解】虞翻曰：謙以履〔一〕通，謙坤柔和，故「履和而至」。「禮之用，和爲貴」者也。

【注】和而不至，從物者也；和而能至，故可履也。

〔一〕「履」，原作「禮」，據集解本、纂疏本正。

謙，尊而光。

【解】荀爽曰：「自上下下，其道大光」也。

復，小而辯於物。

【解】虞翻曰：陽始見，故小。乾，陽物。坤，陰物也。以乾居坤，故稱別物。

【注】微而辨之，不遠復也。

恒，雜而不厭。

【解】荀爽曰：夫婦雖錯居，不厭之道也。

【注】雜而不厭，是以能恒。

損，先難而後易。

【解】虞翻曰：損初之上，失正，故「先難」。終反成益，得位於初，故「後易」。「易其心而後語」。

【注】刻損以脩身，故「先難」也；身脩而无患，故「後易」也。

益，長裕而不設。

【解】虞翻曰：謂「天施地生，其益无方，凡益之道，與時偕行」，故「不設」也。

【注】有所興爲，以益於物，故曰「長裕」。因物興務，不虚設也。

【集解】鄭康成曰：設，大也。周禮攷工曰：中其莖，設其後。〔周禮疏〕

困，窮而通。

【解】虞翻曰：陽窮否上，變之坤二成坎，坎爲通，故「困窮而通」也。

【注】處窮而不屈其道也。

井，居其所而遷。

【注】「改邑不改井」，井所居不移，而能遷其施也。

巽，稱而隱。〔釋文〕稱，尺證反，又尺升反。

【解】崔憬曰：言巽「申命行事」，是稱揚也。陰助德化，是微隱也。自此以上，明九卦德之體者也。

【注】稱揚命令，而百姓不知其由也。

履以和行。

【解】虞翻曰：「禮之用，和爲貴」，謙震爲行，故「以和行」也。

謙以制禮。

【解】虞翻曰：陰稱禮。謙三以一陽制五陰，萬民服，故「以制禮」也。

復以自知。

【解】虞翻曰：「有不善，未嘗不知」，故「自知」也。

【注】求諸己也。

恒以一德。

【解】虞翻曰：「恒德之固」，「立不易方」，「從一而終」，故「一德」者也。

【注】以一爲德也。

損以遠害。

【解】虞翻曰：坤爲害。泰以初止坤上，故「遠害」。乾爲遠。

【注】止於脩身，故可以遠害而已。

益以興利。

【解】荀爽曰：「天施地生，其益无方」，故「興利」也。

困以寡怨。

【解】虞翻曰：坤爲怨。否〔一〕弑父與君，乾來上〔二〕折坤二，故「寡怨」。坎水性通，故不怨也。

【注】困而不濫，无怨於物。

井以辯義。

〔一〕「否」，原作「不」，集解本同，據纂疏本正。

〔二〕「來上」二字原誤倒，據集解本、纂疏本乙。

【解】虞翻曰：坤爲義，以乾别坤，故「辯義」也。

【注】施而无私，義之方也。

巽以行權。

【解】九家易曰：巽象號令，又爲近利。人君政教，進退擇〔一〕利，而爲權也。春秋傳曰「權者反於經，然後有善者也」。此所以説九卦者，聖人履憂，濟民之所急行也。故先陳其德，中言其性，後叙其用，以詳之也。西伯勞謙，殷紂驕暴，臣子之禮有常，故創易道以輔濟君父者也。然其意義廣遠幽微。孔子指撮，解此九卦之德，合三復之道，明西伯之於紂，不失上下。

【注】權反經而合道，必合乎巽順，而後可以行權也。

易之爲書也，不可遠；〔釋文〕遠，馬、王肅、韓袁方反，師讀如字。

【解】侯果曰：居則觀象，動則玩占，故「不可遠」也。

【注】擬議而動，不可遠也。

爲道也，屢遷。

【解】虞翻曰：遷，徙也。日月周流，上下无常，故「屢遷」也。

〔一〕「擇」，原作「釋」，集解本同，今據纂疏本正。

變動不居，周流六虛。

【解】虞翻曰：變，易〔一〕。動，行。六虛，六位也。日月周流，「終則復始」，故「周流六虛」。謂甲子之旬，辰巳爲虛，坎戊爲月，離己爲日〔二〕，入在中宮〔三〕，其處空虛，故稱「六虛」。五甲如次者也。

【注】六虛，六位也。

上下无常，剛柔相易，

【解】虞翻曰：剛柔者，晝夜之象也。在天稱上，入地爲下，故「上下无常」也。

不可爲典要，唯變所適。

【解】虞翻曰：典〔四〕要，道也。上下无常，故「不可爲典要」，適乾爲晝，適坤爲夜。 侯果曰：謂六爻剛柔相易，遠近恒唯變所適，非有典要。

【注】不可立定準也。變動貴於適時，趣舍存乎會也。

〔一〕「易」，原作「亦」，據集解本、纂疏本正。

〔二〕「謂甲子之旬，辰巳爲虛，坎戊爲月，離己爲日」句中，「旬」原作「句」，「辰」下脱「巳」字。纂疏本引裴駰云「甲子旬中無戌亥，戌亥爲孤，辰巳爲虛。坎納戊，離納己」，今據補正。

〔三〕「入在中宮」，「入」原作「人」，「中宮」原誤倒，據集解本、纂疏本正。

〔四〕「典」下原衍「常」字，據集解本、纂疏本删。

其出入以度，外内使知懼，

【解】虞翻曰：出乾爲外，入坤爲内日行一度，故「出入以度」。出陽知生，入陰懼死，「使知懼」也。

【注】明出入之度，使物知外内之戒也。出入猶行藏，外内猶隱顯。遯以遠時爲吉，豐以幽隱致凶，漸以高顯爲美，明夷以處昧利貞，此外内之戒也。

又明於憂患與故。

【解】虞翻曰：「神以知來」，故明憂患。「智以藏往」，故知事故。「作易者，其有憂患乎」。

【注】故，事故也。

无有師保，如臨父母。

【解】虞翻曰：臨，見也。言陰陽施行，以生萬物。无有師保，生成之者。萬物出生，皆如父母。孔子曰：「父母〔一〕之道天地。」乾爲父，坤爲母。干寶曰：言易道以〔二〕戒懼爲本，所謂「懼以終始」，歸无咎也。外謂丈夫之從王事，則「夕惕若厲」。内謂婦人之居室，則「无攸遂」也。雖无師保切磋之訓，其心敬戒，常如父母之臨己者也。

〔一〕「母」，原作「子」，據集解本、纂疏本正。
〔二〕「以」字原脱，據集解本、纂疏本補。

【注】安而不忘危，存而不忘亡，「終日乾乾」，不可以怠也。

初率其辭而揆其方，

【解】虞翻曰：初，始、下也。率，正也。謂脩辭立誠。方，謂坤也。以乾通坤，故「初率其辭而揆其方」。　侯果曰：率，脩。方，道也。言脩易初首之辭，而度其終末之道，盡有典常，非虚設也。

【集解】馬融曰：方，道也。〔釋文〕

既有典常，苟非其人，道不虚行。

【解】虞翻曰：其出入以度，故「有典常」。苟，誠也。其人，謂乾爲賢人。「神而明之，存乎其人」，不言而信，謂之德行，故「不虚行」也。　崔憬曰：言易道深遠，若非聖人，則不能明其道。故知易道不虚而自行，必文王然後能弘也。

【注】能循其辭以度其義，原其初以要其終，則唯變所適，是其常典也。明其變者，存其要也，故曰「苟非其人，道不虚行」。

易之爲書也，

【解】干寶曰：重發易者，别殊旨也。

原始要終，以爲質也。

【解】虞翻曰：質，本也。以乾原始，以坤要終，謂「原始反終，以知死生之説」。　崔憬曰：質，體也。言易之書，原窮其事之初，若初九「潛龍勿用」，是「原始」也。又要會其事之末，若上九「亢龍有悔」，是「要終」也。易原始潛龍之勿用，要終亢龍之有悔，復相明以爲體也。諸卦亦然，若「大畜而後通」之類是也。

【注】質，體也。卦兼終始之義也。

六爻相雜，唯其時物也。

【解】虞翻曰：陰陽錯居稱雜。時陽則陽，時陰則陰，故「唯其時物」。乾陽物，坤陰物。干寶曰：一卦六爻，則皆雜有八卦之氣。若初九爲震爻，九二爲坎爻也。或若見辰戌言艮，巳亥言兑也。或若以甲壬名乾，以乙癸名坤也。或若以午位名離，以子位名坎。或若德來爲好物，刑來爲惡物〔一〕。王相爲興，休廢爲衰。

【注】爻各存乎其時。物，事也。

其初難知，其上易知，本末也。

【解】侯果曰：本末，初、上也。初則事微，故「難知」；上則事彰，故「易知」。

初辭擬之，卒成之終。

〔一〕「或若德來爲好物，刑來爲惡物」，原作「或若得來爲惡物」，句中「德」作「得」，雖兩字古通，今統作「德」；脱「爲好物刑來」五字，據纂疏本補正。

【解】干寶曰：初擬議之，故難知；卒終成之，故易知，本末勢然也。侯果曰：失在初微，猶可擬議而之福。過在卒成事之終極，非擬議所及，故曰「卒成之終」。假如乾之九三，噬嗑初九，猶可擬議而之〔一〕善至，上九則凶災不移，是事之「卒成之終」，極凶不變也。

【注】夫事始於微而後至於著。初者數之始，擬議其端，故難知也。上者卦之終，事皆成著，故易知也。

若夫雜物撰德，辯是與非，則非其中爻不備。〔釋文〕撰，鄭作「算」。

【解】虞翻曰：撰德謂乾。辯，別也。是謂陽，非謂陰也。中，正。乾六爻，二、四、上非正。坤六爻，初、三、五非正。故「雜物」。「因而重之，爻在其中」，故非其中，則爻辭不備。道有變動，故曰爻也。崔憬曰：上既具論初、上二爻，次又以明其四爻也。言中四爻雜合所主之事，撰集所陳之德，能辯其是非，備在卦中四爻也。

【集解】鄭康成曰：算，數也。〔釋文〕

噫！亦要存亡吉凶，則居可知矣。〔釋文〕噫，於其反，王肅於力反，辭也。要，一妙反，絕句。又一遥反，則句至「吉凶」。居，馬如字，處也，師音同，鄭、王肅音基。

【解】虞翻曰：謂知存知亡，要終者也。居乾吉則存，居坤凶則亡，故曰「居可知矣」。崔憬曰：噫，

〔一〕「之」，原作「知」，據集解本、纂疏本正。

歎聲也。言中四爻，亦能要定卦中存亡吉凶之事，居然可知也。孔疏扶王弼義，以此「中爻」爲二五之爻，居中无偏，能統一卦之義，事必不然矣。何則？上文〔一〕云「六爻相雜，唯其時物」，言雖錯雜，而各獨會於時，獨主於物。豈可以二五之爻而兼其雜物撰德、是非存亡吉凶之事乎？且二五之撰德與是，要存與吉，則可矣。若主物與非，要亡與凶，則非其所象，故知其不可也。且上論初、上二爻，則此「中」總言四爻矣。下論二、四、三、五，則是重述其功位者也。

知者觀其彖辭，則思過半矣。

【集解】馬融曰：噫，辭也。〔釋文〕

【注】夫彖，舉立象之統，論中爻之義，約以存博，簡以兼衆，雜物撰德，而一以貫之者也。形之所宗者道，衆之所歸者一。其事彌繁，則愈滯乎形。其理彌約，則轉近乎道。彖之爲義，存乎一也；一之爲用，同乎道矣。形而上者可以觀道。過半之益，不亦宜乎！

【集解】馬融曰：彖辭，卦辭也。鄭康成曰：爻辭也。周氏同。王肅曰：彖，舉象之要也。〔並釋文〕　師説通謂卦爻之辭也。一云：即夫子彖辭。〔同〕

二與四同功

〔一〕「文」，原作「文」，據集解本、纂疏本正。

【解】崔憬曰：此重釋中四爻功位所宜也。二主士、大夫位，佐於一國；四主三孤、三公、牧伯之位，佐於天子，皆同有助理之功也。

【注】同陰功也。

而異位。

【解】崔憬曰：二，士、大夫位卑；四，孤、公、牧伯位尊，故有異也。

【注】有内外也。

其善不同，二多譽，四多懼，近也。

【注】二處中和，故「多譽」也。四逼於君，故「多懼」也。

柔之爲道，不利遠者，

【解】崔憬曰：此言二四皆陰位，陰之爲道，近比承陽，故「不利遠」矣。

其要无咎，其用柔中也。

【解】崔憬曰：言二是陰遠陽，雖則不利，其要或有无咎者。以二柔居中，異於四也。

【注】四之多懼，以近君也。柔之爲道須援而濟，故有不利遠者。二之能无咎，柔而處中也。

三與五同功

【注】同陽功也。

而異位，

【解】崔憬曰：三，諸侯之位；五，天子之位，同有理人之功，而君臣之位異者也。

【注】有貴賤也。

三多凶，五多功，貴賤之等也。

【解】崔憬曰：三處下卦之極，居上卦之下，爲一國之君，有威權之重。而上承天子，若无含章之美，則必致凶。五既居中不偏，貴乘天位，以道濟物，廣被寰中，故「多功」也。

其柔危，其剛勝邪。〔釋文〕勝，升證反，一音升。

【解】侯果曰：三五陽位，陰柔處之，則多凶危；剛正居之，則勝其任。言「邪」者，不定之辭也。或有柔居而吉者，得其時也。剛居而凶者，失其應也〔一〕。

【注】三五陽位，柔非其位，處之則危，居以剛健，勝其任也。夫所貴剛，閑邪存誠，動而不違其節者也。所貴柔者，含弘居中，順而不失其貞者也。若剛以犯物，則非剛之道；柔以卑佞，則非柔之義也。

易之爲書也，廣大悉備。

【解】荀爽曰：以陰易陽謂之廣，以陽易陰謂之大。「易與天地準」，固「悉備」也。

〔一〕「剛居而凶者，失其應也」，原句中「凶」下脱「者」字，「失」訛作「私」，集解本同，據纂疏本補正。

有天道焉，有人道焉，有地道焉。

【解】崔憬曰：言易之爲書明三才。廣无不被，大无不包，悉備有萬物之象者〔一〕也。

兼三才而兩之，故六。六者非他也，三才之道也。〔按〕唐石經「三才」字原作「才」，改爲「材」。

【解】崔憬曰：言重卦六爻，亦兼天地人道。兩爻爲一才，六爻爲三才，則是「兼三才而兩之，故六」。六者，即三才之道也。

【注】説卦備矣。

道有變動，故曰爻；

【解】陸績曰：天道有晝夜日月之變，地道有剛柔燥溼之變，人道有行止動静吉凶善惡之變。聖人設爻，以效三者之變動，故〔二〕謂之「爻」者也。

爻有等，故曰物；

【解】干寶曰：等，羣也。爻中之義，羣物交集。五星四氣、六親九族、福德刑殺、衆形萬類，皆來發於爻，故總謂之物也。象「頤中有物曰噬嗑」，是其義也。

〔一〕「者」字原脱，據集解本、纂疏本補。
〔二〕「故」，原作「固」，據集解本、纂疏本正。

【注】等，類也。乾，陽物也。坤，陰物也。爻有陰陽之類，而後有剛柔之用，故曰「爻有等，故曰物」。

物相雜，故曰文；

【解】虞翻曰：乾，陽物。坤，陰物。純乾純坤之時，未有文章。陽物入坤，陰物入乾，更相雜成六十四卦，乃有文章，故曰文。

【注】剛柔交錯，玄黄錯雜。

文不當，故吉凶生焉。

【解】干寶曰：其辭爲文也。動作云爲，必考其事，令與爻義相稱也。事不稱義，雖有吉凶，則非今日之吉凶也。故「元亨利貞」，而穆姜以死；「黄裳元吉」，南蒯以敗，是所謂「文不當」也。故於經，則有「君子吉，小人否」；於占，則王相之氣，君子以遷官，小人以遇罪也。

易之興也，其當殷之末世，周之盛德邪？當文王與紂之事邪？

【解】虞翻曰：謂文王書易六爻之辭也。末世，乾上。盛德，乾三也。文王三分天下而有其二，以服事殷，周德其可謂至德矣，故「周之盛德」。紂窮否上，「知存而不知亡，知得而不知喪」，終以焚死，故「殷之末世」也。而馬、荀、鄭君從俗，以文王爲中古，失之遠矣。

【注】文王以盛德蒙難，而能亨其道，故稱文王之德以明易之道也。

【集解】鄭康成曰：據此言，以易文王所作，斷可知矣。（春秋疏）

是故其辭危。

【解】虞翻曰：危，謂乾三。「夕惕若厲」，故「辭危」也。

【注】文王與紂之事，危其辭也。

【集解】周氏曰：謂當紂時，不敢指斥紂惡，故其辭微危而不正也。〔疏〕

危者使平，

【解】陸績曰：文王在紂世，有危亡之患，故於易辭多趨危亡。本自免濟，建城王業，故易爻辭「危者使平」，以象其事。否卦九五「其亡其亡，繫于包桑」之屬是也。

易者使傾。

【解】陸績曰：易，平易也。紂安其位，自謂平易，而反傾覆，故易爻辭「易者使傾」，以象其事。明夷上六「初登于天，後入于地」之屬是也。

【注】易，慢易也。

其道甚大，百物不廢。

【解】虞翻曰：大謂乾道。乾三爻三十六物，故「百物不廢」。略其奇八，與大衍之五十同義。

懼以終始，其要无咎。此之謂易之道也。

【解】虞翻曰：乾稱易道「終日乾乾」，故无咎。「危者使平，易者使傾」，「惡盈」、「福謙」，故「易之道」

者也。

【注】夫文不當而吉凶生，則保其存者亡，不忘亡者存；有其治者亂，不忘危者安。懼以終始，歸於无咎，安危之所由，爻象之大體也。

夫乾，天下之至健也，德行恒易以知險。

【解】虞翻曰：險，謂坎也。謂乾二五之坤成坎離，日月麗天，天險不可升，故「知險」者〔一〕也。

夫坤，天下之至順也，德行恒簡以知阻。

【解】虞翻曰：阻，險阻也。謂坤二五之乾，艮爲山陵，坎爲水，巽高兑下。地險〔二〕山川丘陵，故「知阻」也。

能説諸心，

【解】虞翻曰：乾五之坤，坎爲心，兑爲説，故「能説諸心」。謂説諸心，物之有心者也。

能研諸侯之慮，

【解】虞翻曰：坎爲心慮，乾初之坤爲震，震爲諸侯，故「能研諸侯之慮」。

〔一〕「者」字原脱，據集解本、纂疏本補。

〔二〕「險」，原作「阻」，據集解本、纂疏本正。

【注】諸侯，物主有爲者也。能説萬物之心，能精爲者之務。

定天下之吉凶，成天下之亹亹者。

【解】荀爽曰：亹亹者，陰陽之微，可成可敗也。順時者成，逆時者敗也。虞翻曰：謂乾二五之坤，成離日坎月，則八卦象具。八卦定吉凶，故能「定天下之吉凶」。亹亹，進也。離爲龜，乾爲蓍，月生震初，故「成天下之亹亹者」，謂莫善蓍龜也。

【集解】鄭康成曰：亹亹，没没也。王肅曰：亹亹，勉也。〔並釋文〕

是故變化云爲，吉事有祥，

【解】虞翻曰：祥，幾祥也，「吉之先見者也」。陽出，「變化云爲，吉事爲祥」，謂復初乾元者也。

象事知器，占事知來。

【解】虞翻曰：「象事」謂坤，坤爲器。乾五之坤成象，故「象事知器」也。占事謂乾以知來。乾五動成離，則玩其占，故「知來」。侯果曰：易之云爲，唯變所適，爲善則吉事必應，觀象則用器可爲，求吉則未形可覩〔一一〕者也。

〔一一〕「覩」，原作「觀」，據集解本、纂疏本正。

【注】夫變化云爲者，行其吉事，則獲嘉〔一〕祥之應；觀其象事，則知制器之方；玩其占事，則覩方來之驗也。

天地設位，聖人成能；

【解】虞翻曰：天尊五，地卑二，故「設位」。乾爲聖人，成能，謂「能説諸心，能研諸侯之慮」，故「成能」也。崔憬曰：言易擬天地設乾坤二位，以明重卦之義，所以成聖人伏羲、文王之能事者也。

【注】聖人乘天地之正，萬物各成其能。

人謀鬼謀，百姓與能。

【解】虞翻曰：乾爲人，坤〔二〕爲鬼，乾二五之坤，坎爲謀，乾爲百，坤爲姓，故「人謀鬼謀，百姓與能」。朱仰之曰：人謀，謀及卿士；鬼謀，謀及卜筮也。又〔三〕謀及庶民，故曰「百姓與能」也。

【注】人謀，況〔四〕議於衆以定失得〔五〕也。鬼謀，況寄卜筮以考吉凶也。不役思慮，而失得自明。不

〔一〕「嘉」字原脱，據四部備要本、注疏本補。
〔二〕「坤」，原作「坎」，據集解本、纂疏本正。
〔三〕「又」，原作「人」，據集解本、纂疏本正。
〔四〕「況」，原作「凡」，據四部備要、注疏本正。下「況」字同。
〔五〕「失得」二字原誤倒，據四部備要本、注疏本乙。

勞探討，而吉凶自著。類萬物之情，通幽深之故，故百姓與能，樂推而不厭也。

【集解】鄭康成曰：鬼謀，謂「謀卜筮于廟門」是也。〔儀禮疏〕

八卦以象告，

【解】虞翻曰：「在天成象」，乾二五之坤，則八卦象成。兑口震言，故「以象告」也。

【注】以象告人。

爻、彖以情言，

【解】崔憬曰：伏羲始畫八卦，因而重之，以備萬物，而告於人也。爻，謂爻下辭。彖，謂卦下辭。皆是聖人之情，見乎繫辭，而假爻、彖以言，故曰〔一〕「爻、彖以情言」也。

【注】辭有險易，而各得其情也。

剛柔雜居，而吉凶可見矣。

【解】虞翻曰：乾二之坤成坎，坤五之乾成離，故「剛柔雜居」。艮爲居。離有巽兑，坎有震艮，八卦體備，故「吉凶可見」也。　崔憬曰：言文王以六爻剛柔相推，而物雜居。得理則吉，失理則凶，故「吉凶可見」也。

〔一〕「曰」字原脱，據集解本、纂疏本補。

變動以利言，

【解】虞翻曰：乾變之坤成震，震爲言，故「變動以利言」。

【注】變而通之以盡利也。

吉凶以情遷。

【解】虞翻曰：乾吉坤凶。「六爻發揮，旁通情也」，故「以情遷」。

【注】吉凶无定，惟人所動，情順乘理以之吉，情逆違道以陷凶，故曰「吉凶以情遷」也。

是故愛惡相攻而吉凶生，〔釋文〕惡，烏路反，鄭烏洛反。

【解】虞翻曰：攻，摩也。乾爲愛，坤爲惡，謂「剛柔相摩」。以愛攻惡生吉，以惡攻愛生凶，故「吉凶生」也。

【注】泯然同順，何吉何凶？愛惡相攻，然後逆順者殊，故「吉凶生」。

遠近相取而悔吝生，

【解】虞翻曰：遠陽謂乾，近陰謂〔一〕坤。陽取陰生悔，陰取陽生吝。悔吝言小疵。崔憬曰：遠謂應與不應，近謂比與不比。或取遠應而捨近比，或取近比而捨遠應，由此遠近相取，所以生悔吝於繫

〔一〕「謂」，原作「爲」，據集解本、纂疏本正。

辭矣。

【注】相取，猶相資也。遠近之爻，互相資取，而後有悔吝也。

情僞相感而利害生。

【解】虞翻曰：情陽僞陰也。情感僞生利，僞感情生害。乾爲利，坤爲害。

【注】情以感物，則得利；僞以感物，則致害也。

凡易之情，近而不相得則凶，

【注】近，況此爻也。易之情，剛柔相摩、變動相適者也。近而不相得，必有乖違之患也。或有相違而无患者，得其應也；相順而皆凶者〔一〕，乖于時也。隨〔二〕事以考之，則〔三〕義可見矣。

或害之，悔且吝。

【解】虞翻曰：坤爲害。以陰居陽，以陽居陰，爲「悔且吝」。荀爽曰：謂屯六三「往吝」之屬也。

【注】夫无對於物，而後盡全順之道，豈可有欲〔四〕害之者乎？雖能免濟，必有悔吝也。或，欲害之

〔一〕「者」字原脱，據集解本、纂疏本、四部備要本、注疏本補。
〔二〕「隨」，集解本、纂疏本同，四部備要本、注疏本並作「存」。
〔三〕「則」字原脱，據四部備要本、注疏本補。
〔四〕「欲」，原作「物」，據四部備要本、注疏本正。

辭也。

將叛者其辭慙，

【解】虞翻曰：坎人之辭也。近而不相得，故「叛」。坎爲隱伏，將叛。坎爲心，故「慙」也。侯果曰：凡心不相得，將懷叛逆者，辭必慙恧。

中心疑者其辭枝，

【解】荀爽曰：「或從王事无成」之屬也。虞翻曰：離人之辭也。火性枝分，故枝疑也。侯果曰：中心疑二，則失得无從，故枝分不一也。

吉人之辭寡，

【解】虞翻曰：艮人之辭也。

躁人之辭多，

【解】荀爽曰：謂睽上九之屬也。虞翻曰：震人之辭也。震爲決躁，恐懼虩虩，笑言啞啞，故多辭也。侯果曰：燥人煩急，故「辭多」。

誣善之人其辭游，

【解】荀爽曰：游豫之屬也。虞翻曰：兑人之辭也。兑爲口舌誣乾，乾爲善人也。崔憬曰：妄稱有善，故自叙其美，而辭必浮游不實。

失其守者其辭屈。

【解】荀爽曰：謂泰上六「城復于隍」之屬也。侯果曰：失守則沮辱而不申，故「其辭屈」也。爻有此象，故占辭亦從矣。虞翻曰：巽人之辭也。巽詰詘，陽在初守巽，初陽入伏陰下，故「其辭詘」。此六子也，離上坎下，震起艮止，兑見巽伏。上經終坎離，則下經終既濟未濟。上系終乾坤，則下系終六子。此易之大義者也。

周易集解卷十

説卦第十

【集解】先儒以孔子十翼之次，乾坤文言在二繫之後，説卦之前。以彖、象附上下二經爲六卷，則上繫第七，下繫第八，文言第九，説卦第十。〔疏〕

昔者聖人之作易也，

【集解】鄭康成曰：易者，陰陽之象，天地之所變化，政教之所生，自人皇初起。〔路史注〕　又曰：謂伏犧、文王也。〔書疏〕

幽贊於神明而生蓍，〔釋文〕贊，本或作「讚」。

【解】荀爽曰：幽，隱也。贊，見也。神者在天，明者在地，神以夜光，明以晝照。蓍者，策也。謂陽爻之策三十有六，陰爻之策二十有四，二篇之策萬有一千五百二十。上配列宿，下副物數。生蓍者，謂蓍從爻中生也。干寶曰：幽，昧，人所未見也。贊，求也。言伏羲用明于昧冥之中，以求萬物之性爾，乃得自然之神物。能通天地之精，而管御百靈者，始爲天下生用蓍之法者也。

【注】幽，深也。贊，明也。蓍受命如嚮，不知所以然而然也。

參天兩地而倚數，〔釋文〕參，七南反，又如字，音三。天，或作「夫」者〔一〕，非。倚，於綺反，王肅其綺反，蜀才作「奇」，通。〔按〕說文作「參天网地」。

【解】虞翻曰：倚，立。參，三也。謂分天象爲三才，以地兩之，立六畫之數，故「倚數」也。　崔憬曰：參，三也。謂於天數五、地數五中，以八卦配天地之數。起天三配艮而立三數，天五配坎而立五數，天七配震而立七數，天九配乾而立九數。此從三，順配陽四卦也。地從二起，以地兩配兑而立二數，以地十配離而立十數，以地八配巽而立八數，以地六配坤而立六數。此從兩，逆配陰四卦也。其天一地四之數，无卦可配，故虚而不用。此聖人取八卦配天地之數，總五十而爲大衍。　案：此說不盡，已釋在大衍章中，詳之明矣。

【注】參，奇也。兩，耦也。七九，陽數。六八，陰數。

【集解】馬融、王肅曰：五位相合，以陰從陽。天得三合，謂一、三與五也；地得兩合，謂二與四也。

〔疏〕　馬融又曰：倚，依也。〔釋文〕　鄭康成曰：天地之數備於十，乃三之以天，兩之以地，而倚托

〔一〕「者」字原重，蓋衍一「者」字，據釋文删。

大衍之數五十也。必三之以天、兩之以地者，天三覆，地二載，欲極於數，庶得吉凶之審也。〔疏〕王肅曰：倚，立也。〔釋文〕　張氏曰：以三中含兩，有一以包兩之義，明天有包地之德，陽有包陰之道，故天舉其多，地言其少也。〔疏〕

觀變於陰陽而立卦，〔釋文〕觀變，一本作「觀變化」。

【解】虞翻曰：謂「立天之道，曰陰與陽」。「乾坤剛柔」，立本者。卦謂六爻。陽變成震坎艮，陰變成巽離兑，故「立卦」。六爻三變，三六十八，則有十八變而成卦，「八卦而小成」是也。繫曰「陽，一君二民。陰，二君一民」，不道乾坤者也。

【注】卦，象也。蓍，數也。卦則雷風相薄，山澤通氣，擬象陰陽變化之體。蓍則錯綜天地，參兩之數。蓍極數以定象，卦備象以盡數，故蓍曰「參天兩地而倚數」，卦曰「觀變於陰陽」也。

發揮於剛柔而生爻，

【解】虞翻曰：謂「立地之道，曰柔與剛」。發，動。揮，變。變剛生柔爻，變柔生剛爻，以三爲六也。「因而重之，爻在其中」，故「生爻」。

【注】剛柔發散，變動相和。

【集解】鄭康成曰：揮，揚也。　王廙曰：揮，散也。〔並釋文〕

和順於道而理於義，

【解】虞翻曰：謂「立人之道，曰仁與義」。和順謂坤，道德謂乾，以乾通坤，謂之理義也。

窮理盡性以至於命。

【解】虞翻曰：以乾推坤，謂之「窮理」。以坤變乾，謂之「盡性」。性盡理窮，故「至於命」，巽爲命也。

【注】命者生之極。窮理則盡其極也。

【集解】鄭康成曰：言窮其義，盡人之情性。以至於命，吉凶所定。〔文選注〕

昔者聖人之作易也，

【解】虞翻曰：重言「昔者」，明謂庖犧也。

將以順性命之理。

【解】虞翻曰：謂「乾道變化，各正性命」，以陽順性，以陰順命。

是以立天之道，曰陰與陽；立地之道，曰柔與剛；立人之道，曰仁與義。

【解】崔憬曰：此明一卦立爻，有三才二體之義。故先明天道既立陰陽，地道又立剛柔，人道亦立仁義，以明之也。何則？在天雖剛，亦有柔德。在地雖柔，亦有剛德。故書曰「沉潛剛克，高明柔克」。人稟天地，豈可不兼仁義乎？所以易道兼之矣。

【注】在天成象，在地成形。陰陽者言其氣，剛柔者言其形。變化始於氣象，而後成形。萬物資始乎天，成形乎地，故天曰陰陽，地曰柔剛也。或有在形而言陰陽者，本其始也；在氣而言柔剛者，要其

終也。

兼三才而兩之，故易六畫而成卦。

【解】虞翻曰：謂「參天兩地」，乾坤各三爻而成六畫之數也。

【注】設六爻以效三才之動，故六畫而成卦也。

【集解】鄭康成曰：三才，天地人之道。六畫，畫六爻。〔儀禮疏〕

分陰分陽，迭用柔剛，

【解】虞翻曰：迭，遞也。分陰爲柔以象夜，分陽爲剛以象晝。「剛柔者，晝夜之象」。晝夜更用，故「迭〔一〕用剛柔」矣。

故易六位而成章。〔釋文〕六位而成章，本又作「六畫」。

【解】章謂文理。乾三畫成天文，坤三畫成地理。

【注】六位，爻所處之位也。二四爲陰，三五爲陽，故曰「分陰分陽」。六爻升降，或柔或剛，故曰「迭用柔剛」也。

【集解】王弼曰：初、上无陰陽定位。〔疏〕

〔一〕「迭」，原作「遞」，據集解本、纂疏本正。

天地定位，

【解】謂乾坤。五貴二賤，故「定位」也。

山澤通氣，

【解】謂艮兑。「同氣相求」，故「通氣」。

雷風相薄，

【解】謂震巽。「同聲相應」，故「相薄」。

【集解】馬融、鄭康成、顧懽云：薄，入也。陸績曰：相薄，相附薄也。〈釋文〉

水火不相射。〔釋文〕射，食亦反。虞、陸、董、姚、王肅音亦。

【解】謂坎離。射，厭也。水火相通，坎戊〔一〕離己，月三十日一會於壬，故「不相射」也。

【集解】陸績、董遇、姚信並云：射，厭也。〈釋文〉

八卦相錯，

【解】錯，摩，則「剛柔相摩，八卦相盪」也。

數往者順，〔釋文〕數，色具反，又色主反。

〔一〕「坎戊」二字原誤倒，據集解本、纂疏本乙。

【解】謂坤〔一〕消從午至亥。上下，故「順」也。

知來者逆。

【解】謂乾息從子至巳。下上，故「逆」也。

【注】易八卦相錯，變化理備。於往則順而知之，於來則逆而數之。

是故易，逆數也。

【解】易謂乾〔二〕，故「逆數」。此上虞義。

【注】作易以逆覩〔三〕來事，以前民用。

雷以動之，

【解】荀爽曰：謂建卯之月，震卦用事，天地和合，萬物萌動也。

風以散之，

【解】謂建巳之月，萬物上達，布散田野。

雨以潤之，

〔一〕「坤」，原作「乾」，據集解本、纂疏本正。

〔二〕「乾」下原衍「易」字，據集解本、纂疏本删。

〔三〕「覩」，原作「觀」，據四部備要本、注疏本正。

【解】謂建子之月，含育萌芽也。

日以烜之，〔釋文〕晅，況晚反，本又作「晅」，徐古鄧反，又一音香元反。

【解】謂〔一〕建午之月，大陽欲長者也。

【集解】京房曰：晅，乾也。〔釋文〕

艮以止之，

【解】謂建丑之月，消息畢止也。

兑以説之，

【解】謂建酉之月，萬物成熟也。

乾以君之，

【解】謂建亥之月，乾坤合居，君臣位得也。此上荀義。

坤以藏之。

【解】九家易曰：謂建申之月，坤在乾下，包藏萬物也。乾坤交索，既生六子，各任其才，往生物也。又

〔一〕「謂」上原衍「休遠反」三字，據集解本、纂疏本删。

雷與風雨變化不常，而日月相推，迭有來往，是以四卦以義言之。天地山澤〔一〕，恒在者也，故直言名矣。

【集解】王肅曰：互相備也。〔疏〕

帝出乎震，

【解】崔憬曰：帝者，天之王氣也。至春分，則震王而萬物出生。

齊乎巽，

【解】立夏，則巽王而萬物絜齊。

相見乎離，

【解】夏至，則離王而萬物皆相見也。

致役乎坤，

【解】立秋，則坤王而萬物致養也。

説言乎兑，

【解】秋分，則兑王而萬物所説。

〔一〕「澤」，原作「懌」，據集解本、纂疏本正。

戰乎乾，

【解】立冬，則乾王而陰陽相薄。

勞乎坎，

【解】冬至，則坎王而萬物之所歸也。

成言乎艮。

【解】立春，則艮王而萬物之所成終成始也。以其周王天下，故謂之帝。此崔新義也。

萬物出乎震；震，東方也。

【解】虞翻曰：出，生也。震初不見東，故不稱東方卦也。

【集解】鄭康成曰：雷發聲以生之也。〔漢上易〕

齊乎巽；巽，東南也。齊也者，言萬物之絜齊也。

【解】巽陽隱初，又不見東南，亦不稱東南卦，與震同義。巽陽藏室，故「絜齊」。

【集解】鄭康成曰：風摇動以齊之也。絜猶新也。〔漢上易〕

離也者，明也。萬物皆相見，南方之卦也，

【解】離爲日、爲火，故「明」。日出照物，以日相見，離象三爻皆正，日中正南方之卦也。

【集解】鄭康成曰：日照之使光大。〔漢上易〕

聖人南面而聽天下，嚮明而治，蓋取諸此也。

【解】離，南方，故「南面」。乾爲治。乾五之坤，坎爲耳，離爲明，故以「聽天下，嚮明而治也」。

坤也者，地也。萬物皆致養焉，故曰「致役乎坤」。

【解】坤陰无陽，故道廣布，不主一方，含弘光大，養成萬物。

【集解】鄭康成曰：地氣含養，使有秀實也。〔漢上易〕又曰：坤不言方者，所言地之養物不專一〔一〕也。〔疏〕

兑，正秋也。萬物之所説也，故曰「説言乎兑」。

【解】兑〔二〕三失位不正，故言「正秋」。兑象不見西，故不言西方之卦，與坤同義。兑爲雨澤，故「説萬物」。震爲言，震二動成兑，言從口出，故「説言」也。

【集解】鄭康成曰：草木皆老，猶以澤氣説成之。〔漢上易〕

戰乎乾；乾，西北之卦也。言陰陽相薄也。

【解】乾剛正五月十五日，晨象西北，故「西北之卦」。薄，入也。坤十月卦，乾消剥入坤，故「陰陽相薄

〔一〕「一」字原脱，據注疏本補。

〔二〕「兑」，原作「説」，據集解本、纂疏本正。

也」。

【集解】鄭康成曰：戰言陰陽相薄。西北陰也，而乾以純陽臨之，猶君臣對合也。〔漢上易〕

坎者，水也。正北方之卦也，勞卦也。萬物之所歸也，故曰「勞乎坎」。

【解】歸，藏也。坎二失位不正，故曰「正北方之卦」，與兑「正秋」同義。坎月夜中，故「正北方」。此上虞義。　崔憬曰：以坎是正北方之卦，立冬已後，萬物歸藏於坎。又陽氣伏於子，潛藏地中，未能浸長，勞局衆陰之中也。

【集解】鄭康成曰：坎，勞卦也。水性勞而不倦，萬物之所歸也。〔漢上易〕

艮，東北之卦也。萬物之所成終而所成始也，故曰「成言乎艮」。

【解】虞翻曰：艮三〔一〕得正，故復稱卦。萬物成始乾甲，成終坤癸。艮東北是甲癸之間，故「萬物之所成終而成始」者也。

【集解】鄭康成曰：萬物自春出生於地，冬氣閉藏，還皆入地。「萬物之所成終而所成始」，言萬物陰氣終，陽氣始，皆艮之用事也。〔漢上易〕

神也者，妙萬物而爲言者也。

〔一〕「艮三」，原作「三名艮」，據集解本、纂疏本正。

【注】於此言神者，明八卦運動、變化、推移，莫有使之然者。神則无物，妙萬物而爲言也。明則〔一〕雷疾風行，火炎水潤，莫不自然相與而爲變化，故能萬物既成。

【集解】鄭康成曰：共成萬物，不可得而分，故合謂之神。〔漢上易〕董遇曰：眇，成也。〔釋文〕

動萬物者，莫疾乎雷；

【解】崔憬曰：謂春分之時雷動，則草木滋生，蟄蟲發起。所動萬物，莫急於此也。

橈萬物者，莫疾乎風；〔釋文〕橈，徐乃飽反，王肅乃教反，又呼勞反〔二〕。

【解】言風能鼓橈萬物，春則發散草木枝葉，秋則摧殘草木枝條，莫急於風者也。

燥萬物者，莫熯乎火；〔釋文〕熯，王肅呼但反。徐本作「暵」，音漢，說文同。〔按〕說文云：燥萬物者莫暵于離。

【解】言火能乾燥萬物，不至潤濕。於陽物之中，莫過乎火。熯亦燥也。

【集解】王肅曰：熯，火氣也。〔釋文〕徐氏曰：暵，熱暵也。〔同〕

說萬物者，莫說乎澤；

【解】言光悦萬物，莫過以澤而成悦之也。

〔一〕「明則」，校勘記謂集解本作「明則」，衍「則」字。
〔二〕「又呼勞反」，原作「呼乎勞反」，據釋文正。

潤萬物者，莫潤乎水；

【解】言滋潤萬物，莫過以水而潤之。

終萬物、始萬物者，莫盛乎艮。〔釋文〕盛，是政反，鄭音成。

【解】言大寒立春之際，艮之方位。萬物以之始，而爲今歲首。以之終，而爲去歲末。此則叶夏正之義，莫盛於艮也。此言六卦之神用，而不言乾坤者，以乾坤而發〔一〕天地，无爲而无不爲，能成雷風〔二〕等有爲之神妙也。艮不言山獨舉卦名者，以動撓燥潤功是雷風水火。至於終始萬物，於山義則不然，故言卦。而餘皆稱物，各取便而論也。此崔新義也。

故水火相逮，〔釋文〕水火不相逮，音代，一音大計反。鄭、宋、陸、王肅、王廙無「不」字。

【集解】鄭康成曰：盛，裹也。〔釋文〕

【解】孔穎達曰：上章言「水火不相入」，此言「水火相逮」者，既不相入，又不相及，則无成物之功。明性雖不相入，而氣相逮及。

雷風不相悖，

〔一〕「發」，原作「法」，據集解本、纂疏本正。

〔二〕「雷風」二字原誤倒，據集解本、纂疏本乙。下「雷風」二字同。

【解】孔穎達曰：上言「雷風相薄」，此言「不相悖」者，二象俱動，若相薄而相悖逆，則相傷害，亦无成物之功。明雖相薄而不相逆者也。

山澤通氣，

【解】崔憬曰：言山澤雖相懸遠而氣交通。

然後能變化，既成萬物也。

【解】虞翻曰：謂乾變而坤化。「乾道變化，各正性命」，成既濟定，故「既成萬物」矣。

乾，健也。

【解】虞翻曰：精剛自勝，動行不休，故健也。

坤〔一〕，順也。

【解】純柔，承天時行，故「順」。

震，動也。

【解】陽出動行。

巽，入也。

〔一〕「坤」，原作「神」，顯誤，今正。

【解】乾初入陰。

坎，陷也。

【解】陽陷陰中。

離，麗也。

【解】日麗乾剛。

艮，止也。

【解】陽位在上，故「止」。

兑，説也。

【解】震爲大笑。陽息震成兑，震言出口，故「説」。此上虞義也。

乾爲馬。

【解】孔穎達曰：乾象「天行健」，故「爲馬」。

坤爲牛。

【解】坤象地任〔一〕重而順，故「爲牛」。

〔一〕「任」，原作「在」，據集解本、纂疏本正。

震爲龍。

【解】震象龍動，故「爲龍」。此上孔正義。

巽爲雞。

【解】九家易曰：應八風也。風應節而變，變不失時。雞時至而鳴，與風相應也。二九十八，主風精爲雞，故雞十八日剖而成雛。二九順陽曆，故雞知時而鳴也。

坎爲豕。〔釋文〕豕，京作「彘」。

【解】九家易曰：汚辱卑下也。六九五十四，主時精爲豕，故〔一〕豕懷胎四月而生。宣時理節，是其義也。

離爲雉。

【解】孔穎達曰：離爲文明，雉有文章，故「離爲雉」。

艮爲狗。

【解】九家易曰：艮止，主守禦也。艮數三，七九六十三，三主斗，斗爲犬，故犬懷胎三月而生。斗運行

〔一〕「故」，原作「坎」，集解本同，纂疏本作「故」，當是，今據改。

十三時日出，故犬十三日而開目。斗屈，故犬卧屈也。斗運行四帀，犬亦夜繞室也。火〔一〕之精畏水不敢飲，但舌舐水耳。犬鬭，以水灌之則解也。犬近奎星，故犬淫當路不避人者也。

兑爲羊。

【解】孔穎達曰：兑爲説。羊者順從之畜，故「爲羊」。

【集解】鄭康成曰：其畜好剛鹵。〔周禮疏〕王廙曰：羊者順之畜，故爲羊也。〔疏〕

乾爲首。

【解】乾尊而在上，故「爲首」。

坤爲腹。

【解】坤能包藏含容，故「爲腹」也。

震爲足。

【解】震動用，故「爲足」。

巽爲股。

【解】巽爲順，股順隨於足，故「巽爲股」。

〔一〕「火」，原作「犬」，集解本同，纂疏本作「火」，謂「犬稟陽氣，故爲火精，畏水不敢飲」，今據正。

坎爲耳。

【解】坎北方主聽，故「爲耳」。

離爲目。

【解】離南方主視，故「爲目」。

艮爲手。

【解】艮爲止，手亦止，持於物使不動，故「艮爲手」。

兑爲口。

【解】兑爲説，口所以説言，故「兑爲口」。此上孔正義。

【集解】鄭康成曰：上開似口。〔漢上易〕

乾，天也，故稱乎父。坤，地也，故稱乎母。

【解】崔憬曰：欲明六子，故先説乾稱天父，坤稱地母。

【集解】陸績曰：稱乎母，取含養也。〔御覽〕

震一索而得男，故謂之長男。巽一索而得女，故謂之長女。坎再索而得男，故謂之中男。離再索而得女，故謂之中女。艮三索而得男，故謂之少男。兑三索而得女，故謂之少女。

【解】孔穎達曰：索，求也。以乾坤〔一〕爲父母而求其子也，得父氣者爲男，得母氣者爲女。坤初求得乾氣爲震，故曰「長男」。坤二得乾氣爲坎，故曰「中男」。坤三得乾氣爲艮，故曰「少男」。乾初得坤氣爲巽，故曰「長女」。乾二得坤氣爲離，故曰「中女」。乾三得坤氣爲兑，故曰「少女」。此言所以生六子者也。

【集解】馬融曰：索，數也。〔釋文〕王肅曰：索，求也。〔同〕又曰：以乾坤爲父母而求其子也，得父氣者爲男，得母氣者爲女。〔疏〕

乾爲天，

【解】宋衷曰：乾動作不解，天亦轉運。

【集解】鄭康成曰：天清明无形。〔漢上易〕

爲圜，

【解】宋衷曰：動作轉運，非圜不能，故「爲圜」。

爲君，

【解】虞翻曰：貴而嚴也。

〔一〕「乾坤」上原衍「求」字，據纂疏本、注疏本删。

爲父，

【解】虞翻曰：成三男，取其類大，故「爲父」也。

爲玉，爲金，

【解】崔憬曰：天體清明而剛，故「爲玉爲金」。

爲寒，爲冰，

【解】孔穎達曰：取其西北冰寒之地。崔憬曰：乾主立冬已後，冬至已前，故「爲寒爲冰」也。

爲大赤，

【解】虞翻曰：太陽爲赤，月望出入時也。崔憬曰：乾，四月純陽之卦，故取盛陽色爲大赤。

爲良馬，

【解】虞翻曰：乾善，故良也。

爲老馬，

【解】九家易曰：言氣衰也。息至巳，必當復消，故「爲老馬」也。

爲瘠馬，〔釋文〕瘠，京、荀作「柴」。

【解】崔憬曰：骨爲陽，肉爲陰。乾純陽爻，骨多，故「爲瘠馬」也。

【集解】京房、荀爽曰：多筋幹也。〔釋文〕鄭康成曰：凡骨爲陽，肉爲陰。〔漢上易〕王廙曰：健

之甚者，爲多骨也。〔釋文〕

爲駁馬，

【解】宋衷曰：天有五行之色，故「爲駁馬」也。

【集解】王廙曰：駁馬能食虎豹，取其至健也。〔疏〕

爲木果。

【解】宋衷曰：羣星著天，似果實著木，故「爲木果」。

坤爲地，

【解】虞翻曰：柔道静。

爲母，

【解】虞翻曰：成三女，能致養，故「爲母」。

爲布，

【解】崔憬曰：徧布萬物於致養，故「坤爲布」。

爲釜，

【解】孔穎達曰：取其化生成熟，故「爲釜」也。

爲吝嗇，〔釋文〕吝，京作「遴」。

【解】孔穎達曰：取地生物而不轉移，故「爲吝嗇」也。

爲均，

【解】崔憬曰：取地生萬物不擇善惡，故「爲均」也。

爲子母牛，

【解】九家易曰：土能生育，牛亦含養，故「爲子母牛」也。

爲大輿，

【解】孔穎達曰：取其能載，故「爲大輿」也。

爲文，

【解】九家易曰：萬物相雜，故「爲文」也。

爲衆，

【解】虞翻曰：物三稱羣。陰爲民，三陰相隨，故「爲衆」也。

爲柄，

【解】崔憬曰：萬物依之爲本，故「爲柄」。

其於地也爲黑。

【解】崔憬曰：坤十月卦，極陰之色，故其於色也爲黑矣。

震爲雷，

【解】虞翻曰：太陽火得水有聲，故「爲雷」也。

爲龍，〔釋文〕龍，虞、干作「駹」。〔按〕李氏本同。

【解】駹，蒼色。震東方，故爲駹。舊讀作「龍」，上已爲「龍」，非。

【集解】鄭康成曰：龍讀爲尨，取日出時色雜也。〔漢上易〕干寶曰：駹，雜色。〔釋文〕

爲玄黄，

【解】天玄地黄，震天地之雜物，故「爲玄黄」。

爲旉，〔釋文〕旉，王肅音孚。本又作「專」，如字，虞同，鄭市戀反。

【解】陽在初隱静，未出觸坤，故專，則「乾静也專」。延叔堅説以「專」爲「旉」，大布，非也。此上虞義也。

【集解】姚信曰：專，一〔一〕也。〔釋文〕干寶曰：花之通名，鋪爲花貌謂之藪。〔同〕

爲大塗，

【解】崔憬曰：萬物所出在春，故「爲大塗」，取其通生性。

〔一〕「一」，原作「二」，據釋文正。

【集解】鄭康成曰：國中三道曰塗。震上值房心，塗而大者，取房有三塗焉。〔漢上傳〕王廙曰：大塗，萬物所出。〔御覽〕

爲長子，

【解】虞翻曰：乾一索，故「爲長子」。

爲決燥，

【解】崔憬曰：取其剛在下動〔一〕，故「爲決燥」也。

爲蒼筤竹，〔釋文〕筤，或作「琅」，通。

【解】九家易曰：蒼筤，青也。震陽在下，根長堅剛。陰爻在中，使外蒼筤也。

爲萑葦。〔按〕唐石經作「雚葦」。

【解】九家易曰：萑葦，兼葭也。根莖叢生，蔓衍相連，有似雷行也。

【集解】鄭康成曰：萑葦，竹類。〔漢上易〕

其於馬也爲善鳴，

【解】虞翻曰：爲雷，故「善鳴」也。

〔一〕「在下動」，原作「動在下」，據集解本、纂疏本正。

爲馵足，爲作足，〔釋文〕馵，京作「朱」，荀同，陽在下。〔按〕唐石經「馵」作「馵」〔一〕。

【解】馬白後左足爲馵。震爲左、爲〔二〕足、爲有，初陽白，故「爲作〔三〕足」。

爲的顙，〔釋文〕的，説文作「馰」。〔按〕今説文一引作「馰」，是。又一引作「的」者，後人附益也。

【解】的，白。顙，額也。震體頭在口上，白，故「的顙」，詩云「有馬白顛」是也。此上虞義也。

其於稼也爲反生，〔釋文〕反，虞作「阪」。

【解】宋衷曰：陰在上，陽在下，故「爲反生」。謂枲豆之類，戴甲而生。

【集解】鄭康成曰：生而反出也。〔漢上易〕虞翻曰：阪，陵阪也。〔釋文〕陸績曰：「阪」當爲「反」。〔同〕

其究爲健，爲蕃鮮。

【解】虞翻曰：震巽相薄，變而至三，則下象究。與四成乾，故「其究爲健，爲蕃鮮」。巽究爲躁卦，躁卦

〔一〕下一「馵」字，疑有誤。

〔二〕「爲」字原脱，據集解本、纂疏本補。

〔三〕「作」，原作「馵」，據集解本、纂疏本正。

則震。震〔一〕雷巽風无形，故卦特〔二〕變耳。

巽爲木，

【解】宋衷曰：陽動陰静，二陽動於上，一陰安静於下，有似於木也。

爲風，

【解】陸績曰：風，土氣也。巽，坤之所生，故「爲風」。亦取静於本而動於末也。

爲長女，

【解】荀爽曰：柔在初。

爲繩直，

【解】翟玄曰：上二陽共正一陰，使不得邪僻，如繩之直。孔穎達曰：取其號令齊物如繩直也。

爲工，

【解】荀爽曰：以繩木，故「爲工」。虞翻曰：「爲近利市三倍」，故「爲工」。子夏曰「工居肆」。

爲白，

〔一〕「震」字原不重，集解本同，纂疏本有，於義爲長，今據補。

〔二〕「特」，原作「持」，據集解本、纂疏本正。

【解】虞翻曰：乾陽在上，故白。孔穎達曰：取其風吹去塵，故絜白也。

爲長，

【解】崔憬曰：取風行之遠，故「爲長」。

爲高，

【解】虞翻曰：乾陽在上，長故高。孔穎達曰：取木生而高上。

爲進退，

【解】虞翻曰：陽初退，故「進退」。荀爽曰：風行无常，故「進退」。

爲不果，

【解】荀爽曰：風行或東或西，故「不果」。

爲臭，〔釋文〕爲臭，王肅作「爲香臭」。

【解】虞翻曰：臭〔一〕，氣也。風至知氣，巽二〔二〕入艮鼻，故「爲臭」。繫曰：「其臭如蘭。」

其於人也爲寡髮，〔釋文〕寡，本又作「宣」。

〔一〕「臭」，原作「嗅」，據傳文正，下同。

〔二〕「二」，原作「三」，據集解本、纂疏本正。

【解】虞翻曰：爲白，故「宣髮」。馬君以宣爲寡髮，非也。

【集解】鄭康成曰：宣髮，取四月靡草死，髮在人體猶靡草在地。〔周禮疏〕

爲廣顙，〔釋文〕廣，鄭作「黄」。

【解】變至三，坤爲廣。四動成乾爲顙。在頭口上，故「爲廣顙」。與震「的顙」同義。震一陽，故「的顙」；巽變乾二陽，故「廣顙」。

爲多白眼，

【解】爲白，離目上向，則白眼見，故「多白眼」。

爲近利市三倍，

【解】變至三，成坤，坤爲近。四動乾，乾爲利。至五成噬嗑，故稱市。乾三爻爲三倍，故「爲近利市三倍」。動上成震，故「其究爲燥卦」。八卦諸爻唯震巽變耳。

其究爲躁卦。

【解】變至五，成噬嗑，爲市。動上成震，故「其究爲躁卦」。明震内體爲專，外體爲躁。此上虞義。

坎爲水，

【解】宋衷曰：坎陽在中，内光明，有似於水。

爲溝瀆，

【解】虞翻曰：以陽闢坤〔一〕，水性流通，故「爲溝瀆」也。

爲隱伏，

【解】虞翻曰：陽藏坤〔二〕中，故「爲隱伏」也。

爲矯輮，〔釋文〕矯，一本作「撟」，同。輮，如九反，王肅奴又反，又女九反，又如又反。馬、鄭、陸、王肅本作「此」，宋衷、王廙作「揉」，京作「柔」，荀作「橈」。

【解】宋衷曰：曲者更直爲矯，直者更曲爲輮，水流有曲直，故「爲矯輮」。

【集解】宋衷曰：使曲者直、直者曲爲揉。〔釋文〕

爲弓輪。〔釋文〕輪，姚作「倫」。

【解】虞翻曰：可矯輮，故「爲弓輪」。坎爲月，月在於庚爲弓，在甲象輪，故弓輪也。

其於人也，爲加憂，

【解】兩陰失心爲多眚，故「加憂」。

爲心病，

〔一〕「坤」，原作「坎」，據集解本、纂疏本正。

〔二〕「坤」，原作「陰」，據集解本、纂疏本正。

【解】爲勞而加憂，故「心病」。亦以坎〔一〕爲心。坎二〔二〕折坤，「爲心病」。此上虞義也。

爲耳痛，

【解】孔穎達曰：坎，勞卦也。又主聽，聽勞則耳痛。

爲血卦，爲赤。

【解】孔穎達曰：人之有血，猶地之有水。赤，血色。案：十一月一陽爻生在坎，陽氣初生於黄泉，其色赤也。

其於馬也爲美脊，

【解】宋衷曰：陽在中央，馬脊之象也。

爲亟心，〔釋文〕亟，紀力反，王肅去記反。荀作「極」。

【解】崔憬曰：取其内陽剛動，故「爲亟心」也。

【集解】荀爽曰：極，中也。〔釋文〕

爲下首，

〔一〕「坎」，原作「坤」，據集解本、纂疏本正。

〔二〕「二」，原作「三」，據集解本、纂疏本正。

【解】荀爽曰：水之流，皆卑下也。

爲薄蹄，

【解】九家易曰：薄蹄者在下，水又趨下，趨下則流散，流散則薄，故「爲薄蹄」也。

爲曳，

【解】宋衷曰：水摩地而行，故「曳」。

其於輿也爲多眚，

【解】虞翻曰：眚，敗也。坤爲大車，坎折坤體，故爲車多眚也。

【集解】王廙曰：眚，病也。〔釋文〕

爲通，

【解】水流瀆，故「通」。

爲月，

【解】坤爲夜，以坎陽光坤，故「爲月」也。

【集解】鄭康成曰：臣象也。〔文選注〕

爲盜，

【解】水流潛竊，故「爲盜」也。

其於木也爲堅多心。

【解】陽剛在中，故「堅多心」，棘棗屬也。此上虞義也。孔穎達曰：乾、震、坎，皆以馬喻。乾至健，震至動，坎至行，故皆可以馬爲喻。坤則順，艮則止，巽亦順，離文明而柔順，兑柔説，皆无健，故不以馬爲喻也。唯坤卦〔一〕「利牝馬」，取其行，不取其健，故曰「牝」〔二〕也。坎亦取其行，不取其健，其外柔，故爲下首、薄蹄、曳也。

離爲火，

【解】崔憬曰：取卦陽在外，象火之外照也。

爲日，

【解】荀爽曰：陽外光也。

爲電，

【解】鄭康成曰：取火明也。久明似日，暫明似電也。

爲中女，

〔一〕「卦」下原衍「象」字，據集解本、纂疏本删。

〔二〕「牝」下原衍「馬」字，據集解本、纂疏本删。

【解】荀爽曰：柔在中也。

爲甲胄，

【解】虞翻曰：外剛，故爲甲。乾爲首，巽繩貫甲而在首上，故爲胄。胄，兜鍪也。

爲戈兵。

【解】乾爲金，離火斷乾，燥而煉之，故「爲戈兵」也。

其於人也爲大腹，

【解】象日常滿如妊身婦，故「爲大腹」。乾爲大也。

爲乾卦，〔釋文〕乾，董作「幹」。

【解】火日熯燥物，故「爲乾卦」。

【集解】鄭康成曰：「乾」當爲「幹」，陽在外，能幹正也。〔釋文〕

爲鱉，爲蟹，爲蠃，爲蚌，爲龜。〔釋文〕鱉，本又作「鼈」，同。蠃，京作「螺」，姚作「蠡」。蚌，本又作「蜯」，同。

【解】此五者皆取外剛內柔也。

【集解】鄭康成曰：皆骨在外。〔周禮疏〕

其於木也爲科上槁。〔釋文〕科，虞作「折」。槁，鄭作「槀」，干作「熇」。

【解】巽木在離中，體大過死，巽蟲食心則折也。蠹蟲食口木，故「上稿」。或以離火燒巽，故折上〔一〕稿。此上虞義。宋衷曰：陰在内，則空中；木中空，則上科稿也。

【集解】鄭康成曰：科上者，陰在内爲疾。〔漢上易〕

艮爲山，

【解】宋衷曰：二陰在下，一陽在上。陰爲土，陽爲木。土積於下，木生其上，山之象也。

爲徑路，

【解】虞翻曰：艮爲山中徑路。震陽在初，則爲大塗。艮陽小，故「爲徑路」。

【集解】鄭康成曰：田間之道曰徑路。艮爲之者，取山間兔鹿之蹊。〔初學記〕王廙曰：物始，故「爲徑路」。〔御覽〕

爲小石，

【解】陸績曰：艮，剛卦之小，故「爲小石」者也。

爲門闕，

〔一〕「折上」，原作「於折」，據集解本、纂疏本正。

【解】虞翻曰：乾〔一〕爲門，艮陽在門外，故「爲門闕」。兩小山，闕之象也。

爲果蓏，〔釋文〕果蓏，京本作「果墮」之字。

【解】宋衷曰：木實謂之果，草實謂之蓏。桃李瓜瓞之屬也，皆出山谷也。

【集解】馬融曰：果，桃李之屬。蓏，瓜瓠之屬。〔釋文〕

爲閽寺，〔釋文〕寺，如字，徐音侍，亦作「閹」字。

【解】宋衷曰：閽人主門，寺人主巷。艮爲止，此職皆掌禁止者也。

爲指，〔按〕晁氏云：鄭本作「爲小指」。

【解】虞翻曰：艮手多節，故「爲指」。

爲狗，〔按〕李氏本作「爲拘」。

【解】虞翻曰：指屈伸制物，故「爲拘」。「拘」舊作「狗」，上已「爲狗」，字之誤。

爲鼠，

【解】虞翻曰：似狗而小，在坎穴中，故「爲〔二〕鼠」，晉九四是也。

〔一〕「乾」，原作「艮」，集解本同，纂疏本作「乾」，謂「易出於乾，故乾爲門」，今據正。

〔二〕「爲」字原脱，集解本同，纂疏本有此字，依義當是，今據補。

爲黔喙之屬，〔釋文〕黔，其廉反，徐音禽，王肅其嚴反，鄭作「黚」。喙，況廢反，徐丁遘反。

【解】馬融曰：黔喙，肉食之獸，謂豺狼之屬。黔，黑也。陽玄在前也。

【集解】鄭康成曰：謂虎豹之屬，貪冒之歎，取其爲山獸。〔漢上易〕

其於木也爲堅多節。〔釋文〕爲堅多節，一本無「堅」字。

【解】虞翻曰：陽剛在外，故「多節」。松柏之屬。

兑爲澤，

【解】虞翻曰：坎水半見，故「爲澤」。宋衷曰：陰在上，令下濕，故「爲澤」也。

爲少女，

【解】虞翻曰：坤三索，位在末，故少也。

爲巫，

【解】乾爲神，兑爲通，與神通氣。女，故「爲巫」。

爲口舌，

【解】兑爲震聲，故「爲口舌」。

爲毀折，

【解】二折震足，故「爲毀折」。

爲附決，〔釋文〕決，如字，徐音穴。

【解】乾體未〔一〕圜，故「附決」也。

其於地也爲剛鹵，

【解】乾二陽在下，故剛。澤水潤下，故鹹。此上虞義。朱仰之曰：取金之剛不生也。剛鹵之地不生物，故「爲剛鹵」者也。

爲妾，

【解】三少女位賤，故「爲妾」。

爲羊。〔釋文〕虞作「羔」。此六子依求索而爲次第也。本亦有「以三男居前，三女後從」。荀爽九家集解本乾後更有四：「爲龍，爲直，爲衣，爲言」。巛後有八：「爲牝，爲迷，爲方，爲囊，爲裳，爲黄，爲帛，爲漿」。震後有三：「爲王，爲鵠，爲鼓。」巽後有二：「爲楊，爲鸛。」坎後有八：「爲宫，爲律，爲可，爲棟，爲叢棘，爲狐，爲蒺藜，爲桎梏。」離後有一：「爲牝牛。」艮後有三：「爲鼻，爲虎，爲狐。」兑後有二：「爲常，爲輔頰。」不同，故記之於此。〔按〕李氏本與虞翻同。

【解】羔，女使。皆取位賤，故「爲羔」。舊讀以震「駹」爲「龍」，艮「拘」爲「狗」，兑「羔」爲「羊」，皆已見上，此爲再出，非孔子意也。震已爲長男，又言長子，謂以當繼世，守宗廟，主祭祀，故詳舉之。三女皆

〔一〕「未」，原作「末」，集解本同。纂疏云「乾爲圜，息未成乾，故『未圜』」，今據正。

言長、中、少，明女子各當外成，故别見之。此其大例者也。此上虞義。

【集解】鄭康成曰：羊，女使。〔周易玩辭〕又曰：此陽謂爲養无家女，行賃炊爨，今時有之，賤於妾也。〔漢上易〕九家易曰：常，西方神也。〔釋文〕

序卦第十一

【集解】周氏曰：序卦，第一天道門，第二人事門，第三相因門，第四相反門，第五相須門，第六相病門。如乾之次坤，泰之與否等〔一〕，是天道運數門也。如訟必有師，師必有比等，是人事門也。如因小畜生履，因利故通等，是相因門也。如遯極反壯，動竟歸止等，是相反門也。如大有須謙，蒙稚待養等，是相須門也。如賁盡致剥，進極致傷等，是相病門也。〔疏〕

有天地，然後萬物生焉。

【解】干寶曰：物有先天地而生者矣，今正取始於天地。天地之先，聖人弗之論也。故其所法象，必自天地而還。老子曰「有物混成，先天地生。吾不知其名，彊字之曰道」。上繫曰「法象莫大乎天地」。莊子曰「六合之外，聖人存而不論」。春秋穀梁傳曰「不求知所不可知者，智也」。而今後世浮華之學，

〔一〕「等」下原衍「第」字，校勘記謂宋本無此字，當爲衍文，今據删。

彊支離道義之門，求入虚誕之域，以傷政害民，豈非「讒説殄行」，大舜之所疾者乎？

盈天地之間者唯萬物，故受之以屯。屯者，盈也。

【解】荀爽曰：謂陽動在下，造生萬物於冥昧之中也。

屯者，物之始生也。

【解】崔憬曰：此仲尼序文王次卦之意。不序乾坤之次者，以「一生二，二生三，三生萬物」，則天地次序可知，而萬物之先後宜序也。「萬物之始生」者，言剛柔始交，故萬物資始於乾，資生於坤也。

【注】屯，剛柔始交，故爲「物之始生也」。

【集解】王肅曰：屯，剛柔始交而難生，故爲物始生也。〔疏〕盧氏曰：物之始〔一〕生，故屯難。〔同〕

物生必蒙，故受之以蒙。蒙者，蒙也，物之穉也。〔釋文〕穉，本或作「稚」。

【解】崔憬曰：萬物始生之後，漸以長穉，故言「物生必蒙」。鄭康成曰：蒙，幼小之貌。齊人謂「萌」爲「蒙」也。

物穉不可不養也，故受之以需。需者，飲食之道也。

【解】荀爽曰：坎在乾上，中有離象，水火交和，故爲「飲食之道」也。鄭康成曰：言孩稚不養，則不

〔一〕「始」，原作「使」，據注疏本正。

長也。

飲食必有訟，故受之以訟。

【解】鄭康成曰：訟猶争也。言飲食之會，恒多争也。

【注】夫有生則有資，有資則争興也。

【集解】僧一行曰：孟喜序卦曰「陰陽養萬物，必訟而成之。君臣養萬民，亦訟而成之」。〔程迥古占法〕

訟必有衆起，故受之以師。師者，衆也。

【解】九家易曰：坤爲衆物，坎爲衆水，上下皆衆，故曰「師」也。凡制軍，萬有二千五百人爲軍。天子六軍，大國三軍，次國二軍，小國一軍。軍有將，皆命卿也。二千五百人爲師，師帥皆中大夫。五百人爲旅，旅帥皆〔一〕下大夫也。崔憬曰：因争必起相攻，故「受之以師」也。

衆必有所比，故受之以比。

【注】衆起而不比，則争无〔二〕息，必相親比而後得寧也。

比者，比也。比必有所畜，故受之以小畜。〔釋文〕畜，本又作「蓄」，下及雜卦同。

〔一〕「皆」字原脱，據集解本、纂疏本補。

〔二〕「无」下，四部備要本、注疏本皆有「由」字。

【注】比非大通之道，則各有所畜以相濟也。由比〔一〕而畜，故曰小畜，而不能大也。

物畜然後有禮，故受之以履。

【注】履，禮也。禮所以適〔二〕時用也，故既畜則須用，有用則須禮也。

履而泰，然後安，故受之以泰。泰者，通也。〔按〕晁氏云：鄭本「履然後安，故受之以泰」。

【解】荀爽曰：謂乾來下降，以陽通陰也。姚信曰：安上治民莫過於禮，有禮然後泰，泰然後安也。

物不可以終通，故受之以否。

【解】崔憬曰：物極則反，故不終〔三〕通而否矣。所謂「城復于隍」。

物不可以終否，故受之以同人。

【注】否則思通，人人同志，故可出門同人，不謀而合。

與人同者物必歸焉，故受之以大有。

【解】崔憬曰：以欲從人，物〔四〕必歸己，所以成大有。

〔一〕「比」，原作「此」，據集解本、纂疏本及注疏本正。

〔二〕「適」，原作「通」，據四部備要本、注疏本正。

〔三〕「終」下原衍「泰」字，集解本同，據文義似爲衍文，纂疏本正無此字，今刪。

〔四〕「物」，原作「人」，纂疏本據序卦及崔注已校正，今據正。

有大者不可以盈，故受之以謙。〔按〕晁氏云：鄭本「有大有不可以盈」。

【解】崔憬曰：富貴而自遺其咎，故「有大者不可盈」。當須謙退，天之道也。

有大而能謙必豫，故受之以豫。

【解】鄭康成曰：言國既大而有謙德，則於政事恬逸。「雷出地奮，逸」，豫行出而喜樂之意。

豫必有隨，故受之以隨。

【注】順以動者，衆之所隨也。

【集解】鄭康成曰：喜樂而出，人則隨從。孟子曰：「吾君不游〔一〕，吾何以休？吾君不豫，吾何以助？」此之謂也。〔疏〕王肅曰：歡豫，人必有隨。〔同〕

以喜隨人者必有事，故受之以蠱。蠱者，事也。

【解】九家易曰：子行父事，備物致用，而天下治也。備物致用，立成器以爲天下利，莫大於聖人。子脩聖道，行父之事，以臨天下，无爲而治。

有事然後可大，故受之以臨。臨者，大也。

〔一〕「游」，原作「休」，今據孟子梁惠王下及孔疏正。

【解】荀爽曰：陽稱大。謂二〔二〕陽動升，故曰大也。宋衷曰：事立成功，可推而大也。

【注】可大之業，由事而生。

物大然後可觀，故受之以觀。

【解】虞翻曰：臨反成觀，二陽在上，故「可觀」也。崔憬曰：言德業大者可以觀政於人也。

可觀而後有所合，故受之以噬嗑。嗑者，合也。

【解】虞翻曰：頤中有物食，故曰合也。

【注】可觀則異方合會也。

【集解】鄭康成曰：易乾鑿度曰：陽起於子，陰起於午。天數大分，以陽出離，以陰入坎；坎爲中男，離爲中女。太乙之行，出從中男，入從中女。因陰陽男女之偶爲終始也。〔王氏〕

物不可以苟合而已，故受之以賁。賁者，飾也。

【解】虞翻曰：分剛上文柔，故「飾」。

【注】物相合，則須飾以脩外也。

致飾然後亨則盡矣，故受之以剥。剥者，剥也。〔釋文〕亨，許庚反，鄭許兩反。徐音向，同。

〔二〕「二」，原作「一」，據集解本、纂疏本正。

【解】荀爽曰：極飾反素，文章敗，故爲剥也。

【注】極飾則實喪也。

物不可以終盡，剥窮上反下，

【解】虞翻曰：陽四月窮上，消遘至坤者也。

故受之以復。

【解】崔憬曰：夫易窮則有變，物極則反於初，故剥之爲道不可終盡，而使之於復也。

復則不妄矣，故受之以无妄。

【解】崔憬曰：物復其本，則爲誠實，故言「復則无妄」也。

有无妄然後可畜，故受以大畜。〔按〕晁氏云：鄭本作「有无妄物然後可畜」。

【解】荀爽曰：物不妄者，畜之大也。畜積不敗，故「大畜」。

物畜然後可養，故受之以頤。頤者，養也。

【解】虞翻曰：天地養萬物，聖人養賢以及萬民。崔憬曰：大畜剛健，輝光日新，則可觀其所養，故言「物畜然後可養也」。

不養則不可動，故受之以大過。

【解】虞翻曰：人頤不動則死，故「受之以大過」。大過否卦，棺槨之象也。

【注】不養則不可動，養過則厚。

【集解】鄭康成曰：以養賢者宜過於厚。〔疏〕王肅曰：過莫大於不養。周氏曰：過，過失也。

〔同〕

物不可以終過，故受之以坎。坎者，陷也。

【注】過而不已，則陷没也。

陷必有所麗，故受之以離。離者，麗也。

【注】物極則變，極陷則反所麗。

有天地，

【解】虞翻曰：謂天地否也。

然後有萬物；

【解】謂否反成泰，「天地絪緼，萬物化醇」，故「有萬物」也。

有萬物，然後有男女；

【解】謂泰已有否，否三上反正成咸。艮爲男，兑爲女，故「有男女」也。

有男女，然後有夫婦；

【解】咸反成恒，震爲夫，巽爲婦，故「有夫婦」也。

有夫婦，然後有父子；

【解】謂咸上復乾成遯，乾爲父，艮爲子，故「有父子」。

有父子，然後有君臣；

【解】謂遯三復坤成否，乾爲君，坤爲臣，故「有君臣」也。

有君臣，然後有上下；

【解】否乾君尊上，坤臣卑下，「天尊地卑」，故「有上下」也。

有上下，然後禮義有所錯。〔釋文〕錯，七各反，徐七路反。

【解】錯，置也。謂天君父夫，象尊錯上。地婦臣子，禮卑錯下。坤，地道、妻道、臣道，故「禮義有所錯」者也。此上虞義。干寶曰：錯，施也。此詳言人道三綱六紀有自來也。人有男女，陰陽之先，則自然有夫婦配合之道。有夫婦配合之道，則自然有剛柔尊卑之義。陰陽化生，血體相傳，則自然有父子之親。以父立君，以子資臣，則必有君臣之位〔一〕，故有上下之序。有上下之序，則必禮以定其體，義以制其宜。明先王制作，蓋取之於情者也。上經始於乾坤，有生之本也；下經始於咸

〔一〕「有君臣之位」五字原脱，今據集解本、纂疏本補。

恒，人道之𥡴也。易之興也，當殷之末世，有妲己之禍。當周之盛德，有三母之功。以言天不地[一]不生，夫不婦不成。相須之至，王教之端，故詩以關雎爲國風之始。而易於咸恒備論禮義所由生也。

【注】言咸卦之義也。凡序卦所明[二]，非易之緼也，蓋因卦之次，託以明義。咸柔上而剛下，感應以相與，夫婦之象，莫美乎斯。人倫之道莫大乎夫婦，故夫子殷勤深述其義，以崇人倫之始，而不係之於離[三]也。先儒以乾至離爲上經，天道也；咸至未濟爲下經，人事也。夫易六畫成卦，三才必備，錯綜天人，以効變化，豈有天道人事偏於上下哉？斯蓋守文而不求義，失之遠矣！

夫婦之道，不可以不久也，故受之以恒。恒者，久也。

【解】鄭康成曰：言夫婦當有終身之義。夫婦之道，謂咸恒也。

物不可以久居其所，故受之以遯。遯者，退也。〔按〕晁氏云：鄭本「物不可終久於其所」。

【注】夫婦之道，以恒爲貴。而物之所居，不可以恒，宜與時升降，有時而遯者也。

物不可以終遯，故受之以大壯。

【注】遯君子以遠小人，遯而後通，何可終邪！陽盛陰消，君子道勝也。

〔一〕「地」下原衍「則」字，據集解本、纂疏本删。

〔二〕「明」，原作「言」，據注疏本正。

〔三〕「離」，原作「雜」，校勘記據岳本、宋本、足利本，謂作「離」字是也。

物不可以終壯，故受之以晉。晉者，進也。

【解】崔憬曰：不可以終壯於陽盛，自取觸藩。宜柔進而上行，受兹錫馬。

【注】晉以柔而進也。雖以柔而進，要是進也。

進必有所傷，故受之以明夷。夷者，傷也。

【解】九家易曰：日在坤下，其明傷也。言晉〔一〕極當降，復入于地，故曰明夷也。

【注】日中則昃，月盈則食。

傷於外者必反其家，故受之以家人。〔按〕李氏本作「反於家」。

【解】虞翻曰：晉時在外，家人在內，故反家人。

【注】傷於外，必反脩諸內。

家道窮必乖，故受之以睽。睽者，乖也。

【注】室家至親，過在失節，故家人之義唯嚴與敬。「樂勝則流，禮勝則離」，家人尚嚴，其弊必乖者也。

乖必有難，故受之以蹇。蹇者，難也。

【解】崔憬曰：「二女同居，其志乖而難生」，故曰「乖必有難」。

〔一〕「晉」，原作「進」，據集解本、纂疏本正。

物不可以終難，故受之以解。解者，緩也。

【解】崔憬曰：蹇終則「來碩吉，利見大人」，故言「不可終難，故受之以解」者也。

緩必有所失，故受之以損。

【解】崔憬曰：宥罪緩死，失之則僥倖，有損於政刑，故言「緩必有所失，受之以損」。

損而不已必益，故受之以益。

【解】崔憬曰：損終則「弗損益之」，故言「損而不已必益」。

益而不已必決，故受之以夬。夬者，決也。

【注】益而不已則盈，故「必決」也。

決必有遇，故受之以姤。姤者，遇也。〔按〕唐石經亦作「決必有遇」，今本有「所」字。

【注】以正決邪，必有喜遇。

物相遇而後聚，故受之以萃。萃者，聚也。

【解】崔憬曰：「天地相遇，品物咸章」，故曰「物相遇而後聚」也。

聚而上者謂之升，故受之以升。

【解】崔憬曰：用大牲而致孝享，故順天命而升爲王矣，故言「聚而上者謂之升」。

升而不已必困，故受之以困。

【解】崔憬曰：冥升在上，以消不富則窮，故言「升而不已必困」也。

困乎上者必反下，故受之以井。

【解】崔憬曰：困極於臲卼，則反下以求安，故言「困乎上必反下」。

井道不可不革，故受之以革。

【注】井久則濁穢，宜革易其故。

革物者莫若鼎，故受之以鼎。

【注】革去故，鼎取新。既以去故，則宜制器立法以治新也。鼎所以和齊生物，成新之器也，故取象焉。

主器者莫若長子，故受之以震。震者，動也。

【解】崔憬曰：鼎所烹飪，享于上帝。主此器者莫若冢嫡，以爲其祭主也，故言「主器者莫若長子」。

【集解】鄭康成曰：謂父退居田里，不能備祭宗廟，長子當親視滌濯鼎俎。〔禮記疏〕

物不可以終動，止之，故受之以艮。艮者，止也。

【解】崔憬曰：震極則「征凶」，「婚媾有言」，當須止之，故言「物不可以終動」，故「止之」也。

物不可以終止，故受之以漸。漸者，進也。

【解】虞翻曰：否三進之四，巽爲進也。

進必有所歸，故受之以歸妹。

【解】虞翻曰：震嫁兑，兑爲妹。嫁，歸也。

得其所歸者必大，故受之以豐。豐者，大也。

【解】崔憬曰：歸妹者，姪娣媵國三人九女爲大援，故言「得其所歸者必大」也。

窮大者必失其居，故受之以旅。

【解】崔憬曰：諺云「作者不居，况窮大甚，而能處乎」，故必獲罪去邦，羈旅於外也。

旅而无所容，故受之以巽。巽者，入也。

【注】「旅而无所容」，以巽則得所入也。

入而後説之，故受之以兑。兑者，説也。

【解】虞翻曰：兑爲講習，故「學而時〔一〕習之，不亦説乎」。

説而後散之，故受之以涣。涣者，離也。

【解】虞翻曰：風以散物，故「離也」。

【注】説不可偏係，故宜散也。

物不可以終離，故受之以節。

〔一〕「時」字原脱，據論語首章經文補。

【注】夫事有其節，則物之所同守而不散越也。

節而信之，故受之以中孚。

【注】孚，信也。既已有節，則宜信以守之。

有其信者必行之，故受之以小過。

【注】守其信者，則失貞而不諒之道，而以信爲過也，故曰「小過」。

有過物者必濟，故受之以既濟。

【注】行過乎恭，禮過乎儉，可以矯世勵俗，有所濟也。

物不可窮也，故受之以未濟終焉。

【注】有爲而能濟者，以已窮物。物窮則乖，功極則亂，其可濟乎？故「受之以未濟」。

雜卦第十二

【注】雜卦者，雜糅衆卦，錯綜其義，或以同相類，或以異相明也。

【集解】虞翻曰：雜卦者，雜六十四卦以爲義，其於序卦之外別言也。〔疏〕〔一〕

〔一〕「〔疏〕」，原無，今據前例及注疏本補。

乾剛坤柔，

【解】虞翻曰：乾剛金堅，故「剛」。坤陰和順，故「柔」也。

比樂師憂。

【注】親比則樂，動衆則憂。

【解】虞翻曰：比五得位「建萬國」，故「樂」。師三失位「輿尸」，故「憂」。

臨、觀之義，或與或求。

【解】荀爽曰：臨者「教思無窮」，故爲「與」。觀者「觀民設教」，故爲「求」也。

【注】以我臨物，故曰「與」。物來觀我，故曰「求」。

屯見而不失其居，蒙雜而著。〔釋文〕見，賢遍反，鄭如字。

【解】虞翻曰：陰出初震，故「見」。「盤桓，利居貞」，故「不失其居」。蒙二陽在陰位，故「雜」。初雜爲交，故「著」。

【注】屯，利建侯，君子經綸之時。雖見而磐桓，利貞，不失其居也。雜而未知所定也。求發其蒙，則終得所定。著，定也。

震，起也。艮，止也。

【解】震陽動行，故「起」。艮陽終止，故「止」。

損、益，盛衰之始也。〔按〕晁氏云：鄭本「損益衰盛之始也」。

【解】損泰初益上，衰之始。損否上益初，盛之始。

【注】極損則益，極益則損。

大畜，時也。无妄，災也。

【解】大畜五之復二成臨，時捨坤二，故「時也」。无妄上之遁初，子弒父，故「災」者也。

【注】因時而畜，故能大也。无妄之世，妄則災也。

萃聚而升不來也，

【解】坤衆在内，故「聚」。升五不來之二，故「不來」。之内曰「來」也。

【注】來，還也。方在上升，故不還也。

謙輕而豫怠也。〔釋文〕怠，如字，姚同。京作「治」，虞作「怡」。

【解】謙三位〔一〕賤，故「輕」。豫薦樂祖考，故「怡」。「怡」或言「怠」也。

【注】謙者，不自重大。

〔一〕「三位」二字原誤倒，據纂疏本乙。

噬嗑，食也〔一〕。賁，无色也。

【解】頤〔二〕中有物，故「食」。賁離日在上，五動巽白，故「无色」。

【注】飾貴合衆，无定色也。

兑見而巽伏也。〔按〕晁氏云：鄭本「兑見」作「兑説」。

【解】兑陽息二，故「見」，則「見龍在田」。巽乾初入陰，故「伏」。

【注】兑貴顯説，巽貴卑退。

隨，无故也。蠱則飭也。〔釋文〕飭，鄭本、王肅作「飾」。〔按〕唐石經亦作「飾」。

【解】否上之初，君子弗用，故「无故也」。蠱泰初上飾坤，故「則飾也」。

【注】隨時之宜，不繫於故也。隨則有事，受之以蠱。飭，整治也。蠱所以整治其事也。

剥，爛也。復，反也。

【解】剥生於遘，陽得陰熟，故「爛」。復，剛反初。

【注】物熟則剥落也。

〔一〕「也」，原作「者」，據諸本正。

〔二〕「頤」，原作「必」，據集解本、纂疏本正。

晉，晝也。明夷，誅也。

【解】誅，傷也。離日在上，故「晝也」。明入地中，故「誅也」。此上並虞義。干寶曰：日上中，君道明也。明君在上，罪惡必刑也。

【注】誅，傷也。

井通而困相遇也。

【解】虞翻曰：泰初之五爲井，故「通」也。困三遇四，故「相遇也」。

【注】井，物所通用而不吝也。困，安於所遇而不濫也。

咸，速也。恒，久也。

【解】相感者不行而至，故「速也」。日月久照，四時久成，故「久也」。

【注】物之相應莫速乎咸。

涣，離也。節，止也。

【解】涣散，故「離」。節制數度，故「止」。

解，緩也。蹇，難也。

【解】雷動出物，故「緩」。蹇險在前，故「難」。

睽，外也。家人，内也。

【解】離女在上，故「外也」。家人「女正位乎内」，故「内」者也。

【注】相疏外也。

否泰反其類也。

【解】否反成泰，泰反成否，故「反其類」。「終日乾乾」，反覆之道。

大壯則止，遯則退也。

【解】大壯止陽，陽故止。遁陰息陽，陽〔一〕故退。巽爲退者也。

【注】大正則小人止，小人亨則君子退。

大有，衆也。同人，親也。〔釋文〕衆，荀作「終」。

【解】五陽並應，故「衆也」。夫婦同心，故「親也」。

革，去故也。鼎，取新也。

【解】革更，故「去」。鼎烹飪，故「取新也」。

小過，過也。中孚，信也。

【解】五以陰過陽，故「過」。「信及豚魚」，故「信也」。

〔一〕「陽」字原脱，據集解本、纂疏本補。

豐，多故也。親寡，旅也。〔釋文〕「豐多故」，衆家以此絶句，荀本「豐多故親」絶句，「寡旅也」別爲句。

【解】豐大，故「多」。旅无容，故「親寡」。六十四象皆先言卦，及道其指。至旅體離四焚棄之行，又在旅家，故獨先言「親寡」而後言「旅」。此上虞義也。

【注】高者懼危，滿者戒盈，豐大者多憂故也。親寡，故寄旅也。

離上而坎下也。

【注】火炎上，水潤下也。

小畜，寡也。履，不處也。

【解】虞翻曰：乾四之坤初成震，一陽在下，故「寡也」。乾三之坤上成剥，剥窮上失位，故「不處」。

【注】不足以兼濟也。王弼云：履卦陽爻，皆以不處其位爲吉也。

需，不進也。訟，不親也。

【解】險在前，故「不進」。天水違行，故「不親也」。

【注】畏險而止也。

大過，顛也。

【解】顛，殞也。頂載澤中，故「顛也」。

【注】本末弱也。

【集解】鄭康成曰：自此以下，卦音不協，以錯亂失正弗敢改耳。〔晁氏〕

姤，遇也，柔遇剛也。〔按〕唐石經「姤」作「溝」。

【解】坤遇乾也。

漸，女歸待男行也。

【解】兑爲女，艮爲男。反成歸妹，巽成兑。故女歸待艮，成震乃行，故「待男行也」。

【注】女從男也。

頤，養正也。

【解】謂養三五，五之正爲功，三出坎爲聖，故曰「頤，養正」。與「蒙以養正，聖功」同義也。

既濟，定也。

【解】濟，成。六爻得位，定也。

歸妹，女之終也。

【解】「歸妹，人之終始」。女終於嫁，從一而終，故「女之終也」。

【注】女終於出嫁也。

未濟，男之窮也。

【解】否艮爲男位。否五之二，六爻失正，而來下陰。未濟王月晦，乾道消滅，故「男之窮也」。

【注】剛柔失位，其道未濟，故曰「窮也」。

夬，決也，剛決柔也。君子道長，小人道憂也。〔按〕晁氏云：鄭本作「小人道消也」。

【解】以乾決坤，故「剛決柔也」。乾爲君子，坤爲小人，乾息，故「君子道長」；坤體消滅，故「小人道憂」。喻武王伐紂。自大過至此八卦，不復兩卦對説。大過死象，兩體姤決，故次以姤而終於夬。言君子之決小人，故「君子道長，小人道憂」。此上虞義。干寶曰：凡易既分爲六十四卦，以爲上、下經。天人之事，各有始終。夫子又爲序卦，以明其相承受之義。然則文王、周公所遭遇之運，武王、成王所先後之政，蒼精受命短長之期，備於此矣。而夫子又重爲雜卦，以易其次第。雜卦之末，又改其例，不以兩卦反覆相酬者，以示來聖後王，明「道非常道，事非常事也」。「化而裁之者存乎變」，是以終之以夬〔一〕，言能決斷其中，唯陽德之主也。故曰「易窮則變，通則久」。總而觀之，伏羲、黄帝皆繫世象賢，欲使天下世有常君也。而堯、舜禪代，非黄、農之化，朱均頑也。湯、武逆取，非唐、虞之迹，桀、紂之〔二〕不君也。伊尹廢立，非從順之節，使太甲思愆也。周公攝政，非湯、武之典，成王幼年也。此皆聖賢所遭遇異時者也。夏政尚忠，忠之弊野，故〔三〕殷自野以教敬。敬之弊鬼，故周自鬼以教文。

〔一〕「夬」，原作「決」，據集解本、纂疏本正。
〔二〕「之」字原脱，據集解本、纂疏本補。
〔三〕「故」字原脱，據集解本、纂疏本補。

文弊薄，故春秋閲諸三代而損益之。顔回〔一〕問爲邦，子曰「行夏之時，乘殷之輅，服周之冕」。弟子問政者數也，而夫子不與言三代損益，以非其任也。回則備言〔二〕，王者之佐，伊尹之人也，故夫子及之焉。是故〔三〕聖人之於天下也，同不是，異不非。百世以俟聖人而不惑，一以貫之矣。

〔一〕「回」，原作「淵」，集解本、纂疏本並作「回」，又下文稱「回」不稱「淵」，今據改。
〔二〕「言」字原脱，據集解本、纂疏本補。
〔三〕「故」，集解本、纂疏本作「以」，並通。

附録一 孫氏傳略

孫星衍傳

孫星衍，字淵如，陽湖人。少與同里楊芳燦、洪亮吉、黄景仁文學相齊。袁枚品其詩，曰「天下奇才」，與訂忘年交。星衍雅不欲以詩名，深究經、史、文字、音訓之學，旁及諸子百家，皆必通其義。乾隆五十二年，以一甲進士授翰林院編修，充三通館校理。五十四年，散館，試厲志賦，用史記「匔匔如畏」，大學士和珅疑爲别字，置三等改部。故事，一甲進士改部，或奏請留館，又編修改官可得員外，前此吴文煥有成案。珅示意欲使往見，星衍不肯屈節，曰：「主事終擢員外，何汲汲求人爲？」自是編修改主事遂爲成例。

官刑部，爲法寛恕，大學士阿桂、尚書胡季堂悉器重之。有疑獄，輒令依古義平議，所平反全活甚衆。退直之暇，輒理舊業。洊升郎中。六十年，授山東兗沂曹濟道。

嘉慶元年七月，曹南水漫灘潰，決單縣地，星衍與按察使康基田鳩工集夫，五日夜，從上游築隄遏禦之，不果決。基田謂此役省國家數百萬帑金也。尋權按察使，凡七閱月，平反數十百條，活死罪誣服者十餘獄。濰縣有武人犯法，賄和珅門，囑託大吏。星衍訪捕鞫之，械和門來者於衢。及回本任，值曹工漫溢，星衍以無工處所得疏防咎，特旨予留任。曹工分治引河三道，星衍治中段。畢工，較濟東道、登萊道上下段省三十餘萬。時曹工尚未合，河督、巡撫亟奏合龍，移星衍任，尋又奏稱合而復開。開則分賠費。先是河工分賠之員或得羨餘，謂之扣費，星衍不取，悉以給引河工兩次壩工銀九萬兩，當半屬後任，而司事者并以歸星衍。星衍亦任之，曰：「吾既兼河務，不能不爲人受過也。」

四年，丁母憂歸，浙撫阮元聘主詁經精舍。星衍課諸生以經史疑義及小學、天部、地理、算學、詞章，不十年，舍中士皆以撰述名家。服闋入都，仍發山東。十年，補督糧道。十二年，權布政使。值侍郎廣興在省，按章供張煩擾，星衍不肯妄支。後廣以賄敗，豫、東兩省多以支庫獲罪，星衍不與焉。十六年，引疾歸。

星衍博極羣書，勤於著述。又好聚書，聞人家藏有善本，借鈔無虚日。金石文字，靡不考其原委。嘗病古文尚書爲東晉梅賾所亂，官刑部時，即集古文尚書馬鄭注十卷、逸文二卷。歸田後，又爲尚書今古文注疏三十九卷，其序例云：「尚書古注散佚，今刺取書傳升爲注者五家三科之説：一、司馬遷從孔氏安國問故，是古文説；一、書大傳伏生所傳歐陽高、大夏侯勝、小夏侯建，是今文説；一、馬氏融、鄭氏康成雖有異同，多本衛氏宏、賈氏逵，是孔壁古文説：皆疏明出典。其先秦諸子所引古書説及緯書、白虎通等，漢、魏諸儒今文説、許氏説文所載孔壁古文，注中存其異文、異字，其説則附疏中。」其意在網羅放失舊聞，故録漢、魏人佚説爲多，又兼采近代王鳴盛、江聲、段玉裁諸人書説。惟不取趙宋以來諸人注，以其時文籍散亡，較今代無異聞，又無師傳，恐滋臆説也。凡積二十二年而後成。

其他撰輯，有周易集解十卷，夏小正傳校正三卷，明堂考三卷，考注春秋别典十五卷，爾雅廣雅詁訓韻編五卷，魏三體石經殘字考一卷，孔子集語十七卷，晏子春秋音義二卷，史記天官書考證十卷，建立伏博士始末二卷，寰宇訪碑録十二卷，金石萃編二十卷，續古文苑二十卷，詩文集二十五卷。二十三年，卒，年六十六。星衍晚年所著書，多付文登畢亨、嘉興李貽德爲卒其業。

（録自清史稿卷四百八十一列傳第二百六十八儒林二）

山東糧道淵如孫君傳

阮元

孫君諱星衍，字淵如，江蘇陽湖人。明功臣燕山侯興祖謚忠愍、禮部尚書慎行謚文介之後。曾祖謀，康熙辛未進士，禮部郎中。祖枝生。父勳，乾隆丙子科舉人，官山西河曲縣知縣。君，河曲長子也。

君生時，大母許太夫人夢星墜於懷，舉以授母金夫人，比旦，而君生。君幼有異稟，讀書過目成誦，河曲授以文選，君全誦之。及長，補學生員，與同里楊君芳燦、洪君亮吉、黄君景仁文學相齊，袁君枚品其詩曰：「天下清才多，奇才少，讀足下之詩，天下之奇才也。」遂相與爲忘年交。君雅不欲以詩名，深究經、史、文字、音訓之學，旁及諸子百家，皆心通其義。錢少詹事大昕主鍾山書院，與君講學，又極相重。會陝西巡撫畢公沅以母憂居吴門，起，復聞君名，遂同入關。西安幕府初開，好賢禮士，一時才人名宿踵至，君譽最高。畢公撰關中勝跡志、山海經注，校正晏子春秋，皆屬君手定。乾隆丙午科，大興朱文正公典試江南，文正在都與彭文勤公約曰：「吾此行必得汪中、孫星衍。」公搜落卷，得其經文策，曰：「此必汪中也。」及拆卷，得君名，而汪實未就試。

丁未，以一甲第二賜進士及第，授翰林院編修，充三通館校理。己酉，散館，君試厲志賦，用史記「匔匔如畏」，和相國珅疑爲别字，置二等，引見，奉旨以部員用。故事，一甲進士改部，或奏請留館。時相國知君名，欲君屈節一見，君卒不往，曰：「吾寧得上所改官，不受人惠也。」遂就職。又編修改官可得員外，前此吴文煥有成案，或謂君一見相即得之。君曰：「主事終擢員外，何汲汲求人爲？」自是編修改主事遂爲成例。補刑部直隸司主事，總辦秋審。君所居，埽室焚香，爲諸名士燕集之所。高麗使臣朴齊家入貢，在書肆見君所校古書，特謁君，爲君書「問字堂」扁，賦詩以贈。乾隆五十六年，轉員外。次年春，扈蹕五臺。越年，扈蹕天津，會大風，御舟阻，上改肩輿至行宫，君約同僚步行卅里赴宫門辦事，上特賜緞。

五十九年，陞廣東司郎中，相國阿文成公、大司寇胡莊敏公皆器重君，每有疑獄，輒令君依古義平議行。君執法求平，所平反全活甚多。甲有竊主財逾貫，詒其友乙，匿其數，以告分金而逸。事發，乙得知情藏匿罪人減等罪應流，君以爲律稱知情則坐，乙不知滿貫也，應以所知數坐，減問徒。大司寇詰以乙所言無質證，如獲甲，言實告以逾貫，奈何？君言：「此名例所謂通計前罪以充後數也。」乙卒減徒。君又言：「律文稱囚者，在繫之名，稱罪人者，犯事在官之名，今或未到官，名之罪人，或藏匿罪人，問擬縱囚，非正名之義。」湖廣有子護嫁母傷人至死獄，勅下法司議。或以嫁母期服減于母，則護嫁母不得與母同科。君以古者父在爲母亦期，屈于所尊，嫁母服期因宗子主祭，非謂情當殺也。引宋王博文請封嫁母，又爲行服，謂子無絶母禮。又引唐八座議，凡父卒母嫁，有心喪三年之制，子無絶道故也。護嫁母、出母俱當與母同議，減鬭殺罪。甲有馳車犯乙死者，已當過失殺罪，甲恐以無故馳驟車馬獲重罪，介所知以兼金求免，君曰：「吾不受暮夜金。君罪止過失殺，無爲人所誑也。」甲慙謝去。有孝子爲父報仇，殺縣役坐死，其父姊控部，弟實爲縣役逼斃，請檢尸傷，當道某屬託君，君曰：「吾豈能枉法殺孝子哉？」其持正類此。

五十九年，京察一等。次年五月，奉旨授山東兖沂曹濟道。君以濟陰湯陵，書傳所傳，即在曹南，其山西榮河湯陵雖列祀典，實宋以來傳譌之迹，因徧考諸書，據漢崔駰、魏皇覽、晉伏滔湯陵在濟陰之説，移山西布政司，並考榮河之陵出後魏小説家言，張恩破陵得銘，附會殷湯，未爲典要，宜改正。申大府後君再官東省曹縣令，卒爲修整湯陵廟屋，以祭田奉祀，立碑紀事。嘉慶元年七月，曹南水漫灘，潰決單縣地，君偕按察使康公基田築塞之。君鳩工集夫，五日夜，從上游築隄遏禦之，溜歸中泓，不果横決。康公語君曰：「吾治河數十年，未見以決口能即堵閉者，惟曹南之役，吾與君成之，省國家數百萬帑金矣。」

時巡撫玉德公調任浙江，上以山東新任按察使張長庚在軍營不能來東，命新撫伊江阿會同舊撫舉道員中能勝臬事者以聞，兩撫以君名入奏，奉旨署按察司事。君下車日，以整肅吏治爲己任，親問囚，定爰書，矜慎庶獄。甲與乙有姻，共飲，乙醉，墜火炕，吐燒酒引火燄，灼爛至死，甲醉卧不知。鞫獄，甲以奪壺斟酒有争鬭形，擬鬭殺罪。君曰：「甲主乙賓，奪乙壺勸之飲，名奪實讓也。」改甲坐過失殺，出其罪。有婦因姦謀命獄。其婦某家妾，夫遠出，主母惡之，會僕婦死，誣以謀毒，問官，又實以姦夫，言婦淫，主婦令僕婦守之，惡而行毒。已具獄。君鞫婦，以某日歸寧，僕婦後二日以子殤與夫爭忿自盡。出寃婦於獄。因有共毆人至死過堂呼寃者，自言本綷夫，見所過有衆共毆人，勸止之，不從而去，越數月，邑令始拘訊之，酷刑誣服下手毆人。君詰以衆中有相識者否？答以有舅氏某，爲縣役，在旁知狀。密拘縣役詰之，乃因姦殺人，縣令回護，聽其屬甥認罪，始以鬬殺傷輕，緩其死。上司駁詰，改擬傷重入實，因知死，乃不承。君告縣官，乃以失察處分，枉人命，吾爲子救正陰禍也。有詬詈婦女致死獄。君以事在一月前，不得謂之忿激，鞫得婦自與夫毆詈自經狀，出生罪。凡權臬七越月，平反數十百條，活死罪誣服者十餘獄。亦不以之罪縣官，云縣官實不盡明刑律，皆幕僚誤之也。山左風氣爲之一變。君又以先儒伏生，承秦蔑學之後，壁藏尚書，唐、虞、三代載道之文得以不絶，鄭司農康成，箋注易、詩、書、禮、論語、孝經，可比七十子身通六藝，皆宜建立五經博士。後大吏奏請，鄭被駁而伏准行，其議實自君發也。濰縣有武人犯法，挾厚力求脱，令不可干，因賄通和門，屬託大府。君訪捕鞫之，械和門來者於衢。巡撫奏言河防任重，宜令君回本任，上俞之。

君回兖沂曹濟道任，時各屬感君廉正，却陋規，相率斂費贈君，君不納。五月，赴工。秋，江南豐工及山東曹工同時漫溢，君以無工處所得疏防咎，大府加之嚴議，上以兼管官，特予留任。君外補時有勸加級以防降調者，君曰：「吾安命。」故事，道員嚴議無特旨予留者，蓋異數云。曹工分治引河，三道，君與濟東道、署登萊道各治二十里，君所治中段，廣深中程，君察弊嚴，不煩擾，不染指，畢工，校上下段引河，共省三十餘萬兩，官民比他處得蘇息。凡河工堵築決口，須于將合龍時放引河，則水疾下而無停淤，時隄未大塞，而巡撫欲放引河，康河帥力止之不得，既放水，河盡填淤，于是又抽溝，而曹工遂不能合矣。四年二月，大府奏稱君熟習刑名，操守廉潔，辦理地方事務皆裕如，惟河務非其所長，請以君留補地方道，奉旨允准。先是，河工分賠之員或得羨餘，謂之扣費，君不取，悉以給引河工費，仍取領結存庫。是時曹工尚未合，河道總督、巡撫亟奏合龍，移君任，尋又奏稱合而復開，開則分賠，兩次攤工銀九萬兩，當半屬後任，而司事者並以歸君，君亦任之。曰：「吾無寸椽尺土，然既兼河務，不能不爲人受過也。」

六月，君丁母金夫人憂歸里，僑居金陵祠屋。六年四月，元撫浙，建詁經精舍於西湖之濱，選督學時所知文行兼長之士讀書其中，與君及王少司寇昶迭主講，命題課業，問以經史疑義，旁及小學、天部、地里、算法、詞章，各聽搜討書傳，條對以觀其器識，諸生執經問字者盈門。未及十年，而舍中士登巍科入館閣及撰述成一家言者不可勝數。

君澹於宦情，又以大母老，是以服闋後遊吴、越間數年，終以追河工賠項急，不得已，再出。九年，至都，吏部奏請，奉旨仍發山東以道員用。十年，委署登萊青道，補山東督糧道。十一年，許太夫人卒，君哀慟過禮，乞假三月，委知州代行公事。山東衛河經臨清閘口，夏秋水漲，高於閘内之汶水，即閉閘，謂之閼口，糧艘阻滯。君知德州哨馬營及恩縣四女寺舊有兩支河合流入老黄河，即鈎盤、鬲津故道，經樂陵至海豐入海，請開濬以洩衛水異漲。德州舊設滿營，駐防官兵五百口，一口爲一户，增至二千七百餘口，而額餉無可加，每年例支道倉米七千八百餘石，内有折色米三千餘石，每石支銀一兩，糧價昔賤今貴，折色不敷半石之數，官兵日苦累；道倉支剩餘米歷年運交通倉者，官丁運費共需米銀二千餘兩，君請以存給官兵本色，除折色，不獨恤滿兵，又省運費。皆准行。十二年六月，署布政司印，值部使廣少司寇興在省按章，供張煩擾，君慎守帑項，不肯妄支，事竣北行，君獨無所餽，後廣以賄敗，豫、東兩省以支庫獲罪者衆，君不與焉。

十三年，君督運北上，隨漕入覲請訓。上知君甲第，及詢在部在東年月。畢，面陳乞假三月，省迎老父于江南。上允行。秋，至江寧，與族人置田爲孫子祠，肖孫子及齊將臏象，又擇祠西鐵佛庵廢屋故阯爲許太夫人建旌節專祠。十月，始回任。自郯城取道費縣，訪季桓子得羵羊井銘於縣署，又屬縣令訪曾點南城葬處及澹臺子羽墓，立碑季桓子井上。君官兗沂道暨權按察時，嘗考太平寰宇記，先賢閔子墓在范縣東，知今所傳在歷城者爲後世之誤，曾檄縣令訪求遺墓。迨嘉慶八年，再至東省，以察賑按行范縣之墓所在，會河溢，不能詣謁。及官糧道，忽夢浚井出古丈夫，布衣泥塗狀，自稱閔子，覺而異之，因出貲屬縣令訪視廢墓，申禁采樵。華亭唐晟宰是縣，以修祠堂，門垣栽種柏樹，申報，乞君爲文紀事，並訪義士左伯桃、羊角哀墓於縣之義城寺東，乞君考其事，以存志乘。

十六年七月，君引疾歸。十九年，應揚州阿鹽使聘，校刊全唐文。二十一年，主講鍾山書院。先是，君父河曲以君貴，封中憲大夫，又加封通奉大夫。君早年文辭華麗，繼乃沈潛經術，博極羣書，勤於著述。性喜獎借後進，所至之地，士争附之。又好聚書，聞人家藏有善本，借鈔無虚日，金石文字搨本、古鼎彝書畫，靡不考其源委。其所爲文，在漢、魏、六朝之間，不欲似唐、宋八家，海内翕然稱之。君嘗病古文尚書爲東晉梅賾所亂，官刑曹時，即撰集古文尚書馬鄭王注十卷及逸文三篇，歸田後，又爲尚書古今文義疏□卷，蓋積二十餘年而後成，其精專如此。其餘撰集有周易集解十卷、夏小正傳校正三卷、魏三體石經殘字考一卷、倉頡篇三卷、孔子集語若干卷、史記天官書考證十卷、寰宇訪碑録十二卷、平津館金石萃編二十卷、孫氏家藏書目内編四卷外編三卷、續古文苑二十卷、問字堂文稿五卷、岱南閣文稿五卷、五松園文稿一卷、平津館文稿二卷、古今體詩若干卷。其所校刊者有周易口訣義六卷、尚書考異五卷、春秋釋例十五卷、孫子十家注十三卷、元和郡縣志四十卷、景定建康志五十卷、唐律疏議三十卷。其餘篇簡小者不可勝數。

君以嘉慶二十三年正月十二日卒於江寧，距生於乾隆十八年九月初二得年六十六。君妻王夫人名采薇，工詩善書，早卒，君訂其詩爲長離閣集。君初以弟星衡子籛爲子，後君側室金氏又生子廞，俱幼。

元與君丙午同出朱文正公之門，學問相長，交最密，知君性誠正，無僞言僞行，立身行事皆以儒術，廉而不刻，和而介，屢以謇謇者不獲乎大府。於其卒也，海内學者皆悼慕之。元爰爲傳，且贊曰：君爲儒者，亦爲文人。以廉爲孝，以直爲仁。執法在平，布治以循。測學之海，得經之神。人亡書在，千載常新。

（録自阮元揅經室二集卷三）

孫父肇賜嘉名

乾隆十八年癸酉（公元一七五三）九月初二日辰時，孫氏生於常州府城观子巷。……及長，父書屏先生取郊祀志太一贊「德星昭衍」及「淵曜光明」之語，名星衍，字淵如。

（録自藕香零拾第二十一册孙淵如先生年谱）

清著述諸家姓名略

經學家、漢學專門經學家。小學家、校勘之學家、金石學家、駢體文家，並著孫星衍。

（録自書目答問附二國朝著述諸家姓名略）

評贊二則

君篤志窮經，性耽著述，旦夕深思，夜亦引被而卧，醒即翻閲羣書。每至燭跋三條，天猶未曙。君恒言，解經之士先宜識字。余見君讀説文，用五色筆，至十四遍不輟。以是年未五十，髮白如霜，所謂「青山入眼不干禄，白髮滿頭猶著書」，可以爲君寫照也。

（録自嚴觀師友淵源録卷二十四）

君書無不讀，學通天地人。經史足根柢，百家互紛綸。國初閻顧朱，當代推大醇。近者錢少詹，亦可與比倫。真儒間世有，欲渡誰問津。君也最晚出，真足步後塵。詩名齊洪黄，律細意出新。奇才勝清才，隨園言已頻。才名動荒表，高麗來使臣。踵門求識面，留題語獨親。高麗貢使朴齊家入都，踵門求見，大書崔儦語「不讀五千卷書，毋得入此室」二句而去。餘事及金石，搜訪窮荆榛。灑筆作篆隸，亦爲世所珍。異書好校勘，疑義務盡伸。苦心付精刊，不使故籍湮。文人與學者，君洵兼一身。大雅今不作，已矣勿復陳。

（録自吴脩吉祥居存稿卷二十首詩之十）

附録二　著録版本

著録

孫氏周易集解十卷，清史稿藝文志經部易類。○又書目答問卷一經部列朝經注、經説、經本考證第二易。范希曾補正：續李鼎祚。○又續修四庫全書總目提要經部易類。○又中國古籍總目經部傳説之屬，書名作周易集解。

版本及藏所

岱南閣叢書本。書目答問：「岱南閣别行巾箱本。」書目答問彙補：「葉德輝：嘉慶三年岱南閣别行巾箱本。佚名：嘉慶三年。倫明：嘉慶三年。韋力：嘉慶三年蘭陵孫氏刻本。」案：嘉慶三年即公元一七九八。岱南閣本屬家刻初刊。一九三六年，商務印書館所刊叢書集成即據岱南閣本排印。後有一九八五年中華書局出版叢書集成十册本，一九八八年上海書店出版影印兩册本。湖北圖書館藏同治刻岱南閣叢書本，有清陶方琦批校。此刻本是修補舊版重印或號稱重刻者，抑或是新刻，未知。

粤雅堂叢書本。書目答問：「伍崇曜刻粤雅堂叢書本。」書目答問彙補：「葉德輝：咸豐乙卯伍崇曜刻粤雅堂叢書本，删李氏集解、王氏注，僅存孫輯古注。佚名：伍刻删去李氏集解，僅留孫輯。倫明：咸豐乙卯。韋力：咸豐五年南海伍氏刻粤雅堂叢書本。」案：咸豐五年乙卯，即一八五五年。

同治元年潘泉刻本。現藏國家圖書館、南京、湖北、山東圖書館。案：是刻僅周易集解序並注一卷。

光緒二年廣陵雙格書屋刻本。書目答問彙補：「韋力：光緒二年，廣陵書屋刻本。」案：國家圖書館藏有是刻。然是刻有否删李氏集解、王氏注，未知。

附録三　提要序跋

孫氏周易集解跋

伍崇曜

孫氏周易集解十卷，國朝孫星衍撰。按，先生字淵如，號季逑，陽湖人。乾隆五十二年賜進士第二人，改刑部主事，官至山東督糧道。事跡著撰及所刊定各書，具見阮文達揅經室集所撰神道碑。畢秋帆吴會英才集稱其才思敏捷，下筆千言。既壯，折節讀書，習篆籀古文、聲音訓故之學。王蘭泉蒲褐山房詩話稱其學以漢魏詁訓爲宗，鉤深索奥，孫穀、董悦所弗能逮云。放唐李鼎祚撰周易集解，流傳至今，而是書乃襲其名，且並李氏之書、王弼之注，齊列而録版焉，便流覽也。竊謂李氏之書與王弼之注，孤行之本，世所共知，仍非罕覯，兹特甄録先生所緝，署曰孫氏周易集解，庶别於李氏之書，謹付剞厥焉。李氏之書，所采至三十五家之多，漢易之亡，賴以不墜，誠可寶之祕笈。先生於千餘年後，復緝是書，其搜羅之備，抉擇之精，即不必相輔而行，已覺難能可貴。以視所撰尚書古今文義疏，阮文達稱其積二十餘年而後成者，並足流傳不朽矣。

咸豐乙卯立秋後二日，南海伍崇曜謹跋。

（録自粵雅堂叢書本孫氏周易集解伍崇曜跋）

孫氏周易集解提要

柯劭忞

孫氏周易集解十卷，清孫星衍撰。星衍字淵如，江蘇陽湖人。乾隆五十二年進士及第，授翰林院編修，改刑部主事，官至山東督糧道。星衍取李鼎祚周易集解，合於王弼注，又采集書傳所載馬融、鄭康成諸家之注，及史徵易口訣義中古注，附於其後。凡説文、陸釋文、晁音訓所引經文異字異音，附見本文。命曰周易集解。伍崇曜以王注、李集解孤行之本世所恒見，乃甄録孫星衍所輯者，署曰孫氏周易集解，别爲刊行。今據崇曜刊本著録。星衍之書，文登畢以田實助其裒輯。以田字九水，亦究心訓詁之學者。崇曜序謂星衍搜羅之富，抉擇之精，當與所撰尚書古今文義疏並傳。

按魏徵羣書治要卷四十八引陸景典語：「易曰：『聖人之大寶曰位，何以守位曰人。』故先王重於爵位，慎於官人。」不從王肅以下本作「仁」，猶存鄭義。釋玄應大智度論卷三十音義引易劉瓛注：「霆，電也。震爲雷，離爲電。」五分律卷一音義引易劉瓛注：「介，微也。」大智度論卷十六音義引易劉瓛注：「亹亹，猶微微也。」慧琳一切經音義卷十一引易：「君子上交不諂，下交不嬻。音讀。」爲陸釋文所不載。卷二十二引易劉瓛注：「彌，廣也。」卷三十引易劉瓛注：「疵，亦瑕也。」卷三十一引易劉瓛注：「頣者，幽深之極稱也。」卷五十一引易劉瓛注：「冶，妖冶也。謂姿態傲雅自得，莊飾鮮明之貌也。」卷九十八引鄭衆周易注：「環，旋也。」皆爲星衍所遺。蓋後出之書，孫氏不及見，非其采集之疏也。

（録自續修四庫全書总目提要經部易类）

附録四　孫氏易學考辨

先天卦位辨

内經、周易皆言先天，非邵雍所謂先天。莊子内篇云：「神鬼神帝生天生地，在太極之先。」又云：「先天地生。」又云：「伏羲得之，以襲氣母。」干寶注周禮曰：「伏羲之易小成爲先天，神農之易中成爲中天，黄帝之易大成爲後天。」小成謂八卦也，中成謂重卦，大成謂備物制用也，似爲邵雍所本，而不言卦位。今所傳伏羲先天八卦，乾南坤北，及乾一兑二，以别於文王卦位，考之書，無所本。蓋邵雍誤讀易説卦爲之。

易之言卦有二象：從象一上一下，横象分布八方，天動地静之道也。説卦云：「天地定位，山澤通氣，雷風相薄，水火不相射者，謂乾上坤下，象天地；離上坎下，象水火；艮上兑下，象山澤；震上巽下，象雷風。」故孔子於易上經言「同聲相應」，謂震、巽；「同氣相求」，謂艮、兑；「水流濕，火就燥」，謂坎、離；「雲從龍，風從虎」，謂乾、坤。虞翻之注良是。又曰：「本乎天者親上，本乎地者親下。」繫辭又曰：「天高地卑，乾坤定，卑高以陳，貴賤位。」既曰卑高，是説卦天地定位，明爲上下之象，而非南北之位也。邵雍誤會其辭，造爲乾南坤北、離東坎西卦位，命曰先天。又見其文有「數往者順，知來者逆」，及「易逆數」之言，以爲八卦當起乾，逆數至兑，造爲乾一兑二之序。

考虞翻注易「數往者順」，謂乾消從午至亥，上下故順也；注「知來者逆」，謂乾息從子至巳，下上故逆也。古人列八卦方位，乾、坎、艮在下方爲北，巽、離、坤在上方爲南，震東，兑西。李氏云：「從午至亥，即從離至乾。」云：「從子至巳，即從坎至巽。」蓋坎、艮、震、乾四卦爲陽，進自下方而上其位逆；巽、離、坤、兑四卦爲陰，退自上方而下其位順。即二至陽遁陰遁之分，通謂之逆數者，八卦俱起坎也。

邵雍未見虞氏之解，直以逆數爲乾一兑二，則於四時五行人事皆不合。乾九月卦，兑八月卦，四時何爲起季秋入仲秋？乾陽金，兑陰金，五行何爲起金？乾老父，兑少女，對中女，則少之言小，絶陽小陰，何能相生？說經之儒，合天地人無所不通，邵雍之言何其窒閡也？古書言天地之象，多兼上下四方。堯典之言「堯曰假於上下，亦曰横被四表」，經典如此，不可更僕。五行亦有上下四方之象，韋昭注律曆志「天之中數五」云：「一三在上，七九在下。」注「地之中數六」云：「二四在上，八七在下。」鄭康成注易云：「天一生水於北，地二生火於南，天三生木於東，地四生金於西，天五生土於中。陽无耦，陰无配，未得相成。地六成水於北，與天一并；天七成火於南，與地二并；地八成木於東，與天三并；天九成金於西，與地四并；地十成土於中，與天五并也。」韋以從象言，鄭以横象言，不相妨矣。邵雍又見說卦「帝出乎震」之辭，以爲文王後天八卦，尤無所本。說卦之言震曰東方，巽曰東南，離曰南方，乾曰西北，坎曰正北方，艮曰東北，惟坤、兑無方位。易乾鑿度：「孔子以坤配六七月，則在西南；兑正秋，則西方。」此四正四維，分布八方之象，亦伏羲之卦位。何以明之？易乾鑿度稱庖犧氏畫四象，立四隅，以定羣物。繫辭曰：「易有太極，是生兩儀，兩儀生四象，四象生八卦。」易稽覽圖以四正卦爲四象，乾鑿度：「孔子曰：易始於太極，太極分而爲二，故生天地。天地有春秋冬夏之節，故生四時。四時各有陰陽剛柔之分，故生八卦。」虞翻易注云：「震春、兑秋、坎冬、離夏，故兩儀生四象。」諸儒以四象爲四時，蓋本孔子之言八卦方位，必先有四正，而後有四維，故繫辭云：「四象生八卦。」庖犧氏所爲畫四象立四隅者，既置坎、離、震、兑以象春夏秋冬，又置乾、坤、艮、巽以象四孟四季，亦如洛書五行之叙，先生後成，生於一二三四五，水火木金土爲之四正，然後成於六七八九十也。宋儒縱不信緯書，何能不信繫辭乎？且陳摶乘隋焚讖緯之後，方竊乾鑿度太乙下行九宫式，以爲河圖欺世，朱文公諸人爲其所惑，緯書之緒餘，以爲祕傳，反不信其與經不倍之言耶？必欲求先天之卦，或取考靈燿天左動起於牽牛、地右動起於畢之説，謂牽牛屬艮，畢屬兑，艮在丑宫爲太一，兑在西宫爲太陰，謂之太極在坎、離之先，義猶有取。若所謂乾一兑二者，求之書傳，果何由附會其説乎？

宋人考古之疏，固不止一端。如朱文公問蔡季通，以爲十二相屬起於何時？曾見何書？又謂「虎當在西而反在寅，雞爲鳥屬而反居西」。今撿十二辰屬禽，近出王充論衡及抱朴子。賈誼新書胎教篇有云：「雞者東方之牲，狗者南方之牲，牛者中央之牲，羊者西方之牲，彘者北方之牲。」非其物也。又博古圖及今出土漢鏡，鑄十二禽象甚悉。朱文公未見其書，亦可怪矣。

十二屬之所本，無關經學。吾疾夫世之刊易經及陰陽書，必列邵雍先天八卦於簡端，至相宅家爲人作坎宅坤門，以爲先天坤即後天離，不悟土來克水，得禍甚速，是不可以不辨，故詳著於篇。

河圖洛書考

漢人以八卦爲河圖，九疇爲洛書，其説見孔安國注論語「河不出圖」，及馬融注書「九疇」。又漢五行志引劉歆説亦同，以「初一曰五行」已下六十五字爲雒書本文。禮記疏引中候握河紀：「伏羲氏有天下，龍馬負圖出於河，遂法之作八卦。」又「龜書，洛出也」。李鼎祚周易集解引孔安國注繫辭、班固漢書叙傳及李奇注，悉用其説。惟鄭康成注易始用春秋緯云：「河圖有九篇，洛書有六篇也。」鄭所稱河圖、洛書，今多見開元占經，未必太古時文，此則鄭氏信讖緯之過。按易乾卦言龍，坤卦言馬，是稱龍馬負圖，即八卦爲河圖之證。洪範五行一曰水火，在北方，玄武之位，是稱神龜負文，即九疇爲洛書之證。可知孔安國、劉歆、馬融諸儒所説長於鄭氏矣。至宋人乃妄以洪範五行爲河圖，又以太乙下行九宫式爲洛書。近人毛奇齡闢之甚辨，而不能篤信漢人以八卦、九疇爲河圖、洛書之説。顧炎武、惠棟知九宫爲易緯，而不知其出於黄帝。

核宋人致誤之由，亦非無本。北周甄鸞注數術記遺九宫算云：「九宫者，即二四爲肩，六八爲足，左三右七，戴九履一，五居中央。」又盧辯注大戴禮明堂篇「二九四七五三六一八」云：「記用九室，謂法龜文，故取此數以明其制也。」宋人見甄鸞有肩足戴履之言，又見盧辯有九式法龜文之説，遂以九宫爲龜文。不知甄鸞以肩足戴履别上下前後之位，未言在於龜背，大戴禮所云二九四七五三六一八者，言明堂户牖堂室之數，逢十則有餘數，若十餘二、三十餘六、七十餘二之類也。盧辯謂法龜文，特因九室而言。如僞孔尚書傳云「神龜負文而出列，於背有數至於九」，亦即謂九疇，不必是九宫之式也。以戴九履一，二四爲肩，六八爲足，爲是龜文，果何所出，亦復何所取義乎？

太乙九宫式之傳甚古，考其始，實出黄帝素問五常政大論。岐伯有云：「眚於三。」王冰注：「三，東方也。」云：「眚於九。」注：「九，南方也。」云：「其眚四維。」注：「東南、西南、東北、西北土之位也。」云：「眚於七。」注：「七，西方也。」云：「眚於一。」注：「一，北方也。」六元正紀大論則有「災七宮」之屬。隋經籍志載九宮經三卷，鄭玄注又稱：「梁有黄帝四部九宮五卷。」唐會要稱「會昌二年，王起等奏案黄帝九宮經」。羅苹路史注引壺子云：「黄帝體九竅，以定九宮。」是九宮之式，黄帝時即有之，故遯甲書亦用其法。淮南天文訓：「太陰元始建於甲寅，一終而建甲戌，二終而建甲午，三終而復得甲寅之元。」如法推之，甲寅在坎宮，則甲戌在離；甲戌在坎宮，則甲午在離；甲午在坎宮，則甲寅在離，則西漢人亦多知九宮者，故劉歆有「八卦九章相爲表裏」之語。至易乾鑿度載其式云：「易一陰一陽，合而爲十五之謂道。」又云：「太乙取其數以行九宮，四正四維皆合於十五。」鄭康成注：「太乙下行九宮，從坎宮始，坎，中男，始亦言無適也。自此而從於坤宮，坤，母也。又自此而從震宮，震，長男也。又自此而從巽宮，巽，長女也。所行者半矣，還息於中央之宮。既又自此而從乾宮，乾，父也。自此而從兑宮，兑，少女也。又自此行於艮宮，艮，少男也。又自此從於離宮，離，中女也。行則周矣，上遊息於太乙天一之宮，而反於紫宮。行從坎宮始，終於離宫，數自太乙行之，坎爲名耳，出從中男，入從中女，亦因陰陽男女之偶爲終始。云從自坎宫，必先之坤者，母於子養之勤勞者；次之震，又之巽，母從異姓來，此其所以敬爲生者；從息中而復之乾者，父於子教之而已，於事逸也；次之兑，又之艮，父或老，順其心所愛，以爲長育。多少大小之行，已爲施此數者，合十五。」言其法也詳，注義多未精確，或是後人僞託。

今考九宫之法，不外陽進陰退，起坎者，乾貞於十一月子，坎陽，進而上行之坤；坤貞於六月未，坤陰土，退而下行之震；震陽木，進而上行之巽；巽陰木，退而下行之中；中兼艮、坤，坤陰土，退而下行之乾；乾陽金，進而上行之兑；兑陰金，退而下行之艮；艮陽土，進而上行之離；離陰，退而下行之坎。一陰一陽俱起者，天左旋、地右動之道。陽動而之陰，陰動而之陽者，乾鑿度所謂「並治而交錯，行閒時而治六辰」；董仲舒春秋繁露所謂「陰適右，陽適左。適左者其道順，適右者其道逆。逆氣左上，順氣右下」是也。一白、二黑、三碧、四緑、五黄、七赤、八白、九紫者，唐會要載「九宫貴神」，「天蓬星太乙坎水白，天内星攝提坤土黑，天衝星軒轅震木碧，天輔星招摇巽木緑，天禽星天符中土黄，天心星青龍乾金白，天柱星咸池兑金赤，天任星太陰艮土白，天英星天乙離火紫」，是也。九宮即算法之捷，故遯甲式用之。知日月星奇所在，及九星所臨，自古皆有之，既非出於龜文，亦不得以爲神禹洛書。

隋焚讖緯，或尚記九宮以示，陳摶遂訛爲洛書。於時乾鑿度未出，朱文公諸人不能博考，致爲所惑，並忽素問而不觀，則無能復辨九宮之緣起矣。

（並録自清儒學案卷一一〇淵如學案）